谨以此书纪念——

新中国考古学和埃及学的奠基人

原中国科学院哲学社会学部委员

英国学术院通讯院士

德意志考古研究院通讯院士

瑞典皇家文学历史考古科学院外籍院士

美国全国科学院外籍院士

意大利中东和远东研究院通讯院士

第三世界科学院院士

夏鼐先生诞辰 110 周年（1910~2020）

伦敦大学学院埃及考古学博士学位论文《埃及古珠考》完成 77 周年（1943~2020）

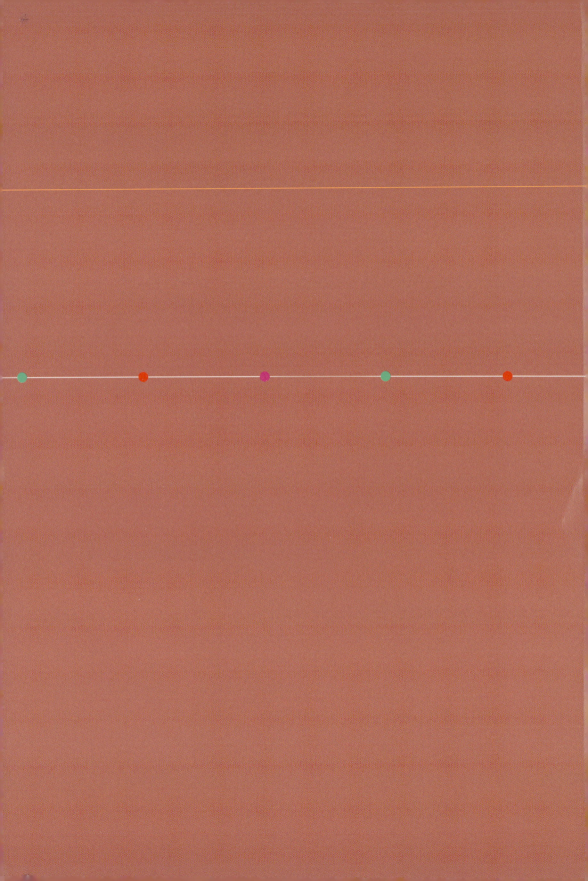

国家出版基金项目
NATIONAL PUBLICATION FOUNDATION

埃及古珠考

ANCIENT EGYPTIAN
BEADS

夏鼐 ◆ 著

颜海英　田 天　刘子信 ◆ 译

社会科学文献出版社
SOCIAL SCIENCES ACADEMIC PRESS (CHINA)

出版前言

现在出版的夏鼐先生著作《埃及古珠考》，是他早年毕业于伦敦大学学院时博士论文的中文译本。

埃及学之父威廉·费林德斯·皮特里爵士（Sir. William Flinders Petrie）曾经指出，古埃及串珠的研究，将是埃及学发展中的关键性课题之一。夏鼐于1938年秉承皮特里这一学术思想，在继皮特里之后主持伦敦大学学院埃及学专业的格兰维尔（S. Glanville）教授指导下，选定古埃及串珠为自己的学位论文题目。这个领域很少有人涉及，而伦敦大学学院又收藏有皮特里在埃及发掘所获的大批古埃及串珠，夏鼐勇敢地站到埃及学研究的前沿以后，有效地利用这种可以充分掌握丰富第一手资料的便利条件，以及长时间去埃及实地考察的良好机遇，采取皮特里研究方法中的材料分类法，并尝试运用统计学方法，对串珠资料进行了系统的详细整理与精心研究。尤其难得的是，他曾得到年近九旬的皮特里大师的青睐和当面指点。因而，夏鼐进行的这项埃及考古学上绝无仅有的基础性研究，取得了其他学者难以超越的优异成果。夏鼐在欧战爆发、伦敦大学学院停办的情况下返回祖国，于1943年秋季最后完成这部论文并寄往英国。战后伦敦大学学院复课，特许夏鼐的论文免予答辩，缺席通过，于1946年7月颁发埃及考古学专业的哲学博士学位证书。夏鼐作为中国第一位埃及学专家，随后成为新中国考古工作的主要指导者和组织者、中国考古学界的一代大师，并被誉为中国的"埃及学之父"。但是，由于历史的原因，夏鼐的博士论文在过去七十余年间一直未能出版，深藏在伦敦大学学院和皮特里博物馆的图书馆中，只有很少一部分读者有机会前往阅读。

最近二十年，中国社会科学院考古研究所的四任所长，即任式楠、刘庆柱、王巍、陈星灿，鉴于夏鼐先生博士论文的重要学术价值，持续关注论文的整理出版。在伦敦大学学院考古学院两任院长彼得·俄科（Peter Ucko）教授和斯蒂芬·申南（Stephen Shennan）教授的支持下，承时任该院中国考古学与文化遗产专席研究员汪涛博士的热心奔走、多方联系，我所于1997年会同夏鼐先生亲属授权，从伦敦大学学院取得夏鼐著作英文打字定稿的复印件。当时的计划是将其译成中文后，与英文本一起，由中英双方共同出版。后来由于种种原因，英文本整理和中文翻译工作，以及整个出版计划，长期未能得到落实，仅将其第一章"珠子的考古学价值"仓促译出，编入《夏鼐文集》（2000年版）。2011年，我所约请北京大学历史学系埃及学教授颜海英女士主持，由她的三位博士研究生王欢、戴鑫和黄庆娇，根据伦敦大学议员大厦图书馆（Senate House Library）的复印件，重新录入论文的英文定稿；并且经由汪涛博士约请伦敦大学学院埃及学专业的斯蒂芬·夸克（Stephen Quirke）教授，特地撰写《导言：21世纪见及夏鼐的〈埃及古珠考〉》（"On Receiving Xia Nai *Ancient Egyptian Beads* in the Twenty-first Century"）一文，评价夏鼐论文对于埃及以及其他地区考古学研究的重要意义；再由中国社会科学院直属的社会科学文献出版社与国际著名的Springer出版社合作，于2014年6月将本书英文本正式出版。与此同时，伦敦大学学院皮特里博物馆已将夏鼐博士论文的所有卡片和相关数码照片制成网页，公布于该馆的网站之上。这样，将夏鼐关于埃及古珠的研究成果公之于世，对于埃及考古学界，乃至整个国际考古学界，无疑是一件值得庆幸的事情。

斯蒂芬·夸克教授指出："夏鼐的博士论文太成功，让伦敦其他学者望而却步，他们不想花一生精力重复这项工作。没有人再进行这项研究，在东北非考古理论与实践的核心区留下一片空白，直接影响了学术界对西亚、东南欧这些最密切关联区域的研究。要让珠饰研究这个至关重要的领域得以重生，这部论文及支持其研究的图谱资料的出版，正是缺席已久的必要条件。"（见本书《导言》）而对于中国考古学界来说，夏鼐对将近2000串埃及古珠所做的工艺学、统计学和考古类型学研究，实为中国学者从事这种缜密研究的真正肇始，不过由于这部巨著过去未曾译成中文出版，因而不为中国一般考古学者熟知罢了。为了适应共建"一带一路"倡议下开展中外学术交流的迫切需要，我所于2016年再次约请颜海英教授主持，进行夏鼐所著《埃及古珠考》的中译工作，参与其事的主要有田天、刘子信两位博士。他们经过一年半的努力，现已全部完成，并重绘20幅图谱的800余件古珠线图。本书英文本整理和中译期间的组织协调工作，始终由我所研究员、《夏鼐文集》执行主编王世民先生负责，并得到我所资料信息中心主任巩文女士、社会科学文献出版社首席编辑周丽女士，以及夏鼐先生幼子夏正炎先生的大力协助。有关英文本整理与中译的具体事宜，另详译者后记。现值本书即将出版之际，我们谨向多年来为夏鼐先生这部著作英文本和中文本的出版，作过不懈努力和提供无私帮助的国内外诸多人士，表示衷心的感谢！

中国社会科学院考古研究所

2017年12月

导言：21世纪见及夏鼐的《埃及古珠考》

斯蒂芬·夸克

在埃及考古中，一部研究著作在时隔 65 年后才出版是很罕见的，除非由于历史或档案方面的原因。这样的原因对于一个在不平凡的数十年发掘与研究中引领中国考古的人所撰写的博士论文，自然是会起作用的。然而即使夏鼐生平和治学方法的研究者们也可能不了解他的博士论文在很大程度上代表了埃及考古学乃至非洲内外历史研究方面人们期待已久的关键性进展。正如论文第一章中所说，考古资料中串珠的庞大数量，以及形制、材料和技术的变化，使这类器物成为了解过去的独特指南。串珠如陶片一样比比皆是，甚至更集中于古代，每每为研究工作开辟道路：从技术问题到社会历史问题，何以采用某种材料、某种样式，何以发生变化或沿袭传统。

夏鼐最初到伦敦是想得到皮特里（Flinders Petrie）这位当时公认的田野考古的实践者和理论家的指导。皮特里的《考古学方法与目标》（1904）可能是个决定性的因素，如果此书在 1938 年前的北京各大学中已广为人知的话。他读博的历史背景已经有人作了较为细致的介绍：彼得和汪涛（Peter Ucko and Wang Tao，2007）对 20 世纪 30 年代在伦敦开设的中国考古学博士学位课程进行了探究。该文叙述的缺项，是在殖民统治阴影下直到导致全面独立的 1952 年革命这一时期，埃及考古的发展情况。1882～1922 年，埃及处于英国的军事占领之下，此后直至 1952 年埃及仍在英国的控制之中。作为英国历史上第一位讲授埃及考古的大学教授（自 1892 年开始），皮特里当时在这门学科中起了最重要的作用。时值维多利亚帝国主义鼎盛之际，皮特里 1893 年的就职演说已经预见到任何国家的考古都是欧洲列强的竞争领域：法国当时已经主导了艺术史领域，而德国在文献领域占据优势，英国则应该进军物质文化研究领域。皮特里以其惊人的清晰头脑和强烈抱负构思了从物质文化入手研究历史的方案，划分了若干重要的分支，可能正是他的这个方案在 40 年后引起了北京各大学教师们的注意。发掘出土的完整遗存成为对各种生产和人类全部活动建立年代序列的依据，这些活动包括艺术乃至动物与其他物种接触的情况。作为首饰核心的串珠，成为物质文化研究的前沿课题。正如夏鼐在其论文第一章注中所引述的皮特里的话："珠子和陶器是考古学研究的字母表。"

诚然，以串珠为中心开展考古研究的任何计划，在当时都会招来强烈的质疑，而且反对者颇多。夏鼐注意到了这一点，也认为他们的担心不无道理，他明确指出，"我们在认可珠子作为考古学证据的优势时，也不能忽视其局限性"——由于反复使用和买卖造成了大量的扩散，或者后期在地下与其他年代的材料相混杂。然而他也论及人们夸大了串珠研究的风险，低估了其数量上的潜力，而一个研究者应该避免"根据几个孤例下结论"，只要认真留意其共存物，考古学者就可以在每个时期遗留下来的串珠中，区分出哪些是初次使用或重复使用的，并且辨认出哪些是重复使用不那么频繁的发现物。分析还应该包括对"使用和磨损痕迹"（第 7 页）的研究，最要紧的是应以完整的发掘记录为基础，在埃及考古方面即是要以皮特里及其 20 世纪 20～30 年代的继任者布伦顿（Guy Brunton）确立的墓地记录方法为基础。鉴于研究必须避免那些容易引起误解的单件材料，依照皮特里和布伦顿的方法，夏鼐遂在伦敦大学学院"皮特里收集品"（第12页）中搜集最可靠的材料为基础，再加上主要来自发掘的另外两组收藏，即埃及开罗博物馆和牛津阿什莫林博物馆的串珠。他对串珠资料非常熟悉，因为他以深入细致的工作为一千多串串珠做了登记工作。共完成了1760张（此处不确。卡片实则是1760套，有些珠饰一串对应若干张卡片，最多有六张——译者）索引卡片，分别记录每件珠子的8项信息："登记号、出土单位、年代、用途、参考文献、评注、线图和照片号"；更令人惊叹的是，对串珠中每种类型的珠子，都有另外一组信息："形状、穿孔类型、颜色、材质、装饰和数量"共6项（第16页）。

这项登记工作，正是夏鼐在"二战"前夕伦敦大学学院收藏的埃及考古文物全部打包封存之前，作为学院的研究生参加的这项要求人人动手的繁浩工作。夏鼐的索引使大量信息免遭损失，对于后来需要了解其中任何一件发掘品的研究者来说，这些信息本身就大有学术价值。举个简单的例子就可以说明夏鼐此项集成的特殊价值。例如第1593号串珠的卡片记录了两个绿色彩釉的珠子，二者均属311A4～PN8b类型，出土地"卡宏（Kahun, Illahun）"，出土年"1889"，年代"第12王朝"，意思是出土于中王国晚期拉宏附近的城址，是1889年法雍实习考古队为皮特里清理的，皮特里命名该遗址为"卡宏"。卡片上还记载了一个绿釉的圆柱形块状滑石制品，"刻着三只鳄鱼"，该器取自"地板上的一具木乃伊—A排东端"。1889年在聚落遗址的考古记录方法发展史上尚属早期阶段，皮特里是当时唯一一位记录了一个面积为250米×280米的城镇遗址之清理的考古学家。因此，皮特里的发掘报告里没有地层学的信息，也极少有文物出土点的信息。然而，在他两个发掘季度的报告的第一部分，皮特里的确为街道之间的房区做了字母标记，并且发表了包括 A 级遗迹的平面图。在他关于该遗址的著述以及他为私人交往所及的小范围英国读者所写的"周刊"中，都没有提到这个圆形的制品，也没有提到在这排房子里发现了墓葬（见 Gallorini，1998）。相反，除了这个卡片，关于 A 级遗迹的现有记录也都给人以"普通的"城镇房屋的印象。而皮特里的确记录了在两个 A 级的房屋（也许这两个房屋在某处连接）中的发现，包括拉宏发掘中最重要的一件文物——唯一一件在古埃及民居中发现的面具。这是一个狮子脸形的面具，对它进行修复时发现它被多次使用过，其形状令人想起妇女生育的保护神阿哈（后来被称为"贝斯"），房屋里其他的发现（如狮子脸形的女子像和铃锤）似乎是生育仪式的用具。然而，房屋附近存在墓葬的事实提醒我们这个遗址的记录是多么大意，"我们在根据几个孤例下结论时必须小心谨慎"（第 9 页）。我们突然意识到，甚至对这样一个格外重要的考古景观，我们的知识也是有限的。早些时候对拉宏出土的那件独特面具的解释还是极有可能成立的，但我们需要近期发掘的一些详细记录的考古遗存来作为参照，比如在象岛的发掘（Pilgrim，1996），经过对比我们才能严格区分我们所发现的是活人还是死者的用品。这只是一个例子，说明夏鼐的记录拓展了或者改写了我们对早期发掘情况的认识，而我们以往为构建埃及考古和历史所做的工作在很大程度上即是以这些早期发掘为依据的。

为了使人们能充分了解夏鼐博士论文的基础性研究，皮特里博物馆馆长纳尔逊（Tonya Nelson）和保管部主任潘卡尔多（Susanna Pancaldo）筹措经费在互联网上发表了夏鼐卡片的电子版。菲尔普斯（Kristin A. Phelps）花费时日以其保存纸质文件的经验完成了所有索引卡片的数码照片的拍摄。考古研究所摄影师及讲师雷德劳（Stuart Laidlaw）则慷慨提供指导和设备。感谢他们所花费的时间和精力，于2011年将卡片的电子版全部完成，并于2012年由伦敦大学学院博物馆与收藏信息办公室主任萨姆·华盛顿制成网页，发布在皮特里博物馆网站上。这些卡片使我们可以全面了解夏鼐了不起的研究过程，他那一丝不苟地做详细记录的特有精神，始终贯穿在伦敦大学学院由皮特里及其同事和直接后继者的工作连贯起来的一整套年代序列之中。

夏鼐特别关注他的串珠研究及全部资料的时空界限，地理范围限定于埃及（包括外来的输入品，也包括西奈，但不包括努比亚，因为当时的收藏中没有努比亚的串珠），时间范围延续至公元前1千纪（皮特里的"罗马—科普特"时期即大约公元1千纪的收藏也非常丰富，但若包括进来，将超出博士论文的范围）。另一个更大的问题是论文中该如何界定当用的材料。夏鼐指出在考古学上将串珠与护身符截然分开是十分主观的，他引用布莱克曼（Winifred Blackman）关于殖民地的经典著作《上埃及的农民》（1927）中的论述："现代埃及人会把由普通蓝色珠子穿成的项链看作能够驱逐邪眼的吉祥物。"（第13页）联系到迦南博士（Dr. Tawfik Canaan）20世纪早期在英属巴勒斯坦大量收集护身符的更多记载，上述观察结果当可大大扩展其适应范围。未来的研究也许会将人类学和考古学的分野重新结合起来。在串珠研究的初始阶段，科学分析要求一个假设的、试验的基础，即想象的"客观"，这样问题便仍是悬念，只能留给后来的研究去解决。当时人们认为串珠是一种抽象的形态，因而认可将串珠归为护身符一类，就像二十年前皮特里对其发表的那一部分藏品所定的名目（第13～14页）那样。夏鼐给读者提供的概括意味着一个未来研究的课题："本书中'珠子'一词采用上文修正过的意义，也就是

说，它包括普通珠子和垂饰，但不包括护身符。"（第 14 页）

后续的研究从未进行。由于论文是在特殊的历史条件下完成的，它一直没有在英国或者中国出版。战争和革命将论文作者及其指导者（Stephen Glanville）和考评者推入了另外的领域。作为一篇埃及学的研究著作，也许其重要性远远不及中国本土的发掘和培养工作。在伦敦，三位最能了解该论文影响的人是他的指导教师、继皮特里之后伦敦大学学院的教授格兰维尔（Stephen Glanville），以及串珠研究最权威的考古学家布伦顿和迈尔斯（Oliver Myers）。很可能他们都与论文作者失去了联系，他们自己也在战后离开了考古界，格兰维尔从事别的工作，而布伦顿和迈尔斯则不再工作。更反常的是，没有任何从事埃及考古或者非洲考古的人发表过关于该地区的珠子或者珠子研究一类的专著。世界百科辞书也许足以在田野工作方面填补这方面的空白，或者早期田野工作者如布伦顿等人早先发表的著作对于比较研究来说也许足够，夏鼐的博士论文太成功，让伦敦其他学者望而却步，他们不想花一生精力重复这项工作。没有人再进行这项研究，在东北非考古理论与实践的核心区留下一片空白，直接影响了学术界对西亚、东南欧这些最密切关联区域的研究。要让珠饰研究这个至关重要的领域得以重生，这部论文及支持其研究的图谱资料的出版，正是缺席已久的必要条件。这是因为"普通珠子"能为我们提供普遍珍惜的东西，那就是我们最具物质性的、最为亲密的联系，即人类活生生的身体与可以感知的意识层面的联系。

（颜海英译，莫润先校。原载《考古》2014 年第 6 期，

有修订，详见《译者后记》）

参考文献

Blackman, W. 1927. *Fellahin of Upper Egypt*, London.

Gallorini, C. 1998. A Reconstruction of Petrie's Excavation at the Middle Kingdom Settlement of Kahun. In S. Quirke (ed.), *Lahun Studies*, SIA Publishing, Reigate, pp. 42 – 59.

Petrie, W. M. F. 1904. *Methods and Aims in Archaeology*, London.

Petrie, W. M. F. 1915. *Handbook of Egyptian Antiquities, collected by Professor Flinders Petrie*, University College London, London.

Pilgrim, C. von 1996. *Elephantine XVIII. Die Stadt des Mittleren Reiches und der Zweiten Zwischenzeit.* Philipp von Zabern, Mainz.

Ucko, Peter and Wang Tao, 2007. Early Archaeological Fieldwork Practice and Syllabuses in China and England. In P. Ucko et al. (eds.), From *Concepts of the Past to Practical Strategies: The Teaching of Archaeological Field Techniques*, Saffron Press, pp. 35 – 56.

致　谢

　　向帮助过我的人表达感激之情是一项愉快的责任。我首先要感谢格兰维尔教授（Prof. S. R. K. Glanville），是他将我引入埃及学研究的，而且他的亲自教诲给了我很多灵感。在本书的准备过程中，他对我的帮助难以尽数。本书若能有些优点，那一定要归功于他的鼓励。感谢我的老师——国立中央研究院的李济教授——对我持续不懈的帮助。国立清华大学资助我到英国学习，伦敦大学学院向我提供了道格拉斯·默里奖学金，使我得以到埃及进行研究工作，在此向它们表示谢意。此外，我还要感谢以下个人和研究所对本研究提供的帮助：鲍姆加特尔博士（Dr. E. Baumgärtel）、布伦顿先生、卡顿－汤普森女士（Miss G. Caton－Thompson）、柴尔德教授、卢卡斯先生、迈尔斯先生（Mr. O. H. Myers）和皮特里爵士慷慨提供了相关信息；开罗博物馆的恩格尔·巴赫先生和阿什莫林博物馆的迈尔斯先生在我研究他们单位的珠子时提供了便利；伦敦大学学院的埃德蒙图书馆和大英博物馆图书室提供了大量特藏图书和杂志。我也深深感谢本书参考文献中所列学者们（希望没有遗漏）为我提供的资料和想法。本书虽然是我写的，但我的劳动只占其中一小部分，因为我在书中使用了许多其他学者搜集来的知识。

摘　要

埃及考古学发展至今，亟须囊括所有发掘成果的系统性研究。本书在首次公布皮特里收集品这一独特珠子收藏的同时，致力于对珠饰这种最重要的埃及文物进行系统性研究。

本书第一部分讨论了珠饰的考古学价值及将采用的研究方法，特别强调了制珠工艺对断代的重要性。

第二部分对各类出版物中的材料及珠子实物进行了批判性考察，在此基础上对制珠工艺做了详细研究。

第三部分考察并评价了各类珠子的分类法系统，并提出了新的分类法，为本课题日后的深入研究奠定了良好基础。在新分类法的基础上，设计了新的图谱系统。新图谱包含 20 幅线图，它是第一个关于古埃及珠饰的综合性图谱，覆盖了阿拉伯征服之前所有时期的埃及珠饰。

本书最后一部分是编年研究。按照古埃及历史发展顺序分九个时期进行论述。在每个历史时期，都会讨论珠饰的材质、类型（包括工艺特点）、用法、珠子编排方式和珠子的图像表达，同时指出各时期珠饰的特点，以及它们从一个时期到下一个时期的发展演变过程。本书还涉及珠饰反映的埃及对外交流情况。此外，本书修正了许多对珠饰材质鉴定和年代判断的旧有错误，并首次揭示一些新的现象。

结尾为参考文献。

目　录

第一部分

绪 论

第一章　珠子的考古学价值

费林德斯·皮特里爵士在其《埃及古物手册》中评论道："珠子和陶器是考古学研究的字母表。"[①] 珠子极其常见，而且种类繁多，因此对断代大有帮助，珠子作为考古材料的重要性便体现在这些方面。

同现存的"原始民族"一样，古埃及人非常喜爱珠饰，他们为种种目的使用的珠子数量极大。在一具木乃伊上发现成千上万颗珠子绝不稀奇。[②] 由于数量巨大、不易朽毁，珠子和陶片成了每次发掘所得材料的主体。即便在被盗掘的墓葬中，由于珠串的穿绳早已腐烂，许多珠子也会因此逃过盗墓者的注意。另外，珠子和其他小饰物一样，常常能够从毁坏大件物品的塌陷中保留下来。

如果所有时代的珠子都大同小异，那么它们的数量就没有多大帮助了。幸运的是，由于风尚、工艺和原料来源的变化，珠子在形制、材质、装饰和工艺诸方面都表现出很大的差异性。当然，某些类型的珠子——尤其是那些用天然材料制作的形制不标准的珠子——可能会孤立地出现在其本身年代以外的时期，但总的来说每个时代的珠子样

[①] Petrie，1915a，p. 15.

[②] Carter and Mace，1923，p. 159. 这种对珠子的喜爱可以上溯到巴达里文化时期，例如，莫斯塔哥达遗址有一座墓葬就出土了五六千颗珠子。见于Brunton，1937，p. 52。

式差别还是很大的。就连伦纳德·吴雷爵士——他认为珠子不是特别理想的断代材料——也承认不同文化阶段的珠子在总体样式上存在显著区别。[①] 然而，就我们的研究目的而言，珠子制作工艺的变化远比样式的变化重要得多。不同时代的珠匠可能会头脑一热，偶然制作出类型相似的珠子，但他们极少采用相同的工艺。当一种新工艺明确优于老工艺时，它几乎总会替代后者。而且，不同时代的珠子从表面上看通常别无二致，只有通过工艺上的细微差异才能加以区分。材质的变化也有意义。除了样式和工艺变化的原因外，开发新的自然资源、现有自然资源的枯竭、人工材料加工方法的获得（通过发明或引进）或失传、同域外地区沟通渠道的开通或中断，都会促使人们使用或弃用某种材料。

便携性是珠子作为断代证据的另一大优势。由于尺寸小、材料耐久，珠子很容易随长途贸易传播，因此可以揭示相隔很远的两种考古学文化之间的联系，否则这种联系就会湮没无闻。如果其中一种文化属于史前文化且年代不详，那么这种联系可以反映它和另一种年代已知的文化之间的共时性，从而得出该文化的绝对年代。这类例子中较为突出的有：出自苏美尔遗址和印度河谷史前遗址摩亨佐－达罗[1]的蚀花肉红石髓珠[②]，以及来自埃及和史前不列颠的分节釉砂珠。[③] 这项研究非常有意思，但必须以对实物的考察为基础。由于时间有限、环境困难，笔者现在无法开展这一工作，只能在本书中简要述及。

我们在认可珠子作为考古学证据的优势时，也不能忽视其局限性。和其他文物一样，我们在追踪珠子随贸易的传播时，必须考虑到

---

① Woolley, 1934, p. 372.

② Marshall, 1931, pp. 104 – 105, 515 – 516.

③ Beck and Stone, 1936, pp. 233, 252.

独立起源的可能性。由于所有珠子的用途都是一样的，即穿结或缝起来用作装饰品或护身符（或者两者皆是），因此只要有合适的材料，任何地区、任何时代的人都可以独立制作出形制简单的珠子，譬如盘状珠、球状珠、桶状珠和柱状珠。甚至有些形制和装饰更加特殊的珠子也可能是独立制作的，不过这种可能性会随着珠子复杂程度的增加而减小。有时珠子的形态是由两地常见的原料决定的。这些情况属于平行发展，而非传播的结果。至于制作工艺的差别，在同一文化区内用作断代是非常有效的，因为在同一文化区中，每一时期只流行一到两种制作特定类型珠子的工艺，而且新工艺的发明往往会催生出特定类型的珠子。然而有些技术难题的解决方法只有有限的几种，那么有些工艺，尤其是原始工艺很有可能独立产生于不同地区。另外，通过珠子的材料追踪其传播时要注意，只有当材料为产地限于几个特定地区的天然材料或者生产过程复杂的人工材料时，这种方法才有效。在这种情况下，对材料的鉴定及其产地的描述都要仔细核实。据贝克介绍，"法国的石桌坟[2]中发现过许多绿磷铝石珠，有学者认为这种绿磷铝石是从中国进口的一种绿松石"。① 虽然法国石桌坟出土的某种绿松石早年被考古学家称为"绿磷铝石"（callais）——这一名称出自普林尼的著作，至今仍出现在考古学文献中——但是，现在的观点普遍认为这种史前"绿磷铝石"并非普林尼笔下的"绿磷铝石"，而且在铜器时代之后就再也没有出现过。② 史前"绿磷铝石"的产地依旧不明。普林尼关于它的记述是："它产于印度后边的斐加力人（Phycari，即高加索山民）、塞克人和达赫人的国度。"③ 上述利用珠

---

① Beck，1929，p. 254.

② Déchelette，1908，p. 621.

③ Pliny，1857，chap. 33.

子追踪文化交流的注意事项，同样适用于其他文物。

珠子用于断代时有一个严重缺陷，即它们常常有很长的沿用期。比如，吴雷之所以认为珠子不是特别理想的断代材料，就因为它们经常被重复使用，所以他在为乌尔的墓葬做编年研究时便没有将珠子纳入考量范围。① 马丁·康威认为珠子能够流传数代之久，这使其断代研究变得复杂起来。② R. A. 史密斯指出，即便判定珠子制作的大致年代都很难。③ 当我们论及珠子的沿用时，需要区别两种情况：一种类似古生物化石，另一种如同现存物种。在生物学领域，虽然有许多古生物物种以化石形式保存了下来，但极少有物种能从遥远的地质年代存活到现在。同样，在我们的研究领域中，由于风尚的多变和技术的进步，也只有极少数几种珠子能在长时段内被不间断地、一成不变地生产。总体而言，珠子的生产总或多或少地有一个限定时间段。因此上述第二种沿用极为罕见，甚至可以忽略不计。我们经常接触到的是第一种沿用，即已经停产但被重新利用的古代珠子。这种沿用可以是连续的，比如有些珠子被视为传家宝或由于其作为护身符的特性而受到珍视；这种沿用亦可以是非连续的，比如从古墓里盗掘出来的或者在古代遗址捡到的珠子。据麦凯介绍，今天许多生活在美索不达米亚和埃及的阿拉伯人会佩戴从古遗址中捡来的珠子。④ 这种做法在中世纪的"墨洛温王朝"和伦巴第入侵者中十分常见⑤，在今天法国莫

① Woolley, 1934, p. 371.
② *Archaeologia*, vol. LXXVII（1927），p. 75（即贝克刊载于 *Archaeologia* 的 Classification and Nomenclature of Beads and Pendants 一文，实际年份为 1928 年，下同——译者）。
③ *Archaeologia*, vol. LXXVII（1927），p. 75.
④ Marshall, 1931, p. 516，脚注 6。
⑤ Eisen, 1916, pp. 19 – 20；又 Eisen, 1930, p. 38。

尔比昂的农民中也蔚然成风。① 虽然其他文物也偶有被重新利用的情况，但不如珠子这般普遍。珠子不像易碎的陶器——一旦打破就失去利用价值了——它们都用不易朽坏的耐久材料制作而成，因此始终有利用价值；珠子与工具和武器这些对日常生活至关重要的物件也不同，它们纯粹用于装饰，因此只要保存状况好，古代珠子的装饰效果同新式珠子并无区别，人们甚至会认为它们的驱邪效果更好；另外，珠子数量巨大，也提升了它们被重新利用的概率。这样看来，认为珠子断代价值不高的观点也有其合理的地方。

然而，人们在过度强调珠子被偶然重新使用的情况时，忽略了一个更为普遍的现象，那就是珠子在其制造年代的使用情况。即便重加利用，它们也总是和同时代的珠子混在一起的。虽然要时刻提防将重新利用的古代珠子错当成同时代的珠子，但只要足够谨慎，我们是可以把珠子作为一种断代根据的。使用和磨损痕迹可以指示珠子被重新使用过②，但并非所有被重新利用的珠子上都有这种痕迹，它也并不仅限于被重新使用的珠子上。另一种更好的鉴别办法是，一种被大量证据证明为早期类型的珠子，如果忽然出现在晚期阶段——有时还经过了较长的时间间隔——混在大量年代确凿的晚期珠子当中，与其他珠子的工艺和形制显得格格不入，这时我们就要怀疑它们是被重新利用的了。为一串混杂的珠子断代的基本原则是，它不早于该串珠子中最晚珠子的年代上限，除非有共存器物这种过硬证据表明有必要修正最晚珠子的年代上限。因为在给墓葬断代时，正如布伦顿指出的，"较为保险的办法是尽可能结合所有依据，墓葬形制、尸体朝向、陶

---

① Grancière，1987，pp. 48，84.

② 比如，平底锅形墓（pan-grave）中出土的红玉髓珠子就因为磨损严重而被认为是重新使用的，见 Wainwright，1920，p. 23。

器、印章/护身符、珠子及其他文物，在断代时要将它们都考虑到"。① 布伦顿又说："我见过罗马时期木乃伊的脖子上戴着前王朝的珠子，而前王朝的磨光红陶罐与托勒密时期的若干陶罐放在一起。"② 理论上讲，重新利用整串珠子是很有可能的，但是这种情况实际上极为罕见，至少在埃及是这样的。布伦顿曾经告诉笔者，他在发掘卡乌墓地时就见过许多重新利用珠子的明确案例，包括上述罗马时期木乃伊颈上的串珠，但所有的串珠都是新老珠子混合的，没有纯用老珠子穿成的。③ 因此，仅就埃及而言，只要谨慎利用，珠子可以作为墓葬断代的依据，实际上，我们的前辈皮特里爵士就已经这样做了。④

在珠子研究方面更严峻的困难是晚期珠子扰入早期层位的情况［为了行文简明清晰，本书中"扰入"（intrusion）一词均仅指晚期珠子混入早期这一狭义，而"重加利用"（re-use）一词专指早期珠子在晚期被重新使用的情况，尽管也有一些学者把后一种情况称作"扰入"⑤］。大家普遍认同的一点是，珠子新类型的出现对我们的研究而言远比老珠子的沿用和重加利用重要得多。珠子尺寸小，相较于其他文物更容易出现偶然扰入的情况，从而导致断代错误。在居址中，由于土壤侵蚀或洞穴动物的活动，较上层即较晚地层的珠子会滑落到下面较早的地层中。在被盗扰的墓葬中，盗墓者身上佩戴的或者他们从其他墓葬盗掘来的珠子会掉落到被盗墓葬里，他们拿走了墓中

---

① Brunton, 1937, p. 104.

② Brunton, 1927, pp. 5 – 6.

③ 卡乌的一座墓葬（3712 号墓）就是这样记录的，见 Brunton, 1930, p. 8。

④ 比如，寇申（Goshen）墓地中的墓葬就是根据护身符、珠子和陶器进行断代的，详见 Petrie, 1906a, p. 36 及他在 Brunton, *Qau I*, p. 78 所撰的"断代注解"。

⑤ 例如，艾森（Eisen）的文章，见 Eisen, 1916, pp. 19 – 20；Eisen, 1930, p. 38。

的所有东西后可能会忽略一些珠子，这些珠子很容易被误判为原来的随葬品。如果发掘报告足够翔实，这些扰入情况都可以分辨出来。不过有些扰入就很难识别了。发掘者也是人，不可能不犯错误，发掘过程中探沟顶层或侧壁的珠子可能会掉下来，被踩进底部的地层里；[①]发掘工人也会掉落珠子[②]，或者无意间把其他墓葬的珠子错放进来。[③]所有失误若没有被注意到，所得珠子就会被误认为出土于发现时的层位。发掘结束后，尤其在把珠子从营地运到博物馆的过程中，或者在其长期储存于博物馆的时间里，有些珠子可能会散落到另一批珠子里，特别是当珠子被草草包在易碎的纸张中或者用较脆弱的线绳穿起来时。另外，系在一串珠子上的标签松动后可能会被张冠李戴到另一串没有标签的珠子上。当珠子标签信息不准确或者不够详细时，有可能导致博物馆对其来源的记录发生讹误，特别是在登记过程开始于文物入馆很久以后时。即便珠子已经陈列在展柜里了，错放的情况也时有发生。[④] 鉴于本研究是以博物馆藏品为基础展开的，我们在根据几个孤例下结论时必须小心谨慎。当某种形制非常标准或有复杂装饰或采用特殊材质的珠子单独或少量出现在它们本该出现的时代之前时，我们就需要谨慎核对它们的发现情况了。对一些关键例证，我们不能使用被扰乱的样品，即使墓葬的记录是"完好的"，只要田野报告里

---

① 参见贝克对班普尔遗址史前彩色玻璃手镯的评论，见于 Beck, 1934a, pp. 12 - 13。

② Beck, 1934a, pp. 17 - 18，见他对乌尔遗址公元前 1600 年之前的地层中发现的若干透明红色玻璃珠所做的评论，他怀疑这些珠子来自当地的市场。

③ 见卢卡斯（Alfred Lucas）对涅伽达史前玻璃护身符的评述，参见 Lucas, 1934, p. 117。

④ 譬如 Beck and Stone, 1936, p. 232 的脚注，有人怀疑迪韦齐斯博物馆（Devizes Museum）一颗出自英国的分节珠子与埃及的珠子放混了。

没有特别提到这些关键样品，我们就不能排除扰入的可能。以我们现有的知识水平，更好的办法是对其存疑，等待以后的发掘提供解答的证据。至于从地表采集的珠子，以及从盗墓者或文物贩子手上购买的串珠，它们于我们的研究毫无用处，因为它们通常来源复杂，没有断代价值。

除了重加利用和扰入，还有一个因素会使某些珠子类型看似存在了很长时间，那就是我们无法通过细微差别来区分表面上相同的珠子类型。诸如"红玉髓珠""环状珠"之类的描述性称谓对断代来说毫无用处，因为这种珠子在各时代均有发现。如果能根据它们在形制、材质、颜色、装饰和工艺上的本质区别来分类，那么每种珠子就能分别与特定的年代范围对号入座了。即便是蚀花肉红石髓珠这样标准类型的珠子，在用作断代依据时，也需要进一步细分。当在公元前三千纪早期的摩亨佐－达罗和乌尔发现这种珠子时，相关发掘报告称它"在印度西北的希腊、斯基泰、帕提亚和贵霜遗址中出土过好几千颗"。[1] 然而贝克的研究表明，这些珠子实际可以分为时代不同的两组，每组珠子上的装饰纹样很不相同。[2] 因此，只要能够分辨并排除重加利用和扰入的珠子，然后将剩余的样品按照具有断代意义的显著差别分为有效的类型，那么大多数珠子类型的年代都会落在一个合理的范围内。这种分辨和分类工作十分必要而且值得深入开展。

珠子类型不同，其断代价值也不同。总体而言，珠子的类型越特殊，它能界定的年代范围就越窄。不过也有许多例外，需要仔细分辨细节。然而，即便是沿用时间较长的珠子类型，在核查用其他文物得

---

① Marshall, 1931, p. 583；Woolley, 1934, p. 374。

② Beck, 1933, pp. 384－398.

出的断代结果时也具有重要价值。

通过这一长篇分析，笔者不仅尝试讨论了本书即将进行的珠饰研究的合理性，也从逻辑上论证了本研究的方法论，接下来正文部分得出的若干结论就是以该方法论为基础的。

第一章译者注

［1］摩亨佐 – 达罗遗址的年代约为公元前 2500～前 1750 年。

［2］石桌坟（dolmen）是由两块或多块竖立的石头支撑大块扁平石板（即所谓"桌"）构成的古代墓葬结构，其外堆土或小石块构成封堆，但随着时间流逝，外面的土或小石块多已流失，只余下"石桌坟"这种结构。此类墓葬的年代多在公元前 4000～前 3000 年。

第二章　研究范畴

　　本书关于古埃及珠子的研究以伦敦大学学院的"皮特里收集品"为基础，同时辅以从各种出版物中收集的材料，以及对阿什莫林博物馆、开罗博物馆相关藏品的粗略考察。由于工作环境限制，笔者无法考察其他同等重要的藏品。不过必须说明的是，"皮特里收集品"提供的材料很充分，足以覆盖古埃及的所有历史时期。早在1891年，费林德斯·皮特里爵士就有进行一个标准化收藏的设想，包括已断代的珠子、各种类型的样本和所有常见的类型变种。[①] 由于他精妙的拣选手段和他在获取新样本方面无双的机会，"皮特里收集品"成为最具有代表性的珠饰收藏之一。

　　不仅如此，该收藏的大部分样品出自皮特里本人或其学派成员的考古发掘。他们在提取珠子时采用的谨慎方式为我们的研究奠定了良好的基础。皮特里在涅伽达遗址的发掘报告中有如下一段有趣的记述："每当工人发现珠子时，他们总会把珠子留给我亲自清理。如果发现重要的话，工人们一般会派一个小男孩来找我，给我看已经扰乱的样品。然后我会双目紧贴地面趴着，在土里搜寻这串珠子还未扰乱的部分。有时轻轻吹口气就能让好几颗珠子马上露出来，这样我就明白它们的装饰纹样和编排方式了。通常情况下，采集和保护一串由非

---

① Petrie, 1931, p. 128.

常小的珠子穿成的脚链大概需要两个小时。"①

本书中"埃及的"（Egyptian）一词要从广义上理解，它不仅包括在埃及制造的珠子，还包括源于外国但发现于埃及的珠子。在地理范围上，本书中的"埃及"取其历史意义，而非现代含义。历史上，古埃及南以阿斯旺附近的第一瀑布为界与努比亚分隔，但古埃及的疆界始终包括西奈半岛。据笔者所知，皮特里收集品中没有发掘自努比亚的珠子，却有几串是皮特里在西奈半岛发掘的。

本书中"古代"（ancient）一词也包括罗马 - 科普特时期，因为这一时期突然出现了大量新类型的玻璃珠（这在皮特里收集品中也有很好的体现）。因此，珠子图谱也会包含这些晚期类型。但由于时间有限，笔者只能对其略作提及，不能展开论述了。

《牛津英语词典》对珠子（beads）的定义为："一种穿孔的小体积物体，呈球形或其他形状，由玻璃、琥珀、金属、木头等材料制成……或缝在各种织物上。"② 根据这一宽泛定义，"珠子"既包括被认为能够驱邪、驱病的护身符类珠子，也包括用作垂饰的珠子，后者既有穿孔不在中心的特殊类型，也有普通的珠子，但会用特殊方式穿起来作为其他东西的悬挂部分。因此普通珠子和护身符或护身符类珠子之间的区别纯粹是主观的，一颗普通珠子可以因为其形状、材质、颜色甚至仅仅因为佩戴者的主观意愿而成为护身符。③ 现代埃及人会把由普通蓝色珠子穿成的项链看作能够驱逐邪眼（evil eye）的吉祥物。④ 考古学家的

① Petrie, 1896b, p. x.
② Murray, 1888.
③ Beck, 1936, pp. 14 – 16.
④ W. S. Blackman, 1927, pp. 49, 221.

研究主题必须完全采用客观而非主观的标准。从研究的角度出发，最好用"护身符"（amulet）一词指称模仿自然物体形状的、具有神力的珠子。这种狭义护身符的课题与普通珠子大为不同，有自己的分类原则和发展轨迹。伦敦大学学院收藏的这类护身符，皮特里已于1913年详细公布了，因此本书不再涉及。不过，有些护身符形制简单、粗糙，可以将其当作普通珠子处理，这种重叠有时非但不可避免，反而是必要的。至于垂饰，它们更适于同普通珠子一起研究，这不包括那些作为护身符重要部分的护身符类垂饰。由于线绳腐朽，珠串的穿结方法通常不明确，因此本书只把能够通过穿孔确证为垂饰者称为"垂饰"。综上，本书中"珠子"一词采用上文修正过的意义，也就是说，它包括普通珠子和垂饰，但不包括护身符。

圣甲虫、滚印和纽扣印章等也常像珠子一样被穿在绳子上，但它们的主要用途显然不仅仅是装饰，所以最好还是把它们和珠子区别对待。把它们与珠子分为一类——比如贝克在论文中的做法①——似乎与其用途相悖，因此本书不拟这样处理。

本书会适当注意珠子的工艺技术，以明确具有断代意义的制作方法。但关于珠子的美学分析则被有意回避了，因为它不在本书的研究范畴之内。

至于古代遗存对珠子的图像表现，是一个非常有意思而且值得深入研究的课题。本书原计划进行这方面的研究，但由于时间有限，不得不将其割舍，只会简要论及。这一内容会形成一个与珠子实物研究迥异的课题，可以留给对它感兴趣的研究者来探索。不

---

① Beck，1927，pp. 1，39.

过，尽管对研究范畴做了这些界定，本书的主题仍然包括相当广阔的领域，因此笔者对它的研究不可能面面俱到。笔者只能尽力建立一个大体框架，希望以后的研究能对其加以充实、修正，并最终超越它。

第三章　登记方法

　　笔者着手开展珠饰研究时，首先要做的是对"皮特里收集品"中的一千多串珠子进行登记。当时，笔者并不知道自己在接下来的研究中需要什么，更不清楚田野发掘者和博物馆人员有何需求。最常见的方法自然是遵循某一套系统并加以改良。贝克说过："要全面描述一颗珠子，必须说清它的形状、穿孔类型、颜色、材质、装饰和数量。"[1] 但如果登记一整串珠子的话，还需要记录一些其他信息。因此，笔者参照布伦顿在《卡乌与巴达里Ⅱ》一书中"珠子登记与图谱"里提出的方案，进行必要调整后，设计了一种登记卡片。下面笔者会描述自己获取主要信息所用的方法，以便读者对其准确性或错误有所判断，但笔者无意向读者推荐这一方法。本书第14章会给出一套采用新图谱系统的更加理想的登记系统。

　　笔者设计的登记卡片需要记录每串珠子的以下8项信息：登记号、出土单位、年代、用途、参考文献、评注、线图和照片号；对同一串上各类型的珠子再记录以下6项信息：形状、穿孔类型、颜色、材质、装饰和数量。登记整串珠子的细节无须多言，因为现在博物馆和发掘现场采用的登记表格大同小异。在笔者着手研究珠饰时，"皮特里收集品"的藏品登记册尚未完成，大多数串珠还没有藏品编号。

---

① Beck, 1927, p. 1.

因此，为了方便引述，笔者会给每串珠子一个临时编号，编号从 1 开始，如果该串珠子已有藏品编号（以"U. C."起头），则将该编号括注在临时编号之后，如 37（U. C. 9598）。

至于登记每一类型珠子的细节，需要做点说明。

1. 形状。发掘报告中已经出版了多种珠子图谱，但是它们都只涉及某一历史时期，不同历史时期所用的图谱也各不相同。这对于发掘报告已经足够了，因为发掘报告的主要作用是介绍某一历史时期的遗存中都有哪些类型的珠子；但对一本关于珠子的专著，就需要一个能覆盖古埃及所有时期的综合性图谱了，以便研究者查找未经断代的珠子的年代。因此笔者采用了贝克对珠子形状的分类系统。他的分类系统（详见他的文章《珠子和垂饰的分类与术语界定》）很吸引人，不仅全面，而且系统、清晰。笔者先根据该系统对 600 串珠子做了分类，其间会在每张卡片上附上珠子线图；然后编制临时图谱，大体根据 O. H. 迈尔斯等[①]的建议，把布伦顿的线图按照贝克的分类法重新排列。笔者发现有两处需要调整的地方。第一，笔者将贝克的分类法重新组织成了十进制系统；笔者使用三个阿拉伯数字代替四个符号，把罗马数字留着标注亚种（sub-classes），小写罗马数字则在必要时用以指示类型变种。[1]第二，在布伦顿的线图中，有些类型之间的尺寸差异几乎无法辨别。为解决这一问题，笔者引入了"基本尺寸"这一概念。在贝克的系统中，"标准珠子"的定义为：珠子长度为截面直径的 0.9～1.1 倍。[②] 因此本书约定，只有当两种珠子的长度差达到 1/5 时，才有必要将两者区分为不同的类型，在极端情况下，长

---

① Mond and Myers，1937，p. 70.
② Beck，1927，p. 6.

度差的最小值和最大值分别为 1 毫米和 5 毫米。这样一来，布伦顿的许多线图就可以省略了。皮特里收集品中其余的珠串都将按这一临时图谱的标准分类。本书下一部分[2]会详细解说最终的图谱系统，因此这里没有必要再详述该临时图谱。

2. 穿孔类型。穿孔的分类参考了贝克的穿孔图谱。贝克在该图谱中将珠子的穿孔分为 11 个类型，有的还有亚类。① 笔者后来发现还有必要再增添两个亚型：第一个可称为"Ⅷ，c 型"，为中空穿孔，这种穿孔常见于球形金属珠上；第二个可称为"Ⅱ，c 型"或"Ⅳ，c 型"穿孔，见于石珠上，穿孔前在石珠两端刻凹槽。笔者觉得贝克的分类系统需要重新加以组织。他的前 7 种类型是依据穿孔技术分类的，但是其余几种又是根据穿孔在不同形状的珠子上的位置或者几个穿孔的相对位置来分类的。其实后者可以根据每个穿孔的穿凿技术分为若干亚型，而且这些类型的穿孔中除 Xa 型外都不常见，即使出现了也会被列为特殊类型的珠子，在图谱中单独用线图表现，因此都可以从我们的图谱中省去，而我们的图谱只表现依据穿凿技术分类的单个穿孔。另外，贝克划分的Ⅶ型穿孔（管状）可以归入Ⅵ型中，因为Ⅶ型穿孔只是用于柱状珠子的"大穿孔"[3]而已。此外，我们还有必要再增加 3 个新类型，其中两个已在前文介绍过，另一种是天然穿孔，从技术层面讲它也应属一种类型。穿孔在新分类系统（见图版壹 A）中将采用阿拉伯数字指示，以便与贝克的旧系统相区别。需要说明的是，如果一种穿孔为类型 8 和其他类型的组合，则始终将其归为前者，而非后者。

3. 颜色。虽然我们可以在特定光源下根据光的相对强度和波长

---

① Beck，1927，pp. 51 – 52，pl. Ⅳ。

准确分析和定义所有物体的颜色，但即使有足够时间和精力，也很少有人愿意如此大费周折。描述颜色最常用的方法是对照比色表。广泛使用的著名比色表有：李奇威和奥斯特瓦尔德的"色彩标准"、道特内等人的"颜色索引"、英国色彩委员会编纂的"颜色标准辞典"① 以及该委员会与皇家园艺学会出版的"园艺学比色图表"。据笔者所知，最早使用比色表的发掘报告是摩亨佐－达罗的发掘报告，在该报告中，A. L. 寇森依据李奇威的《色彩标准与表色法》描述珠子的颜色。② 最近，O. H. 迈尔斯在描述珠子颜色时参照了温莎牛顿公司生产的绘图颜料标本及其对应的奥斯特瓦尔德表色法③，笔者认为他在即将出版的阿尔芒特的发掘报告中也会使用奥斯特瓦尔德色卡。为方便起见，我们最好沿用埃及学著作中已经使用过的表色方法。

奥斯特瓦尔德色卡包含 680 种不同颜色，还可以添加中间色来扩充。鉴于登记卡片上对颜色的描述只求相对准确，奥斯特瓦尔德色卡上出现的颜色就足够使用了。对于风化的玻璃珠和褪色的釉砂珠，其颜色应以保存最好的部分为准，同时描述变色程度；对于透明和半透明珠子，其颜色要利用反射光而非透射光来确定。

据笔者的经验，对颜色的记录可以在不严重牺牲准确性的情况下进行简化。首先，一些石料的名称已经暗示了颜色，比如青金石、水晶等，它们的颜色种类非常少，可以忽略。即使像紫晶这种石料，辅以"浅""深"等修饰词就足够了。其次，玻璃、釉砂等材料的颜色种类非常多，需要特别标明。但对于描述这些颜色而言，奥斯特瓦尔

---

① Clay, 1939, pp. 410 – 411.
② Marshal, 1931, p. 535.
③ Mond and Myers, 1937, pp. 73 – 74, pl. Ⅶ.

德色卡过于烦琐了，其颜色应该归纳为若干更宽泛的类别。这种归纳理应通过数学方法、利用相邻色在色相、色调和饱和度方面的"连续变化率"实现，不过，也可以通过一些有实际意义的区别实现，比如我们肉眼足以辨识的、我们的研究将证明具有断代和技术价值的区别。对于釉砂珠，只有保存下来的原有色彩才有记录的价值。

4. 材质。本书关于材料的术语大体遵循卢卡斯的权威著述①，该书是埃及考古学家不可或缺的，基本人手一册，所以我们没有必要重复他的观点。关于材质术语，笔者在此仅就自己认为的问题以及在记录时采取的解决办法做必要的简短介绍。

对埃及学而言，地质学家对矿物所做的许多精细划分是可以忽略的②，笔者同意这个观点。不过，笔者认为还有一些差别虽然在地质学家或化学家眼中不重要甚至不存在，却对断代极为重要，所以我们有必要对其加以识别。我们研究的是古人使用的材料，就要考虑他们对材料的看法，不过每种材料细分后的概念必须进行澄清和界定。有时候甚至可以制造新术语，但是要限于绝对必要的情况，比如，当从其他学科或行业借用术语来描述与其本意完全不同的事物会造成混乱时，最好创造新术语。如果某一岩石名称同时被地质学家和考古学家使用但是用法不同，我们最好遵循地质学家的命名法。

关于材质鉴定，笔者在初步记录的过程中只使用了几种非常简单的方法。物理方法包括卢卡斯推荐的几种，即用放大镜观察、测定硬度和检查断面。③ 化学检测只测定了材料同酸的反应，以判定是否含

---

① Lucas，1934，对于本研究，着重参考第五、七、十二和十三章。
② Lucas，1934，pp. 355 – 356。
③ Lucas，1932，pp. 221 – 224.

有碳酸钙，比如雪花石膏、石灰岩、大理石和壳类材质的判定。①

虽然本书试图建立标准化的命名法，但是前后不一致的现象仍时有发生。由于经验不足，尤其在本研究的开始阶段，有些材质可能存在误判，笔者原本计划在初步登记后核查时予以统一和修正；有些材质，笔者仅做了初步鉴定，还有一些材料未鉴别，笔者原计划稍后将其递交相关专家鉴定。遗憾的是，由于"二战"爆发，原定计划没有时间落实了。笔者将关于材质的所有必要说明集中列在一起，放在了第五章。

5. 装饰。虽然带有装饰的珠子在所有珠子中只占一小部分，但它们对本研究至关重要，因为大多数带装饰的珠子都出现在较短的时间段内，对它们的断代要比绝大多数素面珠子准确。对装饰的描述要同时顾及纹饰和工艺，有时技术工艺对于断代而言比纹饰本身还重要。

本书关于装饰的术语大体遵循贝克的文章使用和定义的系统。②然而，贝克不知何故在论述装饰的部分中遗漏了一些装饰类型。其中有些可以从其论文的分类部分得到补充，比如金属珠采用的小金珠装饰（第92页）、翻折成型的玻璃珠（第46页）、饰突起圈－眼图案的玻砂珠和饰圈－点纹样的玻砂珠（第52～53页）。有些遗漏的类别则需要增补，比如贴银玻璃珠，这种工艺同贴金玻璃珠相似，意在模仿珍珠。

根据贝克举出的例子，彩色石料制作的珠子会因石料切割方向的不同产生各种纹理，我们在登记卡片中把它们归入有装饰的珠子，比如猫眼石、缟玛瑙或缠丝玛瑙珠上的条带纹理以及玛瑙珠上的圈－点

---

① Lucas，1932，p. 226。

② Beck，1927，pp. 55－71.

纹样。杂色闪长岩、斑岩、角砾岩等彩色石料制成的珠子虽然也有装饰效果，但是纹理不规则，因此我们将其作为素面珠子处理。本书会始终坚持这两种传统区别。在珠子图谱中，前者及其纹理会放在"有装饰的珠子"中，后者则列在普通素面珠子这一类中。

装饰的制作工艺有一些需要进一步研究。贝克认为金属珠子上的掐丝和小金珠装饰是焊接（soldering）上去的[1]，亨利则认为小金珠是熔接（fusing）上去的，因为焊接的小金珠不可能那么精细，颗粒也不会如此自然[2]，因此他觉得一件中王国时期的柱状小盒上的小金珠装饰是熔接的，而不是焊接的。[3] 有些釉砂珠饰有模制的圈－点图案，贝克认为这种图案可能是为了增加装饰效果而用深色釉料描绘出来的[4]，不过有些较深的颜色实际是珠子表面凹陷处釉层较厚造成的，这与大英博物馆所藏皇家金杯上珐琅色度的不同道理一样。关于这类工艺问题，笔者在接下来的章节中会进一步详细论述。

6. 数量。在本研究中，珠子可以分为三类。第一类是稀有珠子，比如前王朝墓葬中的铁珠，它很有意思，但是只有极少数幸运儿能发掘到这种珠子。第二类是典型珠子，它们的年代范围很窄，但在该时期特别常见。第三类是普通珠子，它们的存续时间相对较长，但是早晚数量会有波动；从数量上看，它们不像第一类珠子那么稀有，有些甚至比第二类珠子还要常见。而重加利用的珠子与其正常生产时期相比，数量就少多了，而且两者之间通常会有一段时期间隔。因此，珠子的数量并非毫无意义。笔者在记录时，既会统计每串的珠子总数，

---

[1] Beck，1927，pp. 26，59。

[2] William，1924，p. 36.

[3] William，1924，p. 48（图谱 No. 1）。

[4] Beck，1927，p. 70。

也会统计该串中每个类型珠子的数量。笔者希望，通过罗列每个类型珠子的实际数量及某一时期它们在墓葬中出现的频率，能够从杂乱的材料中得出一些结论。但这样做很耗费时间。在时间不充足的情况下，布伦顿的计数方法就可以满足一般记录的需要了。根据他的体系，只有珠子数量在一定范围内（如五六个）时，才会记录具体数量；超过这一范围，则只需给出一个估计值，如"若干""一小串""一长串"等，这些表述可以简写为 F、S. S. 和 L. S. 。①

上述几项信息，有些可以呈现在图谱中，登记时只需记录图谱编号和每个类型珠子的数量，有时再增加一些关于颜色或材质的描述。然而，正如前文所述，至今尚无能够涵盖古埃及所有时期的珠子图谱；而笔者制作此类图谱的工作需要推迟到更晚阶段，以便笔者对本研究课题的特点、问题和难点有更清晰的把握。因此，在研究起始阶段，这种细致的记录就很有必要了。根据笔者的经验，每类珠子的制作方法也应当做一记录，正如 J. L. 迈尔斯在评论贝克的系统时所指出的那样。② 虽然形状、穿孔和装饰在一定程度上可以反映制作方法，但是制作中的其他方面，比如实际流程，如果可以复原，也应当记录下来。问题是，我们虽然可以通过仔细观察区分技术上的差异，但是实际加工过程有时几乎无法确定。这方面的错误信息有时比信息的缺失还要有害，不过，当信息无法确定时，大可以把这一项空着不填。

笔者还注意到一些更为精细的珠子登记系统，比如，迈尔斯在记录阿尔芒特出土的珠子时添加了"表面收尾"和"两端收尾"两项，

---

① Brunton and Caton-Thompson，1928，p. 27，也见于 Brunton，1928，p. 17。
② Beck，1927，p. 75。

还在贝克的穿孔类型之外增加了"穿孔说明"。每类珠子的表面收尾和两端收尾分别描述为"粗糙"、"无光泽"、"光滑"和"抛光"，穿孔说明中的描述则包括"铰孔"、"孔壁粗糙"、"孔壁无光泽"、"孔壁光滑"或"孔壁有跳刀痕"。① 笔者认为，表面收尾信息只对某些种类的珠子（可能只有石珠）有意义。笔者在登记卡片上描述珠子形状时，有时会为表面极其粗糙的珠子添加备注，但表面收尾不是一项必备信息。我们可以在描述加工方法时对它加以说明，因为"收尾"本就是加工中的一道工序（通常是最后一道）。而两端收尾和穿孔说明中的信息对于断代并不重要，不必费力提取了。

还有一种登记方法是皮特里在 1914 年设计的，把登记簿和图谱合二为一了。② 然而，最后用图表体现珠子形制的方法达不到图谱的功能，而登记簿上空间有限，每类珠子只能记录一条信息，致使登记簿的其他副本都被束之高阁了。可能由于这些缺陷，皮特里在他后来的发掘报告中再没有使用过这一方案，其他学者也未使用过。

第三章译者注

[1] 此处描述与实际操作有别。在实际操作时，夏先生采用的是罗马字母与阿拉伯数字混合的表示方法，没有使用罗马数字；其中，大写罗马字母用以表示"群"与"亚群"，而非"亚种"；小写罗马字母用以表示类型变种。详见本书第十四章《新图谱系统》。
[2] 应为第三部分。
[3] 即 VI 型穿孔。

---

① Mond and Myers，1937，pp. 101 – 116.
② Petrie，1915b，p. 13，pls. XLIV – XLV。

第四章　材料组织方法

完成初步登记后，下一步要做的就是构建新的分类法，并在它的基础上重新整理和改善临时图谱了。新分类法和新图谱在本书中占有极其重要的地位，笔者会在下一部分对其详加讨论。

接下来就涉及材料组织方法的问题了。按照最初的设想，笔者拟为皮特里收集品编制一套图录，让埃及学家们都能利用这批无价的收藏，而把本研究的成果作为该图录的引言。但由于特殊环境的原因，这一登记工作在临近完成时被迫中止了。虽然笔者已经登记了1700余串珠子，但还没有对大多数后王朝时期的珠子展开登记；就是王朝时期的珠子，笔者也不敢断言登记绝对完成了。而且，已登记的珠子尚需重新检核，珠子的图像采集工作尚未开始，而珠串的编号还是根据工作进度指定的临时编号。笔者原本打算将珠子大致按照年代顺序排列并重新编号，但是这一计划只能等到登记工作全面完成后再实施了。另外，由于记录方法十分细致周全，登记卡片上的内容过多，本书无法全部收录。因此，笔者只能以附录形式给出一个精简的图录，至于详细图录的编纂只好等到以后再开展了。

笔者会尽量避免把本书正文写成一本描述性图录的形式。笔者会努力把自己的调查研究呈现出来，而不会简单地描述每一颗、每一串珠子的各种细节。在把皮特里收集品的相关数据收集、汇总后，笔者会采用表格形式呈现相关研究结果，从中得出一般性结论。其他来源的样本若对本研究有所帮助，也会被添加进来。本书会适当注意珠子的制作工艺。制作方法只要能够复原就会加以描述，同工艺有关的问题，只要在笔者能力所及范围内，都会予以讨论。单颗或整串珠子只有在具有重要价值或能引发重要问题时才会单独指出，所引出的问题有些需要新的证据来解答，有些永远都没有答案，不过笔者会尽可能指出进一步研究的方向。

关于材料组织还有另一个问题。处理任何一类文物的历史通常有两种方法：一种是先将它们按照年代顺序编排，然后对每一个时期内的不同类型逐一进行讨论；另一种则是将它们按照类型顺序排列，继而讨论每一类型从出现到消亡的过程。本书采用了第一种方法。珠子和工具、武器及生活用品（皮特里在发表这些东西时采用了第二种方法）不同，它们相互关联，个体间差异较小，而且功用基本相同。制作一条珠串往往需要好几种类型的珠子。因此最好将每一时代的珠子作为整体呈现出来，而不是按类型、跨时代分割开来描述。而且，珠子图谱已经按照类型编排了，每个类型的年代范围也会在那里列出，所以最好从另一个角度讨论这一主题，以揭示更多信息。因此，本书的正文将按照年代顺序编排，依次讨论每一时期的珠子。

那么就要考虑时代划分的问题了。珠子这种小物件的变化是连续不断的，新的类型不断出现、旧的类型不断消失。这种变化通常会有一段过渡期，在此期间变化会更多、更明显。引起变化的原因多种多样，除了风尚变化外，还有新工艺和新材料的引进、外国人的入侵或和平影响。过渡期往往会延续一段时期，但不一定和王朝更迭同步。而且，大多数类型的珠子存在时间较长，不会局限在某个国王的在位时间。因此我们划分的时期要足够长，也不一定要和王朝更迭重合。不过，对珠子发展史的阶段划分还有待进一步研究，因此采用埃及学研究常用的历史分期比较妥帖，但同时也要考虑到上述事实。

为了简明起见，本书采用罗马数字标注王朝编号。[1]不过布伦顿用Ⅶ－Ⅷ和Ⅸ－Ⅹ分别表示第一中间期早期和晚期的做法，本书不拟沿用。王朝在历史中是实际存在的，不能这么使用，因为我们对这一时期的真实情况知道的太少了。① 布伦顿在发掘报告中还有一个习惯——他用一个数字来表达两个及两个以上的王朝，比如用Ⅷ指代第7~8王朝、用Ⅸ指代第9~10王朝②、用ⅩⅩⅡ指代第22~24王朝。③这种做法只是为了方便，若做了恰当说明，似不必严厉反对。它唯一的缺点是令人无法区分被模糊地断在第22~24王朝的珠子和被明确断为第24王朝的珠子。有时候为了方便书写，简称用起来更加合适，比如在登记卡片或图谱中表示年代的情况下，因此不妨仿效赖斯纳和菲尔斯对努比亚某些历史时期的处理方法④，用缩写来表示历史时期，而把罗马数字专门用来标注王朝编号。下文是本书用以显示各历史时期的缩写（仅在必要的情况下使用）：

（Ⅰ）PH（史前时期）。

（A）NL（新石器时代），包括 FN 或 FY（法尤姆文化）、MR（麦里姆达文化）或者还有 TS（塔萨文化）。

（B）CL（铜石并用时代），包括：（1）BD（巴达里文

---

① Brunton，1927，p. 7；对其评论见 Frankfort，1930a，p. 268，又见 Baly，1932，p. 173 的批评。
② Brunton，1928，pp. 3，7。
③ Petrie，Brunton，Murray，1923，p. 36.
④ 见上述作者在 *Archaeological Survey of Nubia* 中的报告（包括 Reisner，1910；Firth，1912；Firth，1915；Firth，1927。——译者）。

化）；（2）PD（前王朝时期），其下又分为（a）AM（阿姆拉文化）或 EP（前王朝早期）、（b）GZ（格尔塞文化）或 MP（前王朝中期）、（c）SM（赛米亚文化）或 LP（前王朝晚期）。

（Ⅱ）ED（早王朝时期），自 S. D. 76 至第 2 王朝末期。

（Ⅲ）OK（古王国时期），第 3~6 王朝。

（Ⅳ）FI（第一中间期），第 7~10 王朝。

（A）EF（第一中间期早期），相当于布伦顿的第 7~8 王朝。

（B）LF（第一中间期晚期），相当于布伦顿的第 9~10 王朝。

（Ⅴ）MK（中王国时期），第 11~12 王朝。

（Ⅵ）SI 或 S（第二中间期），第 13~17 王朝。PN 或 Sp（平底锅形墓文化），于 SI 出现在埃及，但还是单独称作 PN。

（Ⅶ）NK 或 N（新王国时期），第 18~21 王朝。[2]

（Ⅸ）LT 或 L（晚期埃及），第 22~30 王朝。

（A）EL（晚期埃及早期），或布巴斯提斯时期，第 22~24 王朝。

（B）ML（晚期埃及中期），或塞易斯时期，第 25~26 王朝。

（C）LL（晚期埃及晚期），或波斯时期，第 27~30 王朝。

（Ⅹ）P-R（托勒密-罗马时期）。

（A）PT 或 Gr 或 G（托勒密时期）。

（B）R-B（罗马-拜占庭时期），包括：（1）RM 或 R（罗马时期），公元前 30 年至公元 395 年；（2）BZ（拜占庭时期）或科普特时期，公元 395 ~ 640 年。

　　有几个术语需要扼要说明一下。对于史前文化的命名，本书采用欧洲史前史以地名命名文化的方法。在埃及学文献中，"史前时期"有时也指包括巴达里文化在内的整个铜石并用时代。[①] 这里把"铜石并用时代"单列出来了，因此"前王朝"（Predynastic）就取其狭义范围。本书中会尽量避免使用"前王朝"一词，而使用每个文化的具体名称。"赛米亚文化"可能只是格尔塞文化的晚期阶段，但为方便起见在此保留。皮特里认为 S. D. 76[3] 之后为早王朝。[②] 在此用"Early Dynastic"而非"Proto-dynastic"来指代早王朝，是因为前者缩写后不易同其他缩写混淆。考虑到在萨卡拉的考古发现，第 3 王朝被从早王朝移至古王国。"第 18 王朝早期"的时期下限是图特摩斯三世东征，这一时期的珠子更接近于中王国时期的珠子，而非新王国时期的。开罗博物馆把第 22 ~ 24 王朝归入新王国时期而不是晚期[③]，但是皮特里认为第 22 王朝的文物与新王国的相比有巨大变化，它们拉开了整个晚期埃及的序幕。[④] 布伦顿也同意这一观点。[⑤] "E"、"M"和"L"这三个缩写也会放在其他时期的名称之前，分别表示"早期"、"中期"和"晚期"。

　　至于断代方法，目前已经登记的珠子除少数外均为发掘品，且已经过皮特里断代。如没有断代，我这个新手就要斗胆承担这一任务

---

①　例如 Lucas，1934，p. 4。
②　Petrie，1920，p. 2。
③　Cairo Museum，1938，p. 8。
④　Petrie，1891，p. 26。
⑤　Petrie，Brunton，Murray，1923，p. 26。

了。但正如笔者在第一部分所述，珠子断代时会面临许多陷阱，必须核对与珠子共存的遗物。遗憾的是，皮特里收集品中大多数珠串都已经脱离了同其一起出土的文物，致使核对工作无法开展。因此，笔者会基本遵从原来的断代结果，除非有明确证据证明更改年代的必要性。当必须改动年代或对原有断代产生置疑时，笔者会详细说明原因。

第四章译者注

[1] 为方便读者，中译稿将所有表示王朝编号的罗马数字转成了阿拉伯数字。

[2] 原文脱"新王国时期"。

[3] S. D. 即顺序断代（Sequence Dating）的缩写。顺序断代法是一种基于涅伽达文化陶器类型的相对断代法，由皮特里在 1901 年发表。皮特里将涅伽达文化陶器分为 9 个类型并排位序列；序列又分为若干段，用阿拉伯数字标注，编号从 30 开始，之前的预留作日后补充新类型之用，在表述时冠有"S. D."。顺序断代法在 20 世纪 50 年代得到凯泽（Werner Kaiser）的修正，开始用涅伽达 Ⅰ、Ⅱ、Ⅲ表示顺序断代中的阶段。在近些年的研究中，亨德利克斯（Hendrickx）的断代系统逐渐取代了凯泽的断代法，不过其基础和顺序断代法一样，均为涅伽达时期的陶器。

第五章　材质术语及鉴定

　　材质术语及鉴定的问题已经在第三章"材质"部分做了简要论述。如其所述，有些材料的名称需要解释，它们会按字母顺序列出。[1]为了查找方便，我们把这部分内容取出单独成章列在此处。（当一名称由一般术语和修饰语组成时，请在其一般术语处查阅相关内容。）

　　斑状岩，黑白（white and black Porphyritic stone）。见"闪长岩"。

　　板岩（Slate）。见"硬结泥灰"。

　　碧玉（Jasper）。一种不透明硅石，即使边缘最薄处也不透明。颜色有红色、绿色、棕色、黑色或黄色。如"红玉髓"条所述，有些略透明的红玉髓品种有时会被当成红碧玉。另一种可能被误认作红碧玉的红色岩石会在"叶蜡石"条进行讨论。此外，很多质地非常坚硬的绿色石头会被误认为绿色碧玉。

　　玻璃（Glass）。见"釉砂"。

　　玻璃料（Paste）。这个词被用来宽泛地指代许多物质，特别是玻砂、不透明玻璃和釉砂（即"施釉玻璃料"）。卢卡斯①和贝克②都强烈反对使用这个词，因此本书也不拟采用。见"釉砂"。

---

① Lucas，1934，p. 127.
② Beck，1927，pp. 54 – 55.

玻砂（Frit）。见"釉砂"。

方解石（Calcite）。在矿物学中，方解石包括普通方解石、冰洲石、石灰石、大理石和东方雪花石膏，这几种材料遇盐酸都会产生气泡。不过，本书中"方解石"一词特指普通方解石，其透明度从半透明到不透明均有，通常结晶良好。无色半透明的方解石称作"冰洲石"，它具有强烈的双折射现象。"石灰石"是指称碳酸钙的一般术语，出产石灰石的矿床分布很广；而大理石则是重新结晶的变质石灰石。在本书中，石灰石用以指称方解石的大量变种，即无光泽、质密、颗粒粗糙或精细的方解石。大理石用以指称可以抛光的石灰石，无论是否经过变质过程。我们登记过的这些材料都用酸测试过。

橄榄石（Olivine）。见"蛇纹石"。

缟玛瑙（Onyx）。见"玛瑙"。

骨料（Bone）。骨料常和象牙混淆。在这些情况下两者很难区分，但是用于制作珠子的长骨通常保留着天然孔洞，这种孔洞比象牙珠用器械穿凿的穿孔大很多。另外长骨珠的截面常保留长骨的天然形状，大体上呈三角形或椭圆形。

红铜（Copper）。见"青铜"。

红玉髓（Carnelian）。本书把红玉髓分为以下几种。（A）红玉髓A，参见"玛瑙"。（B）红玉髓有一种褐色品种，在矿物学上称作"sard"（棕红玉髓），不过这个词已经被埃及学家用于指称"色彩鲜亮，几近橙红色"的品种了[1]，为了避免进一步混淆，本书将这种褐色品种称为红玉髓B（Brown）。（C）正色红玉髓称为红玉髓C（Common）。（D）鲜亮的、橘红色的红玉髓品种有时被称为"sard"，

---

[1] Brunton，1928，p. 20.

而矿物学家用这个词来命名褐色红玉髓品种，我们前面已经说过了。其实把这种亮红色的红玉髓称为"贵红玉髓"似乎更好，不过本书中称为红玉髓 D（reD）。（J）在矿物学中，碧玉属于硅石的一种，（即使边缘最薄的地方也不透明）但有一种略透明的红玉髓品种（厚的地方为不透明，薄边处半透明）也常被埃及学家称为"红碧玉"，本书称为红玉髓 J（Jasper-like）。当不需要区别以上品种时，本书会用一般术语"红玉髓"指称所有品种。

琥珀（Amber）。琥珀是一种半透明的树脂化石。卢卡斯指出，琥珀的特性之一是微溶于乙醇和丙酮等有机溶剂。[①] 我们登记的琥珀珠都没有用这种方法测定过，因此最好把年代较早的"琥珀珠"直接称为"树脂"，而罗马 - 科普特时期的"琥珀珠"几乎可以确定为琥珀，因此称作"琥珀（?）"。还有一种树脂，密度大、呈不透明黑色、很脆，容易碎成深棕色粉末。多兰在鉴定后认为它是一种具有沥青特性的物质，或者是一种石蜡。[②] 本书将其称为"石蜡（?）"。

滑石（Talc）。见"片岩"和"块状滑石"。

滑石，块状（Steatite）。即滑石的块状品种，与"皂石"同义，颜色有白色、灰色、淡绿色、淡红色、棕色或黑色。尽管片状滑石质地十分柔软（硬度只有1），但是有些其他品种的滑石要稍微硬一些，有的硬度可以达到2.5，[③] 接近方解石或石灰石的硬度（均为3）。这种较硬的滑石常被误当作石灰石。经烧制或施釉的滑石更硬，有的硬

---

① Lucas, 1934, pp. 337 - 338.

② 原文注释丢失，经查考为：Doran, 1937, pp. 96 - 100——译者。

③ Kraus, Hunt, Ramsdell, 1936, p. 299.

度可以达到 7，和石英相同。① 所以简单的测试很难将它们同施釉的不透明石英区分开来，除非根据制作工艺来辨识，因为制作软石珠和硬石珠的方法不同，而滑石珠在施釉或烧制前是当软石珠加工的。有些施釉滑石珠釉层整体剥落后会变白，不过很难说清楚是否所有这种发白的滑石珠原先都施过釉。它们有可能只经过焙烧硬化，这样佩戴起来更加耐磨，这种没有施釉痕迹的滑石在本书中称为"过火滑石"，而有施釉痕迹的则被称作"施釉滑石"。施釉滑石可以用放大镜甚至肉眼看到黏合层，不过也不是全部如此。巴达里时期制作精良的施釉滑石珠有时很难和绿松石珠区分开来②，因此在本书称作施釉滑石珠的巴达里珠子里，有些可能是绿松石制成的。

黄金（Gold）。见"金银合金"。

火山灰（Volcanic ash）。凝灰岩（固结的火山灰）有时被直接称作"火山灰"。见"硬结泥灰"。

金银合金（Electrum）。即含银量通常为 20.3% ~ 29.0% 的金银合金。③ 本书统称其为"黄金"，并通过记录颜色大致反映它的含银量。

壳类（Shell）。用于珠子制作的壳类有两种，一种是鸵鸟蛋的蛋壳，另一种是各种软体动物的壳。鸵鸟蛋蛋壳做的珠子通常有一棕色层，即鸵鸟蛋的原有表层，为简明起见本书称这种材料为鸵鸟蛋壳。软体动物壳完整使用时一般被当作护身符，不过它们也会被切割，加工为普通珠子。珍珠贝壳是一种带珍珠质外层的

---

① Bannister and Plenderleith, 1936, p. 4.

② Brunton and Caton-Thompson, 1928, p. 27.

③ 原文注释丢失，经查考为：Lucas, 1934, p. 192——译者。

软体动物壳，有时也被称为珍珠母①、海贝壳②，或简单称为贝壳（shell）③。但严格来讲珍珠母只是珍珠贝壳内层光滑、有彩虹色泽的物质。除珍珠贝壳外，其他海贝壳也用于珠子制作。本书使用"珍珠贝壳"一词。

绿松石（Turquoise）。见"块状滑石"。

玛瑙（Agate）。只有带大致同心的带状纹理的玉髓才称为"玛瑙"。带有平行带状纹理的品种依其颜色称为"缟玛瑙"（灰白或棕白相间）和"缠丝玛瑙"（红白相间或棕红色与白色相间）。④ 有时缟玛瑙的深棕色条带在接近白色条带时颜色会变淡，呈红棕色。而缠丝玛瑙只有红色或棕红色条带，没有灰色或棕色条带。还有另一种类似的红色或棕红色岩石，表面有若干深色斑点或形状不规则的小斑块，但没有带状纹理，这种石头有时也称作"玛瑙"，但本书称为"红玉髓A"，即A种红玉髓。它是一种质量欠佳的红玉髓，在有的历史时期被古埃及人当作红玉髓使用；而玛瑙通常用于提供不同纹理（切割方向不同可以呈现不同的纹理）。还有一种半透明的白色玉髓，带有微小的枝状绿泥石结晶，这种石头称作"苔纹玛瑙"，也用于制作珠子，但是不太常见。

木蛋白石（Wood opal）。我们在"石英"条说过，有一种带锈棕色斑点、具有纤维结构的白色卵石，常被称为白棕色石英。有一颗出自阿尔芒特的珠子，墨菲对其多种物理特性进行鉴定后认为它"可能是木蛋白石"，其后科克斯又对同一样本做了鉴定，也认为它

---

① 例如 Wainwright，1920，p. 20 和 Lucas，1934，p. 39。
② 例如 Brunton，1930，p. 7 和 1937，p. 125。
③ 例如 Petrie，1901a，p. 45。
④ 本章中的矿物学术语及信息大多数来自 Rutley，1936。

是木蛋白石。① 在地质学上，木蛋白石是一种二氧化硅的水合物，常常源自孔洞被硅石填充、组织被硅石交代的木头。但是我们的样本并非埃及有些地区盛产的硅化木（silicified wood），标本的纹理更像骨料或象牙而非木头，但据科克斯的分析，它们的化学成分也是水合二氧化硅。

黏土（Clay）。黏土是黏着性强的泥土，含一定水分时具有可塑性，常用塑形法制成珠子。黏土珠大多数为灰色，有时绘黑彩并抛光，或者绘红彩。当它们被烧成陶质时称为陶珠，通常呈红色。还有一种珠子也被叫作"红色黏土珠"，② 发现者告诉笔者，其原料为一种质地柔软的红色泥质岩，可能是代赭石。果真如此，它的制造工艺就和普通黏土珠子就大不相同了，因此这种珠子即使真的含有黏土，也最好称作黏土岩珠。

凝灰岩（Tuff）。即固结的火山灰。见"硬结泥灰"。

片岩（Schist）。所谓"绿片岩"我们在"硬结泥灰"条已经讨论过了。埃及学著作中另一种片岩是"滑石片岩"。地质学上的滑石片岩是一种页片状岩石，主要由"片岩状滑石"组成，此外还有石英和长石。在研究珠子这种小物件时，我们要关注的不是由多种矿物组成的岩石，而是作为岩石组成部分的单一矿物。所以应该称它为"片岩状滑石"而非"滑石片岩"。制作珠子的滑石通常是"块状滑石"的不同品种（详见"块状滑石"条），而几乎不用片状品种，因为所有片岩都很容易裂成片状或叶状，不适合制作珠子。

---

① Mond and Myers，1937，pp. 89，93.

② Brunton，1937，p. 51.

青铜（Bronze）。青铜珠和红铜珠通常严重锈蚀了，在没做化学测验的情况下无法区分。为方便起见本书将其统称为"铜"（copper）。

珊瑚（Coral）。"笙珊瑚"和"白珊瑚"不需多做解释。"贵珊瑚"（Coralium nobile）指红色、实心的珊瑚品种。

闪长岩，杂色（Diorite, speckled）。用于制作珠子的闪长岩是颗粒粗大、有黑色或白色斑点的岩石，但并非所谓"哈夫拉闪长岩"。埃及学家有时将其称为"黑白斑状岩"，但这个词不仅冗长，而且似乎应该留以称呼另外一种岩石，即一种基质均匀的黑色、上面布满明显白色晶体的岩石。在岩石学上，闪长岩会杂入酸性更大或基性更大的相邻岩石中（如正长岩或辉长岩），双方之间没有明显分界线。这三种岩石的晶体结构及所含矿物成分大体相似，只是所含长石数量不同。在本书中，若三者无法用肉眼区分，则以"杂色闪长岩"一词统称。

蛇纹石（Serpentine）。蛇纹石有两种：一种是常见的不透明蛇纹石，另一种则是半透明的，称作"贵蛇纹石"。后者更常用于制作珠子。卢卡斯称，皮特里似乎是由于某种误解才将橄榄石称为蛇纹石的。[①] 从皮特里收集品可以确定，皮特里迄今发掘到的蛇纹石均为贵蛇纹石，而非橄榄石。虽然橄榄石有时会变为蛇纹石，但二者是截然不同的矿物，可以通过硬度轻易区分开来（橄榄石的硬度为 6～7，而蛇纹石的只有 3～4）。

石灰石（Limestone）和**大理石**（Marbles）。见"方解石"。

石蜡（Ozokerite）。见"琥珀"。

---

① Lucas, 1934, p. 351.

石英（Quartz）。石英是硅石的晶质品种，与肉眼即可判定为隐晶质的玉髓不同。本书会用各专属名称指称各种有色玉髓，比如玛瑙、红玉髓、燧石、碧玉等。无色和紫色的石英品种用"水晶"和"紫晶"指称。加工过的物品如珠子或经磨圆的卵石，它们原来是否为晶体很难判定。为方便起见，本书会以它们的颜色和透明度为标准命名，无色透明的称为水晶；半透明、白色或灰白色、有蜡质光泽、常呈轻微蓝色的称玉髓；呈烟黄色或棕色、乳白色，从半透明到接近不透明的称为"石英"，石英有时会施釉或经火烧。鉴定时，若能识别它们的原有特征，就用正名称谓；如果它们整体被不透明涂层覆盖，致其原有特征无法识别，则统称为"施釉石英"或"过火石英"。那种带棕色斑点的乳白色石英卵石称为白棕色石英，但还有一种具有纤维结构的白棕色卵石，笔者已在"木蛋白石"条讨论过了。

树脂（Resin）。见"琥珀"。

陶（Pottery）。用于指称经烧制的黏土珠，但是不指釉砂珠和未经烧制的黏土珠。

象牙（Ivory）。见"骨料"。

雪花石膏（Alabaster）。在地质学著作中，该词不加限定地单独使用时指石膏质雪花石膏，本书则用作"东方雪花石膏"的简称，这种雪花石膏的主要成分是碳酸钙而非石膏。

叶蜡石（?）（Pyrophyllite？）。有一种红色、不透明的致密石料常被发现者定为红碧玉[1]，但是其质地非常柔软，可以用铅笔刀轻易划刻。这同南肯辛顿自然史博物馆陈列的大量叶蜡石变种非常相似。

---

[1]　Brunton and Caton-Thompson，1928，p. 27.

叶蜡石是一种黏土矿物，物理性质类似片状滑石，硬度为 1～2。不过我们的石珠样品的材质可能是所谓的"白陶石"（porcelain jasper），即因与高温火成岩接触而发生变化或被烘烤的黏土或页岩。[①]

硬结泥灰（Durite）。"Durite"是皮特里创造的新词，原意是"硬结的泥或灰，矿物组成与板岩相同，但没有类似板岩的断面"。[②]从地质学上讲，如能确定它源自火山，则可以称之为凝灰岩（固结的火山灰）；如果证明它部分或整体因接触变质作用而发生过再结晶，则称为角页岩，根据其中所含石英颗粒的大小可进一步判定为杂砂岩或硬结泥岩。在田野考察中，石英颗粒大于 0.025 毫米的称为杂砂岩或粗砂岩，不过"杂砂岩"（greywacke）一词也可用来描述某些地质建造，这时则可以忽略其岩石学特征，用以指称片岩、泥岩、角页岩、粗砂岩和砾岩。[③] 具有板岩结构（呈片状、无再结晶）或片岩结构（呈片状、有再结晶）的硬结泥灰分别称作板岩或片岩。通过低倍放大镜粗略检验细小、抛光的硬结泥灰质物体时，除了板岩和片岩，我们几乎不能将它与其他岩石区别开来，当然，如果能切片交由岩石学家做显微检验的话，是可以确定它们的地质学名的。"硬结泥灰"这个词对于埃及学研究似乎就够用了，因为它有特殊的指称对象，又不拘泥于地质学上的细微差别。

硬石膏（?）（Anhydrite?）。有一种石料的大多数物理性质和方解石极其相似（白色，半透明，有时略带灰色或紫色，硬度为

---

① Rutley, 1936, p. 313。
② Petrie, 1914a, p. 8.
③ Andrew, 1939, pp. 154, 156, 168, 175, 188.

3），未用酸测试前它常被误作方解石。这种石料可能是一种硬石膏，但我们的样本没有做过测试，是否都属于这种矿物也不是很清楚。

釉（Glaze）。一种玻璃态薄衣，施于另一种材质的内核上。"施釉石英砂"见"釉砂"。

釉砂（Faience）。即表面包裹有色玻璃的石英砂。[1] 玻璃无论透明或不透明都是质地大致均匀的玻璃态物质，其化学成分同古代釉料基本一样。[2] 釉砂是在常温可塑状态下通过塑造或模制成型，经烘烤、施釉后制成的；而玻璃则是在热熔融状态下使用的。本书所谓"玻砂"指所有在常温可塑状态下使用的、无论是否经过烧制但总不施釉的物质。贝克将玻砂定义为"一种未充分混合的、由黏合剂聚合的未熔融的材料"。[3] 蓝色石英砂特别常见；不过也有其他颜色（黄色、棕色或红色）的砂状物质，但不能确定它们到底是不是石英砂，其中有些原本施过釉后来釉层降解了或被损坏了，有些本就是固结的物质，比如赭石。本书将它们统称为"玻砂（？）"。

玉髓（Chalcedony）。见"石英"。

皂石（Soapstone）。见"滑石"。

长石，绿（green Felspar）。见"天河石"。

赭石（Ochre）。包括红色、棕色或黄色赭石。它们是氧化铁的土质品种，混有大量黏土和沙。如"釉砂"条所述，本书称有些人工添加此种物质的材料为"玻砂（？）"。但是，一件具体标本里的赭石是天然存在的还是人工添加的极难区别。因此，为了方便起见，本书

---

[1] Andrew, 1939, p. 101，又见 Lucas, 1936, p. 142。

[2] Lucas, 1934, pp. 115, 126 – 127.

[3] Beck, 1927, p. 54.

称所有在常温可塑状态下使用者为"玻砂（？）"，而把当作不可塑石料使用者称为"赭石"。通过珠子的一般特征和穿孔特点可以大致看出两者的差异。

珍珠母（Mother-of-pearl）。见"壳类"。

正长岩（Syenite）。见"闪长岩"。

棕红玉髓（Sard）。见"红玉髓"。

有时不同术语所指的材料是相同的，不过即便如此，最好还是坚持采用其中一种术语。因此，以上所列术语（用卢卡斯的著作增补过了）不仅会用于笔者自己的记录，也会尽量用于引自他人著作的内容。在引用时原有术语会保留，而与之对应的术语或对它的订正会在其后用括号标出。当对应的术语并不特别有把握时，会在它后面加上问号。不过，由于这一系统是在实际研究中逐渐建立起来的，笔者即便在自己的记录中也难免出现术语前后不一致或材质鉴定错误的情况。遗憾的是，笔者现在已经无法接触原标本了，所以这方面的失误只能凭记忆做少量纠正。

第五章译者注

[1] 夏先生本章各条，原按各材质名称的英文名排列，为的是便于查找。译出后，为保持其便于查找的特点，我们按各材质名的中文重新做了排序，并对极个别地方提示前后参照的表述做了相应调整。特此说明。

第二部分

珠子制作技术

这一部分内容仅限于描述，只会偶尔涉及不同制作方法的发展史。关于制作方法的年代问题，笔者将在后面关于编年研究的部分讨论。

讨论制作技术时，我们需要对技术特征和技术过程加以区分。本书将技术特征的差异简称为"技术差异"，它指在技术过程中产生的、可以在珠子上辨别出来的特征。它们是技术过程的产物，通常是偶然产生的，而有时它们又是推断技术过程的唯一标志。技术特征是实在的，任何人只要下功夫观察就能看得到，但是技术过程涉及的通常只有复原，这种复原的真实性既可能很小，也可能可以肯定。

技术差异除了能从成品上辨别外，还有其他信息来源。关于古埃及珠子的生产，我们迄今没有找到同时代的相关记载。表现珠子制作的图像资料很少，而且所给信息既不完整也不明确。半成品珠子对我们的研究具有重要价值，埃及很多地方都有这种发现，"皮特里收集品"中也有一些这样的标本。然而关于珠子制作工具的报道极其稀少，这也许与工具辨识的困难有关。当有益于说明问题时，本书会引用来自其他地区（古代或当代）的类似案例。但是，正如物理摩擦和化学反应都能生热一样，不同来源的两个珠子上的相同技术特征，并不一定源于同一种技术过程，源于细节完全相同的同一种技术过程的可能性就更小了。

因此，笔者虽然在这里列举了多种技术过程，并用其中一些解释我们发现的技术差异，但这些解释大多只是尝试性的建议。它们可能会被推翻、被更好的解释取代，然而这并不影响各种技术差异的客观存在及其在编年研究中的意义。

正如本书第三章所述，笔者在研究的较晚阶段才意识到工艺技术的重要性，因此肯定忽略了一些重要的技术差异。笔者相信工艺技术的研究价值还远未穷尽，它仍是一片颇具潜力的领域，值得进一步深入。

第六章　玻璃珠

第一节　制作方法[1]

珠子的制作方法不仅会因材料而有别，还会因材料在加工过程中的状态而有所不同。森普勒将玻璃分为三种状态：第一种是非常坚硬的、易碎的固体物质，可以像石头一样用雕刻工具雕成任何形状；第二种是液态物质，可以像熔化的金属一样浇铸；第三种是一种柔软的、具有良好可塑性、黏着性和延展性的物质，冷却之后会保持其在柔软状态下得到的形状。[2]

大多数玻璃珠既不是用固态玻璃也不是由液态玻璃制成的，而是用半流体玻璃制成的。在半流体状态下，玻璃可以黏合在一起（黏着性），可以拉成丝（延展性），可以模制或塑造成任何形状（可塑性），还可以吹成中空状。[3] 人们只有在认识并能充分利用玻璃的这些特性后，才可能稳定生产包括珠子在内的玻璃制品。这可能就是施釉技术很早就发明了而稳定的大规模玻璃生产要到新王国时期才开始

---

① Beck，1927，pp. 60 – 62.（每一节标题后的引注均为概括性引注，所引内容会在本节中自由使用，通常不特别指出或出注）。

② Kisa，1908，p. 259.

③ Dillon，1907，p. 7.

的原因。

玻璃珠的制作方法主要有以下几种。

1. 塑形法。利用玻璃的可塑性可以将其滚成球形或圆柱体，或压制成条，或用工具塑成其他形状。珠子穿孔既可以在重新加热后戳刺而成，也可以在冷却时钻出。这种玻璃珠的表面通常比较粗糙。塑形法很少采用。不过有些最初用其他方法制作的珠子在修整过程中会失去制作痕迹，很容易被误判为用塑形法制作的。

2. 翻折法 A。利用玻璃的韧性和黏性可以将其翻折制成珠子。将一小条玻璃翻折至首尾相接，接合部分在玻璃温度仍然很高时会自动熔合，或者稍微重新加热使其熔合，然后再用工具将其进一步加工为需要的形状。用这种方法制作的珠子通常会留下接合痕迹。

3. 翻折法 B。另一种方法是准备一块接近圆形的厚玻璃片，在它还有可塑性时把一根棒子垂直穿过厚片中心，直透至另一面。接着翻折厚片的所有边缘，使其接合在一起，将棒子包裹起来。最后取出棒子即可。贝克提到过一种类似的方法，不过用的是近方形的厚玻璃片，而翻折的是玻璃片的两端。用这种工艺制作的玻璃珠常常有一个单锥形穿孔，而且在穿孔开口较大的一端会有些翻折的痕迹。

贝克说过，理论上讲，用翻折法 A 或 B 制作的珠子都可以通过雕刻、打磨修整。但实际上这些宝石工艺极少用于玻璃珠制作。笔者观察的所有用翻折法制作的珠子（除一些护身符垂饰外）都是通过单一塑形法修整的（包括在平面上滚动、用工具压制），而没有进行雕刻和打磨。

4. 多条法。这种方法本质上和翻折法 A 一样，不同的是它使用的不是一条而是多条玻璃。制作时可以使用贝克介绍的双条珠的制作方法，将多个玻璃条绕在棒子上再经压制成型，也可以将玻璃条接合为一块厚玻璃片，然后用普通翻折法成型。这种方法常用于制作马赛克玻璃珠或千花玻璃珠。通常每根玻璃条会呈现一种纹样（从柱状马赛克上切下来的），将多根玻璃条接合到一起可以使花纹重复出现，从而形成具有多种纹样的玻璃珠或千花玻璃珠。以这种方法制作的珠子有接合痕迹。

5. 缠丝法。这是早期制造玻璃珠最常用的方法，因为它是在玻璃吹制技术发明前最适合加工这种材料的方法。据皮特里描述，用缠丝法制作珠子的过程如下：将一块尺寸合适的玻璃加热变软后放在平面上，用一根棒子沿对角线滚压制成玻璃棒，再拉伸玻璃棒制成玻璃丝（如果玻璃被滚压成扁平状，还可拉成薄玻璃带），然后把玻璃丝缠在金属线上，在冷却收缩过程中抽出金属线即可。用缠丝法制作的玻璃珠，两端玻璃丝断裂处通常会有小尖，不过有些玻璃珠上也没有，因为它们在加热时同珠子主体熔合了。另一种识别该工艺的方法是观察玻璃透明部分的拉痕和气泡。以这种方法制作的珠子随后还可压成扁珠或饰以纹样。[①]"皮特里收集品"中有几颗采用缠丝法制作的半成品样本，有的珠体里还插着金属线。

6. 拉伸法 A（玻璃管为吹制的）。在玻璃吹制技术发明以后，人们可以用这种方法大批量生产玻璃珠。现代威尼斯的珠子匠用如下方法制作普通素面珠子：取一块熔融的玻璃（即所谓"软玻璃料"），将其吹成玻璃泡或制成杯状，以预制即将贯穿每根玻璃条和玻璃珠的孔（据狄龙描述，气泡另一端会固定一根铁棒，然后让一个男孩拿着这根铁棒以最快速度奔跑）。经重新加热后，软玻璃料会被拉伸为一条中空的玻璃管。据说"软玻璃料的延展性非常好，

---

① Petrie, 1894, pp. 26–27; Petrie, 1910a, pp. 121, 125.

一块面包大小的软玻璃料就可以拉伸到大概 300 码（约 274 米）长。即使被拉抻到康布雷织针（cambric needle）那般细，它依然能保持中空"。接着把这些玻璃管截为 1 码（约 91 厘米）长的短玻璃管，再把短玻璃管切成珠子大小。然后给这些尖锐的截面填上木炭和石灰的混合物，再把它们同大量海沙混在一起在旋转坩埚里重新加热，去除尖锐的边缘。冷却后，珠子匠有时还要用磨料对珠子进行抛光和清洁。①

大部分拜占庭（科普特）时期的玻璃珠应该都是用类似的方法制作的②，主要区别是：第一，早期珠子的尺寸要比现代威尼斯珠子大；第二，早期珠子上的纵向气泡条痕更明显；第三，早期玻璃珠的质量差，通常充满小气泡；第四，早期珠子的颜色种类更有限，尤其是缺少半透明的亮粉红色玻璃。早期玻璃质量粗糙很可能是玻璃管尺寸大和气泡条痕明显的原因，后者也可能是由于缺少打磨工序造成的。古代和现代玻璃珠中都有未经重新加热和磨制、保留尖锐边缘的例子。

7. 拉伸法 B（玻璃管不是吹制的）。在吹制技术发明前就有用拉伸而成的玻璃管制作的珠子了。在阿玛尔纳有些属于新王国时期的玻璃作坊中，皮特里发现过这种拉伸的玻璃管，他说："它们是怎样制作的还不清楚，很可能是用棒子卷成中空管子的。"③ 贝克则认为它们的制作方法是：将玻璃裹在线上然后拉成小玻璃管，再将其破成珠子。

8. 吹制法。一个小玻璃泡可以直接吹制成一颗光滑的球形玻璃

---

① Anonymous, 1919, pp. 605 – 607；参见 Dillon, 1907, 185 – 186。

② Petrie, 1894, p. 27; Kisa, 1908, pp. 118 – 119.

③ Petrie, 1894, pp. 26 – 27.

珠，也可以吹入模子中制成玻璃珠。有时玻璃泡中部会受约束，从而形成双球形珠子。珠子在吹管另一端的孔可以用工具钻出来，也可以将双球珠从中间受约束处分开得到。

9. 模制法。由于具有可塑性，玻璃可以压入模具中成型。这种方法似乎更适于制作带有浮雕装饰或者呈特殊形状的玻璃制品，而非普通的玻璃珠。制作普通玻璃珠很少使用这种办法。

10. 其他方法。这里包括前文没有提到的所有其他方法。它们可能极少使用，少到至今都没有发现用它制作的古埃及珠子；也可能制作过程极其模糊，模糊到以后可能证明它只不过是某种常见方法的变种。例如，有一类用空心玻璃管切成的圆柱形珠子，所用的玻璃管没有拉伸痕迹，也没有翻折痕迹。另外，朽烂严重、未留下任何制作痕迹的零星玻璃珠也包含在这里。

第二节　装饰方法[①]

有装饰玻璃珠的珠体可以有一个基体，在其上施加装饰元素；也可以没有基体，纯由装饰元素组成。无论是哪种类型，珠体的制作方法即前文所列的某一种，在此不必重复。再有，我们在此讨论的是装饰的技术过程而非装饰纹样，所以就纹样我们只会偶尔提及。我们会集中讨论制作装饰元素的方法以及将装饰元素融入珠子的方法。那些依赖色彩反差达到装饰效果的装饰元素要么突出珠子表面（凸花珠或带角状突起的珠子），要么被压得与珠子表面平齐（平花珠）。

玻璃珠的主要装饰方法如下。

---

① 参见 Beck，1927，pp. 59 - 60，62 - 69；Kisa，1908，pp. 118 - 138。

1. 单色装饰。珠子上的浮雕或减地浮雕装饰可以通过模制、塑造、雕刻或压印等方法实现。这种方法多用于制作形状特异的玻璃珠，极少单独用于制作珠子的装饰元素。

2. 有基体的简单装饰元素。在珠子上用不同颜色的玻璃滴或玻璃条可以制造出简单装饰元素，比如碎屑装饰、点状眼纹、环、螺旋纹、条带、人字形纹和波纹等。复杂纹样可以通过组合多种简单装饰元素形成。

3. 无独立基体的简单装饰元素。有些珠子由两种或更多颜色不同的玻璃制成，不同颜色的玻璃通过熔合或类似方式形成多种纹样。例如，将各种颜色的玻璃碎块按压在一起可以形成大斑点纹，搅动不同颜色的玻璃丝可以形成旋涡纹。不同玻璃熔合后再通过模制或塑造成型。

4. 有基体的分层装饰元素。制作这种装饰的过程更加复杂。常见的种类包括分层眼纹、分层螺旋纹和螺旋线纹。分层眼纹可以通过在基体上叠加另一颜色的玻璃制成，既可以单独做出眼纹再贴到基体上，也可以在基体上一层一层直接做出眼纹。分层螺旋纹的制作，既可以将两种不同颜色的玻璃缠成螺旋纹，也可以将螺旋纹嵌在另一种颜色的圆片上制成。螺旋线的制作，可以将两种玻璃相互缠绕成一条线，也可以将一条玻璃缠绕在另一条笔直的柱状玻璃上。有时还可以在基体上施加一条用分层法制作的条状或之字形纹样。

5. 无独立基体的分层装饰元素。分层眼纹可以不依托基体直接粘合成珠子。不过这种方法更多地用于制作分层玻璃条和分层玻璃片，制作时先将并排放置的多根窄条或叠加放置的多张玻璃片擀成厚度合适的玻璃片，再用翻折法 A 做成珠子。玻璃片上条带的走向保持平行或指向多个方向，在交界处形成纹样。也可以在有纵向条纹或之字形条纹的分层玻璃条上用工具直接钻孔制成珠子。[1] 贴金或贴银玻璃珠可用类似方法制作：先在玻璃内核上粘金叶或者金粉，再吹一层玻璃薄膜或将其浸入玻璃液中，在表面形成一层透明的玻璃保护层即可。[2]

有一种被称为人字纹条状珠子或"阿格里珠"的特殊分层条状珠，它的珠体是用颜色不同的玻璃绕珠子轴线分层粘成的同心玻璃管。这种珠子主要有三层（通常为两层蓝色或绿色玻璃夹一层不透明红色玻璃），层与层之间用不透明白色薄层隔开。分界面被做成人字形或之字形，从而在横截面上呈现星形。而珠子两端又会被琢磨成金字塔形或圆锥状，从而在珠子侧面露出人字纹来。[3]

6. 切割玻璃棒装饰（有基体）。将一根细长的玻璃条连续交替浸入不同颜色的玻璃液中，或将数根一端并齐的小玻璃棍熔合在一起，可以制成马赛克玻璃棒。这种马赛克玻璃棒的截面常呈现特定的图案，比如圈-眼图案、方格、花朵或人脸。将其横向切片贴到珠子基体上即可形成装饰纹样。为了减小花纹即截面的面积，玻璃棒在切割前有时会被拉伸得更细。[4]

7. 切割玻璃棒装饰（无独立基体）。从马赛克玻璃棒上切下来的部分经过简单钻孔或翻折为管，可以直接加工为珠子。但更常用的方

---

[1] Eisen, 1916a, p. 5; Eisen, 1916b, pp. 138 - 139.

[2] Kisa, 1908, pp. 127 - 128, 834; Woolley and Maciver, 1910, p. 76.

[3] Brent, 1880; Dillon, 1907, pp. 188 - 189; Kisa, 1908, pp. 134 - 136; Tischler, 1886, pp. 3 - 4.

[4] Eisen, 1916a, p. 6.

法是将切片粘在一起，再做成珠子（即多条法）。

8. 绕丝拖拽装饰。将玻璃丝以圆形或螺旋形缠在珠子基体上重新加热，待其完全可塑时用金属线或梳子拖拽玻璃丝，就能产生各种纹样。用这种方法制作的花纹，最常见的有扇贝形（向珠子一端拖拽）、人字形（向珠子两端拖拽使玻璃丝成折线）和羽形或 S 形（向珠子两端拖拽使玻璃丝呈曲线）。①

9. 拉伸分层玻璃条。对于普通珠子而言这种装饰法类似拉伸法 A。唯一的区别是在重新加热拉成细长玻璃管前，在原玻璃泡或杯状物表面叠加一条或一层不同颜色的玻璃。② 贴金或贴银玻璃珠也可能用这种方法制成。上文提到的分层贴金珠子，其内核是玻璃管，上贴金叶或银叶，最外面覆有一层透明玻璃层。拉伸工序在贴金或银之前进行，覆上玻璃外层后再重复之；或者玻璃外层就是用拉伸的玻璃管做的，只不过尺寸稍大一些。然后再用工具把这根分层玻璃圆柱掐成一排连续的珠子，最终破成单个珠子。与普通分层贴金或贴银珠的区别是，它们具有与珠子穿孔平行的拉痕。③

10. 简单贴金或贴银珠子。贴金或贴银珠可以利用比方法 5 和方法 9 更简单的方法制成。先用吹制法制作一个空心珠子，然后将金属贴在珠子内侧即可。另一种方法是直接把金叶熔接到珠子外表面。

有时具有相似纹样的珠子是以截然不同的方法制作的，只有仔细检验才能分得清楚。以蜻蜓眼珠为例。这种珠子可以用压入圆圈（方法 2）、贴分层眼纹（方法 4）或贴眼纹马赛克切片（方法 6）的

---

① Eisen, 1916b, p. 135.

② Dillon, 1907, p. 186；Anonymous, 1919, p. 608.

③ 艾森的评论，见于 William, 1924, p. 44.

方法制成。在第一种情况下，眼纹的点与基体玻璃的颜色和质地相同，眼纹的圈有时会脱落。在第二种情况下，眼纹的点与珠子基体不同，而且每个点边缘的颜色要比中心浅；圈的外形很不规则，轮廓线不是特别清晰还时常有波纹；同一颗珠子上不同眼纹的圈的数量不尽相同。在第三种情况下，同一批珠子的所有相同颜色的眼纹都有相同数量的圈；眼纹点的中心和边缘厚度相同；眼纹常常看似具有一定的透视深度，像浸在水中的棍子；另外，有些眼纹中包含不规则碎片。[1] 在这些情况下，用于断代的既不是装饰的纹样，也不是珠子的形状，而是制作珠子的技术。

---

[1] Eisen, 1916a, p. 24.

第七章 石珠

第一节 硬石珠[1]

珠子匠加工硬质石料时可用的技术和面临的技术难度与加工玻璃大不相同。制作硬石珠的基本工序包括：第一，将原料粗加工为需要的形状；第二，通过磨光或抛光处理表面；第三，穿孔。

我们的确见过用未经整形的石料和用天然形状的卵石制成的珠子，不过大部分珠子在制作前都要先把原料粗加工成需要的形状。大块石头需要破成适合制作珠子的小块，然后打坯，方法包括将破成的小石块相互滚磨、锉磨[2]或加压剥片。从最早的工业即石器制造中学会的打制技术，可以轻而易举地用来打制珠子，皮特里收集品中一颗桶状红玉髓珠的半成品（串珠编号407）即展示了精湛的加压剥片技术。[3] 珠子成品上的打制痕迹通常在最后的磨光工序中去掉了，我们只能从半成品珠子上看到这种痕迹，比如前文提到的珠子，以及希拉

---

① 参考 Reisner，1923b，pp. 92 – 94；Mond and Myers，1937，pp. 74 – 79；Vernier，1907，pp. 135 – 141.

② Reisner，1923b，p. 93.

③ 关于这颗珠子和一块带凹槽的磨石，详见 Mond and Myers，1937，pl. XXXVI，fig. 5，但是根据皮特里的描述，二者不是一起发现的，见 Petrie，1920，p. 42，sect，105。

康波利斯①和孟菲斯②出土的珠子。这两处遗址出土的样本有些现藏皮特里博物馆（串珠编号124A、1164）。

珠子粗加工留下的粗糙表面需要磨光，所用方法可以归为三类：（1）纵向打磨；（2）旋转打磨；（3）任意方向打磨。用放大镜或显微镜观察磨痕方向可以辨别这些方法，不过磨痕也可能是在佩戴过程中形成的。有些方法更适于打磨某些特定形状的珠子，但古人并不总是采用最适合的方法来制作珠子的。

纵向打磨更适合加工平边的盘状和柱状珠子以及一些多面珠子。多面珠子是在平面上磨光的，但有圆形截面的珠子既可在平面上打磨，也可在砂岩磨石的凹槽中打磨。需要注意的是，频繁使用的话，平面上也会很快产生凹槽，所以说古人会利用凹槽，但有可能不会预先制作凹槽。打磨珠子时可以逐个进行，也可以用线或小棍串起来成批打磨。皮特里认为桶状珠和锥形珠的制作可能用了后一种方法。如果穿珠子的线绳松弛，珠子就会轻微晃动，从而产生倾斜的边缘。③迈尔斯对此持反对意见，他认为这种方法对一些柱形和盘状珠可行，但是对那些完美对称的桶状珠、梨状珠、球状珠等是行不通的。④麦凯指出了另一个难题——半成品珠子穿孔的开口处非常锋利，很容易割断穿过的绳线。⑤这种情况下可能会用小棍或小棒。皮特里收集品中有几件带凹槽的扁平石板（笔者不记得编号了）和许多半成品石珠，它们的出土地点不明，很可能也出自孟菲斯。这些用来打磨珠子

① Quibell and Green，1902，p. 12，sec. 31；插图见于 Mond and Myers，1937. pl. XXXVII，fig. 1，但是没有注明来源。

② Petrie，1909a，p. 11，sec. 33.

③ Petrie，1920，p. 42，sec. 105.

④ Mond and Myers，1937，pp. 74 – 75.

⑤ Mackay，1937，p. 9.

的带凹槽石器也见于其他古遗址的珠子作坊中，例如印度昌胡－达罗遗址[1]发现的粗砂岩石器①和出自巴勒斯坦法拉遗址的一块玄武岩石器；② 另外，现代的"原始人"仍在使用这种石器，比如美洲的印第安人③和非洲尼日利亚的土著④。涅伽达有些前王朝墓葬中出土过带凹槽的石器，发掘者认为它们可能是用来抛光石珠的金刚砂磨石。⑤不过，这些石器的硬度只有 5 左右（莫氏硬度），不会是金刚砂，很可能是精细的砂岩。它们要么如皮特里所说，是用来打磨珠子的，要么就是箭杆磨光器。英格兰青铜时代的墓葬中就发现过这种用于磨光箭杆的带槽砂岩磨石，同时发现的还有射手的护腕；此外，箭杆磨光器也见于小亚（希萨立克）、匈牙利、西班牙、法国、西德和丹麦。⑥抛光过程的图像表达，有一例见于戴尔－格布拉维的阿巴墓中。⑦ 它表现的是两个人正在磨石上打磨红玉髓珠子，珠子似乎是柱形的，采用的是沿穿孔方向的纵向打磨法（见图版壹，图 B），但是迈尔斯认为他们正在打磨盘形珠的末端，只是珠子被画工放大了，以使其明显易见。⑧

　　旋转打磨适于加工所有具有圆形截面的珠子。对于球状、桶状和

---

① Mackay, 1937, p. 4, fig. 12, pl. Ⅱ.

② MacDonald, Starkey, Harding, 1932, p. 19（可能仅用于打磨鸵鸟蛋壳珠）。

③ Orchard, 1929, p. 34.

④ Daniel, 1937, no. 2.

⑤ Petrie, 1896b, pp. 44 – 45; Petrie and Quibell, 1896, pp. 41 – 42, sec. 105。两个藏于伦敦大学学院的样本，一个见 Mond and Myers, 1937, pl. XXXVII, fig. 5, 第 75 页称其材质为"石英"。其他两个现藏阿什莫林博物馆，其中一个带有杯状凹坑，官方导览称为"刚玉瓶碎片"。（见 Department of Antiquities, 1931, p. 40）。

⑥ British Museum, 1920, p. 87, fig. 86.

⑦ Davies, 1902, p. 20, pl. ⅪⅤ.

⑧ Mond and Myers, 1937, p. 75.

梨状珠而言，采用这种方法比用纵向打磨法获得的效果更好，而且正如迈尔斯指出的，对于这些珠子中形状完美对称的种类，旋转打磨可能是唯一可用的方法。[①] 用该法打磨双锥体珠子时，珠子每次只有全长的一半与磨石表面接触，这一半打磨完成后，再加工另一半。[②] 两半的交接处通常会有一条明显的脊线，水平绕穿孔轴线一周。把脊线除去，使边缘剖线呈平滑曲线，即可将双锥体珠子变为桶状珠。旋转打磨时可以手持珠子在磨石平面滚动，不过当时肯定已经使用了某种原始机械，特别是对于完全对称的珠子而言。加工方法很可能是下面的一种：将珠子固定在轴上，用弓钻旋转该轴同时让珠子接触固定的磨石；或者将珠子固定在棒上，使其接触旋转的磨石，一次打磨一半。[③] 迈尔斯觉得前一种方法更有可能，他认为古埃及人可能先将珠子固定在钻的末端，然后旋转钻杆同时把珠子伸入一个杯状结构或凹坑里进行打磨。[④] 但是吴雷认为古代苏美尔珠子可能采用了后一种方法[⑤]，而且印度肯帕德的现代珠子匠仍在使用这种方法。[⑥] 在肯帕德，工匠手持珠子，将其按到旋转磨盘的外表面上打磨。不过就古埃及而言，迈尔斯提议的方法使用的可能性更大，但我们无法明确证明这一点。

任意方向打磨适用于加工多面珠和接近球状的珠子。采用这种方法一次只能磨光珠子的一小部分。对于球状珠，这一过程会在珠子曲面上留下可见的平面。肯帕德的现代制珠者抛光红玉髓珠子的最后一

①　Orchard, 1929, pp. 74 – 75.

②　参见 Mackay, 1937, p. 5。

③　Woolley, 1934, p. 373.

④　Mond and Myers, 1937, p. 75.

⑤　Woolley, 1934, p. 373。

⑥　Arkell, 1936, p. 297.

道工序是，把珠子和金刚砂装在一个袋子里来回拖动。[1] 采用这种抛光方法的印度珠子如果之前整形不充分，其粗糙表面往往会反映出简单抛光的效果。

如果要得到高度抛光效果，尤其是埃及中王国时期王室用珠的那种高度抛光效果，珠子在初步磨光后必须使用质地精良的抛光器和质量上乘的研磨料。普拉特认为古埃及人抛光珠子时有可能将亚麻布叠厚包在磨石上，使用之前打磨过程中产生的细石粉（去除其中的粗砂）作研磨料。[2] 迈尔斯认为抛光时珠子和研磨料很可能放在木制工具表面或里面。现代抛光工序在最后一步会将水和二氧化锡施在覆盖着厚毡的铁"磨石"上[3]，或先使用毡和浮石打磨，再用皮革和二氧化锡抛光。[4] 关于研磨料的问题会在讨论完钻孔过程后说明。

需要注意的是，石珠的表面收尾处理常常在钻孔之后进行，可能的原因有：（1）避免珠子在钻孔过程中破裂；（2）为将珠子固定在杆、棍或线上打磨提供孔洞。上述来源不明的半成品桶状珠和出自希拉康波利斯的半成品盘状珠[5]都清楚地表明，钻孔是紧接在珠子初步成型后进行的；而埃及殖民地凯尔玛的珠子匠把钻孔工序放在打磨和抛光之间。[6] 在其他古代国家，钻孔有时是最后一道工序，甚至在抛光之后进行；不过有些地区的工匠加工某些形状的珠子时，也会同时采用前述两种加工程序。例如，对于发现于乌尔的苏美尔珠子，

---

① Arkell, 1936, p. 297.

② Platt, 1901, p. 183.

③ Platt, 1901, p. 182。

④ Mond and Myers, 1937, p. 76。

⑤ Quibell and Green, 1902, p. 12, Sec. 31.

⑥ Reisner, 1923b, p. 93.

吴雷认为其加工程序是："珠子首先粗制成型；对于环状红玉髓珠，接着穿孔，抛光是最后一道工序，但对于其他形状，会先磨光整形和抛光，最后再穿孔。"[1] 摩亨佐－达罗出土的史前珠子很可能也是先抛光后穿孔的，麦凯的解释是抛光后的石头呈半透明状，自然有利于工匠校对钻出的孔是否笔直。[2] 但是，与摩亨佐－达罗属于同一文化的昌胡－达罗所出的珠子却是用不同方法加工的，麦凯对其描述如下："初步打磨之后钻孔，然后进行最后一道工序——抛光，至此珠子就可以投入市场了。"[3] 笔者不确定古埃及人是否总在穿孔之后才抛光。由于证据不足，现在既不能确定从几颗半成品珠子上取得的信息是否适用于所有情况，也不能确定希拉康波利斯和凯尔玛的珠子制作程序的差异是出于巧合，还是与珠子的年代、地域或形状有关。

　　为硬石珠穿孔可能是古代珠匠要面对的最困难的问题之一了。就古埃及珠子而言，解决该难题的各种方法具有年代学意义，然而埃及学家很少关注这一点，可能因为这种意义只能在把硬石珠与软石珠或其他材料的珠子分开后、集中加以处理时才能显现。古埃及硬石珠采用的穿孔类型有以下6种（见图版壹，图A）：1. 对锥型；2. 对管型；3. 单锥型；4. 普通穿孔；8. 刻槽型和9. 天然穿孔。这些术语已经在第三章解释过了。带有天然穿孔的硬石珠极其罕见，开罗博物馆藏有一串26颗前王朝（巴达里3165）的天然燧石卵石珠子[4]，它们似乎是硅化的果壳或种子，带有天然空腔。新石器

① Woolley, 1934, p. 373。

② Marshall, 1931, pp. 511, 526.

③ Mackay, 1937, p. 8.

④ Brunton and Caton-Thompson, 1928, p. 46, pl. XLVII, 6.

时代的法尤姆遗址出土过一颗珠子（N135/15），发掘者称它是"用深棕色石头结核制成的"，但它似乎也是用硅化果壳或种子制作的。[1] 上述珠子全部带有天然空腔，磨穿或击穿两端的外壁后即可形成穿孔。需要钻孔的珠子通常会预制一个小平台以便钻孔。这种小平台的数量是：类型 2 和类型 4 需要 1 个，从一端钻孔；类型 1 和类型 3 需要 2 个，从两端对钻。小平台在最后抛光时通常会被磨掉，不过在埃及石珠的半成品上总能看到，在有些石珠成品上也能看得到。对钻法在某些时期特别普遍，这既有技术层面的原因，也有艺术审美方面的原因。硬石长珠必须采用对钻法，因为使用原始钻具钻深孔很困难。在早期使用顶角特别大的燧石钻时，即使短珠子或盘状珠也更适合采用对钻法钻孔，正如吴雷指出的[2]，如果只从一端钻孔，珠子顶部就有被磨坏的风险，从而破坏珠子的形状。只有在钻孔技术很成熟而且艺术考量让位于产业化生产的时候，单向钻孔技术才得以普遍应用。穿孔是锥形的还是管状的取决于钻孔所用钻头的形状，这也具有重要的年代学意义。类型 8 需要在珠子上加工一个凹槽或两个十字交叉的凹槽，这对钻孔的启动有帮助。在早期，提前预制的小平台中部肯定比较粗糙，以防钻头打滑。[3] 从实用角度考虑，在硬石上刻槽必须准确、迅速，这种技术可能在其他石工领域已经相当完善了，然后被用于珠子制作。凹槽在最后抛光时可能会被磨掉。

有些柱状青金石珠（莫氏硬度为 5～5.5，在硬石和软石之间）

---

① Caton – Thompson，1934，p. 32.

② Woolley，1934，p. 373。

③ 参见 Mackay，1937，p. 5。

的穿孔方法很特别:①　先将青金石粗加工成柱状,再沿轴锯为两半,然后用厚厚一层黏合剂粘起来;或者只锯到中间,然后用黏合剂填充锯槽。在这两种情况下,黏合剂都不会占满所有空间,而在珠子中部留出穿线的孔。黏合剂是一种蓝色的可塑材料,很可能就是普通的蓝色玻砂。

判定穿孔类型时我们会遇到的唯一难题是,如何在穿孔很小而石头不透明的情况下区分类型 2 和类型 4。笔者在登记珠子时常用大头针来区分这两种类型。如果针在穿孔中间部分遇到阻碍,则该穿孔为类型 2。这一判断基于以下假设:如果穿孔是用对钻法制作的,那么孔的中部肯定会残留一些材料,因为两个钻孔可能发生轻微错位,或者两个钻孔即将贯通前的薄层会有残余。不过,穿孔最后可能会被整平、磨光,尽管这种做法在古埃及极为罕见。更理想的方法是用 X 射线判定,就像奥查德鉴定美洲印第安珠子时所做的那样。纽约的大都会艺术博物馆已经采用 X 射线探测未打开的木乃伊里的珠子及其穿孔了。②

关于钻孔工具③,我们先讨论钻头,然后再讨论用以驱动钻头的装置。古埃及珠匠可能使用了 2 种或者 3 种钻头。燧石钻头肯定被用于珠子钻孔了。在希拉康波利斯,燧石钻头与半成品珠子一起出土④,相似的钻头在古代东方其他早期遗址的珠子作坊也有发现,

---

① 例如,皮特里博物馆 12311 号珠串;参见 Petrie, 1888, p. 24, sec. 23。

② Orchard, 1929, p. 41, figs. 29 – 37, 71, pls. Ⅷ – Ⅸ; Winlock, 1936, in *B. M. M. A.*, **XXXI**, pp. 274 – 278, figs. 1 – 3.

③ 参见 Petrie, 1917, p. 39, sects. 102 – 105; Brunton and Caton-Thompson, 1928, p. 56, sec. 118.

④ Quibell and Green, 1902, p. 12, sect. 31.

例如古代巴勒斯坦的法拉遗址（位于伽泽干河）[1] 和印度的昌胡－达罗[2]。阿拜多斯前王朝聚落中出土了许多相似的燧石钻头、未加工的玛瑙和红玉髓，以及许多石英晶体，它们可能都是用来制作珠子的，不过发掘者却不这么认为。[3] 除了绿柱石和祖母绿，燧石可以达到古埃及人采用的任何一种硬石的硬度，不过前两种石料在托勒密时期之前从未被使用过。[4] 只要稍微有点耐心，燧石钻头甚至可以在没有研磨料的情况下钻透大部分石珠，不过笔者认为古埃及人可能始终使用了某种研磨料以加速钻孔进程。燧石的唯一缺点是，由于材料的特性，用它制作的钻头不能非常小也不能特别长。如果要钻小而长的管状穿孔，就得使用软材料的实心尖头了，比如棘刺、木棍、红铜或青铜棒，在这种情况下肯定需要某种坚硬材质的研磨料。实际上，这时钻孔不是由钻头实现的，而是由随着钻头摩擦石头的研磨料实现的。麦圭尔认为，"现代宝石匠常在尖锐的沙子或金刚砂的帮助下，用最软的铁来穿凿最坚硬的石料。同样，红铜由于容易粘连沙子，比一些更硬的材料更适合制作钻头"。[5]

赖斯纳认为凯尔玛发现的一些尖状青铜器可能是穿凿珠子的钻头。[6] 这类材料极少见于报道，因为金属的价值总是很高，不太可能像燧石钻头那样被丢弃。另外，除非出土在珠子作坊，否则它们会被认作其他东西。从巴达里文化开始，金属钻头屡有发现，其中有些可

---

① MacDonald, Starkey, Harding, 1932, pp. 3, 8; pl. XXII.
② Mackay, 1937, p. 6.
③ Peet, 1913, pp. 3 - 4; pl. III, fig. a, 上半部分。
④ Lucas, 1934, p. 339.
⑤ McGuire, 1896, p. 672; 参见 Orchard, 1929, pp. 39 - 41。
⑥ Reisner, 1923b, pp. 93 - 94.

能本身就是钻具。①

　　如果同坚硬的研磨料一起使用，红铜、青铜或芦苇制作的管状钻头也可以用来给硬质石珠钻孔。韦尼耶认为，在大多情况下实心钻头会导致玻璃和石料破碎，因此古埃及人可能采用比实心钻具有技术优势的管钻。② 不过，考古证据表明古埃及人兼用两种钻具。许多证据表明大量硬石在穿孔时使用了管钻③，迈尔斯在中王国的一颗赤铁矿石珠上发现了使用管钻的痕迹。④ 皮特里推测早期埃及人可能使用钻头镶有宝石的管钻，但这种可能性很小，卢卡斯已经做过说明了；⑤但是，从托勒密时期开始，顶端镶有硬宝石（不一定是金刚石）的实心钻可能已经用于穿凿绿柱石之类的硬石了。晚期埃及阶段以后，铁的使用愈加普遍，它大概也被用来给珠子穿孔。皮特里在底比斯的亚述工具群（公元前 670 年）里发现了几枚铁钻头，其中一枚为截面呈 S 形的勺钻，还有两枚钻头在中心柱两边各有一个刮刀。⑥

　　钻的转速和施加在钻上的压力也是决定穿孔所用时间长短的重要因素。古埃及的钻具可以依据驱动方法分为三种：手钻、弓钻和泵钻。除部分燧石钻头外，可能所有钻头都是固定在一根木杆末端使用的。一些带有短柄的金属钻头可能被用作手钻。⑦ 手钻可以随两个张

---

①　Brunton and Caton-Thompson，1928，p. 33，pl. XXVI；及 Petrie，1917，p. 52，sec. 144；pls. LXII，LXV.

②　Vernier，1907，pp. 137 – 138.

③　Lucas，1934，pp. 64 – 66.

④　Mond and Myers，1937，pp. 77 – 78，pl. XXXIX，1.

⑤　Lucas，1934，pp. 67 – 69。

⑥　Petrie，1917，p. 39，sec. 105；pl. LXXVIII，M19，24，25.

⑦　Petrie，1917，p. 52，sec. 144；pl. LXV。

开手掌的搓动而旋转，也可以用一只手的拇指和其他手指捻动，用另一只手拿着珠子。使用手掌驱动时，珠子需要设法固定住，可以像尼日利亚土著那样将珠子夹在大脚趾和二脚趾之间，或者将其插入木板或木条的裂缝或孔洞中，① 或者使用某种原始台钳。捻动手指的方法无疑在古王国时期就被采用了。在提依墓的图像里，一个人正用一个插在木柄上的粗大钻头穿凿一枚滚筒印章，滚筒和工具都被握在手中［见图版壹，图 C（1）］。② 戴尔－格布拉维的阿巴墓中则有两人使用类似手钻的工具给红玉髓珠钻孔的图像③，但其操作方法有些不同：工人一手握住长钻头，另一只手驱动手柄［见图版壹，图 C（2）］。笔者认为他的后一只手呈现的是转动钻具的动作，只是画匠画得特别失败。戴维斯认为这可能是"猛"击的动作，迈尔斯不同意这种看法，他也给出了几个解释，但同样不太令人满意。④ 该图像中的珠子放置在地上，似乎没有任何物体支撑，不过它也可能被夹在工人的脚趾间或有其他工具，只是那工具表现得不清楚，或者直接被画匠省略掉了。

弓钻能够大幅度提升旋转速度，手钻的效率肯定不如它高。贝尼哈桑一处铭文中有一个表现工人使用简单弓钻的圣书体符号，工人左手握着一个黑色石帽或钻杆，右手持弓驱动钻杆。⑤ 第 12 王朝的弓和钻杆在卡宏均有发现，钻杆由两部分组成：一端较细的杆和一个有圆孔的帽。从古洛布出土的样本和一些图像资料看，第 18 王朝的弓

---

① Daniel，1937，no. 2.

② Steindorff，1913，pl. 133；又见于 Newberry，1905，p. 286.

③ Davies，1902，pp. 78 – 79.

④ Mond and Myers，1937，pp. 78 – 79.

⑤ Griffith，1896，pl. Ⅴ，80；p. 26.

和钻杆与第 12 王朝的十分类似。[①] 不过，使用弓钻穿凿珠子的图像
只见于新王国时期［见图版壹，图 C（3）和（4）］所有已出版的图
像材料表现的都是工匠用一张弓同时驱动数个钻杆的例子。[②] 这种复
合弓钻所用钻杆的数量，第 18 王朝为 2 ~ 3 根（第 39、75、100、181
号墓），第 19 王朝为 4 ~ 5 根（第 178 号墓）。正如戴维斯指出的，按
照图像和已知材料显示的方法使用的复合钻似乎并不太实际。[③] 笔者
认为，这些资料意在夸大工匠的技巧，就好比一个人用一支双头鱼叉
同时插获两条鱼或一只猫一跃抓住三只鸟一样。[④] 钻杆数量的增加可
能只表明画匠的主观夸张意愿，而非工匠操作弓钻的技术真正进步到
了这种程度。图像表明，穿凿工作是在一个小凳上进行的。第 39 号
墓中的图像上似乎使用了某种台钳来固定珠子，但是图像细节不是很
清楚。在第 75、178 和 181 号墓的图像中，小凳子的左侧或右侧放有
一个碗，里面大概盛有研磨粉和水，碗中凸出的柄可能是长柄勺的。
哈瓦拉出土过罗马时期的泵钻，不过早于它的例子还没有发现。[⑤] 泵
钻是否偶尔也用来为珠子钻孔，现在还不清楚。

　　如前文所述，在给石珠穿孔或打磨其表面时，古埃及人可能一直

---

① Petrie, 1917, p. 39, sec. 103; pls. XLIII 及 XLVIII。

② 底比斯第 39、75、100、178 和 181 号墓；见 Wreszinski, 1923, pls. 154,
242, 313, 73 和 360；也见于戴维斯出版的单个墓葬。据戴维斯介绍，钻具
也出见于第 95 号墓，该墓位于以上五座墓葬旁边（见 Davies, 1922,
p. 75）。

③ Davies, 1922, p. 75。迈尔斯也认为这是"非常难的技术"，见 Mond and
Myers, 1937, p. 76。

④ 叉鱼的图像，见于 Wreszinski, 1923, pls. 70, 77, 106 等；著名的"带猫猎
鸟图"，大英博物馆藏品号 37977，又见于各类出版物，如 Wreszinski, 1923,
pls. 423。

⑤ Petrie, 1917, p. 39, sec, 102; pl. XLIII, M5。

在用某些种类的研磨料。正如卢卡斯指出的，研磨料可以切削与其硬度几乎相同的物质。[1] 古埃及人使用的研磨料，卢卡斯、皮特里、奎贝尔和格林认为是沙子，皮特里认为是金刚砂，赖斯纳认为是浮石，而迈尔斯则认为是磨碎的燧石或来自珠子本身的小片和粉末。[2] 金刚砂由于硬度较高可以用作高效研磨料，在产量丰盛的国家使用量很大。不过，现在还没有证据表明埃及本地出产金刚砂，所以古埃及人不太可能大量使用。[3] 浮石在埃及北部海岸有少量出产，古遗址中偶尔也能看到它的踪影。[4] 不过浮石的硬度只有5.5[5]，对磨制硬质石料来说太软了。但是它可能偶尔用于硬石制品最后的抛光工序，以获得高度抛光效果；它也可能用于穿凿和打磨软质石制品，不过我们还没有确凿证据证明这点。石英砂在埃及产量很大，在大多数情况下硬度较大。石英砂用作研磨料的证据包括：萨卡拉的石灰石大钻孔里有石英砂[6]，希拉康波利斯和孟菲斯的石瓶作坊中也发现了用作研磨料的石英砂。[7] 燧石和石英砂硬度相同，但是不如石英砂脆，后者沿晶体解理方向碾压很容易破碎。笔者怀疑，在更适合的材料——石英砂——容易获得的情况下，专门用燧石块或片碾制研磨料是否还有必要。迈尔斯的推测来源于一颗孔未穿透的滑石珠，其孔壁上紧紧附着着一层发白的物质。据卡尔开德鉴定，这层附着物的颗粒既不是纯硅石（石英晶体），也不是刚玉，而是近似硅石的隐晶质品种，很可能

---

① Lucas, 1934, p. 70.

② Mond and Myers, 1937, p. 79 和其中的引注。

③ Lucas, 1934, pp. 70 – 73, 219。

④ Lucas, 1934, p. 71。

⑤ Encyclopedia Britannica Company, 1929, p. 62.

⑥ 卢卡斯提供的信息，引在 Mond and Myers, 1937, p. 79，脚注1。

⑦ Petrie, 1917, pp. 45 – 46.

是碾碎的燧石。[1] 不过，红玉髓和玛瑙也属硅石的隐晶质品种，而且磨成粉后呈白色，所以笔者认为那层附着物可能不是燧石粉末，而是红玉髓或玛瑙粉末，它们是在穿凿或打磨珠子的过程中收集的，直接用作研磨料。还有一种可能是来自沙漠的普通沙子，它不像纯净海沙那样全由石英晶体组成，而是混有各种杂质，包括燧石屑。用这种材料作研磨料，有时也会产生卡尔开德所述的结果，特别是在送检样本数量非常小的情况下。尼日利亚的土著珠匠会在研磨过程中产生的粉末中加水，将其用作最后抛光时的研磨剂。[2] 不过笔者认为古埃及人普遍使用精磨的细沙作研磨料。今天，研磨料也会粘在布或纸上，或者用黏合剂粘在砂轮或磨石上用以打磨，但是古埃及人似乎总用松散的粉末，除非我们将平的或带凹槽的砂岩磨石也看作研磨料，即块状研磨料。

有装饰的硬石珠很少。[3] 见于古埃及硬石珠的装饰方法有以下四种。（1）卡梅奥（cameo）装饰。用玛瑙或缟玛瑙这类多色层石料制成的珠子，通常采用卡梅奥技术产生特殊的装饰效果。"卡梅奥"一词在这里要从广义上理解，它也指一种缟玛瑙桶状珠采用的装饰。这种珠子虽然不是浮雕作品，但的确利用了石头的不同色层以产生纹样，这种装饰与利用黑白色或无特定图案的多色层石料雕刻所得效果一样。（2）雕刻装饰。有些珠子的装饰纹样是雕刻出来的。除了点、圈纹样可能用到实心钻或管钻外，其他图案可能都是用尖状工具、平口凿或圆口凿雕成的。直线可能是用金属锯和研磨粉加工出来的。[4]（3）蚀刻装饰。红玉髓珠上的白色图案是用化学方法，经过蚀刻和

①　Mond and Myers，1937，pp. 79，93 – 94。

②　Daniel，1937，no. 2.

③　参见 Beck，1927，pp. 55 – 57。

④　参见 Vernier，1907，p. 139。

加热产生的。[①] 在埃及发现过许多这种珠子（有些藏于皮特里博物馆），但是它们可能是作为成品从国外引进的，这从它们的图案和技术上可以看出。印度信德省[2]的制珠者仍在使用这种技术，他们通过苏打腐蚀和加热制作白色图案。[②]（4）施釉装饰。这种装饰会在"施釉石珠"部分讨论。

第二节　软石珠

软石珠可能和硬石珠在同一作坊中生产。因为后者已经详细讨论过了，我们在此只讨论一些仅用于软石珠的技术的要点。

首先，打坯成型的方法可能不同。软质石料易碎，所以不能用打制和加压剥片法成型；不过正如迈尔斯所说的，大部分软质石料可以利用其柔软的特性通过切割成型。[③] 比如，孟菲斯珠子作坊中出土的许多半成品方解石珠和滑石圣甲虫，都只经过简单切割。[④]

利用长圆柱体制作的盘状珠和短柱状珠，其穿孔似乎在切割成型之前进行。它们是从长圆柱体上切割下来的，证据如下。首先，如布伦顿所述，它们的剖面形状可以显示这一过程。滑石珠的两端经常和轴线不成直角，但是两边相互平行，因此剖面呈楔形或菱形。珠子的长度也很不统一。[⑤] 其次，珠子两端的表面有时也能揭示这一过程。迈尔斯提供了一张两个滑石珠的端部照片作为切割的证据。他说：

---

① Beck, 1933, pp. 384 - 398.

② Mackay, 1933, pp. 143 - 146.

③ Mond and Myers, 1937, p. 75.

④ Petrei, 1909a, p. 11, sec. 33.

⑤ Brunton, 1937, pp. 51 - 52.

"穿孔明显被截断了。麦凯博士告诉我，他在印度珠子上发现了更明确的证据。有些珠子断面有角度不一的锯痕，是工匠一边旋转一边切割珠子时留下的。"[①] 切割过程在穿孔之后的证据是，穿孔经常同珠子的轴线成一定角度，即使盘状薄珠也不例外。这是因为，珠子在钻孔时还是长圆柱体，因此钻孔方向肯定会有细微偏移。迈尔斯在一些滑石珠上也注意到了这点，但是他说："这难道不是用弓钻同时驱动三根钻杆造成的吗?"[②] 不过，我们所知的复合弓钻都来自新王国的图像资料，而几乎所有盘状软石珠都来自前王朝时期，所以笔者认为使用复合弓钻的可能性不大。另外，盘状珠子的末端经常是粗糙的，而边缘却很光滑或经过抛光。这要么是因为在最后磨光时，珠子是首尾相连地穿成串在带凹槽的磨石上打磨的，要么是因为切割过程是在长圆柱体的侧面被磨光和抛光之后才进行的。

在对软石进行打磨和抛光时，用比砂岩稍软一点的磨石也可以达到很好的效果，而且研磨料也不是必要的。不过使用加工硬石珠的磨石和研磨料会大幅度缩减工作时间，因此工匠也可能乐于这样做。加工方法和硬石珠基本相同，但软石珠在打磨时留下的磨痕在佩戴过程中常被磨掉了，而珠子若不施釉保护或烧制硬化，佩戴时又不小心的话经常会留下新的磨痕。据麦凯介绍，摩亨佐－达罗的滑石珠表面未作细加工就钻孔了，他指出，"必须记住的是，滑石很容易沿解理面破裂，所以需要先打孔，防止发生破裂而浪费时间"。[③] 我们在上一节讲过，古埃及人加工硬石珠时似乎总是先穿孔再进行最后的抛光，他们加工软石珠的程序可能与此相同。

---

① Mond and Myers，1937，p. 75；pl. XXXVII，fig. 6.

② Mond and Myers，1937，p. 80.

③ Marshall，1931，p. 526.

　　软石珠钻孔所用工具和操作过程可能也基本与加工硬石珠相同。但是，软质石很容易用其他稍硬的物质穿孔，所以制作钻头的材料可以涵盖范围更广的植物、动物和矿物材料，包括木材、棘刺、芦苇、骨料、象牙、金属和燧石。研磨料虽然不是必需的，但是有时也被用来加速穿孔进程，比如前文提到，迈尔斯在滑石珠未穿透的孔里发现了硅石研磨料。对于硬质石珠而言，锥形穿孔在早期比较盛行，因为钻孔使用的是 V 形燧石钻头；细小管状钻孔的出现和盛行代表技术的进步，这种穿孔可能与金属钻头的发明和使用、高效研磨料的发现与应用有关。但对软石珠子而言，用相对软一些的材料制作的细棒状钻头从很早就开始使用了。巴达里时期的滑石珠上就出现了规整的圆柱形钻孔。[①] 因此，从硬石珠得来的结论并不全部适用于软石珠，至少在穿孔类型方面是这样的。

　　迈尔斯指出，有些滑石珠的两端呈一对正弦曲线状，他认为这可能是燧石钻头的肩部迅速切入软石珠端部造成的；但哈特以为这一形状可能是佩戴造成的。[②] 由其他软石料比如蛇纹石（如第 286 号串珠）和贝壳（如第 389、402 号串珠）制成的珠子有时也有这种末端，但穿孔后经施釉过程硬化的滑石珠末端总是光滑平整的，所以笔者倾向于赞同哈特的解释，即这种形状的末端是在佩戴过程中而非凿孔过程中产生的，因此对技术进行分析没有意义。

　　除去我们接下来要讨论的施釉软石珠外，软石珠很少有装饰。带有红白条纹的石灰石可以视为天然彩色装饰。雕刻技术偶尔也用于装饰软石珠。

---

① Brunton, 1937, pp. 51 – 52, sec. 64.

② Mond and Myers, 1937, pp. 79 – 80 及脚注 1。

第三节　施釉石珠[①]

在古埃及，施釉滑石珠很多，施釉的不透明石英（包括乳石英）和水晶珠子也不罕见。发掘报告中还有施釉的蛇纹石[②]、红玉髓[③]、石英岩[④]和燧石[⑤]珠子，不过最后两种（石英岩和燧石）很可能是不透明石英，需要进一步验证。

为硬石施釉似乎完全出于艺术原因，釉层能赋予浅黄色、白色或无色的石料以鲜亮的蓝色或绿色。但是对于滑石这样的软石料来说，施釉过程既有艺术原因，也有技术原因。从技术上考虑，施釉滑石兼具硬石和软石的优点。在施釉前，滑石质地柔软、易穿孔，但是一经施釉硬化，在佩戴过程便不易磨损。因此施釉滑石珠的使用量远大于施釉的不透明石英或水晶珠。给红玉髓珠子施釉的动机很难理解，因为古埃及人一直喜欢红玉髓的红色。需要注意的是，有些红玉髓珠的部分或所有表面会出现白色包层（patination），包层多数是在施釉过程中偶然产生的[⑥]，这种红玉髓珠特别像釉层在佩戴过程中磨掉的真正施釉石珠。有时这种带包层的红玉髓珠因与一起使用的铜器或风化的釉砂接触，会部分染上绿色。另外，

---

① 参见 Beck，1934b，pp. 69 – 75；1935，pp. 19 – 37。

② Mond and Myers，1937，pp. 72，89。墨菲认为它可能是"施釉蛇纹石"。

③ Mond and Myers，1937，pp. 72，89，91，（Predyn，beads）。关于在努比亚墓葬中出土的施绿釉红玉髓珠，见 Reisner，1923b，pp. 14，49，53。

④ Reisner，1923b，Chap. XXIV；也见于 pp. 49 – 50，52 – 53；Beck，1935，pp. 19 – 23。

⑤ Beck，1935，pp. 19，23，29。

⑥ Beck，1935，pp. 35 – 36。

大多数情况下施釉不透明石英和施釉红玉髓几乎无法区分，因为这两种石头都是硅石，除颜色外其他物理性质都相同，但是红玉髓经过火烧和施釉后表面会出现白色包层，除非破坏表面使未改变的核心露出，不然无法看到红色。因此若仅从外观来判断，出错的可能性很大。

除添加了一道施釉工序外，施釉石珠的制作方法同前面两节讨论的无釉石珠的加工方法大致相同。赖斯纳指出，对于石英和水晶这种硬石料，主要技术难题是如何把颜色和釉层固着在石头上，特别是在它们的表面经高度抛光之后。[①] 因此有些施釉石珠似乎根本未经磨光，在初步挫磨成型后就被穿孔和施釉了，有些则经过磨光却没有抛光。[②] 贝克说，美索不达米亚的施釉石英珠似乎是先磨制成型，然后锤击使其表面出现贝壳表面那种凹凸结构，最后再穿孔和施釉。[③] 有些施釉软质石珠，透过釉层可以看到粗糙的、带有类似"挫痕"的滑石基体，挫痕有的和珠子轴线平行，有的与其成一定角度。[④] 这些"挫痕"好像是用非常粗糙的研磨料或磨石打磨成的，由于石头的加热硬化和釉层保护而保留了下来。而普通的无釉软石珠上即使曾经有这种痕迹，在佩戴过程中也早已磨掉了。不过这些挫痕也可能是故意保留的，甚至是特意加上去的，以使珠子表面更为粗糙，便于釉层附着。滑石在高温烘烤（900℃下加热 1 小时）下会失去结晶水，其硬度会从 1 上升到 7[⑤]，不透明石英或水晶的硬度也是 7，因此用硬度来

---

① Reisner, 1923b, p. 49.

② Reisner, 1923b, p. 93.

③ Beck, 1935, pp. 25 – 6。

④ Beck, 1934b, p. 73。

⑤ Bannister and Plenderleith, 1936, p. 4.

分辨施釉软石珠和施釉硬石珠很难。但是可以通过穿孔类型来分辨两者——施釉滑石珠几乎是在烘烤前以穿凿软石的方式穿孔的。

除了方便软石珠穿孔这种技术层面的考量外，我们还有其他证据表明施釉总是在钻孔之后进行的。首先，正如赖斯纳注意到的，施釉珠子的穿孔里总有釉，特别是那些有锥形大孔的硬石珠。[1] 其次，如后文所述，珠子施釉时可能被浸入釉料的悬浊液中，而带孔的珠子可以大量穿结，有利于加速浸釉和晾干工序。

关于施釉方法，贝克认为埃及珠子的施釉程序是：将已经做好的釉料（或制釉原料）磨成粉后施于珠子表面，然后烧结。[2] 但是他没提到把粉末施加到珠子珠面的方法。赖斯纳指出，如果不用浸釉的方法，大批量为珠子施釉就很困难。[3] 施釉工序可能如下：先把釉料烧结，再将其研磨成粉末；然后向粉末中倾倒某种液体，可能是一种树脂溶液，将其搅拌成泥水一样的悬浊液（这是一种物理混合物而非化学溶液）；接着把待施釉的珠子用线绳穿起来浸入釉料的悬浊液中，晾干后放入某种密闭腔室里烧制。[4]

除了巴达里时期的施釉滑石珠外，石珠上的釉均与釉砂珠的相同。H. 杰克逊用分光镜检验了一颗埃及燧石或石英岩（石英？）珠子，发现它使用了以铜显色的含钠釉料（实际是一种常见的铜蓝色玻璃）。[5] 普通滑石珠上的釉层也都是透明釉，里面偶尔有少量晶体。但是巴达里滑石珠的釉层中含有大量晶体，整个釉层都是晶体组成

---

① Reisner，1923b，p. 94.
② Beck，1935，p. 21。
③ Reisner，1923b，p. 49。
④ 参见 Lucas，1936，pp. 154－156。
⑤ Beck，1935，p. 23。

的。经地质勘查局的托马斯博士鉴定，这些晶体为多铝红柱石，即一种氧化铝的硅酸盐。贝克认为这"有两种可能的解释，要么所用石料并非滑石，要么它使用了长石类的釉料，变成了真正的瓷，因此才有那么高的硬度"。但是卢卡斯认为其原因也许仅仅是制釉原料中含有大量氧化铝，或者烧结或加热釉料的温度过高。除几颗前王朝的珠子外，后代珠子再未出现使用多铝红柱石釉的例子，而前王朝的绝大部分釉料都是含少量晶体的普通透明釉。[1]

由于佩戴磨损或风化，施釉石珠经常会失去部分或整个釉层。在后一种情况中，绿色和蓝色会全部消失，在未受磨损的孔洞和其他部分可以看到黄色、柔软的含铜薄层。风化的原因可能与碱式氯化物有关。[2] 将釉料烧熔到不透明石英或水晶上会使部分表面熔化，甚至在釉层脱落后依然可见——石头表面就像被水冲蚀的大理石或糖果。[3]除了让红玉髓的红色更加鲜艳或装饰蚀花肉红石髓珠，古埃及人不太可能有意焙烧硬质石料。古埃及偶尔被用作垂饰的所谓"过火卵石"似乎也从未经过火烧。[4] 这是一种白色卵石，带有天然锈棕色斑点，我们在第五章的"木蛋白石（？）"条已经讨论过了。贝克引用过一枚据称来自埃及的红玉髓垂饰，据他描述该垂饰有明亮的施釉表面，但仍保留着石头原本的鲜亮颜色。笔者认为它根本就没有施釉，而是用被沙子抛光的卵石做成的。贝克认为用沙子抛光的说法不太正确，因为首先"该垂饰的斑点强烈暗示了釉层的存在；其次，如果它是

---

① Beck，1934b，pp. 74 – 5；又见 Brunton，1937，pp. 60 – 61（包括贝克和卢卡斯的评论）。

② Bannister and Plenderleith，1936，p. 5。

③ Petrie，1910a，p. 107；又见 Petrie，1920，p. 43。

④ Beck，1935，p. 36。

用沙子抛光的，抛光一定是在穿孔之后才进行，那穿孔就该受损"。贝克似乎忽略了它是用沙子抛光的卵石制作的可能。另一种可能是，垂饰的穿孔整个被沙子填满了，所以没有被飞沙磨损。无论如何，如他自己承认的那样，他也没办法在不损坏石头原有颜色的情况下制作出表面高度光滑的施釉珠子。① 对于滑石之类的软质石料，笔者认为它是有可能单独进行焙烧的，目的是硬化石料，使其更经得起长久佩戴。如第五章"滑石"条所述，如果看不出施釉痕迹，我们就把这种变硬发白的滑石称为"过火滑石"。

第七章译者注

［1］现属巴基斯坦。
［2］现属巴基斯坦。

---

① Beck，1935，pl. V，5，p. 36。

第八章　塑材珠

第一节　釉砂珠[①]

根据卢卡斯的定义，"埃及釉砂"（Egyptian Faience）是指由施釉的石英砂（粉末状石英）制成的器物，其基体材料由棱角锐利的颗粒组成，这种颗粒可以通过精细研磨石英石、水晶、石英卵石、沙或砂岩制得。在成型和施釉时，基体材料通过某种结合介质黏合在一起，这种介质可以确定为一种碱（可能是泡碱）或盐。釉料基本是钠（或钾）钙硅酸盐，除了下述品种 F 外均不含铅化合物。施釉时，先把釉的原料混合物烧结，之后研磨成精细粉末，再把粉末与水混合成稀泥浆状，然后将待施釉的珠子浸到"泥浆"中，或者将液体倾倒在珠子上，待珠子晾干后即可进行烧制，烧制工序是在某种封闭的腔室里进行的。卢卡斯将釉砂分为普通釉砂和以下六个品种：A. 带化妆层的釉砂；B. 黑釉砂，内核通常为深色；C. 红釉砂，内核通常呈红色；D. 带有蓝色或绿色硬基体的釉砂；E. 玻璃态釉砂，内核与品种 D 相同，但没有单独釉层；F. 施铅釉的釉砂。[②]

---

　① 　参见 Reisner，1923b，pp. 90 - 92。
　② 　这段内容基于 Lucas，1936，pp. 141 - 160。

　　赖斯纳注意到珠子的颜色同基体颜色关系密切，同样的蓝色釉根据基体材料呈白色、黄色或灰色可以显纯蓝色、纯绿色或灰绿色。黑釉砂珠具有深灰色基体，其上通常施黑色釉，有时也用蓝黑色釉；或者具有一个紫黑色硬基体，其上施一薄层同样颜色或无色透明的釉。[①] 贝克用显微镜观察了几颗出自卡乌和巴达里的釉砂珠，发现其中一颗黑色珠子通体由大量均匀混合的石英颗粒和含锰玻璃态物质组成，他认为这颗珠子的制作方法是：用某种胶合介质将沙子粉末和釉料粉末混合，然后将其烧制到釉料熔化。有些黑色珠子有无色内核，其外包裹厚厚一层含锰釉；有的黑色珠子则由三层组成：一个透明内核、很薄一层深色材料（可能含铁或锰）和表面的一层无色釉层。蓝色釉砂珠的蓝色釉有的充满石英粉，有的完全没有石英晶体，但是两种情况中的基体均是用石英粉和玻璃态材料组成的。釉料的颜色一般有：铜所显蓝色、铁所显棕色和锰所显黑色。[②] 皮特里称，即使微量的铁都可以使釉显出绿色色调，他还说如果蓝色暴露在潮湿环境下可以褪变为白色，而绿色由于绿色硅酸铁的分解和棕色氧化铁的产生会变为棕色。[③] 但是赖斯纳指出，有些情况下绿色肯定是由釉层的蓝色和基体的黄色共同显出来的，或者基体与蓝色釉层之间有一层黄色化妆层。[④] 皮特里博物馆有一串没有施釉的釉砂珠（第914号串珠），标注"阿玛尔纳?"，这串珠子是用精细研磨的白色硅石制作的，特别柔软，用手指就能磨破。

　　内核的显微结构和颜色、是否存在化妆层以及釉的显微结构及其

---

① 　Reisner, 1923b, p. 90.

② 　贝克的报告，见于 Brunton, 1928, pp. 23 – 24。

③ 　Petrie, 1910a, p. 116.

④ 　Reisner, 1923b, pp. 141 – 142。

化学成分对于釉砂研究至关重要。遗憾的是，这些特征只能通过破碎的样品才能观察到，而且有些需要非常复杂的检测手段。但另一方面，很多技术特征可以从完整的珠子上看出来，它们能为我们提供同样重要的信息，而且可以通过相对粗略的检测手段进行确定。不过从这些技术特征推测出的工艺过程只是一种可能的情况。塑材珠的成型方法主要有。

1. 普通塑形法 A。这种方法用于制作各种带小穿孔的珠子。皮特里指出，"珠子通常是在线绳上制作、晾干的，然后把线绳烧掉，接着将珠子浸入釉料悬浊液后烧制。早期的小珠子是用拇指和其他手指揉到线绳上的，珠子较长，两端逐渐变细，状如谷粒"。① 赖斯纳对凯尔玛出土的釉砂珠做了研究，扩充了皮特里的意见。他这样描述制作工序：将珠子基体塑材裹到线绳或其他轴上，厚度为 1~5 毫米，趁其湿润时放在平板上搓为柱体；然后用刀把该长圆柱体切成段，如果要制作环状珠和盘状珠就切得短一些，制作管状珠就切得长一些；接着将其晾干并初步烧制，里面的轴不用取出。要制作桶状珠、垂饰和球状珠的话，就用手指将切割出的小段塑造为需要的形状，然后修剪尾端，例如用刀绕轴修剪。制作截面为矩形的珠子可能非常简单，只需在基体仍在轴上时将其在板子或其他硬平面上按压即可。成型之后，再给珠子施釉、晒干后二次烧制。有些小环状珠会被烧熔的釉粘成不规则的大团，原因可能在于这些珠子是堆在炉中成批烧制的。②

2. 普通塑形法 B（孔径约为珠体直径的二分之一）。这种方法用于制作具有大穿孔的珠子。除了所用轴的直径更大外，该方法

---

① Petrie, 1910a, p. 119.

② Reisner, 1923b, pp. 91 – 92.

的加工过程与塑形法 A 大体相同。轴的直径更大可能由于所用的轴不再是线绳，而是其他材料，如金属棒、芦苇或秸秆。据哈姆扎介绍，在坎提尔第 19～20 王朝的釉砂作坊中发现给珠子戳孔用的青铜棒。① 贝克和斯通都认为有些釉砂珠是在空心的芦苇或秸秆上塑造成型的，芦苇或秸秆经烧制之后消失了，这和今天西非土著仍在使用的方法非常类似。② 用这种方法做出来的珠子，基体很薄很硬。这种技术虽然与塑形法 A 差异很小，但我们还是特意将它单列为一类，因为穿孔的尺寸对断代具有重要意义，详见后文的编年研究。艾森认为有些南瓜形珠子的褶皱和瓣可能（有时可以确定）是在有褶皱的板上滚动制成的，这时大孔径有利于穿插用作把手的重棒子，使操作更加稳当。③

3. 特殊塑形法 C（使用"黄油拍"状工具）。这种方法用于制作大部分分节珠子和一些球状珠。它们的穿孔大小不一，但是一般比塑形法 A 做出的穿孔大。贝克和斯通用一种"黄油拍"状的木质工具成功做出了普通分节釉砂珠；他们还说，"如果细心一些的话，还可以用这种工具将材料塑造成螺旋状或其他形状的珠子。威尔特郡的分节珠子每节间的小槽与众不同，但也能用这种方法再现"。④ 某些与这种分节珠子同时代的单体球状珠子好像也是用该方法制作的：先绕一个轴制作一个圆柱体，然后用上述工具加工出小槽，使其成为分节珠子，每一节大体呈球状，最后用小刀将其切成独立的珠子。这种珠子的特点如下：第一，珠子边缘剖线在接近末端时会由凸曲线变为凹

---

① Hamza, 1930, p. 52.
② Beck and Stone, 1936, p. 211.
③ Eisen, 1930, p. 26.
④ Beck and Stone, 1936, p. 210.

曲线，因为在切断前，每节间的小槽是凹面的；第二，凹曲线在到达穿孔开口处之前中断，而且珠子的两端表面平整（由于切割的缘故）。

4. 特殊塑形法 D（戳制穿孔）。这种方法用于制作某些球状珠，特别是大球状珠。赖斯纳发现有些出自凯尔玛的大球珠不是在轴上塑造的，其穿孔是戳制的。做法是在基体原料仍然柔软时，先从一端戳入一根尖细物体，然后再从另一端戳入。所用工具可能是有钝尖的硬金属线，或者是骨或青铜锥子。[①] 不过也有许多球珠只从一端戳入，因为其穿孔一端的直径远大于另一端。直径较小一端，也就是戳孔工具自珠体穿出的一端周围有裂痕。布伦顿认为这种珠子"孔洞周围普遍带有褶皱，好像是用手指塑造出来的"[②]，但这裂痕绝对是由于推出戳孔工具造成的，因为原先占据穿孔空间的部分基体材料会在工具的推动、挤压下，打破外壁涌出。珠子裂开的末端会用工具（可能是手指）塑制修整，这会使珠子稍微呈梨形，带有裂痕一端较小。用两掌揉制可塑材料（如制作釉砂基体的塑材）可以制成球珠，特别是大球珠，这种方法比用手指在线绳上塑造效率更高，也更令人满意。采用这种方法必须在塑形之后戳孔，不过它的优势可以弥补戳孔技术的劣势。但是，戳孔技术并不适合为可塑材料穿孔，而且极少用在模制的或用其他塑形法制作的釉砂珠上，这类珠子有更理想的工具来穿孔。

5. 模制法。用模子制造珠子是一种先进的技术，它似乎是在釉砂加工史的晚期才发明的。赖斯纳认为，所有出自凯尔玛的中王国珠

---

① Reisner, 1923b, p. 91.

② Brunton, 1928, p. 19.

子和护身符都是用手塑制的，而不是模制的。① 据笔者所见，确定采用模制法制作的珠子还没有早于新王国的。红陶模子经常出土，但也没有一件早于新王国。即便在模制法盛行的时期，盘状珠、球状珠、桶状珠和柱状珠这类常见的简单珠子仍然是用塑造法而非模制法制作的。古代的模具为单面模子，适合制作一面为平面的垂饰和带浮雕装饰的珠子，但不适于制作这些常见的简单珠子。虽然常见的简单珠子在发掘材料中始终占据主体，但笔者还未见到任何用于制作它们的陶模。皮特里和哈姆扎分别在阿玛尔纳②和坎提尔③的釉砂作坊中发现了各种釉砂珠和陶模。皮特里的材料现藏伦敦大学学院的皮特里博物馆，哈姆扎的发现藏于埃及开罗博物馆，笔者在展柜中看到了一些。这两批材料都属于新王国时期，它们表现的制珠技术也基本相同。常见的简单珠子（包括环状珠）是在线绳上塑造出来的；制造垂饰时，先把基体塑材压进模具再用刀具切去多余的部分，待其完全干燥后再施釉和烧制。皮特里指出，垂饰的顶部（也常在底部）常通过釉料熔接一枚环状珠。④ 坎提尔遗址出土过一些铜棒，它们肯定是用来制作穿孔的，不过正如发现者的判断，孔洞不一定是用它们戳成的，也并非所有种类的穿孔都用到了铜棒。⑤ 除了铜棒，其他材料的小棒和线也可能用作轴。正如上一段所说，戳孔技术不大可能用于采用塑造法制作的珠子和垂饰，皮特里和哈姆扎发掘的珠子样本都可以证明这一点。此外，一些出自坎提尔的模子也能证明，除了戳制法外还有其

---

①　Reisner, 1923b, p. 91.
②　Petrie, 1894, pp. 25, 28, 29.
③　Hamza, 1930, p. 52.
④　Petrie, 1894, p. 29, sec. 67.
⑤　Hamza, 1930, p. 52。

他方法用于制作穿孔。其中有些模子的边缘两侧有水平凹槽，可以用水平固定轴；有些模子中央有小孔，可以垂直固定轴。所用轴可能是该遗址出土的那种铜棒，在珠子模制成型后取出，形成穿孔。

关于釉砂珠的装饰。古埃及珠子上所见装饰方法如下。

1. 模制装饰。制作方法和用模制法制作珠子相同。装饰纹样为凸浮雕或凹浮雕。根据贝克的研究，圈－点纹还会涂上深色釉料以增加装饰效果。[①] 但由于凹线中釉层较厚，即便相同颜色的釉料也会显得颜色更深。

2. 刻画装饰。这种装饰的做法是，在珠子还湿润、柔软时在上面刻出阴线，形成想要的装饰纹样，然后给珠子施釉并烧制。底部呈V形的阴线可能是刀刻出来的，而底部呈U形的阴线可能是用圆口凿刻的。赖斯纳在凯尔玛发现过一些黑釉砂珠，上面的阴线里填有蓝色釉[②]，但通常来说基体和阴线上覆盖的是同一种釉。

3. 彩绘装饰。常见的类型是在蓝色釉砂珠上绘制黑色线条。赖斯纳认为"黑色线条是在烧制前画到蓝色底子上的"，而"黑色线条常常显出深紫色色调，这似乎受了蓝色和施釉过程的影响，而不是黑色颜料的特性，因为这种黑色颜料为炭黑色，而不是铁黑色"。[③] 有的珠子先在白色内核上绘制黑色图案，然后整体施以蓝色釉。有些采用刻画装饰的珠子在施釉和烧制前会在阴刻线条里填充其他颜色的玻璃料，使其与珠子表面齐平，这种珠子除非破损否则无法与采用彩绘装饰的珠子区分开来。采用另一种装饰方法的珠子也是如此，这种珠子上的两种颜色并不局限于表面，还深入珠子内部；贝克认为其制作

---

① Beck, 1927, p. 71.

② Reisner, 1923b, pp. 90, 138.

③ Reisner, 1923b, pp. 138, 139.

方法是，先将不同颜料与石英分别混合，再将这两种材料"搅"在一起塑成珠子。这种珠子通常由黑色和白色组成，一般施有其他颜色的釉，珠子大多有蓝色痕迹，所以釉的颜色可能原本是蓝色的，褪变成了白色。[①]

4. 碎屑装饰[②]。这种珠子的常见类型基体呈灰色，通常先涂一层黑色颜料，在珠子还柔软时将其放在白色或棕白色石英屑（可能偶尔也用碾碎的滑石）上滚动（碎屑主要附着在珠子中部），然后给珠子施加半透明的浅蓝色釉，达到浅蓝色碎屑突出于蓝黑色背景的效果。保存完好的珠子表面总有一层连续不断的釉层。除了上述常见类型外，珠子的碎屑和基体还会呈现其他颜色，原因包括釉料风化程度不同，或者碎屑或基体的原有颜色不同，或者没有黑色涂层。

5. 镶嵌装饰。有些釉砂珠会镶嵌有色石头。开罗博物馆收藏的一条项链（编号47809）上有几颗垂饰状的蓝色釉砂隔珠，珠子一面正中有一个圆形凹槽，里面镶有一颗经简单切削的红玉髓圆盘，黏结可能用了某种胶或树脂。这种装饰方法极少用于釉砂珠子。

第二节　其他塑材珠

除釉砂外，古埃及人也用蓝色玻砂、其他颜色的玻砂（？）、陶、黏土和植物性塑材（vegetable paste）制作珠子，但是它们都不如釉砂珠受欢迎。这些种类的珠子大多是在原料仍湿润柔软时采用塑形法制作的，所用方法与釉砂珠基本相同，因为它们都属于同一种材料，

---

① 贝克的报告，见于 Brunton，1928，pp. 24 – 25。
② 参见 Brunton，1928，p. 20，以及贝克的报告。

即可塑材料。关于成型方法，我们在上一节已经讨论得非常详细了，不需要再重复，此处仅对每种材料的特殊之处做简要说明。

古埃及人用于制作蓝色玻砂珠的材料，与加助溶剂为其他器物施釉的釉料粉末和加树胶或蛋清用以绘画的埃及蓝（Egyptian blue），都是同一种材料。[①] 有些玻砂颗粒粗而坚硬，可以像塑造釉砂珠的基体那样绕某种轴塑成想要的形状，然后把它加热至半熔融状态，但是尚未达到玻璃态。精细的蓝色玻砂呈粉末状，通常非常软，使用时可能先轻微加热使它们黏结，不过笔者对这点并不确定。蓝色玻砂珠的颜色从表面到核心都是一样的，而且绝不施釉。有时会趁珠子湿润柔软时，在其表面刻画线纹进行装饰。

各种颜色的"玻砂（？）"珠也有发现，有的发掘报告将其称为"玻璃料"（paste）。它们的制作方法可能与蓝色玻砂珠一样，只不过混入了不同的着色物质（可能是各种赭石）。它们可能是在还具有可塑性时制成珠子的，而且从来不施釉。但是正如本书第五章（材质的鉴定）指出的，有些样本是用混有着色物质的天然块状材料制作的，采用磨制和钻孔方式成型，有的则是釉层全部脱落的釉砂。因此，除非有确凿证据证明珠子是用加工软石珠的工艺制作的，或者证明珠子之前施有釉层，它们在此都被称为"玻砂（？）"珠。这种珠子的主要组成物质到底是不是石英也不是很清楚，不过它们绝对不是石灰石（用酸测验过）。

陶珠的制作可以趁黏土湿润时将其绕轴塑造成型，然后烧制。烧制的温度要足以将黏土所含水合物里的结晶水烧失，使其耐水耐用。陶珠的颜色和常见的陶罐一样，为粉红色或红色。

---

① 关于釉料混合物和埃及蓝的制作，见 Petrie, 1910a, p. 117。

　　黏土珠与陶珠不同，它们要么完全未经烘烤，要么烘烤程度很轻，一旦变湿就会恢复可塑性。黏土珠通常是在某种轴上塑造的，成型后轴会被抽出或烧掉。在后一种情况下，烧制的温度要足以烧毁轴（线或芦苇），但又不会使黏土变为陶。有一种黏土珠出土时还粘在线绳上，这种串珠会成簇用于制作木偶娃娃的发辫。用来制作珠子的黏土质量不一，既有粗糙、多孔、混有大量杂质的泥巴，也有精细、密实的黏土。用精细、密实的黏土制成的珠子通常会绘黑彩并磨光。黏土珠有时也绘红彩（可能是红色赭石），或在表面戳刺纹样。

　　植物性塑材珠子也是用塑形法制作的，它们呈棕色、多孔且非常柔软。

第九章　金属珠

第一节　制作方法[①]

考古发现表明，古埃及人会佩戴金（包括金银合金）、银、铜（包括青铜）、铁和锑制作的珠子。其中，金珠的使用最为广泛，下文叙述的制作和装饰方法主要是从金珠样品上总结出来的，但是其中有些方法也用于制作其他金属珠。珠子制作利用了大多数金属的如下物理特性：它们可以锻打成薄板（可锻性），可以轻松拉成细丝（延展性），当薄板被充分加热时会粘连在一起（黏着性），弯曲时不易折断（柔韧性），以及熔化后可以铸成任何形状。制作金属珠子的主要方法如下。

1. 切割薄片法。把一块金属锻打成扁平薄片，再将其切割为大圆片，然后进行穿孔即可。这种珠子有时也被称为"圣饼形珠子"（Wafer bead）。

2. 翻卷薄片法 A（不接合）。另一种简单的方法是把金属薄片切成矩形小条，再将其弯折成圆环。有些圆环的两端仅重叠在一起，未

---

① 综合引用文献，见 William, 1924；Vernier, 1907；Vernier, 1927。

经焊接；有些圆环的两端会锻接在一起，但也未焊接。[1] 赖斯纳认为，"这种珠子有的可能是将一长条黄金围绕一个结实的木或金属核（或轴）卷成长管，然后再把长管分割成段制成的"。[2] 这种方法会用于制作金、银、铜和铁珠，而且非常常见。该方法有一个变种，即先制作横截面为矩形的厚条，然后将其弯折成环，直至环的两端相互接触。[3]

3. 翻卷薄片法 B（接合）。这种方法同上一种方法（翻卷薄片法 A）一样，只不过接合处会进行焊接（solder，用某种更易熔化的金属、合金或混合物作焊料）或熔接（fuse，仅通过高温接合）。软焊料到罗马时期才出现[4]，不过报告中出现过一例在罗马时期之前使用硬焊料（大部分为银，用于焊接铜器）的例子。[5] 古代焊接工艺通常会使用助熔剂和被焊接金属的碎片组成的混合物。助熔剂可以加速金属熔化，但是接合处不会出现明显不同的颜色。韦尼耶认为开罗博物馆中一些采用翻卷薄片法 B 制成的珠子经过了焊接[6]，但是赖斯纳认为凯尔玛出土的有些珠子经过了"加热熔接"[7]，可能他们对各自样本的判断都是正确的，因为古埃及人兼用这两种方法。需要注意的是，焊接和熔接在有的样本上很难区分，这条说明适用于所有涉及金属接合的问题，在后文中不再重复。[8]

―――――――

① Brunton，1937，pp. 51 – 52；Brunton，1928，p. 21 和 p. 22 贝克的报告。

② Reisner，1923b，p. 282.

③ Brunton，1937，pp. 51 – 52，sec. 64.

④ Petrie，1910a，p. 103.

⑤ Lucas，1934，p. 173.

⑥ Vernier，1927，p. 21.

⑦ Reisner，1923b，p. 282.

⑧ 对于焊接方法，参见 Vernier，1907，pp. 68 – 71 及 William，1924，pp. 35，38 – 39。

4. 两半接合法。从金或银的扁平薄片上割一个圆片，放在带有半球形凹槽的锻模上捶打成半球形，然后将两个半球沿最宽处的边缘接合成球珠或双锥体珠子，成型后再把接合处磨平、磨光。然后用截面为圆形的工具戳出穿孔，这种穿孔从内部可以看到薄片被撕裂后的锯齿状边缘。韦尼耶[①]和威廉姆[②]认为两个半球是焊接的，而赖斯纳则认为是熔接的。[③]

5. 覆芯法。即将薄金片锤制为极薄的金叶并将其贴到其他材料的内核上。常见的内核为灰色或浅黑色的可塑材料，皮特里称它为"一种用碳酸钙做的塑材"。皮特里认为覆芯法的加工程序如下：先小心锤制一些薄金管，将其口朝上放置，再给里面填充塑材，以免把它们压坏。[④] 但是这种方法可能用了不止一种塑材。贝克认为金叶附着在"一个由树脂和晶体粉末（石英或方解石）混合而成的核心上"。[⑤] 制作带小穿孔的桶状珠和球状珠时，可能要先用塑材制出内核，等它干燥变硬后再贴上金叶。贝克[⑥]和韦尼耶[⑦]都认为金叶接合处是焊接起来的；韦尼耶又指出，有些珠子的金叶特别薄，因此仅靠压力就足以使其贴在内核上了。[⑧] 金叶接合处的痕迹通常不可见，奥查德认为珠子在熔接之后可能还要进行磨光，以去除金叶的接合痕迹

---

① Vernier, 1927, pp. 13 – 14.

② William, 1924, p. 67.

③ Reisner, 1923b, pp. 282 – 283.

④ Petrie, 1920, p. 27。他原先认为珠子是这样制作的："锤制一根薄管，然后将其两端拉下来包住石灰石内核。"（1910a, p. 84）。他似乎对这一观点做了修改。

⑤ 贝克的报告，见 Brunton, 1928, p. 22。

⑥ Brunton, 1928, p. 22.

⑦ Vernier, 1927, pp. 272, 273.

⑧ Vernier, 1927, p. 45.

和不平整的地方①。木珠上有时也贴金叶：先在木珠表面刷一层特殊的灰浆（石膏粉），然后用一种黏合剂（可能是胶）将金叶粘在灰浆层上。② 青铜、红铜和金银合金珠子也可以"通过在表面熔接金叶"的方法进行贴金装饰。③ 有的蓝色玻砂珠上也贴有金叶，比如开罗博物馆收藏的一些珠子（编号 J. 68317）。

为便利叙述，在其他材料如木头、其他金属、蓝色玻砂或石头上贴金的珠子，都会被视为用该种材料制作的、采用贴金装饰的珠子；只有采用前文所述的特殊塑材作内核，或者内核被完全覆盖、难以辨别材质的贴金珠子，才会被视为用覆芯法制作的金珠。用其他材料制成并贴有金帽的珠子也不作金珠看待，而视其为用该种材料制成的、用金帽装饰的珠子。

6. 铸造。出自杰尔王墓的一只手镯上有几颗未穿孔的沙漏形金珠，皮特里认为它们"绝对是铸造的，因为它们是实心的"。④ 不过这种珠子也可能是先大致锤击成型，再用某种工具打磨后制成的，就和与其穿在一起的、形状相同的紫晶珠一样。明确采用铸造法制作的珠子，有一批是皮特里在拉宏发掘的锑珠⑤，其中一些藏于皮特里博物馆（串珠编号945），这些珠子珠体上有明显的范线，说明使用了复合模。这些锑珠的形状很"不埃及"，可能是从外国进口的成品。

7. 锤打后钻孔的实心珠子。韦尼耶称有些实心金珠是先大致锤打成型后再穿孔制成的⑥，有些橄榄形的金珠是用切成小块的黄金穿

---

① 　Orchard，1929，p. 55.

② 　Vernier，1927，p. 272 及 Lucas，1934，p. 189。

③ 　Reisner，1923b，p. 283.

④ 　Petrie，1910a，p. 86.

⑤ 　Petrie，1891，p. 25，sec. 47，pl. XXIX，p. 56.

⑥ 　Vernier，1907，p. 89.

孔后制成的。① 有些黄金隔珠的做法是，先制作一根截面呈矩形的实心金条，再在上面打一系列穿孔，有一些还被切割或凿成并联珠子，这种珠子会让人误以为它们是用许多单独的珠子接合起来的。② 奥查德认为美洲印第安人佩戴的一些实心金珠可能是用类似方法制作的：先在一块黄金上钻孔，再将其穿在旋转的轴上，然后一边旋转一边锤打，制成想要的形状，最后用研磨料去除锤击痕迹。③ 皮特里提到过几颗实心金珠④，布伦顿提到过一枚实心环状珠⑤，它们可能都是用这种方法制作的。

8. 缠丝法。将金属丝呈螺旋状缠绕可以制成桶状或柱状珠子。⑥ 皮特里认为金丝的制作方法不是拉丝，而是锤打。⑦ 不过是不是所有的金丝都是锤打出来的，这是有疑问的。韦尼耶认为细金丝，比如达赫舒尔王冠上用的金丝，只能使用拉丝模来制作。⑧ 韦尼耶理论的问题是，现代珠宝匠使用的拉丝法，在把金线从拉丝模的孔中拉出来时需要很强的机械力，而古代工匠是做不到这点的。海因斯提出了一种更合理的方法：将细金条不停扭转，使其横截面呈螺旋状，再把它在拉丝模的孔中反复抽拉，使螺旋间的空隙逐渐变小，最后成为实心的金线。⑨ 但古人是不是真的使用了海因斯提出的方法，尚不清楚。

---

① Vernier, 1927, pp. 13 – 14.

② Vernier, 1927, p. 18.

③ Orchard, 1929, p. 56.

④ Petrie, 1920, p. 27, sec. 62.

⑤ Brunton, 1928, p. 21, sec. 32.

⑥ Brunton, 1928, p. 21.

⑦ Petrie, 1910a, pp. 84, 85, 90.

⑧ Vernier, 1907, pp. 58 – 62；又见 1916, pp. 40 – 42。

⑨ William, 1924, pp. 39 – 44.

第二节　装饰方法[①]

金属珠的装饰方法如下。

1. 铸造装饰。在模具上制出纹样，那么所有用该模具铸造的珠子都会带有同样的纹样。

2. 雕刻或镂刻装饰。用合适的工具，比如尖凿子，可以在实心或厚珠子表面雕刻出纹样。

3. 模锻装饰（Repoussé）。将两半用接合法制作的珠子或者用非常薄的金属制成的垂饰按压到浮雕的反面，就可以在上面加工出装饰纹样。具体方法有两种：（a）用小工具锻打珠子；（b）在雕刻有所需形状和纹样的印模或模型上按压（锤击或擦磨）扁平金属薄片。除了方法 b 外，贝克还提到了另一种方法：用刻有所需形状和纹样的阴阳两个模具在薄金属（空心珠子的一半）上按压或压印。[②] 但是第二个模具不仅没有必要，还增添了新的技术难题：要在它上面刻出与第一个印模的纹样完全契合的纹样十分困难，特别是在要压印的金属特别薄的情况下。

4. 擦磨珠核装饰。用覆芯法制作的金珠可以装饰阴线构成的螺旋纹或其他纹样。阴线可以在珠子内核仍然湿润、柔软时擦磨贴金叶的素面珠子得到，也可以在带有阴线的内核干燥变硬后，将金叶贴到内核上反复擦磨得到。这种珠子破碎并失去内核后，与采用模锻装饰的珠子十分类似，但是它的金叶上通常会留下塑材内核的

---

① 除了在第一节脚注 1 给出的综合参考文献外，还可以参考 Beck，1927，pp. 57 – 59。

② Beck，1927，p. 58.

痕迹。

5. 镶嵌装饰。带有凹陷图案的珠子上可以镶嵌不同颜色的其他材料。雕刻、压印或在表面焊接细金属丝或薄凸条纹都可以制出凹陷图案。常见的镶嵌材料是有色石料和蓝色玻砂。

6. 贴金装饰。通过焊接或粘接（用胶或树脂）可以在铜等金属内核上装饰金叶。用覆芯法制作的金珠，见上一节的"方法5"。

7. 掐丝装饰。将细金属丝接合在一起可以形成没有独立基体的透孔珠子，也可能将它们固定在基体上形成某种装饰纹样。[1] 制作金属丝的方法在上一节的"缠丝法"条已经讨论过了。关于掐丝的其他技术细节，请参照后文"小金珠装饰"中的叙述。

8. 小金珠装饰。通过这种方法，可以在没有独立基体的情况下将小金属粒接合成珠子，或者将其固定在基体上形成某种装饰纹样。前一种珠子的金粒或银粒一层层围绕在中心内核上，内核可能是由某种不可熔材料如黏土制成的，作用是在金属粒被熔接或焊接成不可分割的整体前将它们固定下来，完工后再将内核移除，留下干净的穿孔。[2] 后一种珠子上的小金珠先暂时用某种黏合物质如普通助熔剂或硼砂固定在金质基体表面构成纹样，然后将其熔接或焊接在基体上。海因斯认为熔接的可能性比焊接大，因为它能保持成品外观精致，使小金珠表面不粘连。[3] 制作小金珠时，可以将熔化的金液从一定高度倒入筛子，令其穿过筛孔落入水中；也可以用吹管火焰制作。后一种方法是在一块不可燃的材料如石棉或木炭上放一些小块黄金，然后用吹管火焰将其熔化；当黄金变为液态时会呈小球状，它冷却后依然保

---

[1]　Petrie, 1910a, p. 94; Vernier, 1927, pp. 225 - 226.

[2]　Orchard, 1929, p. 49.

[3]　William, 1924, pp. 33 - 38, 特别是 p. 36。

持这一形状，成为小金珠。①

9. 上色装饰。有些珠子饰有淡粉红色薄层。薄层是有意施加的，方法可能是将珠子在铁的盐溶液里浸一下再加热。有些金珠表面有其他颜色的薄层，如暗黄色、灰色、红棕色、红色或紫色，其成因是暴露处所含的杂质发生了化学变化或者金珠被有机物沾染了。② 这些都是意外形成的颜色，在此不被视为上色装饰。

10. 其他装饰。就古埃及而言，我们还没有发现用蚀刻法装饰的金属珠，也没有发现采用搪瓷技术（如简单搪瓷、錾胎珐琅、景泰蓝）装饰的金属珠。

---

① Orchard, 1929, p. 48；William, 1924, p. 34；Vernier, 1907, pp. 126－130。
② Lucas, 1934, pp. 190－191；参见 William, 1924, p. 31。

第十章　其他材质的珠子

　　除前面四章列出的材料外，古埃及人还使用其他材料制作珠子，但是这些珠子或者十分罕见，或者为数众多但珠子类型数量有限。其中最重要的材料有：骨料、珊瑚、象牙、树脂（包括琥珀）、芦苇、壳类（包括软体动物壳、鸵鸟蛋壳和珍珠贝壳）和木材。用这些材料制作珠子所用的技术相当简单，大多数与制作石珠的方法相似。此处笔者仅就每种材料的特殊之处做一些说明。

　　1. 骨料。制作珠子的骨料通常是鸟类或小型哺乳动物的长骨（股骨、尺骨或桡骨）。骨料通常没有完全切断，多在切割到一定程度时将其折断。珠子成品的锯齿形边缘会在砂岩板上磨光。[1] 有些骨料会被锯成分节状。骨料的天然孔洞可以用作穿孔，这种穿孔通常非常大。珠子的表面有时会磨光，但是横截面的天然形状一般都能保留下来，形成近似棱柱或截面呈椭圆的柱体。有些隔珠是用大型动物的骨头制作的，加工时先切割骨料，再穿孔，最后像加工硬木材一样磨光。骨珠上偶尔带有刻画装饰，可能是用尖状工具或凿子刻成的。报告中有些施釉骨珠[2]更可能是施釉的滑石，有些被称为"骨"[3] 的小

---

[1]　参见 Orchard, 1929, p. 29。

[2]　Junker, 1920, p. 88.

[3]　Carnarvon and Carter, 1912, p. 79（Nos. 47, 49）, p. 80（No. 53）, p. 81（Nos. 55, 59）, p. 85（No. 78）及他处；pl. LXXIII, 53, 78。

盘状珠子似乎是贝壳做成的。

2. 珊瑚。笙珊瑚由于天然中空，分成小管后可以直接穿线当珠子使用。贵珊瑚可以用加工软石珠的方法成型、穿孔和磨光。

3. 象牙。象牙不像石头那样易碎，其致密程度类似较硬的木材。加工象牙所用的工具和方法与加工木器者近似[1]，可以用扁锛或锯将其劈成若干实心小块，再将小块加工成想要的形状，然后穿孔、磨光。象牙含有一种像油或蜡的液体，有助于形成漂亮的光泽。在拜占庭（科普特）时期，用于加工木器的车床常被用于制作象牙珠。有的象牙珠装饰有刻画纹样，纹样中有时填以黑色颜料。刻画纹可以徒手刻制，也可以用机床加工。用机床加工的刻画纹刻线能够整齐、均匀地围绕在珠子周身。点 - 圈状纹样用尖状工具和管钻制作。贝克称阿尔芒特出土的有些珠子"可能是用骨料或象牙制成的，被用作金属珠的内核"。[2] 不过他对这些珠子的材料鉴定还有待进一步核实。有些被记录为"象牙"的早期珠子应该是用长骨制作的，这从珠子穿孔的尺寸和横截面的形状可以看出。[3]

4. 树脂（包括琥珀）。琥珀和其他树脂可以用加工软石珠的方法制作成珠子。罗马 - 拜占庭时期的许多琥珀珠都呈块状[4]，似乎是用不规则的、天然磨光的琥珀直接穿孔制成的。这可能因为人们更注重琥珀的巫术和医疗特性而非它的装饰效果，因此不需要将其加工成更

---

① Reisner，1923b，pp. 127，249.

② Mond and Myers，1937，p. 83.

③ 例如出自莫斯塔哥达的两粒珠子，2913，见于 Brunton，1937，p. 29；pl. XXXIX.76B（没有绘出横截面）；另一颗见于 Brunton and Caton-Thompson，1928，pl XLIX，79，pl. 3。

④ Brunton，1930，p. 27.

美观的形状。但也有些琥珀珠被加工成了规则形状，有些甚至还有雕刻或者刻画的纹样。

5. 芦苇。芦苇珠子非常罕见，而且这种材料特别易碎，所以芦苇珠可能仅被用作供品。纳威尔在戴尔－巴哈利的神庙中发现了一种形状奇特、用小片芦苇弯折成型的珠子类型①，其中有些现藏皮特里博物馆（串珠编号1157），这种珠子是用两片薄芦苇（分别长1厘米、3厘米）折叠而成的，呈扁平方形。

6. 贝壳。完整的贝壳属于护身符，在此不做讨论。有些厚贝壳（可能包括乌贼的内壳）被破成小块后用来制作普通珠子。盘状珠子的制作方法可能类似南太平洋（South Seas）土著人所用的方法，其程序如下：先用石锤将贝壳破成小块，将小块打成小盘状，然后将其固定在平木板的孔里用磨石磨平、磨光，接着用燧石或玉髓钻穿孔，最后用带凹槽的石头打磨边缘。② 制作柱状珠和桶状珠之类的长珠子时，需要将贝壳切削成型，加以穿孔，最后磨光，所用方法可能与加工石珠的方法相同。③ 唯一的例外是，用象牙贝制作柱状珠子时，只需将它切成段就可以了。容克认为有些盘状珠是施釉的软体动物壳④，它们很可能是施釉滑石。贝壳的化学成分主要是碳酸钙，这种物质极少用作施釉珠子的内核，因为施釉过程的高温（约为900℃）⑤ 会把碳酸钙变为生石灰，轻轻一碰就会粉碎。

---

① Naville and Hall, 1913, pt. Ⅲ, pp. 17, 26; pl. XXVⅢ. 6.
② Woodford, 1908, No. 43.
③ 参见 Orchard, 1929, p. 26。
④ Junker, 1919, pp. 100, 102 – 103, 108 – 109.
⑤ 如大部分完全脱水的施釉滑石珠所呈现的那样，见于 Bannister and Plenderleith, 1936, p. 5。

7. 鸵鸟蛋壳。鸵鸟蛋壳非常适于制作盘状珠。它非常柔软，便于磨光和穿孔。鸵鸟蛋壳的厚度大约为 2 毫米，破成小块后也很平整，成型时只需要将边缘磨圆、磨光即可。在容易获得鸵鸟蛋壳的非洲，人们从很早就开始用这种原料制作珠子了，甚至早于新石器时代。早在突尼斯的卡普萨文化中期就出现了鸵鸟蛋壳珠[1]，哈里杰绿洲的卡普萨－哈德诺瓦人也广泛使用这种珠子。[2] 法尤姆的新石器时代遗址中出土了许多属于不同制作阶段的鸵鸟蛋壳珠子，从中可以看出珠子的制作程序如下：先把鸵鸟蛋壳破成大小合适的碎片，将其大致切削成圆盘状，然后在上面钻孔，接着在带凹槽的磨石上磨光珠子边缘。[3] 巴勒斯坦的法拉遗址有几处带珠子作坊的遗址。遗址 M 出土了鸵鸟蛋壳碎片，一同发现的还有燧石钻和各种半宝石碎片。遗址 H 也出土了一块带凹槽的砂岩磨石，而且该遗址出土的鸵鸟蛋壳珠的形状与凹槽完全契合；但是这里没有发现给珠子穿孔的燧石钻头[4]，可能由于鸵鸟蛋壳比较软，该遗址的工匠使用了比燧石更软的材料来为珠子穿孔。虽然蛋壳质地柔软，制成的珠子很薄，但穿孔采用了对钻法，大多数穿孔为对锥型，这可能是为了防止珠子在钻孔过程中破裂。由于蛋壳薄而易碎，很容易破裂，许多作坊遗址中都有大量在穿孔进行到一半时破裂的蛋壳。

8. 珍珠贝壳。严格来说，珍珠贝壳只是软体动物壳的一种，但由于其技术上的独特性，我们把珍珠贝壳珠子单独划为一类。从古至

---

① Menghin, 1931, p. 181; pl. XX, 18 – 19.

② Caton – Thompson, 1932, p. 132 and fig. 3.

③ Caton – Thompson, 1934, p. 34.

④ MacDonald and Starkey, 1932, p. 8; pl. XXII; p. 12; pl. XXIV, 45; pl. XXV, 52 及 pl. XXVI, 54。

今人们都珍视珍珠贝壳，因为它的内层具有美丽的虹彩。制作珠子时，需要将珍珠贝壳打碎，切割为小薄片，然后磨掉贝壳昏黑或白色的外层，再将其边缘磨光，在上面穿孔即可。珍珠贝壳珠在佩戴时，通常会把有珍珠光泽的一面而非暗淡的边缘朝向观者。

9. 木材。木珠不常见。制作木珠的工具和加工其他木器的工具一样。在制作时，先用扁锛或锯将木材切成小块，再用凿子或者刀子将其制成珠子，然后钻出穿孔，最后在某种石板上磨光。木珠上有时会刻上花纹或者贴上金箔。在罗马－拜占庭时期，珠子在成型和制作线形纹样时可能用了车床。

古埃及人也用完整的软体动物壳[1]，动物爪子[2]，动物、鳄鱼或鲨鱼的牙[3]，甲虫的胸部和骨节[4]，鱼的脊椎骨[5]和植物的种子和核[6]制作珠子。用这些材料制作珠子时大多只需要钻孔，不用再作其他加工，有的甚至连孔都不需要钻，因为它们本身就带有天然孔洞。但是，这些物品都属于护身符，本书不将其作珠子处理，所以它们的技术等内容不在本书的研究范畴之内。

---

① 如 Petrie, 1914a, pp. 27 – 28, secs. 107 – 122。

② Petrie, 1914a, p. 13, sec. 24.

③ Petrie, 1914a, p. 13, sec. 25.

④ 如 Mond and Myers, 1937, p. 92。

⑤ 如 Brunton and Caton-Thompson, 1928, pl. L, 86z。

⑥ 如 Mond and Myers, 1937, p. 92；及 Möllers and Scharff, 1926, p. 60, 葡萄籽（？）。

第三部分
分类与图谱

第十一章 分类方法述评

分类法和图谱密切相关，但又是两个独立的课题。分类法必须系统，并且建立在明确的标准上，但是它只能从宏观上处理材料。而图谱则可以按照工作顺序或者文物本身的年代顺序编排，完全不用考虑系统性，但是图谱必须更加详细，要提供充足的插图以便于辨识。通常情况下，图谱在很大程度上建立在分类法的基础上，它可能会对后者做一些修正，以方便查阅。

由于珠子数量众多、种类繁杂，它们的分类就成了大难题。和其他科学一样，一种名副其实的珠子分类法应该实现两个目标：第一，编排上使用方便、明白易懂；第二，能够扼要地展现我们对这一课题的研究成果。第二个目标要比第一个重要，但是也更难实现。武断编排的分类法可能用起来很方便，却会永远阻碍知识的进步。此外，科学的分类法可能不易掌握，而且需要不断修改、调整，但是它能反映现有的研究成果，因此有助于增进我们对课题的认知，并为未来的进步打下基础。

珠子的分类法也有其特殊要求。讨论这一问题时必须时刻谨记以下两点：第一，一种理想的珠子分类法必须基于具有断代意义的标准；第二，使用分类法经过一些编排和适当调整后可以轻松转变为珠子图谱。尽管整个分类系统使用单一标准不太实际，但是成熟的分类法一般建立在一个主要标准上，由此分类可以据次一级标准进一步划分，皮特为埃及陶器建立的分类法就是这样的。① 这一主要标准必须依据珠子的本质属性，而非偶然特征；而且它必须清楚明确，使各主要部分的界限清晰分明。

现在，让我们分析一下一些正在使用的珠子分类法。我们首先想到的是贝克在其关于珠子的里程碑式的论文中建立的分类法。② 他把珠子分为 4 类（division）：规则的圆珠、规则的多面珠、特殊类型的珠子及垂饰、不规则的珠子及垂饰。规则的珠子是依据形状——主要是理想的几何形状——分类的，完全不考虑材料或技术；而特殊类型的珠子（不包括护身符、圣甲虫和印章）的分类却采用了多重标准，有时基于形状（如 XVII 并联珠、XIX 特殊多面珠），有时基于技术（如 XXIV 掐丝珠、XXV 小金珠装饰的珠子），有时又依据装饰纹样（如 XLVI 点－眼纹珠、XLVII 多色段珠子等）。

贝克的分类法，特别针对规则珠子，看起来非常系统，很吸引人，所以笔者在研究的第一阶段采用了他的分类法，这在第三章已经论述过。然而据笔者的经验，这个分类法虽然系统，但是远非科学。假如现在有人提出，在为蛇分类时随其生长进程先按长度再按直径分类，那么绝不会有动物学家认为该分类法是科学的，尽管它很系统。珠子的结构没有蛇那么复杂，但是除了外形，它们在不同时期确实有很多技术和材料上的特点。贝克对规则珠子分类所犯的错误是，把过多的注意力放在了偶然特征而非本质特征上。这可能是因为贝克希望他的系统能够"适用于所有国家的珠子"，为了能够适用于所有地区和时期，他不得不略去大多数只见于某些地方或某个时期的特点。虽然这一系统可以像"信箱柜"一样让珠子和类型一一对应，但是在给规则珠子断代时它几乎毫无用处。

---

① Peet，1933，p. 62.

② Beck，1927，LXXVII.

分类法应该源自文物本身，而不是基于分类学者的纯粹想象。在这方面，我们研究的对象是考古证据，即古人用双手创造的、可触知的作品。我们必须专注于那些能够反映人手和人脑活动的特征，而不是理想的几何形状，因此必须主要从技术角度考虑问题。只有当材料和形状限制或反映了人手或人脑的活动时，我们才对其加以考虑。一个只根据理想的几何形状建立起来的珠子分类法过于人为化，不具有断代价值。对这种系统的任何细化，只会令各种真正类型的本质及它们间的关系变得晦涩难懂，而非清晰明了，从而达不到研究的目标。

贝克对特殊珠子的分类法更值得接受。不过正如第二章所述，圣甲虫和印章应排除在本书研究范畴之外，而护身符可以包含在内，但在狭义上应该自成一部分，同珠子和垂饰相分离。真正的护身符不属于本书的研究范围（原因见第二章），因此在这里就不考虑它的分类了。对于其他各类珠子，虽然基于单一标准进行分类不现实，但我们必须确定优先考虑的原则。对于任何普遍规则的例外情况都应该做出说明。分类细节也要有提升的空间。贝克系统的这一部分经过修改和调整后，会被纳入本书的新分类法中。

在发掘者设计并使用的珠子分类法中，最重要的有恩格尔巴赫－布伦顿系统①、赖斯纳系统②和容克系统③。就规则珠子而言，这些分类系统比贝克的更加实用，因为它们基于对真实文物的研究，而

---

① Engelbach and Gunn, 1923, pp. 5 – 6, pls. XLIX – LIV; Brunton and Engelbach, 1927, p. 5, pls. XLII – XLV; Petrie, Brunton, Murray, 1923, p. 36, pl. LXII; Brunton and Caton-Thompson, 1928, p. 27, p. 56, pls. XLIX – L; Brunton, 1927、1928a、1930, 见书中各处; Brunton, 1937, 见书中各处。

② Reisner, 1923b, pp. 106 – 127; 1932, p. 118; 1923a, pp. 142 – 153.

③ Junker, 1919, pp. 104 – 108, pp. 184 – 190, Text figs. 57, 58, 86; 1920, pp. 89 – 90, pp. 120 – 121, pp. 148 – 149, pl. 10.

非抽象的想象。遗憾的是，技术没有得到应有的重视，这可能有以下两个原因。第一，这些分类法最初是为了出版某一特定时期的珠子设计的。在一个特定时期内，珠子的制造技术不会有太大的变化。只有对不同时期的珠子进行对比研究，它们在技术上的差异及其年代学意义才能显现出来。第二，一般把珠子形状作为分类法的基本原则，再在各形状之下分别描述珠子材料。然而，珠子制作技术的变化往往与材料而非形状相关。每种材料都有其独特的加工技术，沿着不同的轨迹发展。只有将材料相同但时代不同的珠子放在一组进行研究时，才有可能发现技术在不同时代的独特性。但是将形状相同而材料不同的珠子放在一起研究，只会让形状变成抽象的几何概念，看不到用某一技术加工某一材料产生的特点，分类法因此很难体现技术差异及其年代学意义。这些分类法对特殊珠子的分类也不全面，因为它们是为出版单次发掘所得实物设计的，而每次发掘中的特殊珠子总是比较少见的，不够全面，因此这方面的数据不足以支撑更大范围的系统化研究。发掘者的分类法中，这一部分内容没有贝克系统理想。

现在让我们逐一分析这些分类系统。恩格尔巴赫－布伦顿系统采用单一分类标准，不过用于不同时期时略有变化。现以将该系统运用得最好的《卡乌和巴达里Ⅱ》为例说明。该报告把珠子分为4个大类，即柱状珠、桶状珠、球状珠和环状珠（《哈拉格》、《古洛布》和《拉宏Ⅱ》把边缘剖线平直的环状珠称为盘状珠，并将其单列为一类）。有装饰的珠子被分为带装饰柱状珠、带装饰桶状珠和带装饰球状珠，但用碎屑装饰的珠子无论外形如何，都被单列为一组。其他类型的特殊珠子还有棱柱状、扁桶状、水滴状、垂饰型和矛头状珠子。笔者认为，对有装饰的珠子依据装饰的纹样和技术分类要比按照形状分类更好，这一点贝克早就指出了。[①] 恩格尔巴赫－布伦顿系统的二级分类标准有好几个，包括形状、材料和技术。该分类法对技术给予了一定关注，在这点上它优于其他分类法，但关注程度还不够。

赖斯纳对普通珠子的分类与布伦顿系统类似，他只把珠子分了四类，即桶状珠、柱状珠、球状珠、环状和盘状珠（《凯尔玛Ⅳ》中，环状珠和盘状珠是两个独立的类型，前者的直径比后者小），然后再根据材质二次分类。彩绘螺旋纹珠子在《凯尔玛》中被放在普通珠子下按形状分类，而在《纳加迪尔Ⅲ》中则被单列为一类。赖斯纳系统还为形状特殊的珠子、带装饰的珠子和材质特殊的珠子（象牙珠在《凯尔玛Ⅳ》中单成一类）建立了其他类型。前文的一般性评论同样适用于该系统。

容克对普通珠子的分类依据是珠子边缘剖线的形状和珠子长度：Ⅰ. 边缘剖线为直线的珠子（如柱状珠）；Ⅱ. 边缘剖线为曲线的短珠子（如环状珠和球珠）；Ⅲ. 边缘剖线为曲线的长珠子（如桶状珠）；Ⅳ. 边缘剖线为凸起曲线即曲线有中断的珠子（如双锥体珠子）。每类珠子再依据其长度和一般特征二次分类。形状或装饰特殊的珠子分别单成一类，但其中有一些也包括在普通珠子（如水滴状珠子属于Ⅲ，南瓜形珠子属于Ⅱ）中。除了一般评论指出的那些缺点，这一分类法的首要分类标准既不清晰，也不重要。有些小珠子的边缘剖线是曲是直很难分辨，而有些桶状珠和双锥体珠子也不易区分。有时候珠子边缘剖线的形状完全没有意义，比如一串釉砂珠，有的珠子边缘剖线是曲线，有的则为直线，但这都是施釉

[①]　Beck, 1927, p. 2.

过程偶然造成的。

发掘者在发表从努比亚①或其他国家②的遗址出土的珠子时，还设计了其他分类法。不过它们与上述分类法大致类似，故此不再详述。

显然，珠子的所有主流分类法对一部关于古埃及珠子的专著而言，都不尽如人意。可以从另一个角度探讨如何构建新分类法。在埃及考古领域，分类法首先产生并广泛应用于对前王朝陶器的研究。研究者先以材质和装饰为首要标准将这些陶器分为9类，再于每类下按陶器形状的递变编排出器形图谱。③ T. E. 皮特严厉批判了这一分类法，他认为"一种成熟的陶器分类法应该建立在一个首要标准上，最好是陶器材质，由此分出的类型再根据次要标准二次分类"④。但是，皮特里在其最初的系统中就已经认识到，给陶器分类应该首先依据某些首要标准——主要是材质和装饰——再根据不同器形划分。"珠子"一词所指代的东西比陶器更加复杂，它和"瓶"这个称谓用法相同。所有瓶的功能相同，都用作容器，但是它们的材质多种多样，主要包括金属、釉砂、玻璃、陶和石料。尽管有些形状在各种材质中都比较常见（不同材质的形状常常相互影响），但是没有人提议在为"瓶"分类时以形状为首要标准而不顾其材质。珠子的分类与此同理。

虽然珠子的分类法可以取法对其他文物的分类，但其细节需要单

① 例如 Steindorff, 1935, p. 47; 1937, p. 93; Emery and Kirwan, 1935, pp. 533 – 539. Figs. 483 – 491。
② 例如 Marshall, 1931, pp. 510 – 517, pls. CLXV – CXLVII; Woolley, 1934, pp. 366 – 369; Duncan, 1930。
③ Petrie, 1896b; 又见于 Petrie, 1912。
④ Peet, 1933, p. 62.

独考虑。在给珠子分类时，材质还占最重要的地位吗？区分珠子并据以对珠子分类的标准不同，而这些标准具有不同的价值。如前文所述，技术的差别，或因而产生的形状上的差别都具有极高的断代价值，但是技术的差别是因材料的不同而产生的，因为不同技术属于不同工艺，并有不同的发展轨迹。如果不先按材料分类，对珠子的技术考察就无从谈起。因此，笔者认为材质应该作为珠子分类法的首要标准。这样做的另一个优点是，材质本身的区分很清楚，所以据之划分的各部分珠子也有非常清晰明确的界限。

事实上，有些学者已经认识到材质对描述珠子的重要性并在其分类系统中考虑这一标准了。遗憾的是，几乎所有分类系统即使没有完全忽略材质，也把它降到了次要地位。据笔者所知，唯一的例外是皮特里和赖斯纳分别在登记塔罕遗址和巴勒斯坦的撒玛利亚遗址出土珠子时所用的分类法。皮特里将珠子分为 8 个类型，采用 8 个图表进行登记。在这一系统中，材质是首要标准之一：类型 1~3 和类型 5 为施釉陶珠（釉砂珠），类型 4 和类型 6 为红玉髓珠，类型 7 为紫晶珠，类型 8 为石榴石珠。[1] 不过，皮特里这一系统很难扩展到所有种类的珠子。我们要区分的是材料的不同种类，而非具体材料本身，因为按具体材料本身划分的类别会过多，难以控制，而且这些琐碎的类别也没有意义。赖斯纳在给撒玛利亚的珠子分类时划分的类别和笔者所想的更加接近。他将所有珠子分为 6 种，即杂色玻璃珠、无色玻璃珠、釉砂珠、石珠、骨珠和珊瑚珠，另有一类垂饰。[2] 但如果考虑到笔者在本书第二部分（珠子制作技术）中所讲的情况，这一系统还需要

---

[1]　Petrie, 1914b, p. 13, pls. XLIV – XLV.

[2]　Reisner, Fisher, Lyon, 1924, pp. 379 – 382.

做些修订。

笔者认为，应该依据制作珠子的技术过程将材料分为不同类别，因此所有材料可以分为以下 7 个群（group）。

1. 玻璃（Glass），G。在高温熔融状态下使用。

2. 硬质石料（Hard stone），H。指不施釉、硬度大于莫氏硬度 5.5（即比普通刀片硬）的石料。

3. 施釉石料（gLazed stone），L。包括能证明经过施釉或烧制的硬石和软石。

4. 金属（Metal），M。具有可锻性和可熔性。

5. 可塑材料（Pasty materials），P。包括釉砂。在常温可塑状态下经塑形或模制成型。

6. 其他材质（Remainders），R。这一组的内容很庞杂，包括所有不属于其他各群的材料。这些材质的珠子十分罕见，或者珠子数量众多但类型（type）数量过少，均不适合单独列为一群。

7. 软质石料（Soft stone），S。指不施釉、硬度不超过莫氏硬度 5.5 的石料。

显然，除了群 6 以外，以上各群包含的材料都具有相似的特性，可以由手艺大体相同的工匠加工，而且制作出来的珠子，其形状也能反映材料的特性和相应的技术过程。

以上各群在必要时可以再分为两个亚群——素面（Undecorated）和有装饰（Decorated）。我们要在每类材料下划分亚群，把有装饰的珠子同普通的素面珠子分开，是因为它们可以为进一步分类提供新的标准，而且它们的类型数量更多、更典型，有利于断代。为简明起见，本书会用一个字母代表每个群的名称（见前文每群材料名称之后），用两个字母代表亚群（群名代码后缀 N 或 D）。例如，字母 G

表示玻璃珠，GN 指素面玻璃珠，GD 指有装饰的玻璃珠。

　　这样划分的群可以根据技术差异进一步细分。细分有装饰的珠子要同时考虑装饰纹样和制作纹样的技术。这时，也只能在这时，才可以考虑珠子的形状，完成分类工作。即便如此，我们也只能探讨主要类型，而珠子形状和尺寸上的微小变化或者装饰纹样上的细微差异，尽管有助于分辨珠子，但似乎没有多大的断代意义，因此我们将其放在图谱中表现，以免使分类系统过于杂乱。

　　确定了分类原则后，就可以着手设计新分类法的细节了，进而解决将分类转化为实用图谱时出现的问题。

第十二章　新分类系统

我们在上一章制定的分类原则似乎相当成熟了，不过本章为这一新分类系统设计的细节却只是个初步方案，用以表现如何在实践中运用这些原则。这一详细方案并非十全十美，也不是最终结果，有待后来研究者改进和修正。

这一方案的主体结构如下。

1. 分级。本分类系统共有 3 级：（1）群（group），根据材质类别划分；（2）族（family），在需要时根据制作方法从群中细分；（3）种（class），这是这个宏观分类系统的最小单元，根据珠子形状和装饰划分。在需要时，可以再给上述三级划分亚级，分别称为亚群、亚族和亚种。贝克的分类法也将不同级别称为群、亚群、族和种。[①] 这些术语和它们间的相对位置都被保留了下来，但是有了新的含义。同古生物学一样，每一群、族和种的时间范围长短不一，但是每一种的时间范围都会落在该种所在族的时间范围内，而每一族的时间范围也会落在其所在群的时间范围内。后一情况对珠子而言很符合逻辑，因为从年代上讲，人们只可能在使用某种材料的年代内采用加工该材料的技术制作珠子，也只可能在使用该技术的较短时间内用相应材料制作不同形状或带有不同装饰的珠子。相反，一种分类法完全

---

① Beck，1927，p. 8.

或主要依照形状进行分级是很不自然的，甚至会掩盖珠子的真正年代学意义。此外，与动物和植物的分类一样，当我们描述每部分珠子的特征时，会发现组合的级别越高，表面性的明显特征就越少，这会迫使我们寻找更稳定、更综合的特征，在本研究中即为技术特征。我们采用这种分级方法还有一个优点：由于形状是最后考虑的因素，所以形状几乎相同的珠子可能会被分到属于同一群和同一族的两个种里，但是不会被分到完全不同的群或族中，这样造成的误差或错误不至于特别严重。有时候，将形状相同的珠子分到不同种里是不可避免的，因为有些形状的珠子很难让人将其明确分到某一种里。

2. 各级的进一步划分。每一级进一步划分的数量，"群"主要有7 个（如我们在上一章所述），但是不同群中族的数量差异很大。有些种会被直接放在群下，因为该群中没有分出族。种的数量也随族或群而不同。在有新发现时，可以增加新的族和种。

3. 编排顺序。艾森指出："博物学家使用的系统编排方式并不适用于珠子，因为珠子与动植物不同，它们不是彼此演化而来的，而是工匠根据想象创造的。这种想象通常是技术催生出来的。"[1] 因此，本书在聚种为族时充分考虑了技术因素。至于亚级在每一级中的编排顺序就不可避免地武断一些了，不过笔者会尽量使编排便于查阅。群的顺序按其代号在字母表中的顺序编排，但是每个群下族的顺序则是随意的，大体按照各自在技术方法那一部分出现的顺序编排。种的顺序也是随意的，但一般会遵循它们在贝克分类法中的顺序。只要有可能，类型接近的珠子都会放在一起。本书会提供一张图版，表现各"种"珠子主要形状（忽略材质差异）的排列顺序。

---

[1] Eisen, 1930, p. 29.

4. 术语。每个种都有一个专用名，如"分节珠子"；还有一个全名，如"缠丝法制作的分节玻璃珠"。专用名取自现有的考古文献，正如《古洛布》的报告撰写者所说，"我们不得不承认有些名称并不是很恰当"①，但由于英语对笔者而言是外语，笔者所能做的只有不让这一状况更糟。描述每种珠子时不能只用专用名，而要使用全名。为了简便，全名可以用一套代码表示，笔者建议用大写字母表示群名，用阿拉伯数字表示族名，而用小写罗马数字表示具体种名，如 GN5xiii[1]。

笔者会在第四部分进行编年研究时展示新分类系统在断代上的优势。到时会看到，当知道一颗珠子的全名时，我们通常可以大体确定珠子的确切年代了。笔者希望这一新分类系统能够方便、简要地呈现对古埃及珠子的年代学研究成果，换言之，笔者希望它能够基本表达珠子随年代变化的一般规律。

第十二章译者注

[1] 实际操作时，夏先生没有使用罗马数字，而采用大写字母＋阿拉伯数字＋小写字母表示种名的完整代码。详见第十四章第二节。

---

① Brunton and Engelbach, 1927, p. 5, sec. 10.

第十三章 图谱编制方法述评

本书的图谱与新分类系统的细节相比更加初步、更不完善。图谱建立在宏观分类的基础之上，因此分类法上的任何变动都会波及图谱。此外，将分类法转化为图谱会涉及许多传统做法，而有些传统做法并不完善，还需要调整和改进。图谱的细节也需要不断增补和修订。

在介绍新图谱系统的具体内容前，我们需要首先讨论一下编制珠子图谱的一般原则。正如迈尔斯指出的，"只有充分应用皮特里引入的'图谱'这一基本理念，埃及学才能成为真正的科学"[1]。不过有一些基本原则需要澄清。

我们在第十一章开篇讲过，尽管图谱通常以分类法为基础，但是二者之间仍有区别。图谱的首要要求是便于查找和引用。正如皮特里指出的，图谱的主要功能是"快速记录小规模的出土文物，尤其是成组的文物"[2]。设计一种图谱应该满足两点：第一，如果与待鉴定物品相同的文物以前出土过，要能很快地在图谱里找到它；第二，该文物可以用一种形式简单但信息全面的标记法表达出来。

为实现以上两点，图谱需要大量使用按比例绘制的线图呈现所有

---

① Mond and Myers, 1937, p. 49.

② Petrie, 1904a, p. 124.

已知的类型，并采用一套代码来表示这些类型。分类法则没有必要包含上述两者。科学分类法的目的是将我们对一个课题的知识系统化，而图谱的目的是编制一种快速查找的索引。自然史手册会将动物按其名称的字母顺序排列，把首字母相同的动物归为一组，这种编排方式实现了索引的目标，但没有达到分类的目的。图谱常常以分类法为基础的主要原因是，后者的系统性总是很强，对使用图谱进行鉴别有很大帮助。为了便于查询，图谱的最小单位应该是单个文物（如希腊彩陶的图谱），并且包含所有变种，无论它是不是本质上的变化。但是分类法的最小单位是个体的"种"，而非个体本身（虽然也有一"种"只包含一个文物的可能），非本质的变种也应予以忽略，否则分类法就无法简要呈现一个课题的研究成果了，分类法的目标也就无法实现了。出于同样的原因，分类法在编排时通常会像金字塔一样进行系统分级，分级依据的是各种本质标准，而不仅仅是形状和装饰。对图谱而言，分类法中的某些地方应做修改，以便快速检索和形成简洁的标记法。在分类法的诸多本质标准中，形状和装饰会在图谱系统中占据主导地位，因为线图通常用以表现形状和装饰。至于标记法，可以用流水号标记图谱中的所有类型，比如埃及陶器的现有图谱所用的流水号是 1～99。必须承认的是，类型的区分度各不相同，有时一个类型可以单成一种，有时多个类型可以合并为一种，小种又可以合为一个大种，如此反复，最终可以把所有东西分成几个部分。要构建分类法时必须采用这种分组方法，但是对图谱而言，现在流行的模式似乎更好，因为流水号提供的标记法更简洁。再以陶器图谱为例说明。皮特里等人先把已发现的所有陶器画成图，然后根据陶器形状将它们分为 99 个类型（不包括前王朝的陶器，它们在绘图前先被分成若干种）。皮特里批判这一系统说："遗憾的是，材料和技术得到的重视与形状相比太少了。"① 不过，我们要是将它看作图谱而非分类法的话，其缺陷就不是很严重了（至于该图谱是否还能改善的问题，需要陶瓷学家来回答）。笔者认为，如果图谱的目标不仅是建立记录形状和装饰的索引，还是简要展现我们对某一课题的核心研究成果的话，那么图谱就要建立在科学分类法的基础上，并在保证可以快速检索的前提下，尽可能遵循分类法的原则。

理想的图谱应具备以下基本条件：第一，线图的编排要清晰，不能过度拥挤，以便把检索时间缩到最短；第二，标记法必须尽可能简洁，以便引用和记录。类型的编排最好遵循一定的原则，这些原则可以是武断的，但要有助于提高编排的有序性。类型必须具有足够的区分度，其数量不宜过多，以免使图谱过于拥挤，但是数量也要足以让使用者轻松分辨不同类型（不过对于短图谱而言，类型数量只要满足最低要求就可以了）。布伦顿的珠子图谱给出的亚型（Sub-type）似乎太多了。读者有时很难甚至不能分辨每一亚型的特点，有些相邻亚型间看不出任何差别，当然，图谱制作者可以理解这些差别，但它们对读者而言毫无用处。② 布伦顿图谱中有些简短说明最好移到登记页里，以免我们在线图中查找想要的形状时眼睛受到干扰。

至于标记法，用流水号表示主要类型，在需要时添加小写字母表示亚型，这种方法看来相当方便，可以采用。在特殊情况下，种名的简写可以作为标记的一部分，将其记住后有助于检索和登记，但这仅限于特殊情况下使用，而且所用简写要容易准确记忆。贝克为规则珠子制定的标记法用了四五个代码描述形状，而相同代码在所有情况下

---

① Peet, 1914, p. 64, 脚注 2。

② 这样的例子有很多，尤其是第 86 种（环状珠），见于 Brunton, 1928。

具有相同含义。① 但他的代码是随意选取的，所以即便费了很大功夫把它们记下来了，每次遇到时还得查阅文章中的插图以免错误。此外，他的标记法对于图谱来说太冗长了。按他的系统，至少要用四个代码才能标记一粒规则珠子，比如代码 ID2b 表示柱状珠子，其中"I"指截面为圆形，"D"指长珠子，"2"指珠子的边缘剖线为直线，"b"指边缘剖线在珠子两端均不与穿孔相交。笔者认为，更简单、更自然的方法是用一个代码表示每种规则珠子，如用"75"表示柱状珠子，实际上布伦顿在他的珠子图谱中就是这么做的。② 但即使布伦顿的标记法也有进一步简化的空间。在他的系统中，每种珠子用一幅线图表示，但用三个代码来标记。比如，78B4 指一种桶状珠子，其中"78"指桶状珠，"B"指边缘剖线为平滑曲线的长珠子，"4"表示其实际尺寸和形状上的细微变化（以及穿孔）。③ 但是在陶器图谱中，所有这些特征都可以用放在线图旁边的一个代码表示。布伦顿这种等级结构在分类法中非常有用，但最好不要用作图谱的标记法。迈尔斯在讨论理想的陶器图谱时提出一种标记法系统，它部分采用了贝克标记法的原则，例如，按迈尔斯的系统，一个前王朝的"带装饰"陶罐要用如下一长串代码表示：D9ak（Dec. Pf13a）；其中"D"表示材质（沙漠陶器，Desert ware），"9"代表大体形状，第一个小写字母"a"指次级类型中具有连续变化的特征（如从最大到最小），第二个字母"k"代表次级类型中不具有连续变化的特征（如边缘的倾斜度、口沿外卷等）和具有把手，"Dec."指陶器带有装饰，"P"指装饰方法为彩绘，"f"代表装饰纹样的主题（植物纹），"13"代

---

① Beck，1927，pp. 8 – 9.

② 如 Brunton，1928，p. 17，sec. 25。

③ Brunton，1928，p. 18，pl. CI.

表装饰纹样的类型，"a"指装饰纹样的亚型。[1] 但即使如此，这串代码还是不够充分，至少还需要一个代码来表示把手的必要信息（除了具有把手外），比如把手的大体形状和数量、是否带有穿孔、穿孔的位置（水平或垂直）和把手在陶罐上的位置。实际上，皮特里的系统和迈尔斯的系统一样全面，虽然它简单得多。前王朝的"带装饰陶器"一般指彩绘的沙漠陶器，因此皮特里系统只用一个代码"D"表示，而且如果按照图谱编号查找皮特里图谱中的线图，就会发现类型号（通常为一个代码，若为亚型则用两个代码）能够反映形状（包括把手）和装饰的所有必要信息。[2] 我们在前文评述贝克的分类系统时指出，一种不基于本质标准的主观系统不会成为科学的系统。前文提到的标记法的便于记忆性，在一整套代码需要超人的记忆力或者需要浪费大量时间去记忆时，就名不副实了；当看一眼图谱线图就能了解物体形状（包括把手）和装饰的所有信息，而读者还需要从图谱里查看类型编码中其余代码的意义时，这种便于记忆性就非常小了。而且，图谱设计出来是供检索参考的，而不是拿来记忆的。有些哲学思想——比如中国的道家——主张"大道无形"，但这似乎不适用于图谱编制。根据图谱分辨类型是项很枯燥的工作，如果没有相应好处，对标记法的任何细化都是不合理的。图谱的标记法应该尽量简洁，假如一个代码足以达到目的，就不要用多个代码。对于珠子的形状、尺寸和装饰，即能用线图表示的特征，可以使用一个代码表示（可以由一个或多个数字组成），最好用阿拉伯数字。为了把类型数量限制在100以下，可以添加小写字母表示亚型，如果没有亚型，

---

① Mond and Myers，1937，pp. 50 - 53；pl. XXXV.

② Petrie，1912.

小写字母也可以省略。这应该就是皮特里标记法系统最基本的原则了，应该予以保留。[①] 不过也可以添加其他代码（或简单文字描述）来体现线图不能表达的重要信息。

为了能把关于重要特征的信息表达得更全面、更令人满意，我们可以添加登记页，这在前文已经说过了。登记页要与对应的线图页相对放置，以便查阅。现有的图谱中通常会有关于材质、颜色、出处和年代的简短描述，它们会使图谱过于拥挤。添加登记页则可以将图谱从这些过度拥挤的描述中解放出来，为表现其他重要信息（如技术）提供更多空间，但这些信息仅限于本质信息，而且要简短、清楚。

线图页可以遵循某些习惯以适当缩小线图的规模，进而促进检索工作，同时又不会大幅度削弱其易于辨别的优势。例如，埃默里在他为努比亚珠子制作的图谱中为每一类珠子绘制了截面图，无论截面是否为圆形。[②] 他完全没有必要表现圆形截面，因为这是大部分珠子类型都有的特点（陶器也是如此），可以省略以节省空间，实际上布伦顿的珠子图谱和所有陶器图谱都是这样做的。当然，截面不是圆形或两端有特殊装饰纹样或其他特征的珠子，其特征都应该用线图加以表现。再以珠子的穿孔为例说明。穿孔对于断代，特别是对硬石珠的断代非常重要，但是大多数硬石珠每种形状都有多种穿孔，如果我们将每一颗形状相同但穿孔不同的珠子都画出来，线图页就会拥挤不堪，因此本书的新图谱会画出硬石珠的各类形状，并用数字 1 ~ 99 编号，但是不会表现它们的穿孔。穿孔类型会呈现在同一线图页的底部（或顶部）并用数字 1（00）到 9（00）标注，每个珠子会先根据形

---

① Petrie, 1904a, pp. 124 – 125.

② Emery and Kirwan, 1935, pp. 533 – 540; Emery, 1938, pls. 43 – 44.

状确定其类型号，再增加一个百位数字表示其穿孔类型。

　　笔者认为，图谱在可能的情况下可以有一些弹性，以便使用者根据自己的时间多少做出选择。比如，可以将不重要的变种并入主要类型中合为一个类型，或者增加一个特殊的变种代码将它们分隔开来。技术方法很重要，但是它们有可能因为珠子保存状况不佳或其他原因无法辨识出来，因此可以忽略。至于对颜色的描述和对数量的记录，在大部分情况下，有大概的信息就足够了，不过也不反对对精确性的热切追求。重要的是，任何记录都应有一个最低限度，以保证其有用。

　　一种图谱如果要体现一项综合研究的成果，而非仅仅罗列一次发掘的结果，还有其他几点需要考虑。为发表某次发掘成果而编制的图谱，其时间段会限定在某一明确时期内，因为这种出版物的主要目的是展示该时期的遗存中发现了哪些类型的东西，而单次发掘所得材料通常不会覆盖所有时期。但是，如果要为新发现的珠子断代的话，这种一个时期一份图谱的体系就很不方便了。因为这意味着使用者必须首先知道珠子的大致年代，通过查阅图谱获得更精确的断代，或者使用者必须仔细翻阅所有图谱，直到大致确定珠子的年代或发现根本没有关于这种珠子的记录时为止。在编制综合性图谱之前，我们必须首先克服一个重大难题。现有的图谱系统通常不会表现一些细微却能在实物上观察到的典型特征，所以不同年代的完全不同的类型有可能在新图谱中合为一种类型。这比一个时期一份图谱的系统更糟糕，因为在后一种情况下，这些类型可能分布在不同的图谱中，它们的区别至少还可以这样表现出来。例如，任何人只要足够了解古埃及珠子，都能区分王朝时期和罗马－拜占庭时期的普通素面玻璃珠，但是在现有的图谱中我们看不出二者的任何区别，如布伦顿的《卡乌和巴达里Ⅲ》中的图谱。这不是绘图者的过错，而是图谱设计的缺陷造成的。

布伦顿夫人绘制的线图，正如柯万恰如其分的评价，是"人类所能画出的最好的线图"①。这种无法用线图清楚表现但具有重要年代学价值的技术差异，应该表现在登记页上。在新图谱中，一颗玻璃珠在线图页上会有一幅线图和一个根据形状得来的类型专用号如23，但是在登记页上会根据技术差异给出一个类型全称如523或623，而珠子的年代要根据类型全称得出。

在一种综合性图谱中，由于材料的积累，我们可以也必须削减变种的数量，只保留重要变种，并提高主要类型的等级。另外，我们还要避免添加不必要的类型，正如皮特里所说："严格地讲，没有哪个瓶子和另一个是完全相同的。我们要做的是将古人原本想做的相同的瓶子合在一起，把它们分开会削弱不同类型在断代中的价值。"② 这点对一种综合性图谱更加重要。

在现有的图谱系统中，每个类型的样本旁边都会标注样本出处（墓葬编号等出土单位或提供该样本的参考文献）。但是对一种综合性图谱，尤其是类型数量如前文所述被削减后的图谱而言，出处的内容一般会占用太多空间，无法在图谱中呈现。最好把它剔除掉，不仅从线图页剔除，甚至还要从登记页中移除。每种类型在每一时期出现的频率，可以在登记页的年代名上添加特殊记号表示。这种对出现频率的粗略表示对实现图谱的主要功能（即记录和断代）而言就足够了。至于出处，应该单独编制一个登记表，在每个类型号之后列出。其编排方式可以和图谱登记页相同，但没有必要作为图谱的一部分。该登记表罗列了编制图谱所用的全部样本，有问题时可以立即核查。

---

① Kirwan, 1939, p. 109.

② Petrie, 1912, pp. 5 - 6.

登记表的作用与图谱完全不同，它甚至可以单独出版。

上述评论适用于一般的图谱系统，但是由于对象的特性，珠子图谱还需要考虑其他几点。我们好几次都用陶器图谱作例子，因为它是首先制成并被广泛使用的埃及文物图谱。但正如皮特里指出的，陶器图谱只是用来展示图谱的实际用法的，对于每个不同的主题，它们图谱的细节需要单独考虑。[①] 珠子图谱和陶器图谱至少有以下几点不同。

1. 实际用途。皮特里认为陶器图谱是在墓葬发掘现场使用的。常见类型的陶罐尤其是尺寸较大的陶罐出土后，发掘者有时不会保留它们，而是在确定类型、做好记录之后将其立即回填到墓里。[②] 但是古代珠子尺寸小巧，又受博物馆青睐，发掘者一般都会加以保留。因此珠子图谱不是在墓葬发掘现场使用的，而是在发掘营地或博物馆这些有更充足时间的地方使用的。所以珠子图谱首先要考虑的不是以牺牲准确性、损失大部分重要信息为代价的快速登记，而是要以最小篇幅、以最快速度登记所有的重要信息。

2. 图谱的内容。珠子的变种数量要比陶器多很多。原因如下：第一，珠子是由多种完全不同的材料制成的，而每一类材料又要用许多方法进行加工，因此珠子的变种几乎不计其数；第二，珠子数量众多，必然增加微小变化产生的概率。由于上述第二点，即珠子数量大和微小变化多，我们无法在图谱中用与处理陶器完全相同的方式处理珠子变种。布伦顿在报告中说，在发掘卡乌和巴达里时处理的陶器约有 2400 件，其类型有 175 个。[③] 但有时候一个墓葬中就能发现好几千颗珠子，那么用同样方式处理珠子是否可行呢？因此珠子图谱必须只

---

① Petrie, 1904a, pp. 124 – 125.

② Petrie, 1912, p. 5.

③ Brunton, 1928, p. 3, sec. 3.

包含重要内容，而忽略细微变化。而且，由于上述第一点，即材料和技术的多样性会造成许多重要变种，珠子图谱在区别类型（根据情况在登记页或线图页中给出）时比陶器图谱更有必要包含与材料和技术相关的标准，但是也要限于重要的标准。

3. 图谱的形式。为了便于辨别，珠子的线图可以用实际尺寸表现，而陶器图谱是无法做到这一点的，因为陶器的尺寸过大。由于珠子的尺寸很小，有些太小的珠子即使按实际尺寸绘制也嫌不够，这就需要绘制放大的线图来表现它们的细部特征了。这种放大的线图应标明比例，放在按实际尺寸绘制的线图旁边。珠子尺寸小也要求我们必须把线图页中的描述文字移至登记页，以免小小的线图被周围的大量文字淹没。关于实际尺寸的表现，皮特里认为在陶器图谱里可以忽略陶器尺寸的差别。[①] 但是对珠子图谱而言，珠子的尺寸差别如果超过一定范围就很重要了，特别当涉及某种由尺寸差别造成的技术难题时更是如此。但是在一定范围内的尺寸变化大多是偶然出现的，可以在图谱中忽略。我们将在下一章介绍的"基本尺寸"的原则，能在一定程度上解决这个问题。

4. 图谱中的类型编排。在现有的陶器图谱中，类型的编排原则是按开口尺寸从大到小排列，因为陶器主要被用作容器，所以它们边缘的倾斜度可以作为编排类型的有用指标。遗憾的是，这一原则不适用于珠子，笔者没有找到一个可以将珠子编为连贯序列的单一标准。尽管我们会让类型相近的珠子尽量彼此靠近，但编排珠子类型时不可避免地要有一些随意性。笔者希望本书的新图谱能将每一群或亚群珠子的线图页缩减为一两页，以方便检索。另外，本书会提供一份图

---

① Petrie，1912，p. 6.

版，列出珠子主要形状的编排顺序（不考虑材质），它或许也能在这方面提供帮助。

5. 成组分类。由于珠子数量巨大，而且许多都穿在一串上，因此类似的珠子有时会被成组归为一类，这在陶器的分类过程中似乎是不会遇到的。总体而言，成组分类珠子和以个体分类相比需要具有更多变通的余地。但是也有一些特例值得特别关注。例如，一串珠子可能形状相同但是尺寸递变，尽管这种珠子在图谱中被视为完全不同的类型，但有的考古学家仍倾向于认为它们属于同一类型。更合理的方法是加括号标示，把最大的和最小的珠子列为不同类型，就像布伦顿做的那样。① 在我们的新图谱中，它们通常会被视为一个类型的非重要变种。严格地讲，尺寸递变和把不同类型的珠子以特定方式穿结起来一样，并不在珠子图谱处理的范围内，因为珠子图谱是用来给单个珠子分类的。但是尺寸递变是有意义的，因为这种递变是古人有意穿结而成的。笔者建议依据变化程度将它们分为一个或多个类型，并在类型号后面括注字母"v"以示区别，例如 GN132（v）。有时，长度或直径等尺寸变化是偶然造成的，表现为变化不呈递变或变化幅度通常很小。对这种变化，可以用字母"w"代替字母"v"表示（不重要或无意造成的变化），或者完全忽略它们，不做任何标记，特别是当变化很小的时候。另一点需要特别关注的是，古埃及确实存在形状相同但外观不同的珠子一起出现的情况。其中有些珠子具有一般的、无差别的形状，而有些则呈特殊形状，具有一些典型特征。例如，在一串玻璃珠中，有的珠子两端有突出物，有的则没有，除此之外，它们在各方面都相同；又如在一串微小的环状蓝色釉砂珠，比如在平底

① Brunton，1928，p. 17，sec. 24.

锅形墓出土的那种珠子中，有些呈不规则楔形，有些则呈普通的规则形状。在现有的珠子图谱系统中，当一个一个处理时，它们会被当作不同类型并相应地表现在图谱上；但是当成组分类时，它们有时被分为多个类型，有时则被归为一个类型（大多数情况下是特殊形状的类型），尽管没有具体说明会这样做。本书的新图谱系统会采用两种方法解决这一问题：（a）当特殊形状上的特征是技术方法偶然造成的痕迹时，本书会直接忽略它们，不将其作为区别类型的标准，不过在判定技术方法时会考虑它们。这种珠子无论以个体出现还是成组出现都会被看作一个类型。（b）至于那些至今仍无法归入某种技术方法却对断代具有重要意义的珠子变种，比如前文提及的平底锅形墓出土的环状珠子，它们的一般形状变种和特殊形状变种在图谱中会被视为不同类型。其中一般形状变种不是很有特色，年代范围也比较宽。笔者建议在两种珠子成组出现时，把它们成组分为一个类型并用特殊形状变种的类型号来表示，而把一般形状变种的类型号括注在后面，前缀"＋"号。但在描述个体的材质、颜色，记录它们的数量和年代时，两种变体会被视为一个类型，如P123（＋134）蓝色（L.S）。当然，即使它们是一起出现的，本书也不反对将它们分为两个类型。不过这样得到的结果是一样的，只是记录所需时间更长，登记需要的空间更多而已。另一种处理方式是，一般形状的变种出现时会被直接忽略，而把所有属于这一类型的珠子都归为特殊形状变种中，以它的类型号登记。

从以上对图谱一般原则的详细讨论可以看出，我们现在亟须一种以更理想的分类系统为基础的、充分应用图谱基本原则的、全新的综合性珠子图谱。珠子的分类法尽管很多（正如第十一章所列举的），而且所有分类法都带有插图，但其中鲜有翔实到足以被称为图谱的，哪怕是狭义上的图谱。不过也有一些例外，比如为埃及珠子制定的恩格尔巴赫－布伦顿系统①，以及埃默里、麦凯和斯塔基为埃及之外发现的珠子制定的系统。② 这些图谱系统，除了笔者在前文零星指出的缺陷外，都是建立在某些不尽如人意的分类法之上的，笔者在第十一章已对此做过评述了。皮特里为塔罕出土的珠子设计登记系统时，似乎并不打算将其用作图谱，因为他在表现珠子时用的是图表而非单独的线图，这使珠子的图像表现不够清楚，不易辨别；另外，该登记系统没有独立的标记法，不能满足登记工作中引用和记录的需求。③ 正如迈尔斯所说，一种新珠子图谱要想具有价值，必须得到一大群考古学家的赞同，而且必须由国际埃及陶器图谱委员会来决定是否将该体系扩展到其他领域。④ 然而，委员会取得的成果并不那么鼓舞人心，而且通过这种方式制定的珠子图谱的前景也不太好，因为国际委员会的这种形式现在已经落伍了。因此，我们向埃及学界呈现一种既成事实的图谱方案或许可以得到理解。笔者希望图谱中的"新"字不至于误导读者，因为这个新图谱和新分类法一样，无论在原则上还是在细节上都是以该领域其他学者此前的工作为基础的。

---

① Engelbach and Gunn, 1923；Brunton and Engelbach, 1927；Petrie, Brunton, Murray, 1923；Brunton, 1927, 1928, 1930, 1928b, 1937.

② 埃默里的系统见于 1935, pp. 533－540, 和 Emery, 1938, pls. 43－44；麦凯的系统见于 Marshall, 1931；斯塔基的系统见于 Duncan, 1930。

③ Petrie, 1914b, p. 13, sec. 29；pls. XLIV－XLV.

④ Mond and Myers, 1937, p. 71.

第十四章 新图谱系统

本章是为新图谱系统的实际使用而设计的。为便于查阅，本章在叙述上会有一些重复的地方，但也由于同一原因，前面几章论述过的内容在此都会完全省略。

第一节 基本框架

1. 本图谱的基本单位是"类型"（type），同宏观分类法的单位"种"（class）相区别。通常情况下，一个种包含几个类型，但是有的种只有一个类型。在后一种情况下，种和类型指从两个层面观察的同一对象。亚型与主要类型相比只有微小变化，但这种变化具有年代学意义。

2. 图谱中类型的编排依照它们在分类法中的顺序进行，类型专用号采用 1 到 99 的流水号，不受种的范围限制。族号以百位数字缀在类型专用号前。当有亚型时，在类型专用号后添加小写字母来表示。线图页中会为变种绘制线图，以表现每个类型或亚型发生变化的程度，但是不会给变种编号。和种名一样，每一类型都有一个专用号（1～99）和一个由类型专用号、族号和群号组成的类型全称，在使用时类型全称要优先于类型专用号。

3. 图谱由两部分组成：线图页和登记页。对应的线图页和登记页会相对放置，以便查阅。

（1）线图页。线图页以群名为标题，必要时还会在开头部分绘制表现各种技术特征的线图，用以判定技术方法，并据此将珠子分为不同的族。各类型珠子的线图如果没有特别说明均为实际尺寸。线图用 1 到 99 的流水号编号，不过编号之间可能有间隔，以便日后增加新类型。亚型和变种会紧跟在对应的主要类型之后。类型和亚型的编号标在各自线图的左上角。有时为了表现某一类型的细部特征，会添加放大的线图，它将紧跟在该类型的常规线图之后，以箭头相连并在右下角标出比例。横切面（截面）图基本省略了，除非珠子截面不是圆形的或者两端具有典型特征或装饰纹样，截面图会排在剖面图旁边，以虚线相连。为防止珠子尺寸的细微变化导致不必要变种的大量出现，所有规则珠子在绘制线图时都会遵循"基本尺寸"的原则，即从 0.5 毫米开始，只有尺寸增加五分之一，或分别以 0.5 毫米、5 毫米为最值的变化才算有效变化，可以单独绘制线图。有些变种可以合为一个变种，用该组变种中最具代表性的珠子绘图表示。新图谱表现的是这种标准化的基本尺寸，而非珠子的真实尺寸。对于带装饰的珠子，图谱在表现长度、直径或其他尺寸变化时会留有更多变通余地，同时在不改变本质特征的前提下也适量允许对装饰纹样的细节做些微调。不过，在表现珠子的一般特征、主要装饰以及长度和直径的大致比例时，要以最具代表性的珠子实物为依据，也就是说，所选样本要能最好地呈现并均衡地呈现类型或变种的特点。

（2）登记页。登记页的标题也是群名，标题之下有时会说明描述该群珠子材质和颜色以及划分族的原则。类型号从 1 到 99 编排；如果可以确定族号的话，则将族号以百位数字置于类型号之前。需要时可以在这些数字之后列出珠子的颜色和材质，不过这些信息在大部分情况下可以省略，比如有些珠子就在玻璃珠群里，有的群名标题下已经给出了明确通例，在没有特别说明的情况下，可塑材料珠群里的珠子均为蓝色釉砂珠。关于材质的术语以第五章所述为准，在这方面遇到问题时可以查阅该章。描述颜色时，大多数情况下都会使用颜色的常见名称，如果需要对颜色做更加精确的描述，则会使用奥斯瓦尔德表色法系统，并将该颜色编号括注在常见颜色名称之后。登记页在描述颜色和材料时有时会采用缩写形式，这些缩写会在"缩写表"中做出解释。[1] 最后，登记页会标注每个类型或者亚型的年代范围。年代范围的判定主要以皮特里收集品为基础，外加来自其他收藏、发掘报告或图录的样品。年代会用王朝编号（罗马数字）或各历史时期的缩写名（见第四章）表示。每个类型在每一时期出现的频率会在该时期名称上用记号标注，这会在本章第二节中详细说明。频率用统计方法得出，统计对象几乎完全是皮特里收集品的样本，只在特殊情况下才补充了其他样本。用以说明每个类型或亚型的年代范围及出现频率的标型器，其相关信息列在单独的"登记表"里，按类型编排，但是由于该表体量过大，本书不拟收录。不过，在后文进行编年研究时，我们会在每个时期里罗列一些标型器的信息。

4. 新图谱会用作本书文本的插图，但笔者希望在为皮特里收集品编制详细图录时，它能为登记工作提供帮助。假如该图谱能够完成这一使命，笔者的工作就没有白费。假如该图谱对每个类型的断代非常准确，整个系统用起来又很方便，那么它就可以对我们同人——发掘现场和博物馆的同人——的断代和记录工作起到促进作用。假如该图谱基本可以被接受为一种切实可行的图谱系统，值得花功夫用以后发掘所得的新资料改进，那么在修订图谱时，有些一般原则需要遵循，以免产生矛盾和混淆。这些原则会在下面两节说明。

第二节 使用方法

1. 简要评述

（1）读者在使用新图谱前应对前面几章的内容（即第五章、第六至十章和第十一至十三章）和本章第一节的内容有个大致了解。读者若能花些功夫进行上述准备工作，就会发现本图谱系统在实际操作时并不比其他系统困难和无聊，特别是经过短时间练习之后，尽管这种练习会费一点时间。如果想得心应手地使用本图谱，读者就需要从接触珠子实物中积累一些实际经验了。

（2）在发掘营地使用。如前文所述，本图谱不是在墓边而是在发掘营地和博物馆使用的。布伦顿先生告诉笔者，在墓葬边做记录时，记录人员所能做的只有在墓葬登记卡的"珠子"一栏填上"有"，以表示墓葬中随葬了珠子；如果知道珠子位于死者的什么位置，再记录这一信息；但是珠串上珠子的编排方式很少在墓边记录，这类细节要等回到发掘营地后再填写。在营地使用我们的新图谱时，需要将每串珠子的详细信息记录在墓葬登记卡上（写在"珠子"一栏，如果信息太多则写在登记卡背面），或者将其记录在单独的"遗物登记簿"（卡片或登记本，或者两种都有）上，就像后文介绍的在博物馆使用新图谱的方法一样，然后在墓葬登记卡上填写该墓出土的串珠的登记号即可。珠子在死者身体的位置、珠子在串珠上的编排方式以及穿绳的材质应该记录在墓葬登记卡的"珠子"一栏，但是珠子图谱似乎与这些问题无关，也不是为它们设计的。不过，珠子在串珠上的编排方式可以用图谱设计的方法加以记录，如珠子可以记录为：（a）GN25 蓝（9），（b）H637（18），（c）H463 石榴石（9）；珠子的编排方式可以记录为：a（3）b（6）c（3）a（6）b（12）c（6）。

（3）用于博物馆登记（如前文所述，这里讲的登记方法也可以用来在发掘营地登记遗物，以便为出版本次发掘成果准备材料）。编造卡片或者登记簿时，每串珠子应使用一张卡片或占用登记簿的一栏，然后按照后文即将说明的方法，采用新图谱的标记法对该串珠子上的每一种珠子进行登记。接着记录整串珠子的信息，比如登记号（如果藏品号和登记号不同，还要记录藏品号）、出土单位（以及发掘者姓名和发掘年份）、年代（以及断代依据）、用途（即串珠在使用者身上的位置，或其他用途）、参考文献、现藏位置、评注（可以把珠子的编排方式和原穿绳的材质记录在这里，因为这类信息极少能确定下来）和照片号。卡片或登记簿上可以附一张小幅照片，这对以后辨认该串珠子非常有用。如果发现新图谱没有收入的新类型，最好再附一幅按比例绘制的线图，因为整串珠子照片对表现单个珠子而言太小了。可以准备几种不同的索引以便检索，比如出土单位索引、年代索引和类型索引，这样使用者就可以在最短的时间内找到需要的串珠了。另外，可以给卡片或登记簿制作一份副本，以应对意外情况；如果费用过高，它们可以不必全文出版。卡片副本可以按另一种顺序排列，比如，原卡片按照出土单位或年代排列（可以代替上述出土单位索引或年代索引），如果没有单独登记簿的话，卡片副本就按照登记号排序。类型索引的制作，可以按照编制综合性新图谱时制作"登记表"（依类型编排）的方法进行，这一工作会占用大量时间，但制成后会非常有用。

2. 用新图谱登记和断代的方法

（1）确定待查珠子所属的群。7 个群的代码分别为：G（玻璃）、

H（硬质石料）、L（施釉石料）、M（金属）、P（可塑材料）、R（其他）和 S（软质石料）。有些群又分为两个亚群，在群号前缀 D（有装饰）或 N（素面）表示。笔者希望使用者在记忆这些代码时可以毫不费力。

（2）找到待查珠子所在群或亚群的线图页。这些线图页是按照群号以字母表顺序编排的，很容易找到。

（3）在相应线图页上找出待查珠子的形状。"珠子主要形状的编排顺序（忽略材质）"[2]的线图页在必要时可以帮助查找。要注意的是，大多数情况下，使用者在线图页上查找的应该是在所有本质特征上最接近待查珠子的类型形状，而不一定是完全一样的类型形状。对珠子成组分类与为单个珠子分类相比，需要更加灵活，特别是在区分类型和亚型时依据的是尺寸的连续变化而非形状的明确变化时，因为这时类型或亚型的界限完全是人为任意规定的。

（4）特殊情况。当同一串珠子上有形状相同但是尺寸不同的珠子时（无论这种编排是不是有意的），要根据尺寸变化的程度将其分为一个或多个类型或亚型，但是划分时要比划分单个珠子更加灵活。同一串上的珠子可能形状相同但是外观不同，有的为一般的、无差别的形状，而有的则呈特殊形状，具有一些典型特征。这两种形状都见于图谱中，被视为不同类型或者亚型，因为它们分别具有不同的断代价值，尽管如此，在对珠子进行成组分类时，最好将它们归为一个类型，即特殊形状的类型。对于破损的珠子，要先根据同一墓葬出土的形制类似的完整珠子进行复原，然后判断类型；如果没有共存的类似珠子，就根据自己的经验和常识来复原，如果复原存在不确定的地方，就对其存疑。

（5）类型存疑。由于保存状况不佳或者其他原因，有些珠子的类型判定不可能十分确实。这些类型判定应该存疑。

（6）用新图谱登记珠子

a）先写出珠子的群号或亚群号，留一空格；再根据线图页上该类型线图旁边的编号得出主要类型或亚型的类型号（当编号小于10时，在十位加0）。变种不用再给编号，必要时可以用它们所属类型或亚型的图谱编号来表示，同时根据它们在图谱里的位置给编号后缀一个或多个撇号。不过，一般没有必要引用变种，而且最好避免这样做。

b）需要族号时，可以在群名标题下找到对各族名的解释，族号即包含其中；观察珠子的技术特征得到族号，将其写在类型号前预留的百位上。如果该群不需要说明技术特征，或者珠子的技术特征无法判定，则把百位空出来。

c）特殊情况。对于（4）中列举的特殊情况，如果尺寸递变是有意造成的，就在图谱编号后面加上代码"（v）"；如果尺寸变化是偶然造成的，没有重要意义，则加上"（w）"或不做任何标示。如果特殊形状的珠子和一般形状的珠子被归为一个类型，在表示时可以将一般形状的类型号括注在特殊形状的类型号之后，也可以不写。对于破损珠子的分类除非存有疑问，否则不需要标示任何符号。当类型判定因为某些原因出现疑问时，应在类型号之后加上问号。

d）需要时可以记录珠子的材质和颜色，但如果群名下的说明中已经给出了这些信息，就不需要再在登记页上表现了。如果珠子材质的鉴定有疑问，要在材质名称后加问号。颜色的常用名称足以满足大多数要求，但如果在特殊情况下需要进行更精确的描述，则要添加该颜色在奥斯瓦尔德系统中的表色法。有些情况下也要指出珠子是透明的或半透明的，判定这两种珠子的颜色时，要用反射光而非透射光鉴定。褪色或变色的珠子最好加以标记，这点如果不确定，类型全称后要加问号。

e）记录珠子的数量以显示其出现频率，数量要加上括号，以免与图谱编号混淆。在大多数情况下，对珠子数量进行大致估计即可。笔者建议在珠子数量小于 10 时记录具体数目，大于或等于 10 时，可以在估计值前添加"c"或用缩写标示［"F"表示"一些"（a few）、"s. s."指"短串"（short string）、"l. s."指"长串"（long string）］。缩写法见于布伦顿的《卡乌和巴达里Ⅱ》以及他的其他发掘报告中。我们可以通过估算得到相对准确的数目，方法如下：数出串珠单位长度（如一英尺或一厘米）内珠子的数量，以同一单位测量整串珠子的长度，将两个结果相乘即可估算出整串珠子的数量。如果使用计算尺（slide-rule）的话，即使统计巴达里时期的施釉滑石珠腰带（每条上往往有好几千颗珠子）上的珠子数量也用不了多少时间。

（7）用新图谱为珠子断代

a）确定了珠子的类型全称后，查阅与线图页对应的登记页。每一个群名下的类型号都是从 1 到 99 排列的（有时后面带一个表示亚型的罗马字母），这一排序不考虑后来添加的百位数字，比如 101、301、102、202、103、303 等。因此先在登记页上找出与待鉴定珠子编号的十位和个位数字（是亚型的话还要看罗马字母）相同的类型号，再找前缀的百位数字相同（即族号相同）的类型号，然后查看该类型全称后的年代名，即可大致判断待鉴定珠子的年代了。

b）如果该类型全称代表的珠子样本与待鉴定珠子的材质相同、

颜色相同或相近，则可以得到一个更窄的时间范围，这在登记页上也能查到。

c）如前文所述，登记页上每个类型全称后给出的参考年代对断代的价值各不相同，本书在所给参考年代名称上添加标记以示区别，包括：①普通，没有任何特殊标记；②数量特别大，年代名称加下划线；③非常少见，年代名称位于括号中；④不可靠，年代名称后加一个问号并整体置于括号中；⑤极不可靠，和上一项相同但是加两个问号；⑥断代绝对错误，年代名称后加"×"并整体置于括号中。一般情况下，只有①和②两种年代可以用来给珠子断代，同时还要考虑其他条件，比如该类型珠子的数量、所在墓葬的状况（是否被盗扰）、与之共存一墓的其他遗物的年代等。

d）特殊情况。"（v）""（w）"等标记特殊情况的代码和特殊形状类型号之后括注的一般形状类型号，都不会对断代结果产生任何影响，断代时可以将其忽略。但如果类型号或材质后有问号，那么它们的断代价值就会大打折扣。用类型或材料鉴定存疑的珠子得出的年代至少是不可靠的，甚至可能是完全错误的，再根据它们得出的年代结论都是不保险的。

e）如果一个墓葬中出土了好几种类型的珠子，那么各类型珠子共有的最小时间范围就是该墓葬的年代。如果出现矛盾，就要考虑是否存在古代珠子重加利用的情况，同时要小心后代珠子甚至现代珠子扰入的情况（见第一章所论）。

第三节　更新方法

1. 对本图谱进行任何增补或微调，都要遵循本章第一节设定的总体结构，以免产生矛盾或增加混乱，除非要对本图谱系统进行彻底修正。

2. 在现有的 7 个群之外添加新群似乎没有必要，但是可以在现有各群下增加新的亚群，将具有年代学意义的材料类别划分出来。至于族号，笔者希望未来的考古新发现可以将其扩充，因为把某种材料加工成珠子的技术通常具有年代学意义。如果发现了一种新技术，就应在相应的群中创建新族。本图谱的大多数群里都预留了族号，可以用它们标记新族。如果某一群中族的数量超过 9 个，可以使用两个数字（一个百位数字和一个千位数字）表示。用这种新技术加工出来的珠子所具有的典型特征要详加描述。新族号及该族的时间范围要插入登记页的合适位置；如果有可能，还要在线图页上添加线图来表现该族珠子的特征。

3. 添加新类型。现有类型的细微变化应该忽略。对于新类型或新亚型，要在线图页的适当位置插入线图，并相应编号。本图谱预留有类型号，如果在必要的地方没有预留类型号的话，可以在已有类型号后添加小数点，再增加一位小数来表示；新类型的亚型也用罗马字母表示，方法与其他普通类型的亚型相同，如 24.1a；当 25 个罗马字母都用尽时（字母 o 应被排除在外以免同数字 0 混淆），可以使用两个字母，如 18aa。然后在登记页的合适位置插入类型号和新类型时间范围（如有需要，可以根据群名下的指示同时列出样本的族号、具体材料和颜色）。

4. 还有其他几种只涉及登记页的增补或修改，比如有些珠子与已有类型的形状相同但是加工技术不同，因此属于不同的族；有些珠子图谱编号（包括族名）相同但是使用了同一群的不同材料或具有不同颜色，或是兼具二者。遇到这些情况时，要将它们插入合适的位置，必要时还得注明具体材料的名称和颜色，而且要尽量给出时间范围。根据颜色建立新类型时，新类型的颜色应该与现有类型的颜色具有足够的区分度，而且不能是褪色或污染产生的偶然变色，换言之，必须限于那些具有年代学意义的颜色。大多数情况下，常见的颜色名称就足够记录之用了，在需要进行更精确的颜色描述时，可以使用奥斯瓦尔德系统的表色法。

5. 对时间范围的标记和修正。前文 2 ~ 4 描述的所有增补内容中，在对时间范围进行标记时都应遵循本章第二节的规则。如果需要单独修改已有类型的时间范围，在修改时也要遵循时间范围的标记规则。对现有时间范围的扩展必须建立在断代确实的样本上，否则该类型时间范围的价值就会大打折扣。一种类型的首次出现十分重要，需要逐例仔细核实；但是一种类型的珠子在其正常时间范围之外的零星出现，则可能是重新利用古代珠子的结果，如果这种怀疑有一定理由就最好忽略这些珠子。本图谱给出的年代有些可能建立在断代错误的珠子上，大多数这种断代错误的情况，有机会接触皮特里收集品的珠子实物的研究者都能发现并确认，当然，一旦发现这种错误就要及时纠正。

第十四章译者注

[1] 我们将材质（依本书译法）和颜色缩写译成汉语，以便读者与正文结合理解。年代编号请见第四章。

[2] 包括本书图版拾捌至图版贰拾。

第四部分

编年研究

皮特里曾指出:"这两种研究方法（对考古资料做类型图谱和编年）之于考古学，正如守恒理论（balance theory）和原子理论（atomic theory）之于化学，是奠定系统知识和精确理论的必要基础。"[1] 在完成古埃及珠饰的类型图谱之后，我们便可以着手对其做系统性的研究了。

此系统性编年研究基于皮特里博物馆的收藏。然而，藏品规模虽大，也定不能囊括所有珠饰类型，一些类型虽然出现了，却未能涵盖其流行的所有时期；而在其流行时期内，该类型的数量就更少了。因此，笔者会用别处的材料来补充这批馆藏样本，来源主要是各种出版物。然而，由于文字描述不明，图画描绘不清，出版物中的信息对本研究有时没有用处。有的信息看似清楚准确，实则不然，这比信息不充分或不明确的危害更大。例如，对硬质石珠穿孔类型的表述就可能是错误的。因为珠饰穿孔类型虽然通常以线图表现，但在大多数情况下都会被视为极不重要的特征。当同一串珠子中出现大小、形状相同的珠子，尤其是珠子数量巨大时，它们都会被整体归入同一穿孔类型，以免除分别绘图的麻烦。另外，由于考古学家不一定同时是材料和技术专家，珠子的材质和制作技术可能被认错。所以要谨慎利用这类信息，其中大部分不得用作关键证据，除非重新检验原物加以核实。

断代是错误的另一来源。皮特里收集品中的珠子也存在断代错误。一般情况下，墓葬的年代是根据其中的随葬品（不包括珠饰）来确定的，而对珠饰的断代又参考墓葬的年代。这种断代方法会不必要且大幅度地延伸一些珠饰类型的时代范围。另外，在为墓葬断代时

---

[1] Petrie, 1904a, p. 122.

若考虑珠子和其他文物的年代，则结果可能完全不同，因为墓葬的年代要么会落在所有文物的年代范围内（珠子的年代则位于这一范围的边缘）；要么墓葬的年代是文物和珠子的年代折中之后的结果。在后一种情况下，就需要调整一些文物的年代范围，而不是单独调整珠子的年代范围。这种为墓葬断代时排除珠子，反过来又用墓葬的年代来为珠子断代的办法，若是用在被盗扰的墓葬上，就会产生极为严重的后果，因为这类墓葬中包含了不同时期的物品，混入年代非常晚甚至是现代的珠子。博物馆中的样本通常同与其共存的物品分离，因此在很多情况下难以核对年代。如果它们的年代与大量断代确实的样本龃龉，我们就应该对其存疑。在本研究的第一阶段，我们会排除来自古董商和盗墓者的样本，因为它们的年代只能通过比对断代确实的样本才能得出。

对于一个类型的珠饰，除其出现的年代外，还要尽可能地表现其出现的频繁程度。在为新发现的珠子断代时要使用整批而非几个孤立的样本才妥帖。孤立样本的出现有时是我们的错误造成的。在为新发现的珠饰断代时，要将新发现的类型归入其普遍出现的年代中；除非有强有力的证据指向其他结论。在研究它们出现的频繁程度时，我们应该同时考虑批的数量（number of lots）（例如出土珠饰的墓葬的数量）和每一批中珠子的数量。对于批的数量，我们可以通过一些翔实的发掘报告来把握；但为了避免重复已出版的材料，在未做特别说明的情况下，此处的统计表仅以皮特里收集品为基础。我们统计样本数量出现的频率时则要完全依赖皮特里收集品了。这里面大多数珠串已做过清点和鉴定，有望制出一份统计表；上述两项数据（珠子的实际数量和批的数量）会表现在一份包含各时期不同类型珠饰的分布表中。接下来几章中的部分内容会以这一表格为基础，由于篇幅过大，该表格将附于本书之后。[1]

这种统计学方法的合理性源自统计恒性定律（the law of statistical regularity），根据该定律，从一个相当大的集合中随机抽取一定量的项目（item），通常可以反映整个集合的特征①。

考古资料是古代偶然留存下来的。因此我们无法利用某一时期的所有数据，而不得不依赖一定量的样本。众所周知，任何一个博物馆的样本数量都不够大，从中得出的结果也无法推广。因此，本研究所得只能为以后的研究奠定初步基础，具有一定参考意义，并不是最终结论。希望有人能够将同样的方法用于其他同样重要的珠子收藏，来检查、验证或反驳这里给出的初步结论。

因此，我们需要就皮特里博物馆的收藏是否具有很好的代表性做一点说明。下表列出了每个时期内样本的数量和比例。当然，这只包括笔者已经登记的珠子，由于时间有限，大量罗马－科普特等时期的珠子尚未登记，而所有购买来的珠饰都被有意排除在外了。即便如此，得以登记的珠子仍达 1760 串之多（对各时期名称用语的说明见第四章）。

皮特里收集品中各时期珠饰数量及比例一览（笔者据不完整的登记簿制）[2]

时期	串数	所占比例(%)
史前时期	225	12.8
早王朝时期	113	6.4
古王国时期	105	6.0
第一中间期	180	10.2
中王国时期	275	15.6
第二中间期	73	4.1
新王国时期	401	22.8

① King, 1914, p.28.

续表

时期	串数	所占比例(%)
晚期埃及时期	173	9.8
希腊－罗马时期	155	8.8
年代不详	60	3.4
合　计	1760	100

译者注

［1］论文定稿之后并无此"类型分布表"，但第四部分各时期分述中，分别有该期珠子类型统计表。

［2］原文此处括注"See Index（3）"（参看索引3），所指即本节的"皮特里藏品中各时期珠饰数量及比例一览"。

第十五章　史前时期

第一节　新石器时代

自旧石器时代晚期以来，欧洲便有珠子发现，有些珠子甚至可以早到舍利（Chellean）或阿舍利（Acheulian）时期①，但埃及还未发现与旧石器工具共存的珠子。已知最早的埃及珠子流行于中石器时代或旧石器时代末期的卡普萨－塔德诺瓦文化（Capso－Tardenoisean Period），这种盘状珠用鸵鸟蛋壳制成，是卡顿－汤普森在哈里杰绿洲发现的。②

新石器时代的法尤姆（Fayum）文化也出现了鸵鸟蛋壳珠，发掘者认为这是卡普萨文化（Capsian Culture）因素渗入的表现。③ 在北非其他地区，鸵鸟蛋壳珠早在卡普萨文化中期就出现了，而年代较晚的（卡普萨）遗址中则大量发现这类珠子。④ 除蛋壳珠子外，法尤姆新石器聚落中还发现了 17 颗石珠，其中一枚为白色软石盘状珠

---

① Déchelette, 1908, pp. 207 – 211; Brown, 1928, p. 35, p. 170.

② Caton – Thompson, 1932, no. 150.

③ Caton – Thompson, 1934, pp. 34, 90. 插图见 *The Journal of the Royal Anthro Pological Institute*, vol. LVI (1926), pl. XXXVI。

④ Menghin, 1931, p. 181.

（图谱 S2），其材质很可能为白色硬石膏（anhydrite?），而非发掘报告所说的石灰石。硬石珠的材质则包括：10 颗天河石珠子、4 颗硬结泥灰（火山灰）珠子、1 颗灰色微斜长石（?）珠子以及 1 颗结核石珠子。这些珠子形状简单原始：4 颗为盘状珠（H24、H60，编号对应本书图谱，余同），3 颗为桶状珠（H15 – H16），1 颗为扁平桶状珠，6 颗为近似水滴状的垂饰（H38、H77），2 颗为截面呈平凸形的盘状珠（H3）；其中，最后一种珠子的特殊形状，可能是珠子长期暴露于地表、饱受风吹日晒的结果。这些珠子的制作技术也十分原始：其表面要么非常粗糙（H1000），要么只经过自然磨光（H7000）；其穿孔大多为粗大的对锥型（H100），只有 2 颗盘状珠为单锥型穿孔（H300），另有 1 颗大桶状珠的穿孔利用了自身的天然孔洞（H900）。[1]

　　卡顿 – 汤普森认为，法尤姆地区出土的残天河石珠可作为本地制造说的证据，因为天河石的硬度比较大，珠子的破裂更可能是在穿孔过程中而非佩戴过程中产生的。[2] 然而天河石硬度虽大，却很容易沿解理面破裂。不过，无论这些珠子是用进口石料在本地制作的，还是直接进口的成品，天河石在法尤姆地区的出现都意义非凡。正如发掘者所说，它不仅证实了远距离交流的存在，还证明了人们对于天河石的珍视在很早以前就开始了。[3] 中石器时代［即纳特夫人（Natufian）］和新石器时代的巴勒斯坦民族也佩戴

---

[1]　本段的论述基于皮特里博物馆的藏品和卡顿 – 汤普森发掘报告中的样本，参看 Caton – Thompson，1934，pp. 32，40，45，90，pls. XXXI，XLVII。

[2]　Caton – Thompson，1934，pp. 85，90.

[3]　Caton – Thompson，1934，p. 90.

天河石珠。① 但是埃及的天河石产量很小，只见于东部沙漠的米奇夫山（Gebel Migif）。②

埃及第二种新石器文化发现于三角洲西部与沙漠交界处的麦里姆达。③ 发掘者指出，麦里姆达人大体而言不崇尚饰物，留存下来的少量珠子形状非常简单。④ 珠子材料为骨、石和黏土。有些大致呈水滴状的垂饰（H88g）经鉴定为板岩所制，三颗不规则石珠（H60a）为浅蓝色的岩石所制⑤，一颗柱状石珠由黄色石料制成。骨珠有柱状及厚盘状（R29、R33c、R33f)⑥，有些垂饰（R37、R451?）也是骨制（开罗博物馆，J58005-7）的。桶状黏土珠（PN16u）也有发现，有的截面作凸透镜形（PN29n）（开罗博物馆，J57990，J58004），它们多被烧为黑色并经抛光。另外，袖珍石斧经穿孔也可作护身符佩戴。⑦

第三种新石器文化是塔萨文化，发现于中埃及的戴尔-塔萨（Deir Tasa）。布伦顿发掘的51座该文化墓葬中，只有4座出土珠饰⑧，差不多都是骨珠。布伦顿认为其中两颗带装饰的珠子是象牙的，但是

---

① 巴勒斯坦考古博物馆（Palestine Archaeological Museum）藏有一颗垂饰，属于纳特夫遗存，出土自穆加来特瓦德（Mugharet el-Wad）遗址（展览号no. 215）；另有几颗出自杰里科（Jericho）新石器时代地层的盘状珠（展览号no. 265）。它们的材料为天河石，但在导览手册（1937年版）中被误为软玉（nephrite）。

② Ball，1912，p. 272.

③ 笔者能得到的发掘报告只有：Junker，1929；Junker，1930，1932。

④ Junker，1932，p. 81.

⑤ Junker，1928，p. 21，p. 50，pl. XVII。其中将一块绿色石头辨认为紫晶绝对是错误的，因为紫晶和其他石英岩的唯一区别就是其为紫色。

⑥ Junker，1930，pp. 60-61，pl. XI，4-7.

⑦ Junker，1932，p. 82.

⑧ Brunton，1937，p. 29，pl. XXII，41，50 以及 pl. XXXIX。

它们的大直孔表明其材质很可能为骨料。这些珠子的形状有：柱状（R33k）1 颗、桶状（R32r）1 颗、球状（R31b）5 颗以及厚盘状（R31b）数颗。另有刻十字形图案的柱状珠（R40g）2 颗。发掘者认为，戴尔－塔萨遗址完全不见石珠和卵石垂饰，这很反常；但后来对富人墓的发掘表明，人们还是会偶尔佩戴这类珠饰的。[①] 1929 年，萨米·加布尔（Sami Gabre）在戴尔－塔萨 37 号墓中发现了塔萨文化的典型石凿和石珠。石珠呈小盘状（S6c），材质为黑色滑石（发掘者误认成"黑色花岗岩"）和鲜棕色滑石（开罗博物馆 J53516）。32 号墓中还出土一枚桶状珠（开罗博物馆 J53513），据说是蛇纹石所制。[②]

上述证据表明，新石器时代的法尤姆、麦里姆达和塔萨文化只用天然材料制作珠子，比如石头、骨料、鸵鸟蛋壳和黏土。材料选择具有地区特点：法尤姆文化偏好鸵鸟蛋壳、天河石和火山灰（硬结泥灰）；麦里姆达文化则选用骨料、板岩（硬结泥灰？）和黏土；塔萨文化则使用骨料和皂石。珠子的形状和制作技术都十分原始，反映了这几个文化的原始性。埃及新石器时代珠饰的特点正在于缺乏精致的形状和先进的技术，而非某种特定形状或工艺的出现。有些类型的珠子与北非卡普萨文化和巴勒斯坦纳特夫文化的珠子具有相似性，将这些结论与柴尔德对埃及新石器文化进行全面考察后所得结论做一对比，肯定很有意思。柴尔德认为，法尤姆、麦里姆达和塔萨文化间虽有许多具体区别，但它们都可能源自同一个早期文化，只是在本土化的过程中走上了不同路线。这些文化同北非的卡普萨文化和巴勒斯坦的纳特夫文化都有一些相似的特征。[③]

① Brunton, 1937, p. 29.
② Sami Gaora, 1930, pp. 151 –152, pl. Ⅲ.
③ Childe, 1935, pp. 61 –63.

第二节　巴达里文化时期

在气候恶化和沙漠扩张的作用下，新石器时代的法尤姆人和麦里姆达人消失了。但居于尼罗河畔的塔萨文化却有继承人，这就是巴达里文化（Badarian Culture）。与塔萨文化相比，巴达里文化在许多方面都有了长足的进步，珠饰制作也不例外；不过这些进步大体而言只是原有工艺的精细化。

除了骨（和象牙）、石、黏土和鸵鸟蛋壳外，巴达里人还使用一些新材料制作珠饰。施釉滑石珠和铜珠在这一时期第一次出现在埃及，这是埃及历史上最早的施釉和冶金制品。笔者在一大串施釉滑石珠和其他石珠组成的串珠中发现了一小颗蓝色釉砂环状珠（串珠编号271）。然而，原始发掘报告中并未对其进行记录，还强调"这期珠子最显著的特征是没有釉砂珠或施釉玻砂珠"[1]，所以笔者不确定这颗珠子是不是放错地方了。

制作珠饰的石料也增加了许多新品种。其中硬石料有红玉髓、绿碧玉（？）、闪长岩（斑岩）、烟晶（？）、燧石和石英岩；软石包括白色硬石膏（？），埃及雪花石膏，白、红角砾岩，方解石，粉、白、浅黄褐色石灰石，红、白条纹石灰石，蛇纹石，黑色、鲜棕色和灰绿色滑石，以及一种红色黏土质石料（叶蜡石？）。皮特里博物馆馆藏中硬石珠和软石珠（不包括施釉石珠）的比例为12.3∶87.7。由于硬石穿孔难度较大，这一时期的软石珠占了绝大多数。发掘报

---

[1] Brunton and Caton-Thompson, 1928, p.27。此期不见釉砂珠，还可参考 Brunton, 1937, p.5。

告中还提及了红碧玉，"红斑岩（？）"，类似黑曜石的石头，"板岩（？）"，绿色、黄色方解石，黑色、绿色、灰色石灰石，以及硬红黏土。[1] 但这些鉴定有的是错误的，例如，所谓的"红碧玉"实际上是一种红色软石（叶蜡石？）或软的红色钙质材料（软体动物壳或珊瑚）（编号272、268）。再如一些滑石珠被误定为灰色石灰石珠（编号260）、燧石珠（编号237）和板岩珠（编号282）。甚至同一本报告对一枚黑色垂饰的材质描述都不一致：有的地方称为石灰石，有的地方又叫作皂石。[2] 因此，如果珠子材料不易辨别，在使用相关记录时要心存谨慎。布伦顿常把一些做工精细的施釉滑石珠同绿松石珠混淆，导致一些由他发掘、现藏于阿什莫林博物馆的珠子被鉴定成绿松石珠;[3] 而皮特里博物馆收藏的上千颗巴达里时期的施釉滑石珠中，有些可能是绿松石做的。在其他材料中，树脂（琥珀？）、珊瑚和软体动物壳也首次在这一时期使用。布伦顿在发掘报告里提到一颗树脂珠（误记为着色象牙珠，编号1597），一块枝状白珊瑚经穿孔后制成垂饰（编号273），还有一枚红色软体动物壳或珊瑚珠子（编号272，但被误认作碧玉，见前文），也有关于笙珊瑚的记录。[4]

从类型上看，这一时期最流行的是短柱状和厚环状珠子。在皮特里博物馆收藏的一万一千多颗巴达里珠子中，仅有32颗不属于上述两个类型。不过珠子的形状深受材料和制作工艺的影响，因此后文的

---

[1] Brunton and Caton-Thompson, 1928, p. 27; Brunton, 1937, p. 51.
[2] Brunton, 1937, pl. XXXIX, 89E10, 正文第37页称"石灰石"，第51~52页 Sec. 64 中又称作"皂石"。
[3] Caton-Thompson, 1934, p. 53.
[4] Brunton, 1937, p. 51.

讨论会按珠饰材料分群（Group）展开。

这一时期的硬石加工技术依旧十分简单。大多数硬石珠和垂饰表现出最少的成型痕迹，有些是天然成型、磨光的卵石（H7000）。经过人工打磨的硬质石，大部分表面依然暗淡不平整（H1000）。穿孔则为对锥型大孔（H100），或在钻孔时利用了石料本身的孔洞（H900）。这一时期没有发现长柱状珠，可能因为在这种形状的珠子上穿孔有一定难度。环状珠的边缘大多呈弧形，可能是逐个打磨的结果。边缘平直的环状珠和桶状珠极少以硬石料珠制作。近球状的珠子和水滴状垂饰都是卵石制成的，其形状得自天然。巴达里5111号墓出土的一颗红玉髓环状珠据说经过精心修整[1]，它与5132号墓所出珠子（编号259）类似，均为H5d型（边缘尖锐的环状珠）。271号珠串上的绿碧玉（？）双锥体珠子很引人注目，但其材质只能暂定为碧玉，笔者尚未测试其硬度，但它的颜色与中王国的绿碧玉有很大的不同。

这一时期的软石珠大多数为边缘平直的厚环状珠（S6）。这些平边环状珠有的两底面不平行，可能是通过切割长圆柱体制成的。打磨边缘的方法，可能是先将许多珠子穿在一条线上，然后把整串珠子放在带凹槽的石头上打磨。软石珠的穿孔类型更加多样（类型1、2、4和6），有些大穿孔实际上是佩戴磨损造成的。对软石珠来说，穿孔的区别并不是非常重要。另外，由于原料硬度低，穿孔和打磨都不困难，所以表面加工良好的大软珠子并不罕见：有一颗雪花石膏做的双锥体珠子，长度竟达50毫米（S15p）。除了厚环状外，软石珠还有边缘尖锐的环状（S4b）、双锥体（S5h）、球状（S7f）和短柱状

---

① Brunton and Caton-Thompson，1928，p. 27；布伦顿的图谱号为86T10。

（S18n），不过这些类型都很少见。软石料制成的垂饰形状都很简单
（如S51b、S52h），但是许多选用的都是具有装饰效果的石料，例如
带条纹石灰石（S54c、S55f、S60d、S60e）或角砾岩（S56f），装饰
手法还有雕刻或划刻，不过纹样非常简单，不是人字形（S80）就是
十字形（S85）。

施釉石珠兼具硬石珠和软石珠的优点。在施釉之前，石料的穿孔
和整形都很容易；施釉之后，其硬度又大到足以承受佩戴时的磨损；
另外，釉料还为石珠增加了动人的蓝色。因此，施釉石珠的数量很
大。在皮特里博物馆收藏的约11200颗巴达里珠子中，94.7%都是施
釉石珠。它们的基体材料仅有滑石一种，施釉石英珠很可能还不为人
知。施釉石珠的类型也局限为平边厚环状珠，仅在尺寸上有细微的不
同（L5o[1]，L5c；L16a，L16i；约1%为非常短小的圆柱体，
L16o[2]，j），只有2%的环状珠边缘呈弧形（L2c，L2f）。施釉石珠
的穿孔小、平直且形状规则（L400）。布伦顿认为"只有用金属工具
才能钻出这种形状规则的穿孔"。[1] 不过滑石在经过高温硬化（施釉）
之前很软，用任何硬度大于滑石的材料，比如骨骼、象牙和棘刺制成
的细针都能钻出这样的穿孔来。铜制工具的使用是有可能的，但并不
是不可或缺的。施釉滑石珠的制作工序可能同软石珠的类似。一些珠
子的底面互不平行，长度的变化幅度也很大，说明它们很可能是从一
个长圆柱体上切削下来的，布伦顿就持这种看法。[2] 同前王朝的施釉
滑石珠相比，巴达里釉石珠的内核形状更规则，釉色更鲜亮（鲜蓝
色，奥斯瓦尔德21le），经磨损后也不会大面积脱落。贝克指出巴达

---

① Brunton，1937，Sec. 64，pp. 51 – 52.
② Brunton，1937，Sec. 64，pp. 51 – 52.

里时期的釉层完全由晶体组成，经地质学家鉴定，其矿物组成是多铝红柱石。[①]

布伦顿还发现了几颗铜珠，但都未收入皮特里博物馆。据原始报告记载，这些铜珠为环状（M3）或短圆柱状（M12l，M12t）。柱状珠子用矩形薄铜片（围绕某种棒状物）卷成，两端重叠；环状铜珠则用铜带螺旋状缠绕而成，或用截面为矩形的厚铜条卷成圆环制成，但是圆环两端不重叠。[②]

这一时期的塑材珠子中没有发现釉砂珠，唯一的例外是一颗环状釉砂珠（PN2b），前文已经讨论过，它肯定是放错地方了。另有半颗黑色黏土桶状珠，尺寸非常大（PN18y），但是目前尚不能确定它是否被用作珠子，不过在一座巴达里墓葬中发现过一颗尺寸和形状类似的埃及雪花石膏珠（S15p）。

其他材料制成的珠子中有 1 颗截面扁平的桶状树脂珠（R12g），和在法尤姆发现的长石珠（H33l）、在巴达里发现的贝壳珠（R5g[3]）有相似之处。制作骨珠通常选用一段长骨，将其加工为桶状，珠子截面的形状取决于骨料原有的特征，接近圆形或椭圆形。骨骼的天然孔洞可以用作穿绳的孔。巴达里时期的象牙人像、象牙勺子等展现了这一时期高度发达的象牙加工技术。这一技术也用于珠子制作。布伦顿发现过一枚象牙分节珠子（R39），他认为它会被进一步分割成数颗珠子；还有一颗象牙珠被雕刻成南瓜形（R41）。这一时期的鸵鸟蛋壳珠均为平边环状珠（R52）。软体动物壳珠子则有厚环状（R52m）、桶状（R57h）和截面扁平的桶状（R59）。有一颗隔珠（R70），布伦

---

① 贝克的报告，见 Brunton，1937，pp. 60 – 61；同时参看本书第二部分"珠子制作技术"第七章"石珠"第三节"施釉石珠"的相关论述。

② Brunton，1937，Sec. 64，pp. 51 – 52.

顿认为是用壳类材料做的，他觉得它在这么早的年代里出现实在出人意料。[1]

　　探究这一时期珠饰的使用方法，我们不得不完全依靠原始发掘报告。[2] 与成人墓葬相比，壳类和珠子更常见于儿童墓葬中。在巴达里时期，妇女和儿童多把珠子当项链佩戴，男性则只在脖子上戴一颗长珠。手链和脚链不是很流行；脚链通常由壳类组成，很少出现壳类和珠子混穿的情况。一些儿童腰上缠着壳类或珠子制成的腰带。6 名男性（巴达里和莫斯塔哥达各 3 名，其中成人 5 名，儿童 1 名）的腰上缠绕着大量珠子，均为绿色施釉滑石珠。莫斯塔哥达 592 号墓中的尸体上覆盖着大量施釉滑石珠，此外还有前文提及的壳类隔珠。一名儿童戴着由两排壳类组成的头链，另一座墓中的女性头戴有一串珠子，从头顶一直延伸到后脑。在少数情况下，珠子被放在尸体旁。

　　巴达里时期珠子的穿绳有牛毛（？）和亚麻线，还发现过一例用 8 缕植物纤维编成的绳子。大多数情况下，珠子的编排没有规律，不会形成特定的图案。施釉滑石珠会被编成带子，有的各珠子交错排列，有的由三排组成，每排珠子分别与一隔珠上的孔相连。壳类和彩色珠子有时会交替间隔排列。珠子有时也被镶嵌在象牙手镯或板岩上。

第三节　前王朝时期

　　众所周知，所谓"前王朝人"（Predynastic people）包括阿姆拉

---

① Brunton，1937，Sec. 64，pp. 51 – 52.

② Brunton and Caton-Thompson，1928，p. 27，Sec. 57；Brunton，1937，Sec. 65，p. 52.

人和格尔塞人。根据其文化在上埃及出现的先后顺序，二者又被分别称为"早期前王朝人"和"中期前王朝人"。晚期前王朝（或塞迈尼安文化）文化似乎仅是格尔塞文化的晚期阶段。相比而言，阿姆拉文化与巴达里文化有许多相似之处，而格尔塞文化则有很多创新之处。由于许多遗物（包括珠子）都被笼统地归入"前王朝时期"，所以笔者将在本节把阿姆拉文化和格尔塞文化的珠子放在一起讨论，但在可能时会指出它们各自的特点。

　　巴达里时期的原料在前王朝时期仍然使用，但有新材料加入，其中最重要的是釉砂，它在埃及珠子此后的历史上扮演了非常重要的角色。釉砂最早出现在阿姆拉时期，年代约为 S. D. 31。不过与历史时期相比，此时的釉砂仍属罕见。皮特里博物馆收藏的 31 串阿姆拉环状珠子中只有 5 颗釉砂珠；同批藏品中，前王朝时期的釉砂珠共计 1634 颗，占该期珠子总数的 10.3%。前王朝时期的釉砂珠大多为绿色或蓝色，不过皮特里收集品中有 185 颗黑色釉砂珠，其中 183 颗来自同一墓葬，其年代在 S. D. 65 到 S. D. 76 之间，余下的 2 颗缺乏 S. D. 年代，那么它们应该都属于早王朝初期。巴达里遗址出土的黑色塑材珠饰是黏土所制，并非发掘报告所说的黑色釉砂珠。[①] 其他塑材珠子还有：粗泥珠、细黏土珠（包括白色或灰色的素面珠和绘黑彩并抛光的彩珠），以及红陶珠（即烧制的黏土）。其中粗泥珠占 43%，细黏土珠占 31%，釉砂珠占 25%，陶珠占 1%。此外，见诸报道的还有玛哈斯纳遗址出土的施红彩的黏土珠，形状有柱状和球状，年代为 S. D. 60。[②]

　　和巴达里文化相同，阿姆拉文化在制作珠子时所用软石数量远大

---

① Brunton and Caton-Thompson，1928，p. 56，Sec. 118.
② Ayrton and Loat，1911，p. 19，pl. XIX，4.

于硬石。皮特里博物馆中软石珠和硬石珠的比例，巴达里时期为
87.7∶12.3，阿姆拉时期为 68.8∶31.2，而整个前王朝时期则为
32.1∶67.9。硬石经久耐用，用作珠子材料更加合适，所以当人们解
决了钻孔和表面修整的技术难题后就会优先选择硬石来制作珠子。除
了在巴达里时期已出现的软质（?）石材料外，前王朝时期又增加了
石膏、石盐、粉色或红色滑石和某种黄色石头。布伦顿报告里所说的
"灰色和粉色石灰石环状珠"[1] 几乎可以确定不是石灰石，而是滑石，
这点已得到皮特里博物馆中一些样本的证实。不再使用的软质（?）
石料仅为红色黏土质石材（叶蜡石?）。硬质（?）石料增加了石榴
石、赤铁矿石、黄水晶（?）、紫晶、玉髓、青金石、苔纹玛瑙、黑
曜石、橄榄石、缟玛瑙、水晶、烟晶和木蛋白石（?）。这里面，前
三种早在阿姆拉时期就已经出现了。祖母绿也见诸报道[2]，不过很可
能鉴定有误，因为以当时的原始钻孔方法根本不可能在祖母绿上钻
孔。发掘报告中提及了孔雀石[3]、绿长石或天河石[4]、燧石[5]、绿玉
髓、"钙长石"、"透辉石（?）"[6]、石英岩、"褐铁矿（?）"、"木材
（?）"[7]，以及绿色、黄色萤石（fluorite）[8]。

　　施釉滑石在前王朝时期仍在使用，不过质量和数量都不及巴达里

---

[1]　Brunton and Caton-Thompson, 1928, p. 48, Sec. 100; p. 56, Sec. 118;
　　Brunton, 1937, p. 85, Sec. 105.

[2]　Junker, 1919, pp. 102 – 107.

[3]　Petrie, 1896b, p. 10; Brunton, 1937, pp. 85 – 86.

[4]　例如，其中一颗出自卡乌 127 号墓，见 Brunton and Caton-Thompson, 1928,
　　p. 56。

[5]　Möellers and Scharff, 1926, p. 59.

[6]　Maciver and Mace, 1902, pp. 48 – 49.

[7]　Peet, 1914, p. 15.

[8]　Mond and Myers, 1937, p. 90.

时期。在水晶和不透明石英上施釉的现象第一次出现（最早一例早至 S. D. 35 到 S. D. 48）。[1] 另外还有在红玉髓和蛇纹石上施釉的例子。[2] 釉层下的石料经常被误判。温赖特称格尔塞遗址出土过"施釉石灰石珠"[3]，其中出自 55 号墓的该种珠子现藏皮特里博物馆，经笔者查证实为施釉滑石珠。容克把前王朝的某些珠子鉴定为施釉壳类（软体动物壳或鸵鸟蛋壳）[4]，这可能也是错误的。它们应该是施釉的滑石或不透明石英珠子，因为施釉过程中的高温会把石灰石或壳类变为石灰粉。

除了在巴达里时期出现的铜，前王朝时期的人们还用金、银和铁来制作珠饰。其他材质包括棕色树脂、骨料、象牙、鸵鸟蛋壳、软体动物壳和笙珊瑚，这些在前王朝以前就已经出现了。卡乌 122 号墓中出土过一颗黑色珠子，发掘报告定其为"树脂（？）"，该珠现藏于皮特里博物馆，经笔者鉴定，它很可能为黑曜石做的。此外，这一时期的人们还用珍珠母制作垂饰[5]，玛哈斯纳遗址还发现过琥珀珠。[6]

皮特里这样概括这一时期珠子材质的变化："S. D. 40 之前使用的材料在各时期都可以见到；不过有一组材料（青金石、蛇纹石、赤铁矿石和银）出现在 S. D. 40，到 S. D. 60 就消失了；另一组材料（绿松石、紫晶、黑曜石、斑岩和金）属于 S. D. 50 到 S. D. 59 之间。这暗示着快到 S. D. 60 时珠子原料种类增多，之后则迅速减少；这跟

---

① 参见 Petrie，1920，p. 42，Sec. 109。

② Mond and Myers，1937，p. 72，p. 89，p. 91。

③ Petrie，Wainwright and Mackay，1912，p. 22，Sec. 32。

④ Junker，1919，p. 103.

⑤ Junker，1919，p. 107。

⑥ Ayrton and Loat，1911，p. 17.

陶器形制的变化规律一模一样。"① 他认为第一组材料（银、青金石、蛇纹石和赤铁矿石）在 S. D. 38 – S. D. 40 出现，与一支完全不同于埃及人的民族（格尔塞人）涌入埃及有关，因为银、青金石和赤铁矿石都是叙利亚产品。② 最近的发掘结果可以修正和扩充这一观点，比如，蛇纹石、绿松石以及蓝、绿色的釉石早在巴达里时期就已经出现了，但紫晶直到 S. D. 64 才出现。皮特里博物馆有一颗淡紫色的透明石珠，皮特里认为它是 S. D. 55 的紫晶珠，但它实际是某种软石做的，比如方解石或者硬石膏，而绝不会是紫晶。最早的紫晶珠出自阿姆拉（El Amrah），年代为 S. D. 56 到 S. D. 64③，不过其材质的鉴定和年代的判定还需要进一步确认。皮特里收集品中最早的紫晶珠年代在 S. D. 67 到 S. D. 79 之间。蛇纹石的高级变种和橄榄石出现在 S. D. 43 以前。④ 石榴石在 S. D. 43 之后变得常见，最早的标本年代在 S. D. 37。⑤

据发掘报告，有些前王朝的墓葬中发现了玻璃珠。皮特里在涅伽达发现了一颗半透明的蓝色玻璃垂饰，现藏于皮特里博物馆⑥，但它看着像第 19 王朝的玻璃护身符垂饰。一座年代为 S. D. 30 到 S. D. 50 的墓葬中出土过绿色、蓝色和黄色玻璃珠组成的项链⑦，然而在玻璃制造史上绿玻璃和黄玻璃出现得很晚，要在蓝玻璃制造非常熟练之后。柏林博物馆收藏的一颗玻璃珠据说出自涅伽达

---

① Petrie, 1901a, Sec. 43, pl. IV.
② Petrie, 1901a, p. 29, Sec. 46。
③ Maciver and Mace, 1902, p. 21.
④ Brunton and Caton-Thompson, 1928, p. 56, Sec. 119.
⑤ Brunton and Caton-Thompson, 1928, p. 56, Sec. 119.
⑥ Petrie, 1896b, p. 44.
⑦ Maciver and Mace, 1902, p. 54.

1480 号墓①，不过原始发掘报告中并未提及这颗珠子，它很可能在进入柏林博物馆前就已经同涅伽达时期的文物混在一起了。笔者认为以上玻璃珠的年代，都多少有些不确之处，卢卡斯也持这种观点。②

从类型上看，大多数硬石珠为弧边（H2）或平边（H6）的环状珠，占前王朝硬石珠总数的 92%，而 H2 和 H6 两种类型的比例大约为 2∶1。边上起脊的环状珠（H5）是 H2 型珠子的变种，脊的出现是采用双锥状方式（H6000）打磨的结果。一颗球形（101p）的大珠子年代为 S. D. 33，一些 H1 类型的小珠子也见于报告。长珠（H15、H20、H22）罕见于阿姆拉时期，只有一两颗样本年代能早到 S. D. 33 – S. D. 48；即便如此，它们也可能晚于 S. D. 40，属于明确出现类似长珠的格尔塞文化。H24 和 H27 的椭圆形截面源自卵石原有的形状。H19 则是普通桶状珠的变种，边上的脊是特殊制作工艺（H6000）的结果。有一颗球形大珠子（H5808）还保留着红玉髓卵石原来的形状和天然孔洞。石榴石珠的原料仅限于由砾石形成的小卵石，因此形状只有小环状（H2、H5、H6），许多还保留着石料原来的表面和形状（H24 – 60）。垂饰大多为水滴状，没有经过任何修整（H71b、H73f 等），有些形状扁平是因为石料形状就是如此（H781、H80、H83）。有些异形珠子值得注意：截面呈凸透镜形的环状珠（H131）、边上起脊的多面体环形珠（H152c）③，年代均在 S. D. 44 到 S. D. 60；H233l 是扁平桶状珠，年代为 S. D. 68；H132n 是截面呈凸透镜形的圆形珠，

---

① Scharff, 1929, pp. 106 – 109.
② Lucas, 1934, pp. 116 – 118.
③ 这种类型的珠子，还见于 Petrie, 1896b, p. 44；Brunton and Caton-Thompson, 1928, p. 56, Sec. 119。

可能也属于前王朝晚期；十字形的 H159p 和月牙形的 H184 年代均为 S. D. 39 到 S. D. 44；斧子状垂饰 H187f 的年代不详；多边形宽环状珠 H152a 的年代为 S. D. 43 到 S. D. 46。[①] 另外还有多边形柱状珠（H54h）。[②] 上述异形珠子中，有的可能具有护身符的作用。

就工艺而言，由于使用了小燧石钻头，所有阿姆拉时期和大多数前王朝时期的硬石珠都有开口较大的对锥型穿孔（H100）。在皮特里博物馆收藏的 3507 颗前王朝硬石珠中，仅有的例外包括：27 颗长珠采用对管型穿孔（H200），其开口在这一时期相对较大，这种穿孔实际上是为了适应珠子的长度而改良的对锥型穿孔；15 颗青金石珠和 6 颗绿松石珠采用普通穿孔（H400），不过，由于这两种材料的硬度介于本书定义的硬石和软石之间（青金石的硬度为 5～5.5，绿松石的硬度为 5.5～6），所以钻孔时可能出于偶然采用了软石珠的穿孔工艺；2 颗采用单锥型穿孔（H300）的珠子看起来像是残破的对锥型穿孔长珠；还有 3 颗珠子为天然穿孔（H900）。另有 180 颗珠子 [青金石珠 178 颗，火山灰（？）珠和铜绿色燧石珠各 1 颗] 采用普通穿孔，然而它们的年代是否确为前王朝尚存疑问。虽然前王朝的硬石珠仍有许多表面非常粗糙（H1000），但其表面处理情况整体上好于巴达里石珠。前王朝既不见尺寸较长或形态纤细的珠子，也不见特别小的珠子，其原因或许在于给硬石料加工长穿孔或进行精细打磨比较困难。

皮特里博物馆的 36 颗施釉石英珠中有 35 颗为圆边环状珠，1 颗为近水滴形的垂饰。这些珠子和不施釉的硬石珠一样都采用对锥型穿孔，表面都很粗糙，很可能是为了方便挂釉。所有施釉滑石珠的表面

[①]　除皮特里博物馆的馆藏（Bd. No. 36）外，又见 Brunton and Caton-Thompson, 1928, p. 19, Sec. 101, 141 号墓。

[②]　Möellers and Scharff, 1926, pp. 58－59；F8.

都比施釉石英珠处理得精细，而且常常采用普通单管型穿孔（约为27%），这与不施釉的软石珠类似。素面滑石珠的形状有平边环状（L5，L16a、L16i），占 71.3%；弧边环状（L2、L7、L9），占22.1%；边上起脊的环状（L4），占 0.6%；双锥体形环状（L8b），占 1.3%；桶状（L12、L14），占 0.6%；柱状（L16），占 4.0%；截面非圆形（L23、L30），占 0.1%。前王朝施釉滑石珠的釉料质量不及巴达里时期好。

前王朝的金属珠少有发现，可能和古代盗掘活动有关。金珠或用翻卷小金片法（M300）制作，或者在白色塑材（很可能是石灰）内核上贴非常薄的金片（M600）制成。皮特里认为这种核上贴片法出现于 S. D. 47 并一直延续到罗马时期[1]，不过，有一串包含一两颗贴金箔珠子的串珠却早到 S. D. 46[2]，而据称"原本基于黏土或某种混合物基体制成"的金珠更"早于 S. D. 41"。[3] 用卷片法制成的珠子通常为柱状（M12），而用核上贴片法制成的珠子则依内核的样子呈现出各种不同形状，例如球状（M1、M5）、柱状（M12）、桶状（M8）、梨形（M11），有两颗甚至还有螺旋形装饰（M53f）。[4] 阿拜多斯出土的桶状珠据描述为"覆有金箔的木质（？）"或"覆有金箔的木（或骨？）质"[5]，它们可能也是用核上贴片法制成的。有颗水滴状的金垂饰据称年代在 S. D. 51 – S. D. 56，且是实心的。[6] 另一枚垂

---

① Petrie, 1920, p. 27.

② Maciver and Mace, 1902, p. 18.

③ Ayrton and Loat, 1911, pl. XⅢ, 3；出自 H17 号墓。

④ Petrie, Wainwright and Mackay, 1912, pl. ⅴ, No. 55；A. Evans, 1930, p. 179, Note 11 中错误地将其描述为"贴金片的分节珠中以石为核的例证"。

⑤ Peet, 1914, pp. 15 – 16.

⑥ Ayrton and Loat, 1911, pl. XⅥ, 3，出自 H41 号墓。

饰则由金片制成，表面冲压出点状图案，其年代为 S. D. 59。① 此外还有铜制的环状珠（M7a）和桶状珠（M9f），银制的球状空心珠（M5d）和桶状珠（M9h），铜和银制的柱状珠。② 有 3 颗出自格尔塞的铁珠（很可能是陨铁）年代为 S. D. 53 – S. D. 63，可能是将铁料打成薄片后卷成柱状的（M9m、M12n）；关于它们的讨论已经很多了。③

塑材珠子由于原料的特性形状更加多样。5 颗阿姆拉时期的绿色釉砂珠既有环状的（PN1b、PN6g），也有近似球状的（PN1i）。在莫斯塔哥达，虽然布伦顿发掘了许多阿姆拉时期的墓葬，但只有 1 颗柱状珠是釉砂制作的。④ 综观前王朝的釉砂珠，其形制分布如下：平边环状珠（PN6）占 33.6%，弧边环状珠（PN2）占 33.3%，柱状珠（PN22）占 22.4%，球状珠（PN1、PN8、PN9）占 6.0%，而其他形状的珠子占 4.7%；最后一类又包括了 17 颗桶状珠（PN16 – PN18）、3 颗梨形（PN11、PN21）或卵状（PN4、PN32）珠子、1 颗扁平球状珠子（PN28），以及 25 颗边缘呈牙弓状弯曲（dental edge）的环形珠子（PD17 – PD18）。努比亚还发现一颗带凹槽的圆锥状垂饰（PD86）。⑤ 黏土和泥都易碎，不像釉砂那样可以用来制作环状珠，

---

① Petrie, 1896b, p. 15, Sec. 34, pl. LXV, 16.

② Brunton, 1937, p. 86.

③ Petrie, Wainwright and Mackay, 1912, pp. 15 – 19, pl. Ⅳ, Fig. 2；还可参看：(a) Wainwright, 1914；(b) 皮特里的文章，见 1915b, p. 20；(c) C. H. Desch 的文章，in *Journal of the Iron and Steel Institute*，Vol. cxx (1929) p. 343. （译按：我们没有找到原文，Desch 的著作目录中未见在该杂志该期发表文章，而他对格尔塞铁珠的检测结果，见 Desch, 1929。）(d) *Report of the Committee on Sumerian Copper*, British Association, 1928, (e) Rickard, 1932, p. 850, 854. (f) Lucas, 1934, pp. 193 – 197。

④ Brunton, 1937, p. 85, Sec. 105.

⑤ Junker, 1919, p. 103, p. 107.

其常见形状有双锥体厚盘状，剖面呈凹透镜形或凸透镜形（PN4、PN10、PN15），占 45.7%；桶状（PN16 – 18），占 44.1%；柱状（PN22 – 23），占 5.0%；以及球状（PN8、PN11），占 4.5%。珠子的凹透镜形剖面是材料在晾干过程中收缩造成的。圆锥状长珠（PN19）可能是破碎的细长桶状珠，分节珠子（PN64）则是若干双锥体珠子（PN15）偶然粘在一起形成的。此外还有蛋形珠（PN33f）、长梨形珠（PN21）和双锥体桶状珠（PN20p）。泥珠质地很粗糙，而黏土珠则非常细腻；有的黏土珠保留着本身的灰色或白色，但更多的则被染成黑色并抛光。有 2 颗黏土珠戳有点状纹样（PD45）。红陶珠呈双锥状（PN10c、15c）或柱状（PN22），红色是黏土中铁元素在烧制时氧化的产物。

其他材料制成的珠子中，有 1 颗球形的棕色树脂珠（R1），年代为 S. D. 34；1 颗截面为多边形的黑色树脂（或黑曜石？）珠（R19）。用小动物和鸟类的长骨制成的珠子呈柱状（R33、R36），年代为 S. D. 57；1 枚方形牌状珠子（R37）是骨或象牙做的；几颗 S. D. 40 的象牙垂饰（R47），刻有螺旋纹饰。[1] 象牙珠子还有素面或刻有网状纹饰的垂饰（R46d、R49b）和桶状珠。[2] 鸵鸟蛋壳珠由于原料厚度小，只能制成平边或圆边的环状珠（R51 – R52），皮特里收集品中这种珠子共有 217 颗，但其中有些可能是软体动物壳做的。有的软体动物壳比较厚，适合制作厚环状珠（R51g、R51h、R54）或桶状珠（R57）。一些柱状珠子（R58）壁很薄且带有天然大穿孔，其原料可能是诸如象牙贝一类的柱状贝壳。不过，皮特里博物馆中一颗出自巴

---

[1] 参看 Petrie, 1896b, pl. LⅧ, 10；Brunton, 1937, Corpus of Prehistoric Beads 89b12；及 Brunton and Caton-Thompson, 1928, Corpus 74A2。

[2] Junker, 1919, p. 101.

达里 1664 号墓的"象牙贝壳"实际上是笙珊瑚做的。[①] 笙珊瑚珠已发掘出好几例了，但皮特里博物馆所藏出自巴达里 4604 号墓的"珊瑚"珠[②]，实际是用小动物或鸟类的长骨制成的，并非珊瑚。努比亚还发现了 2 颗鸵鸟蛋壳做的菱形珠子（R67c）。[③] 1 颗五边形环状珠（R67d）的材料可能是壳类或石灰石，因为壳类珠子朽掉后很难和石灰石珠区分。凸透镜形的双锥体环状珠（R62）很有意思，它们没有穿孔，使用时通过两面的凹槽加以固定。皮特里博物馆有 18 颗这样的珠子，均出自迪奥斯波利斯·帕尔瓦（Diospolis Parva）的一座墓葬，但是 S. D. 年代不详。

和硬石珠一样，软石珠（约占 79%）大多数为环状珠，其中圆边环状（S2）和平边环状（S6）的比例为 42∶58。这跟制作工艺有关，软石环状珠通常是从一条圆柱上切下来的，最后穿在一起打磨，因此很容易形成平边；而硬石珠是逐个制造、分别打磨的，所以容易产生圆边。除了环状（约占软石珠的 78.9%），软石珠还有柱状（S18，占 11.8%）、桶状（S13 - S15，占 3.6%）和边上起脊的环状（S5，占 2.3%）。此外还有若干球形珠子（S1、S7、S8）、扁平桶状珠（S22 - S24、S27）、1 颗年代为 S. D. 44 - S. D. 60 的平凸形双锥状珠（S4）、1 颗年代为 S. D. 64 的凹透镜形柱状蛇纹石珠（S12）[④] 和 1 颗年代在 S. D. 56 - S. D. 70 的凸透镜形环状珠（S25）。1 颗方解石锥状珠（S11）可能是桶状珠（S14 - S15）的残块；S39 可能是制作

---

① Brunton and Caton-Thompson, 1928, p. 56, Sec. 119.

② Brunton and Caton-Thompson, 1928, p. 56, Sec. 119, 出自 4604 号墓。

③ Junker, 1919, p. 105.

④ 莫斯塔哥达出土过一颗同类珠子，也是蛇纹石的，见 Brunton, 1937, Sec. 105, p. 85。

粗劣的甲虫形护身符。① 皮特里博物馆中有 23 枚软石垂饰，大多为水滴状（S52b、52），其中 1 枚的低端尖锐（S52m）。其余垂饰中，3颗为 S57 型，年代在 S. D. 56 – S. D. 70，皮特里认为它是护身符，表现的可能是爪子；② 1 颗为 S60i 型，呈矩形牌状，年代为 S. D. 57；还有 5 颗贝壳形珠（S53g）和 1 颗斧头形珠（S62d），可能都具有护身符的性质。皮特里博物馆有一些 S51d 型珠子，布伦顿称其为"布拉式垂饰"[4]，他认为其中年代较早的可以到 S. D. 48 – S. D. 53。③ 有的发掘报告中还提到了梨形珠（S17f）、截头金字塔状垂饰（S59b）、凸透镜形或矩形牌状垂饰（S56d、S60j）和牌状隔珠（S43）。④

　　我们能见到关于前王朝墓葬出土玻璃珠的记载，但都存在问题，笔者在前文已做过说明，此处不必再讨论其形制了。

　　据标签，皮特里博物馆第 347 号和第 353 号珠串分别出自涅伽达 1858 号和 388 号墓，果真如此的话，它们就属于前王朝时期，年代分别为 S. D. 40 和 S. D. 72，但笔者对此表示怀疑，因而在前文的讨论中没有提及。347 号珠串上除许多确为前王朝的珠子外，还有几颗小巧的红玉髓珠，其穿孔为细管状（H200 或 400），很可能是扰入的后代珠子。353 号珠串上仅有两颗球形珠子，一颗呈墨绿色，像是缓步虫壳做的；另一颗为红玉髓，穿孔开口处带有凹槽（H800），但这种特殊的穿孔方式直到晚期埃及中期（约第 25 王朝）才出现。

---

① Petrie，1896b，p. 15，Sec. 35，pl. LVIII.

② Petrie，1914a，p. 13，pl. II，24，d – f.

③ Brunton，1937，p. 86，Sec. 105.

④ Brunton and Caton-Thompson，1928，Corpus 38k3 89D15；1937，pl. XXXIX，73C3，89F12，and 89E8.

珠饰在死者身上的位置大都没有记录下来，记录了位置的珠饰，大多用作项链，有的用作手链和脚链。[1] 有时珠饰并没有绕在死者颈部或手腕上，只整串放在墓葬中。[2] 在涅伽达一座墓葬中，发掘者发现死者手指上平行排列着大量绿色施釉小石珠，分作数行，其间夹有3颗大蛋形珠子，发掘者认为这"明显是一只装饰珠子的连指手套（mitten）"。[3]阿拜多斯一座墓葬中发现一只红玉髓珠做的戒指，戴在死者手指上；该墓还出土一片施釉珠子编制的网，珠子有深蓝色和浅蓝色两种，斜向成串，每两串变换一次颜色，这原先可能是一只袋子。[4] 在格尔塞，串珠子也戴在头上，其中一簇覆在耳朵上，另一片绕在前额，有的额饰（fillet）中间还悬一小环。[5] 阿拜多斯出土过一顶珠子编成的王冠，做得非常精致。[6] 格尔塞还出土过一条缠在腰间的珠串。[7] 除佩戴外，壳类、象牙或骨制的环状珠还被当作眼睛镶嵌在动物形调色板、象牙小雕像或饰有人头的石罐上。[8]

串珠上珠子原本的排列顺序基本上不得而知了。皮特里博物馆中只有4串前王朝时期的串珠是"按原有顺序"编排的。各种发掘报告中还记录了几串保留原有顺序的珠子。[9] 有些串珠上的珠子全部为

---

① 参看 Brunton，1937，pp. 85 – 86；Petrie，Wainwright and Mackay，1912，p. 22. sec. 32。

② Maciver and Mace，1902，pp. 48 – 49.

③ Petrie，1896b，Sec. 44，p. 23，出自 B50 号墓。

④ Naville，1914，part Ⅰ，p. 15.

⑤ Petrie，Wainwright and Mackay，1912，p. 22，Sec. 32.

⑥ Frankfort，1930a，p. 214。

⑦ Petrie，Wainwright and Mackay，1912，p. 22，Sec. 32.

⑧ Capart，1905，p. 83，p. 99，p. 167，p. 174.

⑨ 例如 Junker，1919，pp. 108 – 109，Petrie，Wainwright and Mackay，1912，p. 22，Sec. 32，pl. Ⅴ。

同一材质和形状，另一些则是由多种类型的珠子任意混编而成。当然
也有少量珠串是由不同珠子按一定顺序编成的，以表现一定的艺术品
位。比如，使用深色和浅色环状珠，以增强色彩对比；或者用一颗垂
饰或大珠子作中心元素，以区分主次。①

　　珠饰的穿绳材料很多。少数情况下，珠子穿在细皮条上，相邻珠
子间的皮条打结，以作区分和固定。② 但大多情况下，珠子还是穿在
线（cord）上的，线由平行或相互缠绕的多股纤维做成。③ 在莫斯塔
哥达发现一根粗毛穿绳，其截面呈圆形，可能是长颈鹿（?）的毛；
该遗址还发现过黑白杂色线绳。有些线绳可能是亚麻纤维制成的。④

第十五章译者注

[1] 疑为 L5a 之误。
[2] 疑为 L16a 之误。
[3] 图谱 R5 型珠子未见变体 "g"。
[4] 布拉式垂饰（*bulla*-pendant）是伊特鲁里亚文化特有的垂饰。Bulla 在拉丁语
　　中的意思是 "圆泡"。布拉式垂饰通常由金属制成，为中空的圆形或椭圆
　　形，有时带有用金丝或小金珠组成的装饰图案，有的则饰有狮子头或萨提
　　尔（satyr）头的形象。

---

① 参看 Junker, 1919, p. 109。
② Junker, 1919, p. 108 text Fig. 58a.
③ Junker, 1919, p. 109.
④ Brunton, 1937, p. 85, pl. XLIII, 29–31.

第十六章　早王朝时期

　　古代埃及的早王朝时期（the Early Dynastic Period）包括第1王朝和第2王朝，相当于皮特里序列年代（Sequence Dating）的 S. D. 77 - S. D. 85。皮特里根据在塔罕（Tarkhan）的发掘，将 S. D. 77 - S. D. 78 归为第0王朝[1]，将 S. D. 79 - S. D. 82 归为第1王朝，将 S. D. 83 - S. D. 85 归为第2王朝，① 但所谓"第0王朝"实际只是第1王朝的早期阶段，故应归入后者。从序列年代上看，早王朝文化是前王朝晚期文化的延续，但有所增加和扩充；这种推陈出新，或许要归功于这一时期涌入埃及的入侵民族，他们不仅刺激了埃及人的创造力，还将新的文化元素从故土引入埃及。皮特里博物馆收藏的113串早王朝珠子均早于 S. D. 82；其他发掘所得收藏中，也鲜见第2王朝的珠子，只有少量见于发掘报告的记录；② 因此下面的讨论几乎全部基于第2王朝以前的材料。

　　早王朝时期珠子所用材质和前王朝时期大体相同，但各自比例则大不相同，其中硬石占20%，软石为3.3%，施釉石为3.7%，金属占0.2%，釉砂占69.3%，黏土和陶为0.3%，其他材料占2.7%。同前王朝相比，硬石和金属的比例基本稳定，釉砂的比重从10%飞

---

① Petrie and Wainwright, 1913, p. 3.
② 例如 Petrie, 1901b, pl. XLV, 50 - 51.

升到 70%，而其他材料的比重则相应大幅度下跌。这种变化表明人
们已经熟练掌握了釉砂制作技术。不论从实用还是审美角度出发，只
要技术发展到一定水平，制作精良的釉砂就会超过其他材料（硬石
和金属除外）；其中在实用方面，釉砂不仅制作方便而且经久耐用。
这正是早王朝时期釉砂大幅度地替代其他材料（硬石和金属除外）
的原因。

　　硬石珠中红玉髓珠的数量最大（占 61%），这一时期使用的红玉
髓略微半透明，呈独特的珊瑚粉色;[1] 石榴石数量居第二（32.9%），
之后则为板岩、紫晶、赤铁矿石、木蛋白石（?）、水晶、乳石英、
绿长石、黑曜石和绿松石。发掘报告中还提到了青金石[2]、孔雀石[3]、
绿柱石（?）、正长岩、斑纹石头[4]、"斑岩"（?）、橄榄石[5]和杂色石
灰石[6]。赖斯纳报告中所谓的"绿柱石"明显是对其他绿色石头的误
认，很可能是绿长石；而所谓"正长岩"和"杂色石灰石"则很可
能是常见的闪长岩或黑白相间的斑岩。施釉滑石珠在这一时期也有使
用，但不像前王朝时期那样普遍了。金属珠则有金、银和铜珠。[7] 塑
材珠除了极其常见的釉砂珠外还有少量红陶珠和 1 颗黄色塑材珠（风
化的釉砂?）。釉砂珠子主要为蓝色和绿色。黑色釉砂多呈棕黑色，

---

①　Brunton, 1927, p. 16.

②　例如有些出自阿拜多斯，见 Petrie, 1901b, pl. XXXVIII, 10。另一些出自图
　　拉，见 Junker, 1912, p. 16。

③　一些出自阿拜多斯 W9 号墓，见 Petrie, 1901b, pl. XXXVIII, 16。

④　Reisner, 1908, p. 114, p. 118。正长岩见于 Junker, 1912, p. 16。

⑤　Brunton, 1927, p. 16.

⑥　译按：原注为 "Article in A. S., Vol. XXXIX（1939），p. 769."，我们没有找
　　到原文，据该杂志目录及原注所给期别、页码，此处所指可能是 Reader,
　　1939。第 167 页注④、第 173 页注①、第 174 页注⑦同。

⑦　银珠见于 Mace, 1909, p. 48。

虽然是首次出现，却十分常见。有些釉砂珠为浅黑色和灰色。白色釉砂似乎也是第一次出现。一些发绿的棕色珠子和发蓝的白色珠子可能原本是绿色和蓝色的；皮特里曾指出，如果暴露在潮湿环境下，蓝色釉砂会退化为白色，而绿色釉砂则会由于其中的绿色硅化铁分解为棕色氧化铁而变为棕色;[①] 不过皮特里博物馆的大部分棕色（或棕黑色）和白色釉砂珠呈现的都是原来的颜色，这从釉和基体材料可以看出来。釉砂珠还有 2 颗红色的（奥斯瓦尔德 6lg、7ng），不过其红色是原有蓝绿色釉料中铁的氧化形成的，与以后的红色釉砂大不相同；后者的基体为红色，釉层则为半透明的淡红色或近乎透明。许多出自涅伽达王室墓的环状釉砂珠子有的为蓝色或红色，有的则半蓝半红，从墓中出土的其他文物推测，这种变色与墓葬过火有关;[②] 萨卡拉的阶梯金字塔上，红瓦的白色基体上的淡红色釉层很脏[③]，因此也只是普通的釉砂，原本可能是蓝色，由于火烧或其他原因才变了颜色，不属于严格意义上的红色釉砂。早王朝的软石品种有限，只有埃及雪花石膏、方解石、石灰石（粉色和白色）、蛇纹石和黑色滑石，以及一两例硬石膏（？）、棕色铁矿石（？）、棕色和浅黄色石灰石及绿色滑石。流行于前王朝的鲜棕色滑石在这一时期消失了。在其他材料的珠子中，树脂和象牙珠在皮特里收集品中出现过一次，发掘报告还提及了骨珠。[④] 软体动物壳珠子多呈柱状，在这一时期比较常见；而鸵鸟蛋壳珠则变少了，只在皮特里收集品的两串珠子里出现过。

总体而言，前王朝时人们有时在沙漠和河滩随便捡些卵石加工成

① Petrie, 1910a, p. 116.

② de Morgan, 1897, p. 196, figs. 722, 724, （开罗博物馆 J14125）。

③ Lucas 在 1938, p. 245 上的注释。

④ *Ann. Serv.* , vol. XXXIX（1939）p. 769.

珠子，早王朝时期与此不同，人们在材料选择上更加仔细，使用人造材料（例如釉砂）多于天然材料，而天然材料中，硬石用得比其他所有材料都多。总之，早王朝珠子的材料种类更少了，但质量更好了。

从类型上看，硬石珠大多为圆边（H2）或平边（H6）的环状珠，但是桶状（H14－H16）、水滴状（H20）或柱状（H21－H22）的长珠与前王朝相比，数量增长得更多；圆头（H8）或平头（H9）的球状珠数量也进一步增加。下表清楚反映了以上趋势：

	环状珠(%)	长珠(%)	球状珠(%)
前王朝时期	93.8	2.9	0.07
早王朝时期	74.4	16.5	6.9

以上变化诚然有风尚和艺术品位发展的原因，但对硬石珠而言，只有当石料加工技术发展到一定程度，这些变化才有可能出现。制作长珠需要更高超的钻孔工艺，而长珠和球状珠子的整形和抛光也需要更精湛的技巧。早王朝的柱状珠常作细长状（H21），比前王朝的同类珠子（H22）直径更小；皮特里博物馆里，早王朝柱状珠中有55颗细长型珠子，粗大型只有12颗，而前王朝的柱状珠中有31颗形状粗大，仅13颗形状细长。这种形状变化与穿孔技术有关：前王朝时期，硬石珠通常采用开口较大的对锥状穿孔，珠子的直径较大；前王朝时期也有个别细长的柱状珠，采用开口较小的穿孔（H200和H400），这在当时非常例外，我们在讨论前王朝珠子时已经分析过了。

边上起脊的珠子（H5、H10、H15[2]）属于普通珠子的变种，脊棱是采用双锥状磨光方法（H6000）加工表面造成的。有些硬石珠保留着石料的天然形状，例如1颗粗糙的石榴石珠（H1124h）保留着椭圆形截面，1 颗 H60 型珠子用绿松石片或卵石制成，呈不规则形状。硬石珠的特殊形状包括截面扁平或呈凸透镜形的珠子（H27、H32、H33）、圆形纽扣状珠子（H59b）和棒状纽扣形珠子，其中，第一种珠子盛行于古代美索不达米亚，当埃及受到东方文明的强烈影响或与其建立起联系时，比如前王朝晚期至早王朝时期以及第 12 王朝，这种珠子在埃及出现了；后两种珠子（H59）是早王朝的特有类型，布伦顿在卡乌发现过一些棒状纽扣形珠子，称之为"沙漏形或哑铃形珠子"；[1] 阿拜多斯的杰特王陵出土的手链上也有几颗类似的（H59i）紫水晶珠子[2]，不过是通过其中部的凹槽（H57j[3]）而非穿孔来固定的。硬石隔珠在这一时期首次出现（H62b、H65、H67），其中除了 H62b 外其他均出自阿拜多斯米那王陵（Mena）中的一串珠子，其形状新奇，前所未见。早王朝垂饰中最具特色的是带颈球状的垂饰（H71f、H71g），涅伽达 1234 号墓中发现过同样形状的软石珠（S51d），年代可能为前王朝时期或早王朝初期。此外还有数颗水滴状垂饰（H73）和 1 颗细长锥状垂饰（H81f）。H75g 和 H85 可能分别是制作低劣的贝壳形和甲虫形护身符。H80b 为不规则的石片，而 H88b 则是颗完全没有经整形的卵石。石工技术的进步也体现在对硬石珠的装饰上。石珠上会雕刻出螺旋状纹样（H95b、H95j）或两道箍及平行线（H98b）；H65b、H65d 型隔珠中央也会装饰双箍。此外，两端扣着金帽的石珠（H93b[4]）也开始登上历史舞台了。[3]

　　早王朝的硬石珠表面大多都经过充分打磨，但又不像中王国时期

---

① Brunton，1927，p. 16.

② Petrie，1901b，pl. 1，pp. 16 – 19.

③ 开罗博物馆 52010，发现于杰特王墓葬（King Zer），见于 Petrie，1901b，pl. 1，pp. 16 – 19。

那样进行高度抛光。由于穿孔时使用燧石钻头（希拉康波利斯就发现过保留燧石钻头的半成品珠子①），大部分硬石珠（81.5%）依然有对锥型穿孔（H100），但穿孔的开口通常比前王朝时的小。皮特里博物馆另外18.5%的早王朝硬石珠中，有17.8%采用对管型穿孔技术（H200），这些珠子大多出自阿拜多斯的米那王陵；另外有3颗珠子采用单锥型穿孔技术（H300），2颗采用普通管状穿孔技术（H400），这些珠子中有的其实是残珠，有的是用折断的长珠重新加工的短柱状珠子，因此它们原本用的就是对锥型或对管型穿孔。唯一的例外是一颗大致呈球形的紫水晶珠，它所在珠串的标签上只模糊地标着出自"格尔塞"（塔罕），这颗珠子很可能是在地表采集的，因此属于混入的晚期珠子。

施釉滑石珠的形状仅有圆边环状（L2）、平边环状（L5）和柱状（L16）这几种。其中环状珠和柱状珠的比例为67.6∶32.4，说明滑石珠与硬石珠的形制变化趋势相同，即长珠的数量在早王朝时期增加了。圆边环状珠在这一时期也增加了，而平边环状珠则相应减少了：两者的比例在前王朝时为13.3∶86.7，早王朝时期则为74.8∶25.2。

金属珠在早王朝时期出现了许多新的形状，不过旧的形状如金或铜制的环状、球状和桶状（M3b、M7a、M5f、M9f）珠子仍在使用。棒状纽扣形珠子（M23）与硬石做的同类珠子（H59j）类似，仅出现在这一时期。早王朝时期发明了许多新型金属隔珠，可能与这一时期流行多排珠子的项链和手链有关。金属隔珠通常有两到三个孔，珠体通过接合若干环状珠（M27c）或小球珠（M26b）制成。末端隔珠也首次出现在这一时期。球状垂饰（M40b）通过在金属球珠上附加

---

① Quibell and Green, 1902, p. 12, sect. 31.

小环制成。带装饰的金属珠通常为装饰螺旋纹的桶状珠（M53b），偶尔也见装饰纵向平行线的（M62b），不过由于发掘报告中的照片模糊，笔者无法判断后者的装饰到底是平行线还是螺旋纹。[1] 10 颗横截面呈卵形的桶状珠纹样要复杂得多（M84），珠子上有五组垂直平行线，每两组之间为波浪纹或锯齿状图案。[2] 黄金也用于制作覆在石珠两端的小金帽（H93b[5]），这在前文已经说过了。所有异形金属珠都用黄金制成，只有隔珠 M33b 例外，它为带有四个孔的铜条，上面还粘有四颗施釉滑石珠（开罗博物馆 J69682）。金珠有的是实心的，有的则是在低密度水泥（cement）内核上贴金箔制成（M600），大部分金珠出土后都送到了开罗博物馆，现在只能在那里看到。[3]

塑材珠子中，红陶珠均为桶状（PN16 - PN18），而釉砂珠的形状则很多，早王朝时期球状珠和长珠的增长也表现在釉砂珠上。同前王朝相比，环状珠（PN2、PN6、PN7）的比重从 68.8% 下降到 41.6%，球状珠子（PN8 - PN11）的比重则从 5.7% 增加到 9.3%，桶状珠（PN16 - PN18）从 1.1% 上升到 7.5%，柱状珠（PN22、PN23）的比重则由 22.7% 增加到 35.4%。长珠（包括桶状珠和柱状珠）占釉砂珠总数的 42.9%，比重略微大于环状珠（41.6%）。与硬石长珠相比，塑材长珠更容易制作，所以它的增幅比硬石大。棕黑色釉砂珠中有大约 44.7% 为球状，但是蓝色和绿色釉砂珠中球状珠只占 4.7%，即使在具体数目上，前者也远大于后者：皮特里博物馆收

---

① Reisner, 1908, p. 7.

② Reisner, 1908, p. 30, p. 143, pl. Ⅵ。

③ 例如在阿拜多斯杰特墓中发现的 4 条手链（开罗博物馆 Nos. 52008 - 52011）、在纳加迪尔发现的带装饰金珠（开罗博物馆 Cat. No. 53803）。见于 Vernier, 1927。又见于 Petrie, 1901b, pl. 1, pp. 16 - 19, Reisner, 1908, p. 118, pl. 6 - 7。

藏的球状珠中黑色的有 327 颗，而蓝色的只有 254 颗。棕黑色珠子可能在模仿深色石榴石珠，制作时通常先将黏土塑为球状，然后从其一端向另一端戳孔（PN400）。锥状珠（PN12、PN13、PN19、PN24）出自阿拜多斯 1 号神庙或附近的墓葬中，它们和中王国的锥状珠一样，均为仪式用连枷（whip）的组成部分。[①] 凹透镜形厚环状珠子（PN14b），是短柱状珠（PN22k）的变体，边的内凹与干燥过程中材料的收缩有关。截面为椭圆或凸透镜形桶状珠（PN28、PN29、PN35）与有些硬石珠类似，在这一时期并不少见。有些柱状和水滴状珠（PN3p – PN31[6]）的截面扁平，这可能是在干燥或烧制过程中，在珠子材料还柔软和可塑时被意外压扁的。PN40 是贝壳形的珠子，与 PN89h 类似，但二者的穿孔方向不同。PN49g 为截面呈三角形的桶状珠，PN54b 为截面呈五边形的环状珠，这两种类型在皮特里博物馆各只有一颗。塑材垂饰中有一颗带长颈的球状垂饰（PN86e[7]）和一颗水滴状垂饰（PN87b），另有两颗垂饰可能分别是贝壳状（PN89h）和斧头状（PN97i）护身符。

带装饰的釉砂珠也不是很常见，在前王朝首次出现的边缘呈锯齿状的环状珠仍在使用。螺旋状花纹在这一时期流行起来，这种纹样通常雕刻或塑在锥状珠或柱状珠上（PD9 – PD11）。螺旋纹垂饰中有一种尺寸很大，有时一端扁平有似蛇头（PD11d）。碎屑装饰的球状珠（PD46b）在皮特里博物馆这一时期的珠子中出现过 3 次，一共 8 颗，年代为 S. D. 77 – S. D. 81。

其他材料制成的珠子中，树脂珠呈梨形，但其材料还有待进一步证

---

① 中王国时期用锥状珠制成的仪式用连枷，见于 Mace and Winlock，1916，pp. 15 – 16，fig. 7。

实（R9）。象牙珠则为水滴状垂饰（R45k）。一些与黑色滑石柱状珠一起使用的白色柱状珠子（R33f）被鉴定为"骨珠"①，但它们很可能是用软体动物壳或石灰石做的。薄环状壳珠（R51c、R52f）通常是用鸵鸟蛋壳制成的，不过有些珠子，特别是粉色的，可能是软体动物壳做的。厚环状珠（R51h）、桶状珠和柱状珠（R57、R58）也是软体动物壳制成的，不过有些也可能是石灰石的。皮特里博物馆中这一时期的桶状珠多于环状珠（数量分别为 132 颗和 110 颗）。白色柱状珠通常和黑色柱状珠共同使用，形成一种早王朝时期特有的黑白珠交替的串珠。

软石珠中的环状珠（S2、S6）主要为蛇纹石珠，共 165 颗，占环状软石珠总量的 96%；在前王朝时期盛行一时的环状滑石珠，在皮特里博物馆早王朝珠子却只有 4 颗。黑色滑石珠中约有 92% 为柱状（S18），如前文所述，这种珠子经常同白色柱状珠交替排列构成串珠。综观所有软石珠，柱状珠子的数量在这一时期增加了，而环状珠则减少了，这一变化趋势同其他材料一致。同前王朝相比，软石珠中柱状珠（S18）的比重从 11.4% 上升到 24.7%，而环状珠（S2、S6）的比重则从 79.1% 下降到 63.8%，桶状珠（S13、S14）的比重从 3.2% 略微上升到 3.9%。这些桶状珠〔也包括少量球状珠（S7、S8）和梨形珠（S17）〕的材料有石灰石（包括方解石和埃及雪花石膏）、滑石、硬石膏（？）和蛇纹石。有一颗截面为椭圆形的厚环状珠（S20），是用表皮呈黑色的白色物质做的，其材料可能是上色石灰石，也可能是某种塑材。有一颗黑色滑石隔珠（S42c）②，酷似一种硬石隔珠（H62b）。关于垂饰，皮特里博物馆中有 2 颗垂饰，形状

---

① *Ann. Serv.*, vol. XXXIX, (1939), p. 769.

② Petrie, Brunton, Murray, 1923, pl. LXIII, 58L.

接近水滴状（S51b、S54f）；阿拜多斯发现过 1 颗一端尖锐的水滴状垂饰（S52n）；[1] 卡乌发现的 1 颗扁平三角形蛇纹石垂饰（S60b）可能是未完成的斧头状护身符；[2] 另外两种垂饰（S53b、S62d）也可能分别是贝壳状和斧头状护身符。这些垂饰大多数由石灰石（包括埃及雪花石膏）制成，只有两颗为蛇纹石。

早王朝的珠子大多用作项链和手链。塔罕第 36 号墓（S. D. 78）出土了一些红玉髓珠，五个一组缝在亚麻布上，发掘者表示"珠子的这种用法前所未见"。[3] 希拉康波利斯的主堆积（Main Deposit）中出土了一堆装饰凸螺旋纹的白色柱状大珠子（PD11），总量超过 1400 颗，发掘者认为这些珠子"很可能原本是附在雕像上用来表现下垂的鬈发的"。[4]

早王朝时期对珠饰的编排技巧比前王朝时期更高超，编排出的图案更加精巧美丽、更具有艺术性。正如赖斯纳指出的[5]，黑白色柱状珠交替编成的串珠是早王朝的特有类型。隔珠开始流行，用于将几串珠子组合为多排的项链或手链。皮特里详述了阿拜多斯杰特王墓中发现的四条手链，它们以富有艺术性的设计闻名遐迩。[6] 阿拜多斯另一座第 1 王朝的墓葬中出土了三串项链：一串为交替排列的黑色和白色柱状珠，中心有一枚黑色滑石垂饰；一串上有三颗"杂色石灰石"垂饰，其间有两颗黑珠（黑曜石?），其余为蓝色和绿色的釉砂珠；最后一串由环状和桶状红玉髓珠串成。[7] 图拉也发现过几串珠子保持

---

① Petrie, 1902, p. 16, pl. XLIV.

② Brunton, 1927, p. 16 (Corpus 89n3).

③ Petrie and Wainwright, 1913, p. 22, pl. Ⅲ, 5.

④ Quibell and Green, 1902, p. 8; pt. 11; pp. 30 – 39.

⑤ Reisner, 1908, p. 117.

⑥ Petrie, 1901b, pl. 1; pp. 16 – 19.

⑦ *Ann. Serv.*, Vol. ⅩⅩⅨ (1939), p. 769, pl. cxliva.

原位的珠饰。① 皮特里博物馆中只有一串早王朝时期的珠子标着"按原有顺序排列"，这串珠子由两两交错排列的环状小红玉髓珠和环状大釉砂珠组成。

项链的佩戴方式从墓葬中出土的小雕像上也能看出。阿拜多斯出土过一尊第 1 王朝的象牙小雕像（藏于布鲁塞尔博物馆），脖子上有珠子编成的项圈（collar）。② 阿拜多斯还发现过一块木制小雕像的残片，表面残留着红色和黑色颜料绘制的六条项链，很可能是用螺旋状金珠和球形石珠编成的。③ 这种在雕像上绘制和刻画项链的风俗可以上溯到前王朝时期。④

第十六章译者注

［1］有些学者也把原始王朝时期（Proto-dynastil Period，夏先生视之为"前王朝"的另一称谓，见第 29 页）即塞迈尼安文化时期称为"第 0 王朝"。本书采用这一说法，而将塞迈尼安文化归入前王朝，属前王朝晚期（第 152 页）；"第 0 王朝"则专指第 1 王朝早期阶段，归入后者；不使用"原始王朝"这一术语（第 29 页）。

［2］从图谱看，H15 型珠子边上并不起脊。

［3］此处 H57j 似为 H59j 之误，详见图谱。

［4］图谱 H93 型珠子未见变体"b"。

［5］图谱 H93 型珠子未见变体"b"。

［6］疑为"PN31"之误。

［7］图谱中没有 PN86e 这个编号，据描述可能是 PN85e。

---

① Junker，1912，p. 61.

② Petrie，1903，p. 24，pl. Ⅱ，9.

③ Petrie，1901b，p. 28，pl. ⅩⅡ，2.

④ 例如 Petrie，1896b，pl. LIX，1 和 7；Petrie，1920，pl. Ⅱ，4 和 6.

第十七章　古王国时期

　　埃及文化在古王国时期（the Old Kingdom）达到成熟，尤其是第 3 王朝左赛尔王统治时期，埃及文化各方面的基础都是在古王国时期奠定的。古王国的辉煌达到顶峰后开始衰败，它在第 6 王朝末期逐步转入第一中间期。埃及珠饰的历史也反映了古王国的兴衰大势。

　　古王国时期用于制作珠饰的材料在前几个时期就已经出现了，新出现的材料为黑色（？）和蓝色玻砂（frit）。釉砂珠在古王国时期继续保持着自早王朝开始的增长趋势，其所占比重从早王朝的 70.1% 上升到古王国的 84.8%。然而其他材料的珠饰没有呈现出类似的增长趋势，详见下表。

	硬石(%)	软石(%)	施釉石(%)	金属(%)	其他(%)
早王朝时期	20.0	3.3	3.7	0.2	2.7
古王国时期	3.2	0.3	4.9	4.7	2.1

　　石珠总体上在减少，其中软石珠的比重下跌到微不足道的地步。施釉石珠增加的部分原因是这一时期流行需要大量柱状施釉滑石珠或釉砂珠的乌瑟赫项圈（usekh collar）。据赖斯纳介绍，在吉萨特别常见的柱状釉砂珠很少见于纳加迪尔，这里流行的是施釉柱状滑石珠。[①]　这

---

① Reisner, 1932, p. 152.

可能因为当地人喜好滑石珠，抑或这一地区靠近滑石产地，又有可能二者兼有。这一时期对金矿的开发和大量财富的积累都导致了金属珠数量的增加。同前几个时期相比，其他材料制成的珠饰变得更少了，主要的材料为鸵鸟蛋壳，也有少量软体动物壳、象牙、白珊瑚（？）和木材。[①]

硬石珠中约87%为红玉髓珠，这种珠子前王朝和早王朝分别只有56.3%和61%；然而在早王朝时占了32.9%的石榴石珠在这一时期却十分罕见，比重只有0.5%，而这些仅有的石榴石珠也有可能是对早王朝石珠的再利用。红玉髓在第5王朝通常为透明的粉色，到第6王朝颜色变深。[②] 常见于早王朝和中王国的紫晶在这一时期却消失了，这是个很引人注目的现象，卡乌、巴达里[③]和纳加迪尔[④]的发掘结果已经有所显示了：这些遗址中古王国的墓葬里没有出土紫晶和石榴石。其余的硬石品种包括：玉髓、绿碧玉、绿长石、青金石、石英卵石、绿松石和一种蓝色的石头。出现在发掘报告中的还有赤铁矿石[⑤]、水晶[⑥]、石英、孔雀石、红碧玉和绿柱石[⑦]。不过其中的"绿柱石"可能是某种别的绿色石头，而非真正的绿柱石。软石包括方解石、粉色和白色石灰石、灰绿色滑石、黑色

---

① "白珊瑚（？）"见于 Brunton，1928，corpus 75 j18；"木珠"见于 Brunton，1937，p.106，图谱 89G15，89G16。

② Brunton，1927，p.72，secs.177 – 178.

③ Brunton，1930，p.20，sec.31.

④ Reisner，1932，pp.106 – 107，pp.148 – 150.

⑤ Petrie，1898，p.16；Brunton，1930，p.20.

⑥ Reisner，1932，p.148.

⑦ Brunton，1930，p.20（报告中提及的一些石英珠的材料可能是石英的无色品种，即水晶）；该书 Corpus 78B18（"孔雀石"？）；86A3，86Ki5，（红碧玉）；75c26（绿柱石），其在文中被描述为"可能为绿柱石"，见 p.17。

滑石和蛇纹石。布伦顿在发掘报告中所谓的"黑色和绿色石灰石"珠子①现藏皮特里博物馆，经笔者鉴定它实际是黑色和绿色滑石做的；而赖斯纳所谓的柱状深色"片岩"珠子②很可能是片岩状滑石做的。此外发掘报告中提到了雪花石膏和角砾岩做的珠子。③ 施釉石珠中除了布伦顿发现的几颗施釉石英珠外，皆为施釉滑石珠。④ 皮特里博物馆收藏的金属珠中39.5%为金珠，17.3%为铜珠，0.7%为银珠，43.5%为贴金箔的铜珠。布伦顿还提及了铅珠，不过他认为铅珠可能是"扰入"的后代珠子。⑤ 金箔也用于包裹蓝色玻砂和某种白色塑材做的珠子⑥，其中的白色塑材珠即另一本报告中所说的"贴金箔的石灰石珠"⑦，不过贝克认为这种白色塑材可能是某种树脂和石灰粉或石英粉的混合物。⑧ 塑材珠中93%为釉砂珠（蓝－绿色、棕－黑色和白色），其余为蓝色玻砂、黑色玻砂（？）和染黑的黏土（？）。釉砂珠中绿色和蓝色者占69.5%，棕色和黑色者占28.8%，白色仅占1.7%；其中蓝色釉砂呈深蓝或浅蓝色。布伦顿认为浅蓝色釉砂值得注意，指出这种颜色仅出现在第3王朝前后，⑨ 到第5王朝时釉色会变得非常浅。⑩ 至于出土于第6王朝一座未经扰动的墓葬中的浅绿色玻璃珠⑪，要么

---

① Bruton，1930，p. 17。
② Reisner，1932，p. 107，p. 147.
③ Brunton，1928，图谱86K3（雪花石膏）；78B12（角砾岩）。
④ Brunton，1928，75K24，86C，16。
⑤ Brunton，1937，p. 105，sec. 135，p. 111；sec. 144.
⑥ 开罗博物馆J68317A，出自吉萨，G2004。年代均为第5王朝。
⑦ Petrie，1901a，p. 38，发现于N19号墓（年代为第6王朝）。
⑧ Brunton，1928，p. 22.
⑨ Brunton，1927，p. 13，sec. 46.
⑩ Brunton，1927，p. 72，sec. 177。
⑪ Brunton，1928，p. 21，sec. 32.

是误认的釉砂珠，要么就是偶然扰入后代珠子。

从类型上看，古王国时期的硬石珠中，长珠（包括柱状珠 H21 - H22 和桶状珠 H14 - H16）的数量有大幅度增加，而环状珠（H2、H5、H6）的数量有所减少，球状珠子（H8 - H10）依然不太常见；以上四种珠子所占的比例分别为 27.0%、18.1%、41.3% 和 4.0%。赖斯纳注意到，古王国一处墓地中出土了大量桶状红玉髓珠。[①] 古王国的异形硬石珠有：截面呈椭圆形或凸透镜形的桶状珠（H27、H32）；天然卵石形珠子（H37、H88）；双层环状珠（H57h）；菱形隔珠（H64）[②]；水滴状垂饰（H73d、H75f），有的顶端方形、底端尖锐（H74s）；以及贝壳形珠子（H75g）。皮特里博物馆有两串珠子上有 H88k 类型的珠子，共 8 颗，都是用石英卵石制成的，表面饰有小金珠，局部染成绿色或棕色。带颈球状垂饰（H71g）和带铜帽的桶状珠（H93c）也见于报道[③]，其中，前一种类型在早王朝特别常见，而后一种类型也在早王朝时期首次出现。此外，纺锤状、斧头状和贝壳状垂饰也有发现。[④]

古王国时期硬石珠的表面通常打磨或抛光得比较好，甚至比早王朝时期还要精致，不过仍比不上中王国时期的高度抛光。萨卡拉的阶梯金字塔中发现过数颗环状红玉髓小珠（H2a），表面经过抛光，十分光亮；桶状红玉髓小珠（H15b）也能反映出这一时期加工细小石料的高超技巧。[⑤] 硬石珠的穿孔仍以对锥型占绝大多数，不过这种穿

---

① Reisner，1932，p. 152.

② 来自这一时期的另一样本现藏于开罗博物馆（J53842）。

③ Brunton，1928，图谱 89E3、78H4。

④ Brunton，1937，pls. LVII - LVIII，89L3、89H8 以及 5606。

⑤ 开罗博物馆 J69670。见于 Firth and Quibell，1935，p. 43。

孔从早王朝起就逐渐减少了，比重从 81.5% 下降至古王国时期的 66.3%。对管型和普通穿孔（H200、H400）的数量增多了，分别占 21.2% 和 12.5%。短珠（H1 – H9）中对锥型穿孔的比重大于对管型和普通穿孔，分别占 83.1%、2.5% 和 14.4%；但是长珠（H14 – H22）中对管型和普通穿孔的比重之和则大于对锥型穿孔，分别为 48.5%、40.7% 和 10.8%；这说明对管型穿孔（H200）更适于施加在长珠上。普通穿孔（H400）原本可能为对管型的，只是孔中对接处的棱在抛光工序中被磨掉了。布伦顿称"529 号墓（第 4 王朝）中有一颗球状长石珠，其一端刻有标记穿孔中心的十字"[①]，根据描述，这种穿孔似乎属于类型 H800，但笔者从没见过时代这么早的例子。

施釉滑石珠的重要类型及各自所占比例如下：柱状珠（L16 – 17）占 60.6%，平边环状珠（L5）占 8.4%，圆边环状珠（L2）占 10.4%，两端齐平的球状珠或圆边厚环状珠（L7）占 16.1%，桶状珠（L12 – L14）占 3.1%，其他形状的珠子占 1.4%。同早王朝时期相比，柱状珠的比重大幅上升，环状珠的比重则相应下降。这种趋势在珠子数量上更加明显，皮特里博物馆中早王朝的柱状珠仅有 142 颗，古王国的却有 485 颗。圆边环状珠多于平边环状珠，这和早王朝时期的情况一致，不过在巴达里和前王朝时期，平边的出现频率则大于圆边。圆边厚环状珠（L7）和桶状珠（L12 – L14）在早王朝时期非常罕见，在这一时期则增多了。L4 和 L14 分别为普通环状珠和桶状珠的变种，环绕珠体一周的脊线是加工过程时留下的。截面呈正方形或长方形的柱状珠一般属于古王国时期，尤其是第 6 王朝[②]，但也

---

① Brunton，1928，p. 19.

② Brunton，1927，p. 72. sec. 178.

有一些延续用到第一中间期。L38 为截面近似三角形的柱状珠，L57
为异形垂饰，两者都非常罕见。有些带装饰的施釉滑石珠施釉前经过
刻画，最简单的样式是环绕柱状珠子周身刻画几条线，但是也有一些
线条更加规则，形成螺旋纹（L61）或平行的水平线（L75）。[1] 布伦
顿提到 1 颗刻有复杂纹饰的施釉滑石珠（L79d）[2]，不过几乎所有刻
画这种复杂纹样的珠子都是釉砂珠，何况图谱线图描绘的这种刻画方
式更适合装饰釉砂而非滑石，莫非这颗珠子的材料判断有误？具领南
瓜形珠子（L72）的年代尚存疑问，发掘者已经指出来了[3]。

　　古王国时期的金属珠比前一时期更多了。皮特里博物馆中这一时
期的金属珠都是常见的形状，各自所占比例如下：柱状（M12）占
46.1%，平边环状（M3）占 26.2%，圆边薄环状（M2）占 3.7%，
圆边厚环状或球状（M7）占 22.9%，桶状（M9）占 1.1%。金属珠
大部分通过翻卷薄片法制成，两端重合或经锻接（M300、M200），
有的薄片两端经过熔接[4]或焊接[5]，即采用制作方法 M400。有些柱状
铜珠还贴有金箔（M12b、M12c），吉萨出土的几颗蓝色柱状玻砂珠
子也贴有金箔[6]，在白色塑材内核（可能是石英或方解石粉末做的）
表面贴金箔（M600）的工艺早在前王朝时期就已经发明了，一直延
续到了古王国。[7] 有些柱状珠是用金线以螺旋状缠绕而成的（M900），

---

① Brunton，1928，图谱 76M15，M18，M24，76Z3。
② Brunton，1928，76D12.
③ Brunton，1928，80D3，并见于发掘报告正文，pp. 18 - 19。
④ Reisner，1932，p. 149.
⑤ 贝克撰写的报告，见于 Brunton，1928，p. 22。
⑥ 开罗博物馆 J68317，出自吉萨 G2004A11。
⑦ Brunton，1928，p. 21，22.

本书视之为带装饰的珠子（M52b）。[1] 各种出版物中提及的具有罕见特征的金属珠有：铜条制作的四孔隔珠（M33b）[2]、五个小球并列接合的隔珠（M27d）[3]；之字形隔珠（M34）和半圆隔珠（M36d），二者可能是金珠，也可能是贴金的铜珠；[4] 倒水滴状金垂饰（M45d）和斧状金垂饰（M49g），都是赖斯纳发现的；[5] 斧状铜垂饰（M49）[6]；饰螺旋纹的柱状珠（M52b、M53d、M54），这种珠子或以金丝螺旋状缠绕而成，或在珠子周身雕刻线条作装饰，后一种有时刻两重螺旋纹，形成十字纹样；多个小圈组成的金垂饰（M91b、M91d）[7]；以及刻斜线的桶状金珠（M62d）[8]。

　　如前文所述，古王国时期的大多数塑材珠子是釉砂的，但是也有例外：2 颗染黑的黏土质（？）桶状珠子（PN171）、2 颗截面为正方形的黑色玻砂质（？）柱状珠子（PN52）及 64 颗蓝色玻砂珠。其中，蓝色玻砂珠中大多为柱状珠（PN22），其余为环状珠（PN6d）、桶状珠（PN17、PN18）和截面呈五边形[1]的桶状珠（PN56）。釉砂珠的形状有环状（PN1、PN2、PN6，占 79.0%）、球状（PN8、PN9，占 0.1%）、桶状（PN16、PN17、PN18、PN20，占 0.8%）、柱状（PN1、PN2、PN6，占 19%）及其他形状（占 0.4%）。环状釉砂珠的数量与早王朝相比有大幅度的增加，这是由于从第 5 王朝开始盛行

---

① 　书同前，图谱 76U6、U9。

② 　Firth and Quibell，1935，p. 35，no. 3.

③ 　Brunton，1937，古王国时期图谱（O. K. Corpus）95F6。

④ 　开罗博物馆 J72336、J72338、J72346 等。见于 Hassan，1932，p. 44，pls. LXXVIII – LXXIX；1936，p. 149，pl. LIII。

⑤ 　Reisner，1932，p. 153，No. 15；p. 106，pl. 39a。

⑥ 　Brunton，1937，古王国时期图谱 79G4。

⑦ 　Brunton，1928，图谱，76F15、F18；76U6、U9；76M21、M18；73D3、D6。

⑧ 　Reisner，1932，p. 153，no. 12.

护身符项链[1]，而这种项链上的护身符或大珠子需要用一组组环状釉砂珠间隔开来；到古王国末期，有些珠饰干脆整串都用绿色和黑色环状釉砂珠来制作。[2] 球状珠子的大量增加，可能与球状或梨形黑色釉砂小珠子（在早王朝时期特别普遍）的彻底消失有关。柱状珠是古王国时期的常见类型，不过由于环状珠比重的增加幅度更大，柱状珠的比重相应有所下滑。有时候制作一个项圈一次就要用掉上百颗柱状珠，桶状珠则不同，古王国的珠饰每串通常只有一两颗桶状珠。而且，在珠饰的长度相同时，所需环状珠的数量显然要多于长珠（柱状或桶状）。在颜色方面，皮特里博物馆所藏古王国釉砂珠共 105 串，其中仅有 4 串上有白色釉砂珠，它们几乎全部为环状珠（PN2、PN6），只有几颗呈桶状（PN22）；这些白色珠子中许多很可能是褪色的绿色釉砂珠。黑色釉砂珠也几乎全是环状珠（83.2%）和柱状珠（16.4%），它们通常同蓝色或绿色锥状釉砂珠交替穿成串珠。釉砂珠中其余的 4.0% 包括 6 颗桶状珠、3 颗球状珠、3 颗梨形珠，以及以下形状特殊的珠子：可能被用作垂饰的锥状珠（PN12）[3]；前文提过的梨形黑色釉砂珠（PN21n）；残破的水滴状长珠（PN21w），可能是扰入的年代较晚的珠子；截面椭圆的桶状和柱状珠（PN23、PN29、PN31、PN47），有些椭圆截面可能是偶然形成的；[4] 截面为五边形的环状珠和柱状珠（PN54c、PN57）；以及 1 颗扁平的连体双珠（PN65b）。垂饰包括 1 颗第 4 王朝的带颈球状垂饰（PN86c），这

---

[1] Reisner，1932，p. 41，p. 142。

[2] 参见 Brunton，1927，p. 72，sec. 178 以及 1930，p. 21，p. 22。

[3] Brunton，1927，sec. 64；1928a，pls. LI，LXX；类似的带有锥状垂饰的珠网见于 Hassan，1936，p. 149，p. 150，pl. LIII，2。

[4] 一颗扁平的球状珠（PN38c）似乎也是由于意外而发生变形的，见于 Brunton，1937，古王国时期图谱 79S10。

种类型在早王朝时期就出现了；几颗水滴状长垂饰（PN87e）、几颗柱状垂饰（PN96），是在普通柱状珠一端横向穿孔制成的；1 颗三角形垂饰（PN97f），皮特里认为它是模仿箭镞的护身符。[1] 在莫斯塔哥达出土过 1 颗截面为矩形的柱状珠（PN52b）、1 颗带颈的水滴状垂饰（PN71d）和 1 颗金字塔状垂饰（PN94b）。[2] 卡乌和巴达里则发现有 1 颗截面为六边形的柱状蓝色玻砂珠（PN60）、1 颗倒水滴状垂饰（PN93d）及 1 颗分作四节的珠子（PN62l[2]）；[3] 其中最后这颗是埃及最早的分节釉砂珠，据说其年代为第 5 ~ 6 王朝；巴达里时期还出现过一颗分节象牙珠子，不过仅此一颗，断代可能有误。有些环状珠会被釉粘在一起形成两三颗一组的并联珠子，不过它们是无意中产生的，应同专门制作的并联珠（PN72b、PN72c）区别开来。[4]

古王国时期带装饰的釉砂珠（PD）中最常见的是带碎屑装饰的珠子（PD49 - PD51），形状有桶状、水滴状、柱状、扁平柱状和扁球状。[5] 表面雕刻或塑有各式纹样的釉砂珠也很普遍，例如：表面呈螺旋状的桶状或柱状珠（PD8、PD10），有些则饰有双螺旋（或十字）纹或不规则的螺旋纹；南瓜形小珠子（PD21d）；带有三重箍环的南瓜形珠子（PD31）；饰有水平或垂直平行的桶状珠（PD30 - PD57[3]）；以及装饰复杂点 - 线纹样的柱状珠（PD63）。带有三重箍环的南瓜形珠子出土于卡乌 3173 号墓［瓮棺墓（pot burial）］的填

---

① Petrie, 1914a, p. 28, 123h.

② Brunton, 1937, 古王国时期图谱 77F22, 89A6 以及 89S8。

③ Brunton, 1928, 图谱 77P3, 89P3 以及 76L6。

④ Reisner, 1932, p. 149.

⑤ 皮特里博物馆的馆藏中没有最后一个类型的珠子，但是见于 Brunton, 1928, 图谱 94T6。

土中，布伦顿认为它们的年代可能在第 6 王朝①，但是笔者认为其年代可能为古王国早期乃至早王朝时期，因为珠子的形状同早王朝时期（protodynastic）的棒状纽扣相似，皮特里认为这种纽扣使用时会"插入环中以系紧衣物，如同今天军服上的盘花扣（frog）"，不过沙尔夫则认为这是装饰珠。② 此外，瓮棺葬常见于第 3 王朝。③ 扁平的桶状珠（PD58b、PD60b）和 PD88e[4] 型垂饰都饰有线状纹样，它们可能是做工粗糙的贝壳状护身符。④ 皮特里博物馆有 1 颗装饰方块纹的柱状黑色釉砂珠子（PD39）和 1 颗印（？）有 3 组圈 – 点图案的蓝色球珠（PD53b），都属于"扎拉比 169 号墓"（Zaraby 169）的第 185 号串珠。⑤ 虽然这串上的珠子大多属于古王国，但上述两颗很可能是扰入的，年代要晚得多；艾森指出，像 PD53b 这种在表面压印圆圈、圈内填充颜色较深颜料的纯绿色或纯蓝色球状珠子都出现在第 18 王朝，其中一颗出自阿蒙霍特普三世（Amenhotep Ⅲ）的宫殿。⑥ 绘制螺旋纹的桶状或柱状珠子（PD1b、PD4c）也有发现，不过很少；叶状珠有的也用蓝色和黑色釉料绘制装饰图案（PD79）。除了碎屑装饰外，其他带装饰的釉砂珠在古王国时期都相当罕见，许多类型都不见于皮特里收集品，只见于各种书籍中⑦，本段关于带装饰釉砂珠的讨论就部分基于

①　Brunton，1928，pp. 18 – 19，图谱 80D4，D14，D16。

②　这些釉砂制品是在阿拜多斯的神庙中发现的，见于 Petrie，1903，p. 26，pl. Ⅶ，141 – 145；Scharff，1929，p. 106。

③　对埃及瓮棺墓的断代见 Peet，1913，p. 21，Quibell，1898a，pp. 9 – 10。

④　参见莱斯纳的评论，见于 Reisner，1932，p. 153。

⑤　这串珠子无疑出自扎拉比的古王国墓葬群，见于 Petrie，1907，p. 10。

⑥　Eisen，1916a，p. 6.

⑦　见于 Brunton，1928，图谱 76B3，B8，D6，D9，H9，K3；80B3，B6，B9，B12，D4，D14，D16，94T6；又见 Reisner，1932，p. 152，nos. 6，7，以及 p. 153，no. 10。

这些图书资料。至于带装饰的玻砂珠，前文已经提到过贴金箔的柱状蓝色玻砂珠（PN22p）；埃勒卡布（El Kab）第 3 王朝的棺墓中还出土过两端带金帽的柱状蓝色玻砂珠（PD70）；[①] 有一颗水滴状蓝色釉砂珠上面加了个黄金附件，变成了瓶子状的垂饰（PD96）；[②] 莫斯塔哥达还发现了花形盘状珠（PD35e）和分节垂饰（PD89）。[③]

　　古王国时期用其他材料制成的珠子相对较少。象牙珠有 6 颗两端齐平的球状珠（R31b）、1 颗截面椭圆的桶状珠（R35h）和 1 颗水滴状垂饰（R45g），都藏于皮特里博物馆。卡乌和巴达里发现的象牙珠子有：若干桶状珠（R32j）、1 颗截面呈矩形的柱状珠（R37c[5]）、1 颗刻有螺旋纹的柱状珠（R40b）和 1 颗水滴状垂饰（R45f）。[④] 莫斯塔哥达出土有 1 颗扁锥状珠（R27f）和几颗刻有十字纹样的柱状珠（R40），材料为骨料或象牙。[⑤] 鸵鸟蛋壳环状珠（R51c、R52c）只出现在两串珠子中，不过其数量多达 324 颗。几颗厚环状（R52f、R52h）和桶状（R57）珠子是用软体动物做的。形状特殊的珠子有椭圆形贝壳隔珠（R72b）和棱纹木垂饰（R88b）；[⑥] 卡乌4904 号墓中出土的柱状珠被记录为"白珊瑚珠（？）"；[⑦] 莫斯塔哥达发现过 1 颗边缘刻成锯齿状的盘状贝壳珠子（R75）。[⑧]

---

① Quibell，1898a，p. 10.

② Brunton，1928，89A，3.

③ Brunton，1937，古王国图谱 58Z4 和 89N4。

④ Brunton，1928，图谱 78B34，77F9，76K30 以及 89C3。最后一颗在图谱中被记录为"骨"，但是在珠子登记录（Beads Register）中被记录为"象牙"。

⑤ Brunton，1937，古王国图谱 58G9，76F2，F4，F5。

⑥ 前者见于 Brunton，1928，图谱 9506；后者见于 Brunton，1937，p. 106，pl. LVIII，39G15，G16。

⑦ Brunton，1928，75J18.

⑧ Brunton，1937，古王国图谱 58G2。

古王国时期的软石珠很是罕见，其中有的还是再利用的前几个时期的珠子。① 软石珠的类型有：两端齐平的又大又厚的环状或球状珠子（S2r、S8c）、桶状珠（S13－S15）、柱状珠（包括常见的 S18 和截面为正方形的 S31），以及 1 颗立方体珠子（S32c）。发掘报告中还提及了扁平桶状珠（S34）、异形垂饰（S65d、S66f）、水滴状垂饰（S51i、S53d）、柱状垂饰（S59d）和刻有水平平行线的尖垂饰（S86）。②

布伦顿这样概括古王国时期珠子普及程度的变化：第 4~5 王朝的珠子杂七杂八，像是从前几个时代传下来的；到了第 6 王朝，珠子突然大量出现，短时间内，墓主人身上就层层叠叠地压上了一条条珠链，一直裹到腰部。③

古王国时期大部分珠子用于制作项链，也有一些用作手链和脚链。④ 纳加迪尔发现过 3 条珠子腰带。⑤ 迪奥斯波利斯·帕尔瓦第 6~7 王朝的古墓中也发现过一条珠子腰带，它出土时缠在墓主人腰部，宽约 10 英尺（约合 25.4 厘米——译者），由数排蓝色、黑色釉砂珠和贝壳珠组成，珠子没有特定排列顺序，腰带边缘还用贝壳珠编出边栏。发掘者认为"这几排珠子原先缝在什么东西上，比如皮革，只是它由于潮湿彻底朽烂了"。⑥ 卡乌一座第 6 王朝的墓葬中出土过

---

① 参见布朗顿的评论，见于 Brunton，1928，p. 22。

② Brunton，1928，图谱 79T3、89D3、B6；Brunton，1937，古王国图谱 89D9、56D12、89G10、56C9。

③ Brunton，1927，p. 74，sec. 162.

④ 参见 Brunton，1928，p. 21，sec. 33；Reisner，1932，p. 108。以及其他报告，例如 Petrie，1901a，p. 37：Garstang，1903，p. 30。

⑤ Reisner，1932，p. 108.

⑥ Petrie，1901a，pp. 40－41（现藏于大英博物馆）。

一件珠网，发现时位于墓主人脚部，发掘者认为它"明显是用蓝色和黑色柱状长珠编成的珠网"；这件珠网现藏于皮特里博物馆（第1522号珠串），已经根据出土时的样子重新穿结了。卡乌这座墓中还发现了许多锥状珠，原先可能是这件珠网衣的下摆。[①] 吉萨一座马斯塔巴墓（mastaba）中，墓主人身着一件釉砂珠编的衣服，其下端缀着锥状贴金铜珠和釉砂珠，其年代约为第4王朝。[②] 这种珠网衣服也见于吉萨一座皇室墓葬的壁画上，该壁画表现的是划船的场面，其中那个比较小的女子身上就画着披在外衣上的珠网衣服。[③]

关于珠子的编排方式，赖斯纳说过："这一时期珠饰的佩戴方式因人而异，珠子的排列形式也千差万别。"他继而归纳了古王国时期流行的四种编排方式[④]（后文所举例子及详细讨论摘自多部出版物，而非赖斯纳原始报告中的内容）。（a）几组形状相似但材质不同的珠子交替排列。这种方式在前王朝就已出现，比如一串环状蓝色釉砂珠中不时出现红玉髓珠。[⑤] 将黑色滑石长珠分组穿结，每组珠子间再以柱状白贝壳珠子分隔，这一排列方式在早王朝时期非常流行，沿用到了古王国早期，我们在上一章已经提过了。[⑥]（b）几组材质相同但是颜色不同的珠子交替排列。前文提到的珠网衣就是由蓝色和黑色柱状釉砂珠交替排列组成的，这种珠网似乎是古王国首次出现的；将黑色、蓝色或白色的环状釉砂小珠分组交替排列的串珠，最早出现在第

---

① Brunton, 1927, sec. 64；1928, p. 22, sec. 33, pl. LI, LXX.

② Hassan, 1936, p. 150, pl. LIII, 2.

③ 见皇后梅里斯安可三世（Meresankh Ⅲ）墓葬中的划船图景，见于 Dunham, 1939, p. 64, figs. 3 – 4。

④ Reisner, 1932, pp. 108 – 109.

⑤ Brunton, 1928, 出自554号墓，第5王朝。

⑥ Reisner, 1932, p. 107, pl. 40c, 出自 N650 号墓，第 3 ~ 4 王朝。

6 王朝①，盛行于第一中间期。（c）用几组珠子将护身符或者大珠子隔开，常见于古王国时期。②（d）将一串项链上的珠子对称地按大小依次排列。这一做法常见于中王国，在古王国非常少。纳加迪尔一座古王国墓葬中出过一串珠子，上面的 119 颗球状水晶珠从大到小依次排列。③ 不过，赖斯纳指出，以上四种方式都只是宏观指导，没人会严格遵循的。

在许多情况下，未被扰动的墓葬（多属于第 5～6 王朝）中死者颈部只有一颗柱状珠子（通常为滑石珠），布伦顿和穆雷（Murray）都认为这些单颗柱状珠源于滚筒印章，这一风尚沿袭至第 7～8 王朝，就变成在环状珠穿成的项链里用柱状珠子作中心装饰了。④ 桶状珠也会单独出现，通常为红玉髓珠；第一中间期的彩绘棺木上可以看到这种桶状珠子的图像。⑤

对上流人士而言，珠饰的编排则更多依各人品味而定。有的会把珠子穿成好几排，再将其固定了半圆形的末端隔珠上制成一条宽带，宽带还会用普通或之字形的条状金属隔珠分为几段；每排珠子通常按颜色分组交替排列。这样的宽带可以用作项链、手链或者脚链。⑥ 丹

---

① 例如皮特里博物馆第 129 号珠串。又见于 Brunton，1928，p. 21，sec. 33，珠串出自 3232 号墓和 7894 号墓，均为第 6 王朝。

② Brunton，1930，p. 21，珠串出自 3230 号，1991 号和 3160 号墓；Reisner，1932，p. 109. Examples Nos. 1 － 3；Garstang，1903，p. 2，sec. 4；p. 29（pl. XLIII）；p. 30（pl. XXXVII）。

③ Reisner，1932，p. 109；例如 No. 6。

④ Brunton，1928，p. 32，sect. 34；Murray，1917，p. 56.

⑤ Brunton，1928，p. 22，sec. 34，以及珠子登记录 3157 号墓和 4828 号墓的年代均为第 6 王朝；又见于 Petrie，Mackay and Wainwright，1915，p. 9，sec. 23。

⑥ Hassan，1932，p. 63，p. 44，pls. XLII，LXXVIII，LXXXIX，Vol. II，pp. 149 － 150，pl. LIII.

德拉发现过一条项链，它由绿色和黑色柱状短珠与流苏状珠串间隔组成，再以末端隔珠加以固定。① 另一种项圈的长珠呈放射状排列，其中一条出自吉萨，是第 5 王朝的作品，现藏于开罗博物馆（J68317A）；另一条出自吉萨的伊姆泰皮（Im-thepy）墓。② 项圈的边缘有的不加修饰，有的则悬以垂饰，上面提及的两串项圈就有一排甲虫护身符状的垂饰；有些项链上会悬一排叶状垂饰，比如一串出自德莎舍[6]的项链，现藏于皮特里博物馆。③ 乌瑟赫项圈可能发轫于古王国，其使用经历了各种波动后一直延续到新王国时期，才为那时占主导的多色植物项圈（釉砂珠子编制）取代。

现在讨论珠子的穿绳。金线可以穿结一串珠子④，也可以固定在半圆形末端隔珠上用以悬挂整个珠串。⑤ 在迪奥斯波利斯·帕尔瓦，细铜线穿着几颗珠子用作项链、手链或脚链。⑥ 不过，在大多数情况下，珠子穿绳是用亚麻纤维拧成的，而非编成的。在卡乌和巴达里我们还发现过粗毛和类似草纤维的物质。珠子和护身符通常被穿在一起，不过个别珠饰上的护身符和大珠子用绳结分开了，绳结上还裹着细线。⑦

同前一时期相比，古王国有更多关于珠子的图像材料。前文已经说过吉萨皇室墓葬浮雕上表现的覆在外衣上的珠网衣服了。除了墓壁上的上色浮雕外，表现死者"卡"（ka）的雕塑也提供了许多有用信

① Petrie，1900a. p. 25. pl. XXII.
② 见于 Reisner，1913，pp. 59 – 60，fig. 14，年代为第 5 王朝。
③ 皮特里博物馆第 192 号珠串，见于 Petrie，1898，p. 21，pl. XXVI，年代为第 5 王朝。
④ Hassan，1936，p. 149，nos. 4 – 5，pl. LIII.
⑤ Hassan，1932，p. 63，pl. XLII，p. 44，pls. LXXVIII – LXXIX.
⑥ Petrie，1901a，p. 37，sec. 55，出自 D8 号墓。
⑦ Brunton，1927，pl. XLVIII；1928，p. 22，见于 34；Reisner，1932，pp. 108 – 109，例如 nos. 4 – 5。

息。女性在第 4 王朝早期就开始佩戴复杂的乌瑟赫领圈了，而男性则只佩戴由单条珠串制成的项链，发现于美杜姆（Meydum）的拉霍特普（Rahetep）和奈芙莱特（Nofret）的雕像（年代均为第 4 王朝早期）上就有这种单串项链。之后男性也开始佩戴乌瑟赫领圈。① 上述雕像上还表现了珠子编的多排宽项链（宽约 10 厘米）。[7]萨卡拉的一尊雕塑（开罗博物馆 J72379）上表现了将腰带分成若干段的之字形隔珠。

第十七章译者注

［1］原文作"barrel-beads and barrel-beads"，据图谱，后一"桶状珠"截面呈五边形。

［2］图谱中 PN621 分作两节，非四节。

［3］疑为"PD30，PD57"之误。

［4］该编号与图谱线图不对应。

［5］图谱 R37 型珠未见变体"c"。

［6］项链出土地点正文作"丹德拉"（Dendereh），注释中为"德莎舍"（Deshasheh），经查证应以注释所给地点为准。

［7］原文作"Bracelets of threaded beads，in deep bands，about a diameter wide，are shown on the above-mentiaoned pair of statues，early in the IV Dynasty"，所指不明。对照实物图像，此处描述的可能是奈芙莱特（Nofret）的雕像上表现的乌瑟赫领圈，果真如此，则"Bracelet"当为"Necklace"之误，而"diameter"当为"decimeter"之误。此处译文据我们的推测做了修订。

---

① Murray，1917，p. 56.

第十八章　第一中间期

古王国衰落后，埃及进入第一中间期（the First Intermediate Period）。这段时间，埃及饱受内忧外患，经历了一段"黑暗时代"，直到底比斯的君主揭开中王国的大幕，才告结束。社会的动荡影响了工艺技术，珠子制作技术也不例外；不安的局势还令迷信流行，导致护身符及具有保护含义的珠子大行其道。

第一中间期用于制作珠子的材料，种类比前几个时期少得多。各种材料所占的比重如下：H（硬石）占 3.0%，L（施釉石）为 0.6%，M（金属）占 1.5%，P（可塑材料）为 89.7%，R（其他）占 5.2%，以及 S（软石）占 0.03%。

同古王国相比，石珠的比重略有下降，但施釉滑石珠和金属珠的比重大幅增加。釉砂珠和其他材料（大多为鸵鸟蛋壳）制作的珠子也有所增加。如果将这一时期早期和晚期各种材料的比重加以比较，这一趋势会更显著。

	硬石（%）	施釉石（%）	金属（%）	可塑材料（%）	其他（%）	软石（%）
第一中间期早期	4.1	1.5	4.9	87.1	2.3	0.1
第一中间期晚期	2.3	0.4	0.04	92.3	4.9	0.03

如上表所示，相对于釉砂珠在早晚期的数量变化，第一中间期早期石珠的数量明显多于晚期，贝克也注意到了这一点。[①]

在硬石珠中，99%为红玉髓珠，其余材料有水晶、杂色闪长岩、石榴石、绿长石、青金石、缟玛瑙、乳石英和不透明石英卵石。用于制作环状小珠的红玉髓在第一中间期早期时颜色非常深，类似第6王朝的红玉髓，到晚期则变为浅色。[②] 紫晶、玉髓、橄榄石、绿松石和红碧玉做的珠子也见于报道。[③] 除红玉髓外，其他石料都非常罕见，其中一些仅见于这一时期初期（如绿松石和水晶）或末期（如紫晶、石榴石和青金石）。施釉石珠大部分为滑石所制，只有1.5%为石英或水晶。有几颗施釉石英垂饰没有穿孔，而是增加了个带孔的釉砂帽，用于悬挂。金属珠几乎都是金珠，也有铜珠和银珠，但是非常少。约99%的塑材珠是釉砂做的，其余1%包括黑彩黏土、灰泥（有些绘红彩）和红陶，这些材料在前王朝时就已经投入使用了，早王朝和古王国时期出现中断（早王朝时只见一些红陶珠）；它们在第一中间期的重新出现是对古老的便宜材料的复兴。素面釉砂珠中，有63.9%为蓝色或绿色，34.6%为黑色或棕色，1.5%为白色，也有一些灰色（奥斯瓦尔德3ec）釉砂珠和1颗红色釉砂珠。不过这颗红色釉砂珠的材质鉴定和年代都有问题，因为它所在的串珠仅标着"丹德拉NN"，很可能是地表采集品。有些黑色釉砂珠表面斑驳，带有绿色小色块，可能和风化有关。除了用碎屑装饰的珠子（其基体为蓝黑色，奥斯瓦尔德16pn）外，带装饰的釉砂珠大部分用蓝色或绿

---

① 贝克的报告，见于Brunton, 1928, p. 22。

② Brunton, 1927, p. 73, secs. 179 – 180.

③ Brunton, 1928, p. 20；corpus nos. 7858（玉髓）；75Q15；86C36，86M12（橄榄石）；89M8。图谱记录为红玉髓，但图版中标作红碧玉，pl. LXXV, 4943。

色的基体。蓝色和黑色玻砂或玻璃料也有发现，但在这一时期很不常
见。① 其他材料的珠子大部分用重新流行起来的鸵鸟蛋壳制成；还有
若干软体动物壳珠子（有些为粉色，奥斯瓦尔德 5le）和几颗象牙珠
子。布伦顿认为他在卡乌发现的若干球状黑色小珠"很可能是某种
树胶做的"，但卢卡斯则认为它是"熔渣类的次生（即人工）材
料"。② 在皮特里博物馆所藏第一中间期的 68000 多颗珠子中，只有
21 颗是软石珠，其中大部分（一共 13 颗）为方解石珠，剩下的 8 颗
中有 3 颗白色或灰色石灰石珠、3 颗蛇纹石珠、1 颗埃及雪花石膏珠
和 1 颗硬石膏（？）珠。发掘报告中还提到了角砾岩和黑色、粉色及
黑白杂色石灰石做的珠子；③ 其中所谓"黑色石灰石"几乎可以肯定
是一种黑色滑石；一颗出自卡乌 1735 号墓的所谓"黑白杂色石灰
石"珠子实际上是杂色硅华或辉长岩珠，属于硬石珠，这颗珠子现
藏于皮特里博物馆；另一篇报告中还提到一颗同方解石珠一起发现的
"黑色石头"，它可能也是黑色滑石。④

　　在第一中间期，玻璃珠也见于报道。卡乌发现过 5 例玻璃珠，其
中 2 颗属于第一中间期早期，3 颗属于晚期。同一墓葬中玻璃珠不超
过一颗，因此发掘者认为"红色玻璃珠无疑是偶然扰入的，应当排
除掉"；⑤ 那么，其余 4 颗单独出土的玻璃珠，是否也有几颗或全部
属于扰入的珠子呢？另一种可能性是，这些玻璃珠是在制作釉砂珠时
意外制成的，很可能因为玻砂中掺入了过量的碱。卡乌那颗第一中间

---

① Brunton，1928，p. 22.
② Brunton，1928，p. 21，sec. 31 以及 p. 25。
③ Brunton，1928，图谱 nos. 75K20（角砾岩）；86C12，86L28，88N3（杂色石灰
　　石）；78D3，86L2，86K6（黑色石灰石）86L18（粉色石灰石）。
④ Petrie and Brunton，1924，p. 11，sec. 23，出自 2105 号墓。
⑤ Brunton，1928，p. 21，sec. 32.

期的桶状珠子，外表看似绿色釉砂，但是剖开用显微镜检验后才发现它已经全部玻璃化了。[1] 赛德门特（Sedment）发现的那枚第 10 王朝的鱼形护身符（现藏皮特里博物馆），其材质据描述为"黑（含锰）白相间的玻璃"。[2] 黑白杂色或黑蓝杂色釉砂珠也是用类似的方法制作的，即"先将不同颜料同石英分别混合为两种材料，再把它们搅拌或缠绕在一起塑造成珠子，最后烧制"。[3] 尽管如此，古埃及的早期玻璃还有待进一步研究。

类型方面，硬石珠的常见类型及各自所占比重如下：环状珠（H1、H2、H5、H6）占 90.3%，球形珠（H8 - H10）为 6.1%，桶状珠（H14 - H16）占 2.6%，柱状珠（H21 - H22）为 0.3%，其他形状占 0.7%。同古王国相比，环状珠的数量大幅度增加，而长珠（桶状珠和柱状珠）特别是柱状珠的数量大幅减少；球状珠的数量略有增长。如果将这一时期的早期和晚期相比较，球状珠的增长趋势会更明显。

	环状（%）	球状（%）	桶状（%）	柱状（%）	其他形状（%）
第一中间期早期	93.0	3.2	3.1	0.3	0.4
第一中间期晚期	85.9	9.2	2.5	0.3	2.1

球状珠的增加和环状珠的相应下降预示着中王国的到来。皮特里博物馆所藏其他形状的珠子如下：1 颗梨形珠（H20t）、1 颗截面为凸透镜形的桶状珠（H33m）以及 1 颗截面为半圆形的球状珠子（H38e）。第一中间期的垂饰大多数呈底端尖锐的水滴状（H74、

---

[1]　贝克的报告，见 Brunton，1928，p. 25。

[2]　Petrie and Brunton，1924，p. 6，sec. 13，pl. XII，13.

[3]　贝克的报告，见 Brunton，1928，pp. 24 - 25。

H79c），也发现有底端为圆形的普通水滴状垂饰（H73）。其他类型的垂饰包括：带颈球状垂饰（H71）、锥状垂饰（H81）、用不规则石英卵石制成的垂饰（H88g）以及表面带有天然小金粒的石英卵石（H88k），这种垂饰早在古王国时期就出现了。

第一中间期的大部分硬石珠为环状珠，因此对锥型穿孔成为主流，只有 1.3% 的石珠采用其他类型的穿孔，其中 1% 为对管型（H200）或普通穿孔（H400），主要用在长珠上；其余 0.3% 为单锥型穿孔（H300），仅出现在 6 颗珠子上：4 颗为环状珠、1 颗为球状珠子、1 颗为垂饰。单锥型穿孔非常罕见，所以上述例子中有些可能是扰入的后代珠子，或是断成两半的对锥型穿孔的珠子。

施釉石英珠为环状珠（L2）或水滴状垂饰（L51、L53）。它们都采用对锥型穿孔，只有 L53g 型水滴状垂饰是个例外，其上端附有一个带孔的蓝色釉砂小帽以便悬挂，皮特里博物馆藏有一颗这样的垂饰，出自丹德拉 502 号墓。弗兰克福（Frankfort）在阿拜多斯发现过四颗类似的施釉石英垂饰，它们没有穿孔，但是有类似的釉砂小环用于悬挂，其年代也被定为第一中间期。[①] 另外，尼尼微（Nineveh）也发现过一颗不带穿孔的施釉石英石垂饰，其顶部附有一块带孔的釉砂，有学者认为其年代"很可能在公元前 2900 年稍后不久"。[②] 皮特里博物馆收藏的 2 颗末端呈尖状的水滴形垂饰均出自卡乌，贝克认为这种形状的石英石垂饰源自美索不达米亚，只是后者施无色釉；与其一起出土的还有各种其他石料的垂饰，也呈这一形状。它们的年代可以上溯到公元前 2000 年左右。[③] 笔者在前面讨论材料时就已经提到，

---

① 弗兰克福的发掘报告见于 *JEA*. vol. XVI（1930），p. 217，pl. XXXIV，fig. 3。
② Beck，1935，p. 28，p. 33，pl. IV，fig. 22.
③ 贝克的报告，见于 Brunton，1928，p. 23。

施釉滑石珠在这一时期很罕见，其主要形状所占比例如下：环状
（L2－L5）占 0.7％，厚环状或两端齐平的球状（L7、L8）为 4.5％，
桶状（L11－L14）占 56.3％，柱状（L16－L17）占 28.5％，其他形
状占 10.0％。从巴达里文化到早王朝时期，环状珠一直是施釉滑石
珠的主流类型，古王国时期也只略逊色于柱状珠，但到了第一中间
期，环状珠的比重却降到了微不足道的地步，而前几个时期非常少见
的桶状施釉滑石珠则占据了统治地位。柱状珠在古王国时期名列榜
首，这一时期则有所下滑，让位于桶状珠了。上述珠子中年代可以断
得更确切的，其早晚期的比重如下。

	环状珠(％)	球状珠(％)	桶状珠(％)	柱状珠(％)	其他形状(％)
第一中间期早期	0.6	3.2	55.1	28.7	12.4
第一中间期晚期	1.1	10.0	61.1	27.8	0

从上表看，各种类型的施釉滑石珠在第一中间期早晚所占比重变
化不大，只有球状或圆边厚环状珠子的比例稍微上升了一些，另外带
装饰的滑石珠在第一中间期早期出现的频率更高。皮特里博物馆收藏
的带装饰珠子有饰双螺旋（或十字）纹的柱状珠（L63）和边缘有切
口的环状珠（L66）。卡乌还发现过几颗饰单螺旋纹的柱状珠（L62）[1]，
不过这种类型的珠子一般是釉砂的，很少有施釉滑石制作的。

皮特里博物馆收藏的第一中间期的金属珠中，铜珠和银珠均为环
状珠（M2、M3），金珠则有许多不同形状，其中常见类型所占比重
如下：环状（M3、M7）占 95.4％，小球状（M1、M5）占 0.6％，
桶状（M8－M10）占 2.3％，柱状（M12－M14）占 1.7％。同古王

---

[1]　Brunton，1928，图谱 nos. 76H6，76K6，76K27。

国相比，环状珠的比重增加而柱状珠的比重下降，球状珠子的比重略有上升，这与硬石珠的变化趋势相同；而桶状珠的变化则有所不同，其比重出现小幅度上升而非下降。皮特里博物馆藏有几颗带装饰的金珠，包括带单、双螺旋纹或在靠近两端处饰双平行线的柱状珠（M53、M54、M80）、饰螺旋纹的桶状珠（M53b）以及装饰金线的大桶状珠（M66b）。桶状银珠（M9）、柱状铜珠（M12）、桶状铜珠（M9）以及倒水滴状铜垂饰（M45b）也见诸报道。[1] 下列类型的金珠也有发现：由两或三颗环状珠接合而成的隔珠（M27）、大球状珠（M5d）、由金属丝盘绕而成的柱状珠和桶状珠（M52），以及水滴状垂饰（M42）。[2] 从工艺上看，环状珠和柱状珠一般采用翻卷小片金属然后将两端锻接的方法（M300）做成，有些则是两端重叠式的（M200）。[3] 桶状珠和带装饰的珠子一般通过在塑材内核上贴金箔或薄金片制成，内核的材料通常为树脂、石英粉和方解石粉的混合物[4]，但有一颗内核被鉴定为黏土。[5] 有些珠子是用金属丝盘绕而成的（M900），也显示出一种装饰效果。球状珠采用覆芯法（M600）或两半接合的方法（M500）制作。一颗出自卡乌的环状珠据说是"实心黄金"，其制作工艺可能是锤打后穿孔（M800）。[6] 垂饰的环可以单独加工以后附在垂饰上，例如 M45b；或是将垂饰上端的金属修薄之后弯折成环（M42）。珠体上的装饰，可以用尖头工具在薄金属片上刻画而成（如 M53、M54、M62），也可以将金属丝附着在珠子

---

① Brunton，1928，78H28（银）；75T6，78P22，以及 89P6（铜）。

② Brunton，1928，图谱 nos. 82F16，F20；95M3，M6；76U3，79P3，89M14。

③ 例如 Brunton，1928，图谱 nos. 76T3 和 75T3。

④ 贝克的报告，见于 Brunton，1928，p. 22。

⑤ Brunton，1928，图谱 no. 78。

⑥ Brunton，1928，p. 21，sec. 32。

表面形成（M66b），当然，直接用金属丝盘绕成珠子也算一种装饰类型（M52）。类型 M66b 的装饰方法是先将金属丝打成绳结状，然后用珠子两端的箍环将其固定在珠体上，而不像中王国和托勒密时期的掐丝工艺那样熔接上去。

塑材珠子中，红陶珠大多为短柱状（PN22b），仅有 1 颗为球状（PN8d）。所有泥珠都接近球状（PN8、PN9、PN15b），其中 5 颗涂有红色颜料；黑彩黏土珠中，有 89.3% 为球珠（PN89），10.1% 为梨形珠（PN11c、PN21n、PN21p），0.6% 为桶状珠（PN16m、PN1c）。泥珠和黏土珠中球状珠占多数，其中 95.1% 属于第 10～11 王朝，其余 4.9% 的年代未定，不过几乎可以确定它们也属于第一中间期末期或中王国初期。釉砂珠占塑材珠子的 99%，占第一中间期所有珠子的 88%，其主要类型及各自所占比例为：环状（PN1、PN2、PN6）占 97.2%，球状（PN8－PN11）占 0.8%，桶状（PN16－PN18、PN20）为 0.2%，柱状（PN22－PN23）占 1.7%，其他形状占 0.1%。这个比例分布同金属珠和硬石珠的类型分布近似。与古王国的釉砂珠相比，环状珠比重上升，柱状珠下降，球状珠略微上升。如对比早期和晚期的情况，就会发现晚期的环状珠较少而球状珠子较多；球状珠子是中王国珠子的典型类型。此外，圣饼形珠子（PN8j、PN6j）也是第一中间期晚期的典型样式。[1]

皮特里博物馆中其他形状的素面塑材珠有：水滴状珠（PN21）、扁平球珠（PN25）、带横向穿孔的橄榄形珠子（PN33）、扁平柱状珠（PN47）、截面为三角形的环状珠（PN49b）、分节珠子（PN63a）、截面为椭圆形的连体双珠（PN65b）、带凹槽的扁平环状珠（PN66c）、由

---

[1]　Brunton，1927，p. 73，sec. 180.

若干柱状或环状珠子接合而成的隔珠（PN72d、PN72h）、椭圆形隔珠（PN80）、半圆形末端隔珠（PN81d）以及叶状间隔垂饰（PN82h）。分节珠子（PN63a）所在的第486号珠串出自卡乌1526号墓，但是发掘报告却没有提及这一类型的珠子[①]，可见它们出现这么早是值得怀疑的。2颗属于类型PN72h的隔珠出自卡乌914号墓，在原发掘报告中被标为"可疑"；[②] 一颗PN72d型珠子出自赛德门特1680号墓，它在这一时期出现也可能有问题。第一中间期还有一些类似的隔珠（PN72），不过大多数是在制作过程中意外黏合在一起的环状珠，与晚期埃及阶段真正呈这种形状的隔珠不同。[③] 类型PN80虽然也有两个孔，但不用作隔珠，有14颗这样的珠子出土时首尾相连地围绕在死者的脚踝上。[④] 有些形状奇特的珠子可能是制作粗糙的护身符，例如类型PN66c被当作"拐骨"，PN33被布伦顿认作一枚"长权杖头"[⑤]，而类型PH82h可能是不成型的甲虫护身符。皮特里博物馆中的垂饰类型有：带颈的球状垂饰（PN90）；锥状垂饰（PN94f）；水滴状垂饰（PN87）；倒水滴状垂饰（PN93g、PN95b、PN95f），其中有些颈部带肩（PN93j、PN93k），最后一种可以看作PN97的变种，可能是劣质的箭镞形护身符，只是更长、更窄罢了。[⑥] 此外还发现有扁平桶状珠（PN28d）和长水滴状垂饰（PN88b）。[⑦]

　　皮特里博物馆所藏塑材珠子，素面者和带装饰者的相对比例，从

---

① Brunton, 1928, pl. LXXIV, 1526号墓。

② Brunton, 1928, 图谱no. 95F3, 见于pl. civ。

③ Brunton, 1928, p. 20, sec. 30, 图谱95H3。

④ Brunton, 1928, p. 20, sec. 30, 图谱95C9。

⑤ Brunton, 1928, 图谱nos. 73A, 73B。

⑥ Brunton, 1928, p. 19, sec. 30。

⑦ Brunton, 1928, 图谱nos. 79H9, 89B9。

前王朝到第一中间期的变化如下（括号中的数字为馆藏珠子的数量）。

	前王朝	早王朝	古王国	第一中间期
PN（素面）	100	100	100	100
PD（带装饰）	4.1（27）	7.6（46）	5.2（71）	8.5（514）

可以看出，第一中间期带装饰珠的数量，不论是相对的还是绝对的，都大于之前任何一个时期。皮特里博物馆收藏的带装饰塑材珠中，数量最多的是边缘有切口的蓝色或黑色环状珠（PD18），占35.4%，均来自第一中间期晚期。彩绘珠子基体为蓝色或白色，饰有黑色螺旋纹，形状为桶状、球状或水滴状（PD1－PD3）。用碎屑装饰的珠子也很常见，其形状有桶状、水滴状或柱状，其中一颗桶状珠子的截面为椭圆形。塑制或雕刻花纹的釉砂珠有：饰螺旋纹的柱状珠（PD10）；饰平行短斜线的柱状珠（PD62b），这可能是制作粗劣的螺旋纹；饰点－线纹样的柱状珠（PD63）；南瓜形珠（PD21）；饰螺旋纹的桶状珠（PD8d）；饰水平平行线的桶状珠（PD29－PD30），有些两端带有箍环；装饰水平或垂直平行线或者网纹、截面呈矩形的珠子（PD27、PD58、PD65）；截面为凸透镜形、装饰垂直平行线的珠子（PD58d）；花状锥形垂饰（PD86）；以及塑出点－线纹样的水滴状垂饰（PD94）。上述带装饰的珠子，有些不藏于皮特里博物馆，而来自卡乌的发掘报告。[1]

其他材料的珠子中大部分是鸵鸟蛋壳制成的薄环状珠子（R51、R52），而R51h这类厚环状珠则是用软体动物壳制成的，它们通常为

---

[1]　Brunton，1928，图谱 nos. 76D6，80B8，80D12，D18，89B3。

白色，有些为粉色。R67b 的横截面大致为正方形，可能是未完成的环状珠。根据布伦顿的描述，壳类是这一时期继红玉髓、施釉滑石和釉砂之后最常见的材料。① 在皮特里博物馆中，壳类珠子占第一中间期珠子总数的 5%，仅次于釉砂珠。象牙珠为桶状珠（R32）或水滴状垂饰（R45）。骨制柱状珠（R33c）也有发现，不过发掘报告中所谓的"骨制"垂饰可能是象牙做的。②

软石珠在这一时期非常罕见。在皮特里博物馆，下列类型的软石珠每种只有一两颗：方解石和蛇纹石环状珠（S2、S6），方解石、蛇纹石和白色石灰石桶状珠（S13、S14），柱状埃及雪花石膏珠（S18），水滴状灰色石灰石珠（S51d）。异形石珠包括：双锥体环状珠（S4b）、截面为椭圆的大环状珠（S21g）、截面为半圆的桶状珠（S29b）以及连体双水滴状垂饰（S66d）。发掘报告中还提到下列类型（其中一些同前文列举的类型相同，但是所用石料不同）：球状方解石珠（S8c），蛇纹石、方解石和角砾岩柱状珠子（S18），粉色石灰石环状珠（S2e），以及"黑色石灰石"桶状（S15）和环状珠（S2p、S6f）。③ 不过最后一种材料可能不是石灰石，而是黑色滑石。这些软石珠中有些可能是重加利用的早期珠子。④

再谈珠饰的佩戴方法。皮特里博物馆第一中间期的珠子中有 50 串被标为项链，6 串被标为手链，5 串被标为脚链。据布伦顿介绍，

---

① Brunton，1928，p. 20。
② Brunton，1928，图谱 nos. 75p16，69B12，9H。
③ Brunton，1928，图谱 nos. 82H12；75J8，J18；75K18，K20；86L16；78D3；86L2，K6。
④ 参见布伦顿对年代较早且被重新利用的珠子所做的评论，见于 1928a，p. 22，sec. 34。

这一时期的环状釉砂珠串出土时最长可以延伸到腰部，有些则绕在胸前。① 第十七章提到的出自迪奥斯波利斯·帕尔瓦的珠子腰带，虽然年代被定为第 6 ~ 8 王朝，但实际上可能属于第一中间期初期。②

　　珠子排列方式方面，蓝色和黑色环状珠交替排列组成长串珠，是这一时期早期的特有排列方式之一，但它到晚期就不那么常见了。③ 布伦顿称赞这一时期有些珠饰在编排上颇有品味，虽然也有一些珠饰的排列毫无章法。常见的排列顺序是几组形状相似但颜色不同的珠子交替排列，珠子的材质有的相同，也有的不同。此外，用一组环状珠子来分隔大珠子的方式也不少见。这一时期按大小对称递变的红玉髓球珠珠饰非常稀少，不过也有发现，例如出自卡乌 4906 号墓的一串，年代为第 9 ~ 10 王朝。很多情况下，许多珠串全部用环状珠穿成，而中心装饰则为一颗柱状珠子，这可能延续自古王国时期用单颗柱状珠做项链的传统。另外，环状珠串的中心装饰还可以是垂饰、圣甲虫纽扣或护身符。④ 阿拜多斯发现过一长串环状釉砂珠，其中心是 4 颗用红玉髓珠隔开的垂饰。⑤ 用珠子制成的宽乌瑟赫项圈也有发现，出自赛德门特的一件现藏皮特里博物馆。⑥ 萨卡拉也出土过类似的项圈，其中属于弗思（Firth）所谓"赫拉克利奥坡里斯中王国时期"者，很可能是第 11 王朝的⑦，这个问题将在第十九章讨论。卡乌一座墓

---

① Brunton，1928，p. 21，sec. 33.

② Petrie，1901a，pp. 40 – 41.

③ Brunton，1927，p. 73，secs. 179 – 180.

④ Brunton，1928，pp. 21 – 22，secs. 33 – 34.

⑤ Frankfort，1930a，p. 217，pl. XXXIV，3.

⑥ 即第 446 号珠串，发现于赛德门特 1512 号墓，见于 Petrie and Brunton，1924，pl. XXXVII。出自赛德门特的另一件带有半圆形末端隔珠的珠子项圈见于 Petrie and Brunton，1924，p. 11，sec. 22。

⑦ Firth and Gunn，1926，pp. 40 – 56.

葬中发现有两串脚链，每只脚踝上各一串，每串上都有 14 颗首尾相连穿起来的卵状隔珠，缠在脚踝上。① 用来穿珠子的线绳通常为亚麻线，也发现过粗毛发。②

　　珠子的图像表达有了新的形式，即棺木上彩绘的珠子③和罩在死者面部的夹纻（cartonnage）面具上描绘的珠子项圈。④ 弗思在萨卡拉发现过几个这种彩绘夹纻面具，他将其年代定在赫拉克利奥坡里斯时期，但其中较早的几件应该属于第一中间期。⑤

---

① Brunton，1928，p. 20，sec. 30.
② Brunton，1928，p. 22，sec. 34。
③ Petrie and Brunton，1924，pl. XXIII.
④ Petrie and Brunton，1924，pl. VI，出自 421 号墓，另一件出自 2123 号墓，描述见于 p. 12。
⑤ Firth and Gunn，1926，p. 44.

第十九章　中王国时期

底比斯的君主崛起后，埃及又迎来了繁荣盛世。古埃及文明在中王国时期焕发出耀眼的光辉，在文学、艺术和包括珠子制作在内的手工艺上，都取得了卓越的成就。中王国时期的高雅品味和精致工艺在埃及历史上再未被超越过。达赫舒尔和拉宏的珍宝都充分表明，中王国时期是埃及珠宝艺术的黄金时代。

本期用于制作珠子的主要材料在前几个时期就出现了，它们所占比例如下：硬石占 0.8%，施釉石材占 1.7%，金属占 0.3%，可塑材料占 86.9%，软石占 0.1%，其他材料占 2.2%。材料的比重分布有向古王国恢复的趋势，只有金属珠除外，可能的原因有二：第一，古王国的金属珠通常为小环状珠，到中王国则流行大而精致的金属珠，而我们的统计数据是以珠子颗数为基础的，导致中王国的金属珠在数量上失去了优势；第二，发掘所得的大而精致的金、银珠子通常会留给开罗博物馆，而皮特里博物馆收藏的少数金、银珠子在 1938 年欧战危机时被打包封存了，笔者没来得及对它们进行登记。古王国和中王国珠子的另一区别是硬石珠数量的上升和施釉滑石珠数量的下降，其原因可能在于，石工技术的进步使硬石珠代替便宜但不美观的滑石珠成为可能。

早王朝之后变得罕见的硬石珠，到中王国时期又大量出现了；布伦顿认为，同努比亚及埃及南部的频繁贸易往来可能是硬石珠增加的决定因素。[1] 中王国时期人们使用的硬石种类更为丰富，选择原料时也更注重颜色的浓度和纯度。各种硬石材料中，红玉髓是最常见的，但是只占硬石珠的61.7%；其他常见硬石还有石榴石（17.9%）、紫晶（11.4%）、绿松石（4.6%）、青金石（2.3%）和赤铁矿石（1.2%）；此外还有绿长石、绿碧玉（其中一两颗可能是细腻的硬结泥灰）、杂色闪长岩质的珠子若干颗，以及缟玛瑙、玉髓（?）和白石英（?）珠子各一颗。正如皮特里指出的，紫晶珠是第12王朝的一大特点："前王朝有过一些紫晶珠，古王国或第18王朝也会偶尔出现紫晶的护身符、圣甲虫或珠子，但是紫晶珠子组成的珠串只见于第12王朝，此后，直到罗马时期才再次出现紫晶珠串，但样式完全不同。"[2] 发掘报告中还提到白色长石[3]、绿柱石、石英岩、杂色花岗岩、红色碧玉[4]、黑曜石、祖母绿基[5]和祖母绿母[6]，其中"祖母绿基"和"祖母绿母"这两个词似乎是埃及学家造出来指称绿色长石的，与祖母绿没有任何关系。有些资料对材质的鉴定可能会出现错误，比如赖斯纳发掘报告中的"绿柱石"很可能是另一种绿色石头，比如绿长石；有些报告中的"石英岩"实则是不透明石英，而"杂色花岗岩"可能是杂色闪长岩或者辉长岩。

施釉石珠多数由滑石制成，不过也有用水晶和不透明石英的。金属珠的材料有金、银和铜。金珠用纯金制作或在塑材内核上贴金叶制

① Brunton，1928，p.16.

② Petrie，1901a，p.42，sect.62.

③ Petrie，1901a，p.44，sec.64，出自 G6 号墓。

④ Reisner，1923b，pp.106 - 107；石英岩珠也见于 Garstang，1907，p.110，fig.100。

⑤ Carnarvon and Carter，1912，pp.7，55，59，60.

⑥ Garstang，1907，p.110.

成。有些珠子是在釉砂①或木质②基体上贴金箔或金叶做的，不过本书会视其为用黄金装饰的釉砂珠或木珠，而非金属珠。有的报告中提到了在蜡质内核上贴金箔制成的珠子③，但所谓的"蜡"可能是某种石膏。塑材珠的材料包括釉砂（97.2%）、玻砂（2.0%）和黏土（0.8%）。其中釉砂珠大多为蓝－绿色（85.8%）和黑色（13.4%），不过这一时期出现了一种漂亮的松石蓝色釉，它会转变为浓重的深蓝色；有些绿色釉砂变质或分解后会变为浅黄色或粉棕色。红色釉砂也见于报道④，但它们可能是红棕色釉砂，内核为白色或浅黄色，施用有色釉料，完全不同于新王国的红色釉砂，后者内核为红色玻砂，施半透明釉料。在玻砂珠中，95.4%为蓝色，4.6%为粉棕色（全都来自671号珠串上），黑色（？）和白色（？）玻砂珠各有1颗。其中，白色玻砂的鉴定很值得怀疑，它很可能是一种软石（但不是石灰石）。黏土珠中几乎一半（43.9%）是用普通的灰色黏土制作的，没有做进一步处理，其中还有几颗粗泥珠；不过有35.0%的黏土珠绘了黑彩并经抛光，另16.4%涂有红彩（奥斯瓦尔德6ne），但未经烧制，而4.7%被烧为红陶（奥斯瓦尔德6le）。红彩黏土珠和红陶珠非常罕见，皮特里博物馆中各有1颗。其他材料中最常见的是鸵鸟蛋壳（有些可能是软体动物壳），但是也有象牙、骨、珍珠母、木头（贴有金箔）和种子制成的珠子。软石珠稀少，其中大部分为方解石珠；除此之外还有石灰石（粉色、黄色、白色和绿灰色）、滑石（黑色、棕色和绿色）和蛇纹石珠。

---

① Mace and Winlock，1916，p. 67.

② Mace and Winlock，1916，p. 73；Firth and Gunn，1926，p. 51，p. 54。

③ Carnarvon and Carter，1912，p. 60.

④ Reisner，1923b，p. 109.

皮特里博物馆中有 5 颗据说属于中王国的玻璃珠，但其中 4 颗只标了地名，没有墓葬号，很可能是在地表采集的；另一颗据标注出自阿拜多斯 53B 号墓，但也很可能是扰入的后代珠子。温洛克在第 11 王朝公主玛伊特（Mait）的墓（位于戴尔－巴哈利）中发现了一串蓝色玻璃珠项链①，但其材质还有待进一步确定。阿尔芒特发现的一颗釉砂珠长期被发掘者误认为是玻璃珠，直到专家鉴定后才知其误。② 有时候，大量施釉会使釉砂均质化，致使它很难和玻璃区分。皮特里在阿拜多斯一座中王国古墓中发现了一颗残破的盘状小珠子，其材料为浅绿色玻璃，但他认为其"年代可能较晚，是二次葬时放入的"。③ 同一墓地还发现了两颗带装饰的玻璃珠，但都出自被盗扰的墓葬，正如发掘者所说，"中王国未被盗扰的墓葬中完全不见这种珠子，两座被扰乱的墓葬提供的证据不足以推翻这一点"。④ 贝克在其著作中引用过两例玻璃制品。一颗是德摩根在达赫舒尔发现的松石蓝色玻璃珠，现在属于"贝克收集品"；另一颗是蓝色玻璃做的狮子头，带有王名凯普利－奈布－拉（Khepre－nub－re），贝克认为其年代为第 11 王朝。⑤ 不过，埃及学家们现在普遍认为，这位曾被定在第 11 王朝的国王实际是第 17 王朝的。德摩根在达赫舒尔发现的珠宝现藏开罗博物馆，其中没有玻璃制品，因此贝克收集品里的玻璃珠即使出自达赫舒尔的古墓，该墓也绝不可能是皇室墓葬，甚至不是中王国的墓葬。阿尔芒特发现过 5 颗"中王国时期"的玻璃珠，其中 1 颗

---

① 温洛克的发掘报告见 *B. M. M. A.*，vol. XVI（1921），p. 52，figs. 29 – 30，又见于 Brunton，1928，p. 21。

② Mond and Myers，1937，p. 94.

③ Peet，1913，p. 26.

④ Peet，1913，vol. II，p. 48，vol. III，p. 24。

⑤ Beck，1934a，pp. 14 – 16，nos. 17，18，22.

透明玻璃珠出自一座被盗扰的墓葬，4 颗粉色透明玻璃珠与其他典型的中王国珠子一起发现于一座墓葬附近，因此发现者认为"从出土情况看，它们的年代还有争议"。[1]

从类型上看，中王国的人们比较推崇曲线。陶器中他们更喜欢圜底陶罐，类似的，珠子中他们也更偏爱球状珠子。石头、金属和釉砂做的大尺寸球状珠子是第 12 王朝的一大标志。[2] 这一时期具有时代特点的珠子类型还包括：各种材质的扁平桶状珠或菱形珠（H32、H33、H36、L25、M13、PN34）；金属（M4）或珍珠母（R53）制作的大而薄的盘状珠子，它们通常用作项链的中心装饰。[3] 下面，笔者将按照材质逐段分别详述各群珠子的类型特征。

硬石珠的常见形状有：环状（H1、H2、H5、H6），占 43.1%；球状（H8 – H10），占 43.0%；桶状（H14 – H16、H19），占 10.3%；柱状（H21 – H22），占 1.5%；其他形状占 2.1%。这个分布表明，这一时期硬石珠的类型不再像第一中间期那样集中在环状珠上了，而球状珠子的突然流行则很引人注意。其他常见的硬石珠类型还有：双锥体环状珠（H4e），水滴状珠（H20），扁桶状、菱形或圆形珠子（H27、H32、H33、H36、H38f），有箍环的桶状珠（H56m），半成品环状珠（H60a）。如上所述，这一期珠饰的另一大特点是截面扁平的珠子盛行。这一期有 3 种隔珠：矩形长条（H63）、有四条水平凹槽的圆柱体（H61）以及带 Y 形穿孔的水滴状珠子（H68）；后两种类型仅见于中王国时期。垂饰的形状如下：4 颗球状

---

[1] Mond and Myers, 1937, p. 72. 笔者检验了阿什莫林博物馆中出自阿尔芒特的玻璃珠，其材料应为现代"威尼斯"玻璃。

[2] Petrie, 1901a, p. 42, sec. 62; Peet, 1914, p. 46.

[3] Peet, 1914, p. 46, pl. Ⅸ, figs. 6, 8; 以及 vol. Ⅲ, p. 28。

垂饰，有些带颈（H71）；若干水滴状垂饰，大部分下端为尖头
（H73、H74）；3 颗贝壳状垂饰（H75）；2 颗橄榄状垂饰（H78）和 1
颗带有两个穿孔的扁平水滴状垂饰（H76j）。皮特里博物馆还有些带
装饰的硬石珠：2 颗带小金帽的桶状珠（H93c）、43 颗玫瑰形珠子
（H96b）和 1 颗蚀花肉红石髓珠（H99b）；最后一种腐蚀出的图案为
眼睛状。这颗珠子很有意思，笔者会在本章的末尾加以讨论。用金帽
装饰硬石珠在这一时期并不少见，有些黑曜石球珠（H93b[1]）、红玉
髓和绿长石柱状珠（H93f）两端也有金帽。① 下列带装饰的石珠也见
于报告：呈立方体或锥状的玫瑰形珠（H96c、H96d[2]）②、南瓜形珠
（H96g）③ 以及装饰凸棱纹（gadrooned）的桶状珠或水滴状珠
（H97）。在托德（Tod）发现的宝藏中有许多各式各样的青金石珠④，
它们是从美索不达米亚进口的成品，不过详情公布得不全，以下为开
罗博物馆陈列的一些特殊类型：⑤ 截面大致为矩形的大桶状珠
（H46b），扁平菱形或桶状珠（H32t、H33l），截面为椭圆、凸透镜
形或矩形的柱状珠（H29、H35、H45），大南瓜形珠（H96g），扁平
倒水滴状垂饰（H80d）和两种刻有水平平行线的隔珠（H98h、
H98j）。

　　这一时期的硬石珠普遍修整和打磨得很好（H3000）。珠子的规
则形状和抛光效果是埃及其他时期无法比拟的，有些珠子边上还有环
绕珠体一周的脊，表明它们经过双锥状打磨（H6000）。不同穿孔类

---

① Carnarvon and Carter, 1912, pp. 5, 7, 55; pls LI, 2; XLV, 2.

② Reisner, 1923b. p. 127; de Morgen, 1903, pl. Ⅷ.

③ Brunton, 1937, pp. 113 – 114, 出自 10114 号墓。

④ de Morgan, 1903, pls. Ⅶ – Ⅷ, 现藏开罗博物馆 nos. S74, S7.

⑤ 开罗博物馆, J66511 – 66513, 66534, 66552 – 66556; 参见 Roque 1936,
pp. 119 – 120。

型所占比重如下：对锥型（H100）占 43.8%，对管型（H200）占
43.1%，单锥型（H300）占 0.3%，普通穿孔（H400）占 12.5%，
未做记录的穿孔类型占 0.3%。可以看出单锥型穿孔在这一时期非常
罕见，即使有个别特例，也可能是扰入本期的后代珠子，或是对锥型
穿孔珠子断下来的一半。在前几个时期占绝大多数的对锥型穿孔在这
一时期仅占 43.8%，而对管型则增加到 43.1%。不过，要是我们先
将珠子按形状归类，再看其穿孔类型，则各类型的比重会呈现出不同
的格局。

	环状珠(%)	球珠(%)	长珠(%)	其他形状(%)
对锥型(H100)	88.2	4.6	29.6	7.3
对管型(H200)	0.8	80.0	61.1	62.2
单锥型(H300)	0.2	0.3	0.4	1.2
普通穿孔(H400)	10.8	15.1	8.9	13.4
合　计	100	100	100	84.1 (15.9)

　　由上表可知，除环状珠的穿孔仍以对锥型为主外，对管型穿孔在
其他所有类型中均占主导地位，而且这两种穿孔的开口总体上比前几
个时期要小。赖斯纳在报告中论及在凯尔玛（位于努比亚）发现的
中王国硬石珠时，认为大部分珠子采用的是单向穿孔工艺，他指出：
"显然，只有当钻头倾斜或移位导致单向穿孔有难度时，才需要从另
一端穿孔同之前的孔对接。"[1] 但是皮特里博物馆收藏的珠子，几乎
所有穿孔都是从两端穿凿的，即采用的是对锥型或对管型穿孔技术；
而普通穿孔（H400）可能仅仅是对管型穿孔的一个变种，穿孔中间

----

[1]　Reisner, 1923b, p. 93.

对接处的棱在随后打磨工序中被磨掉了。不过，也许凯尔玛的珠匠偏爱单向穿孔，就像他们特别喜欢在硬石珠上施釉一样。

至于施釉石珠，虽然在凯尔玛发现了成千上万颗在水晶和不透明石英上施釉的珠子，但在古埃及本土，施釉硬石珠在任何时期都从未如此大量地出现过。[①] 皮特里博物馆只有 6 颗施釉水晶珠和 3 颗施釉不透明石英珠，类型包括 3 颗环状珠（L2）、1 颗球珠（L6）、1 颗扁平桶状珠（L21）、1 颗多面球珠（L32）和 3 颗水滴状垂饰（L51、L53）。施釉硬石珠的穿孔和普通硬石珠一样，大多为对管型穿孔，只有环状珠采用对锥型穿孔。施釉石珠中数量最多的是滑石珠，皮特里博物馆就有 840 颗，其形状及各自比重如下：环状（L5）占 0.7%，球状（L7 - L8）占 1.7%，桶状（L11 - L14）占 7.8%，柱状（L16、L17）占 86.8%，其他形状占 3.0%。虽然中王国是一个球珠盛行的时代，但是滑石珠几乎都呈柱状和桶状。这可能是由于施釉滑石珠比釉砂珠更难制成球状，而两者都呈蓝 - 绿色，所以在球状珠制作上，釉砂取代了施釉滑石。上述经登记的滑石珠中有几颗呈球形，但都不是真正意义上的球珠，而是厚环状珠（L7）或双锥体珠子（L8）。其他类型的珠子有：13 颗扁平桶状珠，有些两端带箍环（L21、L25）；2 颗截面为矩形的柱状珠（L30）；1 颗截面为玫瑰形的柱状珠（L39）；以及 1 颗贝壳形垂饰（L53j）。带装饰的珠子中，6 颗为玫瑰形珠（L66），1 颗为南瓜形珠（L71），还有 1 颗刻有水平平行线的柱状珠（L74）。据发掘报告，凯尔玛还出过南瓜形的施釉石英珠。[②]

---

① Reisner, 1923b, p. 49, p. 50, p. 53.

② Reisner, 1923b, p. 118，赖斯纳称其为"褶皱球珠"（corrugated ball-beads）。

中王国的富人墓中经常发现金珠和银珠，但是铜珠则很少见。金属珠的常见类型有：环状珠（M2、M3）占 7.4%，球珠（M5、M6）占 68.5%，桶状珠（M8、M9）占 4.3%，柱状珠（M12）占 11.1%，其他形状的珠子占 8.7%。这个比例分布再次说明，中王国是一个球状珠的时代。"其他形状"的珠子（即异形珠子——译者）包括以下类型：3 颗大而薄的圣饼形珠子，这是本期特有的珠子类型（M104）；9 颗多面球状珠，但是它们的年代尚存争议（M16）；1 颗用金属丝绕成的柱状珠（M52b）和 1 颗装饰凸棱的桶状珠（M61e）。皮特里博物馆收藏的贵金属珠数量较少，为充分表现其特点，我们必须参考其他博物馆尤其是开罗博物馆的收藏。素面贵金属珠的类型有：水滴状珠（M11d）；扁平桶状珠（M13g、M29h），既有常见的单颗桶状珠，也有两个连体用作隔珠的类型；环状、球状和桶状隔珠（M31、M32）；半圆形末端隔珠（M36d）；以及贝壳形垂饰（M43）。[1] 开罗博物馆中带装饰的贵金属珠有以下类型：南瓜形珠子（M56h）、玫瑰形珠（M59）、装饰凸棱的水滴状珠（M61b）、装饰小金珠的珠子（M71）、镶嵌红玉髓和绿长石的间隔垂饰（M88），以及镶嵌黑色和蓝色玻砂的叶形垂饰（M90b[3]）。[2]

从工艺上看，柱状珠和环状珠通常通过翻卷薄金属片并将两端锻接的方法（M300）制成，但也有两端熔接的（M400）。球珠和桶状珠通常采用覆芯法即在塑材内核上贴金属片制成（M600）。在青铜或

---

[1]　出自达赫舒尔的珠宝，现藏开罗博物馆，nos. 1－4，S33，S65，S72，S75；Engelbach and Gunn，1923，图谱 nos. 70h，70i；Peet，1913，p. 28，pl. Ⅷ，fig. 14；Firth and Gunn，1926，p. 59，fig. 68；Mace and Winlock，1916，p. 60，pls. XXⅡ－XXⅢ，p. 67，pl. XXⅣB。

[2]　出自达赫舒尔的珠宝，现藏开罗博物馆，nos. S73，S82，S79，J3985，Cat. 52865。

金银合金内核上熔贴金箔的方法也见于这一时期。[1] 制作大球珠最常用的方法则是两半接合（M500），有时球珠中会插入一根小管供线绳穿过，管子的两端焊接在球珠的两极处（M6）。[2] 圣饼形珠子（M4）的制作方法则是在金属薄片上切割大圆片然后在中间穿孔（M100）。有装饰的珠子采用缠丝法制成（M900），或先用其他常见方法制成珠子，再通过模锻（repoussé）、磨光、镶嵌或焊金珠等方式添加装饰，这些方法已经在第九章详细讨论过了。值得注意的是，这些方法中有许多是在这一时期发明的。

塑材珠子的类型分布如下：环状珠（PN1、PN2、PN6）占83.2%，球珠（PN8 - PN11）占8.4%，桶状珠（PN16 - PN18）占2.3%，柱状珠（PN22 - PN23）占4.8%，其他形状占1.3%。虽然环状珠仍然处于统治地位，但是球珠第一次大量出现，比重仅次于环状珠。如果不算釉砂珠，球状珠子的流行会更加明显。

	环状珠(%)	球珠(%)	桶状珠(%)	柱状珠(%)	其他形状(%)	合计(%)
玻璃料	30.0	64.2	1.9	2.0	1.9	100
黏土	1.8	37.6	58.2	0.9	1.5	100
一起计算	22.2	56.9	17.4	1.7	1.8	100

玻砂与黏土的主要区别是后者更易碎，只有经过烧制的黏土（即红陶）才足够坚硬，可以制成环状珠子。玻砂珠多为球状，这是本时期的风尚，而黏土珠多作桶状。易碎材料制作的珠子，要求穿孔周围有更大的表面来承接整颗珠子以防破裂，因此对黏土珠而言桶状比球状更合适。皮特里博物馆收藏的其他类型的塑材珠子包括：2 颗

[1] Reisner, 1923b, pp. 282 - 283.

[2] Petrie, 1927, p. 2.

绘黑彩的锥状黏土珠（PN19g），它可能是普通桶状长珠的碎块；19颗水滴状珠（PN21），大多数用玻砂制成，2颗为黏土质；1颗扁平桶状黏土珠（PN34c）；以及5颗蓝色玻砂制作的带颈扁平桶状珠（PN37d）。带装饰的珠子类型有：1颗南瓜形珠（PD21b）、1颗带四个凹槽的柱状珠（PD26d），二者均用蓝色玻砂制成；1颗柱状白色玻砂（？）珠子，刻画十字纹样（PD13b）。

　　釉砂珠中最常见的是环状珠子，这种珠子被大量用于制作项链、手链、脚链和衣服的装饰物。球状釉砂珠也很常见，其中大球珠是中王国的特色之一。这些球珠通常用手掌搓成或用手指捏成，然后从一端单向戳出一孔（PN400），因此许多珠子呈梨形；此外，戳孔过程中材料会变形，因此珠子的一端会开裂。球珠有时在两端饰有金或银制的小帽（PD70b），或将一金属管穿过珠体中心（PN8h）。[①] 紧随球状釉砂珠之后的是柱状珠（PN22－PN23）、桶状珠（PN16－PN18）、水滴状珠（PN21）以及凹透镜形双锥体珠子（PN15）；还有几例双锥体环状珠（PN4）、用于制作仪式用连枷的锥状珠（PN12－PN13、PN24p）、棒状珠（PN25l）、扁平桶状珠（PN29、PN35f、PN37d）、橄榄形珠（PN33）、分节珠子（PN62a、PN62b、PN65b）和带有凹槽的扁平环状珠，最后一种可能是一种劣质的护身符（PN66）。有些呈特殊形状的珠子并非有意为之，而是偶然产生的，例如几颗截面为三角形的环状珠（PN49b）、1颗半球状珠（PN31[4]）和1颗扁平锥状珠（PN46b）。隔珠在这一时期很常见。有些隔珠是由环状或柱状珠子接合而成的（PN72），或为实心的方形或矩形小牌状，或呈精巧的柱体（PN79f、PN79h、PN78b）；此

---

① Petrie, 1901a, p. 42.

外还有些半圆形的末端隔珠（PN81）。间隔垂饰的形状为粗糙的甲虫护身符状，一般用实心条制作，穿两孔（PN82），而新王国的间隔垂饰与此不同，它们没有穿孔，而是将两个小环状珠固定在垂饰上用于悬挂。釉砂垂饰的形状有：带颈球状（PN86b[5]）、下端尖锐的扁平水滴状（PN87q）、带颈或不带颈的倒水滴状（PN93c、PN93j、PN93k）、叶形（PN93m）以及箭镞形护身符状垂饰（PN97c）。出自戴尔－贝尔莎的"四臂珠"（PN69）可视为一种带装饰的珠子即四瓣珠（PD35）的变种。另外，发现于拉宏的若干花状隔珠带有 Y 形穿孔（PN84d）。①

皮特里博物馆带装饰的釉砂珠共计 528 颗，其主要类型分布如下：玫瑰形珠占 48.7%，用碎屑装饰的珠子占 26.9%，彩绘螺旋纹珠子占 14.2%，有雕刻装饰的柱状珠占 4.2%，南瓜形珠占 3.4%，带其他装饰者占 2.6%。绘螺旋纹样的珠子呈桶状或水滴状（PD1、PD2），偶尔为柱状或球状（PD3、PD4）。1 颗绘螺旋纹的柱状长珠（PD4g）可能是用来做连枷的，同类珠子也见于哈拉格（Harageh）和库尔内（Qurneh）的中王国早期的墓葬中。② 用碎屑装饰的珠子为桶状（PD48）和扁平桶状（PD51），偶尔为水滴形（PD49）或柱状（PD50）。玫瑰形珠子为边缘带切口的环状珠（PD18），或呈四瓣、八瓣的玫瑰形（PD35）。带雕刻装饰的柱状珠，纹样呈螺旋状（PD10），或几行平行短斜线（可能是粗制的螺旋状纹饰，PD62），或棋盘纹（PD39）。带装饰珠的其他类型如下：1 颗星状珠子（PD19），1 颗"灯笼形"珠子（贝克所用术语）（PD69），2 颗截面

---

① 出自戴尔－贝尔莎的珠子现藏开罗博物馆，J35073G。水滴状隔珠见 Petrie，Brunton，Murray，1923，pl. LXII，royal XII，e。

② Engelbach and Gunn，1923，pl. XV；Petrie，1909b，pp. 3 - 4，pl. VIII，28。

为玫瑰形的柱状珠子（PD26b），1 颗装饰垂直平行线的扁平柱状珠子（PD58d – PD58g[6]），装饰水平平行线的扁平桶状珠（PD60b），16 颗截面为矩形、雕刻十字纹或棋盘纹的珠子（PD65），2 颗间隔垂饰，为劣质的甲虫形（PD83），1 颗玫瑰形垂饰（PD86）。这些装饰珠中有些可以归到护身符或劣质护身符中。下列带装饰的釉砂珠也见于报道：带箍环且雕刻有十字纹样的珠子（PD13f），花形盘状珠（PD36b）①，两端各有一箍环的南瓜形珠子（PD22）②，截面为方形、雕刻粗制螺旋纹的柱状珠子（PD62c）③，带金帽的球珠（PD70b）④，带金帽的柱状珠（PD70c）⑤，形状别致、镶嵌红玉髓小盘的间隔垂饰（PD74）⑥，以及绘黑斑的绿色叶形间隔垂饰（PD84）⑦。

其他材料制成的珠子，其形制取决于材料的天然形状。这一时期象牙珠子的形制有：桶状珠（R32）、柱状珠（R33）、条状隔珠（R44）和破碎的垂饰（原本可能为水滴状，R45n）。鸵鸟蛋壳一般被制成环状珠（R51 – R52）。圣饼形珠子（R53）则是用珍珠母制成，也是本期特有的珠子类型。贴金木珠覆有金箔，包括球状珠（R79[7]）、长条形隔珠（R83b）和半圆形末端隔珠（R83d）。⑧ 有颗锥状珠子（R82b）也被暂时定为木珠。此外还有颗扁平桶状珠子（R94）是用一整颗某种植物的种子制成的。

---

① Engelbach and Gunn, 1923, 图谱 nos. 41F, 54L。

② Petrie, 1905, p. 4, pl. ⅨA, 3。

③ Junker, 1919, p. 186, no. 10。

④ Garstang, 1901, p. 5, pl. Ⅲ。

⑤ Mond and Myers, 1937, p. 21, pl. XLII, 76。

⑥ 开罗博物馆 J47809，又见于 Schäfer, 1908, p. 61, fig. 89。

⑦ 开罗博物馆 J35 073G（A）。

⑧ Firth and Gunn, 1926, p. 51, p. 54；pl. 27c, 4；Mace and Winlock, 1916, p. 73, pl. XXVI。

  中王国的软石珠很少见，有些很可能是重加利用的早期珠子。皮特里博物馆收藏的软石珠有：11 颗环状方解石珠（S6），4 颗球状滑石或石灰石珠（S2r、S7 – S8），10 颗方解石、滑石、石灰石和蛇纹石做的桶状珠（S14、S16），5 颗柱状石灰石和蛇纹石珠（S18），以及 2 颗水滴状垂饰（S53b）。形状特殊的珠子包括：1 颗扁平桶状珠（S30）、1 颗带有两个穿孔的扁平盘状垂饰（S53e）、1 颗粗劣的甲虫状垂饰（S56b）和 1 颗南瓜形珠子（S75），后两者均由粉色石灰石制成。

  关于珠子的用途，中王国的珠饰有头带或头环、脚链、手链、项链和腰带，有的珠子会固定在衣服上作装饰，有的珠子会编成珠网，用作容器套子或"手柄套（？）"。[①] 赖斯纳推测最后一件是某种手柄，但是笔者觉得它更像仪式用的某种假尾的残件，在木芯上覆盖珠网而成，就像在里施特（Lisht）的中王国墓葬中发现的假尾一样。[②] 锥状珠可以用来制作仪式用的鞭子或连枷。[③] 乌瑟赫项圈的配重（counter piece）有时也用珠子制成，例如在达赫舒尔宝藏中发现的几件。[④] 黏土珠可以用来装饰玩偶的头发，头发用亚麻纤维编的线绳制

---

① Reisner，1923b，pp. 94 – 106；参见 Quibell，1898a，p. 15；Mace and Winlock，1916，pp. 60 – 75；de Morgan，1895，pp. 99 – 100，pl. XXⅢ；de Morgan，1903，p. 48，p. 53，p. 58，p. 74，pl. Ⅷ；Brunton，1920，pp. 14 – 15，pl. XⅢ等。

② Mace and Winlock，1916，pp. 10，69，pls. XXⅦ，XXXIC.

③ 在几座墓葬中发现过完整的连枷，见 Mace and Winlock，1916，pp. 15 – 16，p. 101，pls. XXX – XXXI；de Morgan，1895，p. 98，Ⅲ，pl. XXXIX；de Morgan，1903，p. 54；Gautier and Jequier，1902，p. 78；Engelbach，Pettie and Murray，1915，p. 19，pl. XXⅡ，8。

④ 开罗博物馆 S166、S167；另一件出自王子荷鲁斯的墓葬（Tomb of Prince Horus），J3985。

成，黏土或泥珠用手指揉到线绳上。① 此外，将各色珠子用线穿好，头尾加上金帽，可以制成垂饰，这种垂饰也是中王国特有的珠饰之一，顶端的金帽上再附以金制环状珠子用于悬挂。② 大的金管可以穿在假发的辫子上。③ 另外有些珠子是专为丧葬制作的，没有实用价值。④

珠子的编排方式与其功用有关。项链既可以是复杂的、带有半圆形末端隔珠的乌瑟赫项圈⑤，也可以用隔珠简单接合一串或数串珠子组成，其中最简单的就是一股或数股同类型的环状小珠子。⑥ 如果项链全部由球珠组成，则珠子的大小会有差别，编排时，大珠子在中间，其余的珠子按照尺寸递变依次排列。⑦ 此外，球形大釉砂珠与短小的细圆柱体珠子交错排列是这一时期特有的编排方式。⑧ 有的项链用材料不同、形状相同或不同的珠子，以特定数目分组交替编排，例如球状的红玉髓珠和金珠以 5～10 颗为一组交替排列，桶状釉砂珠用几组环状珠隔开排列。⑨ 有的项链包括好几串小珠子，其间以隔珠分成几段，有时下端还附有垂饰。有的项链则在一颗红玉髓桶状珠两侧

---

① Petrie, 1927, p. 59, pl. li, 379 – 382；Garstang, 1907, p. 152, fig. 150；Petrie, 1890, p. 30.

② Garstang, 1907, p. 113, fig. 104.

③ 开罗博物馆，陈列号 3995；又见 Brunton, 1920。

④ Mace and Winlock, 1916, pp. 57 – 58.

⑤ Mace and Winlock, 1916, pp. 66 – 88；Garstang, 1907, p. 112, fig. 101；Firth, 1926, p. 51, p. 54, p. 55, pl. 34A, 34B, 27c, 32c；Naville and Hall, 1907, p. 44, pl. x.

⑥ Reisner, 1923b, p. 98.

⑦ Garstang, 1901, p. 4, pl. Ⅰ；Brunton, 1937, pp. 113 – 114, 出自 733 号墓。

⑧ Brunton, 1937, pp. 113 – 114, 出自 1719 号墓，以及 Brunton, 1930, p. 3。

⑨ Reisner, 1923b, p. 98.

各加一颗球状釉砂珠组成。① 腰带有窄有宽，窄腰带由一串或数串珠子经隔珠接合而成；宽腰带则由多串颜色各异的环状珠子组成，每串珠子各自按一定方式排列，腰带还附有独立成串的大珠子。在凯尔玛发现的腰带由细长桶状珠子并列组成，其编排类似平底锅形墓中的梯子状腰带，后者由贝壳板制成，很出名；另一条腰带由至少三排小环状珠组成，带有由珠串组成的穗，每一串上都有三颗柱状长珠和一颗环状珠。② 有些腰带由两排或四排小环状珠组成，并被隔珠分为若干段。③ 宽腰带的带体由许多排各种颜色的环状珠子组成，有时多达40排，其纹样由颜色的变化产生，例如一系列带黑色边缘的深绿色菱形图案，以及浅绿色、深绿色和黑色组成的之字形图案等，带体的下端则附有许多各自独立的大珠珠串。④ 手链和脚链上珠子的编排方式有如下几种：一串或数串环状小珠，或由环状小珠珠网组成的条带，或多串水平穿起的柱状长珠。⑤ 有些手链或脚链由八串柱体短珠组成，被条形隔珠分割为三段或四段，每段中有两颗珠子；柱状珠子有两种颜色，交替排列，于是每段都会形成两条不同颜色的带子。⑥ 衣服上装饰的珠子，有的会缝两排蓝色环状珠子，组成数个具有垂直对角线的同心菱形图案。容器上的套子呈紧密编织的珠网状，带有蓝、白和黑（或红）色珠子组成的菱形纹样。⑦ 里施特出土的仪式用鞭或连枷

① Mace and Winlock，1916，pp. 60 - 61，pls. XXⅡ - XXⅢ，p. 63.
② Reisner，1923b，p. 100，pl. 42，fig. 2.
③ Mace and Winlock，1916，pp. 68 - 69，pls. XXⅡ - XXⅢ.
④ Mace and Winlock，1916，p. 69，pls. XXⅦ and XXXIC；另一条出自戴尔 - 贝尔莎，现藏开罗博物馆，J35073G（G）。
⑤ Reisner，1923b，pp. 96 - 97，pl. 42，fig. 2.
⑥ Mace and Winlock，1916，pp. 72 - 73，另一条类似带子出自达赫舒尔，见于de Morgan，1895，p. 99；1903，p. 48。
⑦ Reisner，1923b，pp. 103 - 104，fig. 170；p. 105，p. 106，fig. 171.

由三条珠串组成，每一串自上而下分别为九颗锥状短珠、一颗柱状长珠和五颗锥状珠，其中锥状珠子由一颗红玉髓珠和两颗蓝色釉砂相间排列。[1] 皮特里博物馆收藏的中王国珠子中，只有两串标作"按原顺序编排"（珠串编号525、601）。

珠子的穿绳是拧成的粗绳，为了分隔和固定珠子，有时会在主线绳上缠另一段线绳；[2] 主线绳可以是多股纤维拧成或并列的粗绳，[3]也可以是皮绳[4]或铜线[5]。在衣服上做装饰的珠子，有的在裙子的拉绳上，有的则缝在布面上。[6] 有一块布料的经线只有一股，而纬线则是单股的细线或三到五股的粗线，两者交替排列；蓝色的釉砂环状小珠就穿在粗纬线上，高出布料表面。[7] 珠子的图像表达见于夹纻木乃伊面具（中王国）、木乃伊形木棺（中王国晚期）、雕像和小塑像、墓室壁画和长方形石棺或木棺壁上。其中，只有最后一种得到了深入翔实的研究（热基尔），[8] 余下的每一种都有待进一步研究，但由于时间有限，笔者无法在此一一展开。

在珠子反映文化交流的诸多案例中，最有意思的便是皮特里博物馆所藏中王国的蚀花肉红石髓珠，这在前文已经扼要提及了。贝克在对古代蚀花肉红石髓珠的综合研究文章中指出，能证明埃及存在这种文化交流的唯一明确证据，是一颗阿蒙霍特普一世时期的圣

[1] Mace and Winlock, 1916; pp. 15 – 16, pls. XXX – XXXI.
[2] Reisner, 1923b, p. 127.
[3] Junker, 1919, p. 187.
[4] Firth and Gunn, 1926, pp. 59 – 60; *B. M. M. A.*, vol. XVI, p. 52.
[5] Mace and Winlock, 1916, p. 75.
[6] Reisner, 1923b, pp. 100 – 104.
[7] Reisner, 1923b, p. 300。
[8] Jequier, 1921, pp. 49 – 68, pp. 73 – 75, pp. 97 – 111, pp. 187 – 1971.

甲虫。① 笔者现在又从皮特里博物馆中找到了 3 颗蚀花肉红石髓珠，全部出土于埃及。其中 2 颗为希腊－罗马时期的，我们将在第二十三章中讨论；另一颗是中王国的，穿在 1055 号珠串上，是皮特里于 1922 年在阿拜多斯第 197 号墓中发掘的，但是未曾发表。这座墓中还出土了"阿泰福碑"（Atef stelae，见发掘报告）②，因此它的年代可以很明确地定为第 11 王朝。这颗蚀花肉红石髓珠饰有眼状纹样（H99b）和人字形图案，在贝克的文章中属于"早期阶段"（公元前 2000 年之前）的典型样式。这种珠子在美索不达米亚很常见，上至史前时期，下至萨尔贡时期[8]③，在印度的摩亨佐－达罗也有发现。④ 两颗出自乌尔的珠子（现藏大英博物馆，B. M. 120598、B. M. 123213），其形状和纹样与我们这颗样品如出一辙，所以埃及这颗珠子无疑是从美索不达米亚进口的。埃及和美索不达米亚这种同期性还有其他证据：有两件埃及雪花石膏瓶，上面用楔形文字刻着萨尔贡（阿卡德）王名利姆斯（Rimus）和纳拉姆－辛（Naram－sin），而这两件石瓶从形制上看属于埃及第 10 ~ 11 王朝。⑤ 在卡纳冯（Carnarvon）收藏中有一件刻有埃及及象形文字和楔形文字的滚筒印

---

① Beck，1933，p. 395. 这件圣甲虫（开罗博物馆 14/5/26/4）不是圣甲虫，而是截面为凸透镜形的桶状珠。蚀刻在上面的王名也不像贝克文中叙述得那样清晰（他的描述基于皮特里 *Historical Scarabs* 一书中绘制粗劣的图像），可能指的是其他王朝的法老。

② Petrie，1925，p. 10，sec. 20.

③ Woolley，1934，p. 374；Mackay，1925，*pt.* Ⅰ，p. 56．pl．Ⅳ，fig. 30；Mackay，1929，pl. XLIII，fig. 9，pl. LX，figs. 54 － 58.

④ Marshall，1931，vol. Ⅰ，pp. 104 － 105；vol. Ⅱ，pp. 515 － 516，pl. CXLVI，43 － 45.

⑤ Sayce，1921，pp. 102 － 103；有关这一形状石瓶的年代，见 Petrie，1937，pls. XXⅧ，584，589；XXⅨ，617，621。

章，上有王名"塞荷特皮拉"（Sehetepire）［即阿蒙涅姆赫特一世
（Amenemhat I）］，他是埃及第 12 王朝的首位法老；而滚印上的楔形
文字铭文，赛斯从书写形式判断属于乌尔第 3 王朝（公元前 2112 ～
前 2004 年——译者）。① 发现于上埃及的托德宝藏，其年代从盒子上
的王名环来看为第 12 王朝的阿蒙涅姆赫特二世（Amenemhat Ⅱ）时期。
盒子中有许多金、银和青金石制品，其中就有从美索不达米亚进口的
滚印和珠子。这批宝藏里有些形状特殊的青金石珠，比如多面桶状珠
（H46b）和三角形隔珠（H98h），在乌尔也有发现；② 宝藏中的青金石
滚印所带楔形铭文，属于巴比伦第 1 王朝汉谟拉比统治时期。③ 综上
所述，从珠子和其他遗物可以确定埃及和美索不达米亚在这一阶段的共
时性，我们这颗中王国的蚀花肉红石髓珠又为此提供了一个新的依据。

第十九章译者注

　［1］图谱 H93 型珠子未见变体"b"。
　［2］图谱 H93 型珠子未见变体"d"。
　［3］图谱 M90 型珠子未见变体"b"。
　［4］PN31 不是半球形，可能是 PN3l 或 PN3i 之误。
　［5］图谱中无 PN86 型珠子，疑为 PN85b 之误。
　［6］原文作 PD58d - PD58a，应为 PD58d - PD58g 之误。
　［7］图谱中无 R79 型珠子。
　［8］萨尔贡时期（Sargonic period）即阿卡德王国时期，绝对年代为 2340BC ～
　　　　2159BC 或 2296BC ～ 2105BC，萨尔贡是阿卡德王国建立者。

---

　① Pinches and Newberry, 1921, pp. 190 - 199, pl. xxxii, 赛斯的论述见于 *J. E. A.*,
　　　vol. Ⅷ, p. 285。
　② Wolley, 1934, p. 369, fig. 78; pls. 144 - 145.
　③ Roque, 1936, pp. 119 - 121.

第二十章　第二中间期

中王国之后，游牧民族入侵埃及。这些源自亚洲的闪族入侵使埃及历史上出现了一系列希克索斯（Hyksos）国王或"牧人国王"。与此同时，努比亚人从南部入侵埃及，沿着尼罗河河谷建立了数个定居点；这群人在墓葬形式（即所谓"平底锅形墓"[1]）和包括珠子在内的随葬品上都与埃及人大不相同。而希克索斯人几乎没有从故土带来任何东西，除了马匹和一种被皮特里称为"希克索斯陶器"的刻画黑陶，但即使这种陶器也可能是埃及人自己从东方进口的。本章会对埃及墓葬和平底锅形墓分别进行讨论，将"第二中间期"专用以指称埃及墓葬。不过需要注意的是，"平底锅形墓人群"在埃及居住时会不可避免地受到埃及人的影响，墓中部分类型的珠子实际就是从埃及人那里得来的。

用于制作珠子的材料如下。

	硬石（%）	施釉石（%）	金属（%）	塑材（%）	其他材料（%）	软石（%）	玻璃（%）
第二中间期	5.9	0.5	0.4	81.2	11.6	0.1	0.3
平底锅形墓	2.8	（有）	0.4	48.9	47.9	（有）	无

由上表可知，这一时期制作珠子的主要材料是釉砂（可塑材料）和鸵鸟蛋壳（其他材料）。鸵鸟蛋壳珠在这一时期很流行，在

平底锅形墓中尤为常见，其数量几乎与釉砂珠持平。施釉石珠在这一时期更加少见了，硬石珠的数量也略有下降，这些变化在平底锅形墓中尤其显著。正如第十九章所述，玻璃珠在中王国的出现是有问题的，它们很可能出现在第二中间期，既可能是埃及人自己发明的，也可能是从东方引进的，而且到目前为止，平底锅形墓中还没有发现玻璃珠。

第二中间期用于制作珠子的硬石中，最常见的是红玉髓（52.2%），其次是石榴石（33.3%）、紫晶（11.0%）、绿色长石（2.4%）和绿色碧玉（0.6%）。皮特里博物馆中还有青金石珠两颗[1]，红碧玉珠、橄榄石珠和石英珠各一颗。鸡血石（heliotrope）（一种有色玉髓）、玉髓和铁矿石也有发现。[2] 平底锅形墓中硬石珠很少见，发现的几乎全为红玉髓珠。皮特里博物馆有207颗出自平底锅形墓的硬石珠，其中石榴石珠2颗、石英珠和赤铁矿石珠各1颗[3]，其余全是红玉髓珠；不过平底锅形墓的发掘报告还提到了紫晶[4]、绿色长石[5]和红色赭石（?）[6]。这一时期，施釉石珠在埃及墓葬中很少见，皮特里博物馆的几颗几乎都是施釉滑石，不过在迪奥斯波利斯·帕尔瓦发现过施釉石英珠。[7] 平底锅形墓中发现过一些施釉石英珠

---

[1]　也出自阿布希尔（Abusir），见于 Möllers and Scharff, 1926, pp. 94 – 95, 出自525号墓。

[2]　Möllers and Scharff, 1926, pp. 94 – 95。

[3]　在其他遗址中发现有赤铁矿石珠，见 Mace, 1902, p. 101；Brunton, 1937, p. 125, sec. 170。

[4]　Brunton, 1930, p. 7；1937, p. 125, sec. 170.

[5]　Wainwright, 1920, p. 21, types13, 23；Brunton, 1937, p. 125, sec. 170.

[6]　Brunton, 1937, p. 125, sec. 170.

[7]　Petrie, 1901a, p. 53, sec. 83.

（包括施釉水晶）①，但是不见施釉滑石珠。金属珠中，埃及墓葬所出金珠和银珠的比例为100∶114，平底锅形墓所出金珠和银珠的比例则为100∶41；其中银可能进口自东方。另外，皮特里博物馆中还有 5 颗出自埃及墓葬的铜珠。大多数塑材珠为蓝－绿色和黑色釉砂珠，釉砂珠占塑材珠的比例，在埃及墓葬中为 97.2%（蓝色占 75.9%，黑色占 21.3%），在平底锅形墓中为 93.0%（蓝色占 81.0%，黑色占 12.0%）。除去釉砂珠，平底锅形墓中其余 7% 塑材珠包括一种黑色玻璃料（黑色玻砂？）做的珠子，全部出自巴达里第 5503 号墓中；据报道，平底锅形墓中还发现过蓝色玻砂珠和红色釉砂珠，但数量特别少。② 埃及墓葬中可塑材料的种类就丰富多了，包括蓝色玻砂、未经烧制的黏土（大多数显天然灰色，但有些施了黑彩并经过抛光③）、白色釉砂以及红色玻璃料（红色玻砂？）。④ 其他材料中，鸵鸟蛋壳非常流行，特别是在平底锅形墓中。珍珠母所制条形隔珠是平底锅形墓的典型器物，但是不见于埃及墓葬。埃及墓葬⑤和平底锅形墓⑥中都发现过骨或象牙珠子。对于软石珠，皮特里博物馆收藏的大约 14000 颗第二中间期的珠子（不包括平底锅形墓中发现的珠子）中，只有 14 颗是软石珠，即 11 颗蛇纹石珠、2 颗白色石灰石珠（包括方解石）和 1 颗某种黄色石头做的珠子。而平底锅形墓中仅发现过一颗皂

---

① Brunton，1937，p. 125，sec. 169；Wainwright，1920，pp. 21－22，type 5.

② Brunton，1937，p. 124，sec. 170.

③ 未经烧制的黏土珠也见于 Garstang，1901，p. 26，E3。

④ 红色糊状物料珠也见于 Brunton，1930，p. 11。

⑤ Brunton，1930，p. 11，pl，XXXII，43；Petrie and Brunton，1924，p. 18. XLIII，9.

⑥ Brunton，1930，p. 11. pl. XI，18；1937，p. 125，pl. LXXVI，13，33，34.

石珠。① 这一时期的埃及墓葬中出土过蓝色或绿色的不透明玻璃珠，而平底锅形墓中则不见这种珠子，其中有些可能是扰入的后代珠子，不过玻璃在这一时期被引入埃及也是有可能的，比如一颗蓝玻璃做的狮子头，上面就有第 17 王朝的王名"凯普利 – 奈布 – 拉"（Khepre – nub – re）。②

从类型上看，玻璃珠包括环状珠（GN6a）、小球状珠（GN8a）和桶状珠（GN16）。环状珠的材料是一种类似玻璃的物质，表面有的部分覆有白色风化层，它们可能是类似玻璃的釉砂，而非真正的玻璃。第二中间期其他遗址也有发现球状小玻璃珠和球状环形珠子（GN1f）的报道。③

埃及墓葬中的硬石珠，常见形状及各自比重为：环状（H1、H2、H5、H6）占 10.8%，双锥体环状（H4）占 0.8%，球状（H8 – H10）占 82.5%，桶状（H14 – H16、H19）占 4.5%，柱状（H21 – H22）占 0.5%，其他形状占 0.9%。平底锅形墓硬石珠的情况如下：环状占 12.5%，双锥体环状占 45.9%，球状占 40.6%，桶状占 0.5%，没有柱状珠，其他形状的珠子占 0.5%。这一比重分布表明，第二中间期的人们仍延续着中王国的传统，喜好球状珠，但是大球状珠不那么常见了；其次是环状珠和桶状珠，但柱状珠却变得非常少见了。除以上形状外还有 1 颗水滴状垂饰（H20）、3 颗扁平桶状珠（H36）、3 颗下端尖锐的水滴状垂饰（H74）和 1 颗南瓜形珠子（H96g）。皮特里博物馆的所有双锥体环状珠子都出自同一座平底锅

---

① Brunton, 1937, p. 125, pl. LXXVI, 35.
② Beck, 1934a, pp. 14 – 15, no. 17, 在此文中王名的年代被误判为第 11 王朝。
③ Petrie and Brunton, 1924, p. 16, pl. XLIII; Brunton, 1930, p. 11, pls. XI, 94; XXXII, 63 – 64; Möllers and Scharff, 1926, pp. 94 – 95, pl. 72.

形墓（胡 X8 号墓），但是数量多达 95 颗；馆藏中还有 1 颗截面呈凸透镜形的圆形珠子（H32c），也出自平底锅形墓。莫斯塔哥达的平底锅形墓中有以下类型的硬石珠：锥状珠（H17d）、雕刻螺旋纹的柱状珠（H95c）以及浮雕玫瑰形纹样的饰物（H96m）。[①] 这些硬石珠中，有些很明显就是重加利用的中王国的珠子，不过根据工艺也可以确定其中一部分是在这一时期制作的。第二中间期硬石珠的穿孔类型分布如下。

	对锥型（H100）（%）	对管型（H200）（%）	单锥型（H300）（%）	普通穿孔（H400）（%）
第二中间期	9.8	34.6	55.1	0.5
平底锅形墓	1.5	10.1	84.5	3.9

单锥型穿孔的普遍采用开始于第二中间期。早先几个时期也出土或公布过采用单锥型穿孔的珠子，但它们要不就是年代存在争议，要不本身就是对锥型穿孔珠子的碎块。有意思的是，首次将单锥型穿孔作为硬石珠的常规加工方法的是中王国时努比亚的凯尔玛人，使用平底锅形墓的人被普遍认为来自努比亚。

平底锅形墓人群和凯尔玛人还有一个相似之处：他们都使用施釉石英或施釉水晶做的珠子。第十九章已经讲过，这两种珠子在凯尔玛极其流行。而平底锅形墓所出者，为球状施釉水晶珠（L6）[②] 或水滴状施釉石英垂饰（L51d）[③]。在迪奥斯波利斯·帕尔瓦也发现过一些

---

① Brunton，1937，p. 125，pl. LXXVI，14，36，59 – 62；在利非（Rifeh）也发现相似的浮凸饰物，见于 Petrie，1907，pl. XIIIC，105。

② Wainwright，1920，pp. 21 – 22，type 5.

③ Brunton，1937，p. 125，sec. 169（IX）.

施釉石英珠，但报告中没有描述它们的形状。[1] 另外，从未有过平底锅形墓出土施釉滑石珠的报道；埃及墓葬所出施釉滑石珠的形状有球状（L7 - L8）、桶状（L12 - L13）和柱状（L16 - L17）。皮特里博物馆所藏 74 颗施釉滑石珠中，有 72 颗来自同一串珠子（488 号珠串，出自卡乌 7382 号墓）上，这些珠子都有可能属于中王国时期，只是在这一时期被重新使用了。

埃及墓葬中的铜珠为小环状珠子（M2 - M3），铜珠不见于平底锅形墓。所有出自平底锅形墓和大部分出自埃及墓葬的金珠和银珠都是小环状珠（M2 - M3），制作时采用翻卷金属薄片然后锻接的方法（M300）。埃及墓葬中还发现过 21 颗桶状珠（M8d）、2 颗短圆柱形素面珠子（M12b）和 1 个颗金属线绕成的圆柱形珠子（M52b），以上均为金珠；另外还有 3 颗小桶状珠（M8 - M9）和 1 颗双锥体环状珠（M10n），均为银制。阿拉巴（El Arabah）出土过一枚金银合金的贝壳形垂饰（M43d），属于中王国时期的类型。[2] 莫斯塔哥达的报告中提到用金或金银合金做的球状珠（M5）和桶状珠（M8），以及银质桶状珠，均采用覆芯法制成（M600）[3] 蓝 - 绿釉砂是最常见的可塑材料，釉砂珠的各种形状分布如下。

	环状（PN1、PN2、PN6）（%）	球状（PN8—PN11）（%）	桶状（PN16—PN18）（%）	柱状（PN22—PN23）（%）	其他形状（PN21等）（%）
第二中间期	97.5	1.0	0.2	0.2	0.1
平底锅形墓	79.9	11.9	0.5	0.5	2.2

---

[1]　Petrie, 1901a, p. 53, sec. 83.

[2]　Garstang, 1901, p. 26.

[3]　Brunton, 1937, p. 125, sec. 170.

在埃及墓葬中，釉砂珠的形状更集中于环状，平底锅形墓釉砂珠的形状比较均衡。但若列出黑色釉砂珠的类型比重分布表，结果就会大不一样，尤其是对平底锅形墓而言。

	环状珠（%）	球珠（%）	桶状珠	柱体（%）	其他形状（%）
第二中间期	91.1	7.8	1 颗	0.6	0.2
平底锅形墓	7.6	91.2	—	1.2	—

虽然中王国偏好球珠的传统延续了下来，但是黑色釉砂小球珠的极度流行却是平底锅形墓的特点，布伦顿认为它们"可能是在本土（即努比亚——译者）制作的"。[1] 有一种形状很不规则的鲜蓝色小环状珠（PN6c、PN2c），是这一时期平底锅形墓的另一特有随葬品[2]，但也会出现在埃及墓葬中。[3] 形状特殊的蓝-绿色釉砂珠包括：2 颗扁平桶状珠（PN35b）、7 颗分节环状小珠（PN62a）和 1 颗倒水滴状垂饰（PN95d），这三种皆出自埃及墓葬；出自平底锅形墓的则有 62 颗梨形珠（PN21f）、1 颗截面为矩形的短柱状珠子（PN52i）、1 颗分节环状珠（PN62a）和 2 颗球状分节珠子（PN62h），最后一种可能只是制作时偶然粘在一起的普通球状珠，而不是用"黄油拍"状的工具塑造的（如新王国的某些分节珠子）。特殊形状的黑色釉砂珠包括：锥状珠（PN12c）、1 颗扁平桶状珠（PN37b）和 1 颗分节环状小珠（PN63a），以上皆出自埃及墓葬。除了釉砂珠，平底锅形墓中还发现过一批黑色玻璃料（黑色玻砂？）做的珠子，呈短柱体（PN22b、PN22c）和环状（PN6d）；根据发掘报告，平底锅形墓中还出土过若

---

① Brunton, 1937, pp. 125 – 126, sec. 168。
② Brunton, 1937, p. 125, sec. 168。
③ Brunton, 1930, p. 11, sec. 24.

干红色釉砂珠和 1 颗不成型的蓝色玻砂护身符（或珠子）。① 埃及墓葬中还出过 82 颗白色釉砂珠，大部分为环状（PN2c、PN2g、PN6d），有一两颗呈梨形（PN11c）或柱体（PN22t）；163 颗蓝色玻砂珠，大部分也是环状珠（PN2a、PN2c、PN6a），2 颗为小球状珠（PN8a）、7 颗为桶状珠（PN16g），2 颗为扁平桶状珠（PN35b）；77 颗灰色黏土质的小桶状珠子（PN16c），它们还都保留在原来的穿绳上，原本可能是木偶的头发；14 颗抛光的黑色黏土珠，呈球状（PN8b）和梨形（PN21n）；以及 4 颗红色玻璃料（红色玻砂？）做的柱状珠子（PN22b、PN22m）。最后一种材料做的珠子也有呈小球状的（PN8b）②，巴达里和卡乌还发现过用它做的扁平球状珠（PN34g）和扁平水滴状垂饰（PN87g）。③

带装饰的釉砂珠在第二中间期很少见。皮特里博物馆有 37 颗出自平底锅形墓的南瓜形蓝色釉砂珠（PD21d、PD21e)④ 和一批共 29 颗玫瑰形白色釉砂珠（PD35c），后者出自哈拉格的一座被扰动的埃及墓葬，也有可能是从地表采集的。⑤ 不同地点的平底锅形墓所出的带装饰釉砂珠的类型有：南瓜形黑色釉砂珠（PD21e)⑥、绘有螺旋纹的桶状或水滴状珠子（PD1b、PD2e)⑦、绘有螺旋纹的柱状

---

① Brunton，1937，p. 125，sec. 170.

② Brunton，1930，p. 11，pl. XXXII，93.

③ Brunton，1930，pl. XI，30，117。

④ 有的埃及墓葬和平底锅形墓中都发现有南瓜形珠，见于 Brunton，1930，p. 11，pls. XI，19；XXXII，60－62。

⑤ 在平底锅形墓中也发现有花形珠，见 Brunton，1937，p. 125，sec. 169（VIII），图谱 no. Pan Grave Beads 50。

⑥ Brunton，1937，p. 125，sec. 169（VIII）；Wainwright，1920，p. 21，type 15.

⑦ Brunton，1937，p. 125，sec. 169（III），pl. LXXVI，31，32.

珠子（PD4b）①、刻有双螺旋纹（十字纹样）的桶状珠（PD8f）、用碎屑装饰的珠子（PD48）、边上有条状平行切口的柱状珠子（PD58f）②、网纹柱状珠子（PD65d）③ 以及刻有之字形线条的小牌状珠子（PD65w）④。据发掘报告，埃及墓葬中还发现过刻有螺旋纹（PD10e）或十字纹（PD13b）的柱状珠子⑤、下端有一排短斜线的荷包形隔珠（PD76）⑥ 和用碎屑装饰的珠子（PD48）⑦。所有这些带装饰的珠子都有可能是重加利用的中王国珠子。

其他材料的珠子中，最常见的是鸵鸟蛋壳做的环状珠（R51－R52），它们在埃及墓葬和平底锅形墓中都很流行，仅次于釉砂珠。平底锅形墓珠子中另一个特有类型是珍珠母做的隔珠（R71），它们呈矩形条状，两端各打一孔，可分别穿一条线绳。⑧ 象牙珠和骨珠的类型有：桶状象牙珠（R32m）⑨、柱状骨珠（R36h）⑩ 和两端面带凹槽的桶状珠，有时珠子中部会装饰十字纹样（R40m）⑪，以上皆出自

---

① Wainwright，1920，p. 21，type 17.

② Brunton，1937，p. 125，sec. 169（i），（iv）pl. LXXVI，15，33；p. 125，sec. 170.

③ Brunton，1937，p. 125，sec. 169（Ⅱ），pl. LXXVI，16，17；Wainwright，1920，pl. XIII，6。

④ Brunton，1937，pl. LXXVI，19.

⑤ Mace，1902，p. 88，pl. XLIV.

⑥ Brunton，1930，pl. XI，47.

⑦ Petrie and Brunton，1924，p. 20，sec. 35，Petrie，1901a，p. 53，sec. 83.

⑧ Brunton，1930，p. 7，pl. XI 41－42；Brunton，1937，p. 125，pl. LXXVI，54－57；Petrie，1907，pp. 20－21，Petrie，1901a，pp. 46－47，pl，XI；Wainwright，1920，p. 20，pl. III，3.

⑨ Brunton，1930，pl. V，出自1301号墓，现藏皮特里博物馆。

⑩ Brunton，1937，p. 125，pl. LXXVI，13.

⑪ Brunton，1937，p. 125，sec. 169（Ⅳ），pl. LXXVI，33；Brunton，1930，pl. XI 18。

平底锅形墓；而这一时期的埃及墓葬则出有 1 颗具领桶状象牙珠
（R43b）[1] 和 1 颗水滴状垂饰 （R45k）[2]。有些平底锅形墓中还有用
鱼脊椎骨制成的白色盘状珠。[3]

软石珠在这一时期极为罕见，其主要类型包括：9 颗环状珠
（S6b、S6c） 和 2 颗短柱状 （或厚环状） 珠子 （S16a[2]），均为蛇纹
石质；1 颗某种黄色石头做的环状珠子 （S2d）、1 颗球状方解石珠
（S7c） 和 1 颗白色石灰石隔珠 （S41），这些都出自埃及墓葬。最后
那颗隔珠也可能是某种壳类做的，风化后很难与白色石灰石区别开
来。平底锅形墓所出唯一一颗软石珠呈扁平桶状 （S27j），材质为皂
石。[4]

第二中间期珠子的用途包括项链、手链、脚链、腰带、戒指和头
环等，埃及古墓还有将珠子缝在衣服上做装饰的例子。[5] 平底锅形墓
珠子除了用作项链、手链、脚链和腰带外[6]，也会被缝在皮革上做装
饰。[7] 珍珠母做的条形隔珠似乎只用于制作手链。[8]

在珠子的编排上，珍珠母做的条形隔珠总是单独用以制作手链，
每条手链上有 12 ~ 38 根条形隔珠；隔珠按长度递变排列，穿连时总
是边并边放置，形成一条带状手链；穿连方式有两种：一种是手链每
侧分别用两条穿绳交叉穿过每个穿孔；另一种手链两侧分别只用一条

---

[1]　Brunton，1930，p. 11，pl. XXXII，43.

[2]　Petrie and Brunton，1924，p. 18，pl. XLIII，9.

[3]　Brunton，1937，p. 125，sec. 170；Wainwright，1920，p. 21，type IB.

[4]　Brunton，1937，p. 125，sec. 169（v），pl. LXXVI，35.

[5]　Petrie and Brunton，1924，p. 19，sec. 33.

[6]　Brunton，1937，pp. 125 – 126，sec. 170.

[7]　Wainwright，1920，p. 20；又见 Petrie，1901a，p. 47。

[8]　Wainwright，1920，p. 20，pl. III，3；Petrie，1901a，pp. 46 – 47，pl. XL.

穿绳联结每个穿孔，用这种方法穿起来的手链比较灵活。[1] 平底锅形墓出土的串珠，有时整串由若干同类型的珠子组成，例如全部为蓝色环状珠、黑色球状珠、红玉髓大桶状珠[2]或白色壳类环状珠[3]；有时则由两种珠子交替排列组成，比如交替排列的球状红玉髓珠和金或白色壳类环状珠[4]，交替排列的蓝色和白色环状珠。[5] 迪奥斯波利斯·帕尔瓦所出珠串的排列方式是：7 颗白色和 7 颗黑色珠子交替排列，或 1 颗白色珠子和 2 颗或 3 颗蓝或黑色珠子交替排列。[6] 莫斯塔哥达一座埃及墓葬中发现的一串项链，大致按 3 颗壳类环状珠、3 颗蓝色釉砂珠分组交替排列的方式组成。[7] 在赛德门特，有一条用蓝色小珠子制成的腰带，上面有的地方每 15～20 颗蓝珠子之间插入几颗白色珠子；[8] 另一座墓葬中发现了一条石珠串的两段，由红玉髓珠和紫晶珠子分别按 1—2—2—3 和 2—2—2—2 的顺序交替排列；该遗址还发现过两串用壳类环形珠和蓝色釉砂环形珠穿成的串珠，这两种颜色不同的珠子以大小不同的组不规则地交替排列着。[9]

平底锅形墓珠子的穿绳为皮革或某种纤维材料。[10] 阿拉巴一座埃及墓葬中出过一件素面金银合金环，用于悬挂一颗金属质的贝壳形垂饰。[11]

---

[1] Wainwright, 1920, p. 20, pl. Ⅲ, 3; Petrie, 1901a, pp. 46 – 47, pl. XL.

[2] Wainwright, 1920, p. 20, pl. Ⅷ, 9, 12.

[3] Petrie, 1901a, pp. 46 – 47.

[4] Wainwright, 1920, p. 20, pl. Ⅷ, 8, 13.

[5] Wainwright, 1920, p. 20; Petrie, 1907, p. 21, sec. 62。

[6] Petrie, 1901a, pp. 46 – 47.

[7] Brunton, 1937, p. 134, sec. 186, 出自 418 号墓。

[8] Petrie and Brunton, 1924, p. 19, sec. 33.

[9] Petrie and Brunton, 1924, pp. 16 – 17。

[10] Wainwright, 1920, p. 20, pls. Ⅳ, 1; Ⅹ, 1.

[11] Garstang, 1901, pp. 25 – 26.

但是常见的穿绳可能还是纤维材料。

由于第二中间期艺术的凋敝，埃及墓葬①和平底锅形墓②中都能发现一个明显的趋势——重新利用中王国类型和材料的珠子。这一时期两种墓葬还有其他共同特点，例如白色壳类环状珠的大量出现，形状不规则的蓝色釉砂珠和球状黑色釉砂小球珠的使用，以及硬石珠普遍采用单锥型穿孔等。平底锅形墓人群使用施釉水晶珠、在石珠上施用单锥型穿孔和在皮衣上缝珠子作装饰的习惯，都同中王国时期生活在努比亚的凯尔玛人有相似之处。但与平底锅形墓遗存关系最紧密的是努比亚 C 组遗存。温赖特列举了二者的相似之处：①壳类和黑色釉砂珠；②上述珠子的交替排列；③~⑤球状及桶状红玉髓珠和施釉水晶珠；⑥柱状釉砂珠；⑦贝壳条做的手链。③ 贝壳条做的手链是平底锅形墓遗存和努比亚 C 组遗存共有的典型遗物。两类遗存的区别有：努比亚 C 组不用微小的蓝色釉砂环状珠，没有把珠子缝到皮革接缝处的习惯；而努比亚 C 组的有些珠子、布料及斑岩（？）珠却不见于平底锅形墓中④。

第二十章译者注

[1] 平底锅形墓（Pan grave）是下努比亚（Lower Nubia）麦寨人（Medjay）的墓葬形式，出现在第二中间期，由皮特里在胡（Hu）首次发现。这种墓葬

---

① Petrie and Brunton，1924，p. 20，sec. 35；Brunton，1930，p. 11. sec. 24.
② Wainwright，1920，p. 23；Petrie，1901a，pp. 46 – 47，sec. 68；Brunton，1937，pp. 125 – 126，sec. 169.
③ Wainwright，1920，pp. 50 – 51.
④ Wainwright，1920，pp. 49 – 50；参见 Reisner，1910，p. 52，p. 338。

通常为圆形或椭圆形浅坑，直径为76.2厘米到1米，深度仅为25.4厘米到38.1厘米，形似欧洲人烘烤烹炸所用的平底锅，故得名"平底锅形墓"。平底锅形墓的地表结构为低矮的小丘，有时周围又有墓坑，埋葬上色的山羊或羚羊头骨。平底锅形墓墓群通常远离沙漠边缘和埃及墓葬群，大多数墓葬群中墓葬的数量也较为固定。皮特里在胡发现的平底锅形墓为屈肢葬，尸体右侧卧，头朝西，面朝南；温赖特在巴拉比什（Balabish）发现的平底锅形墓也是屈肢葬，但是头朝北，面朝东。平底锅形墓中的典型随葬品包括刻画陶碗、薄壁黑顶陶碗、来自红海的蜓螺壳（Nerita snail）和贝壳手环。此外还发现有埃及形制的武器和雪花石膏眼线膏瓶 ［参见：Bietak，M.，1987，The C‐Group and the Pan Grave Cultre in Nubia，in T. Hägg（ed.），*Nubian Culture Past and Present*：*main papers presented at the Sixth International Conference for Nubian*，Stockholm：Kungl，pp. 113 – 28；Bourriau，J.，1981，Nubians in Egypt during the Second Intermediate Period：An interpretation based on the Egyptian ceramic evidence，in D. Arnold（ed.），*Studien zur altägyptischen Keramik*，Mainz am Rhein：von Zabern pp. 25 – 41；Petrie，F.，1901，*Diospolis Parva*：*the cemeteries of Abadiyeh and Hu，1898 – 1899*，London：Egypt Exploration Fund；Wainwright，G.，1920，Balabish，London：Allen & Unwin］。

［2］图谱 S16 型珠子未见变体 "a"。

第二十一章　新王国时期

埃及人驱逐了希克索斯王，重新获得了独立。在法老强有力的领导下，埃及把她的统治扩张到了亚洲和努比亚，建立了一个新帝国。图特摩斯三世东征前[1]，埃及艺术和手工艺如珠子制作和制陶等在很多方面都遵循着中王国和第二中间期的传统；埃及与亚洲外域文化的接触，立即引入了许多新事物、激发了许多新发明——这是埃及文明的新阶段。新王国时期埃及艺术的恢宏、华丽与气派充分表现在珠子制作和其他手工艺品上，然而它们却少了中王国时期的优雅和精致。

新王国时期用于制作珠子的材料有：玻璃，占 12.3%；硬石，占 11.2%；施釉石料，占 0.02%；金属，占 0.7%；可塑材料，占 68.7%；其他材料，占 7.1%；软石，占 0.03%。同前几个时期相比，施釉石料和软石料更加无足轻重了。玻璃在埃及历史上第一次成为常见材料。其他材料中占 97.3% 的鸵鸟蛋壳，在第 18 王朝早期还很常见，但是到了严格意义上的新王国时期，即图特摩斯三世东征之后，就变得相当罕见了。皮特里博物馆所藏这一时期（新王国）断代较确实的鸵鸟蛋壳珠中，年代最晚的样品有 5 颗出自阿玛尔纳[2]，3 颗来自图坦卡蒙时期[3]位于古洛布的燃烧堆积，此后鸵鸟蛋壳珠就完全消失了，直到第 22 王朝时才再度流行起来。① 金属珠有所增加，

---

① 参见 Wainwright, 1920, pp. 5 - 6, p. 22。

但是前面列出的金属珠比重却很小，这是因为贵金属珠子一直是古代和现代盗墓贼青睐的对象，而发掘所得的少数几颗也藏于开罗博物馆。同第二中间期相比，硬石珠的数量稍有增加，而釉砂珠的数量则略有下滑，但仍然居于首位。釉砂的颜色有所增加，不再局限于蓝－绿色、黑－棕色和白色，新出现了浅黄色（奥斯瓦尔德 4ec－ge）、灰色（2－4ig、13－14li、19－20nl）、叶绿色（21le）、红色（5－6pe－ne）、蓝紫色（11li、13pi）和黄色（2－3la－lc）。这些颜色都是在图特摩斯三世东征后才大量出现的。正如前面几章提到的，红色釉砂珠在前几个时期屡有报道，但真正意义上的红色釉砂珠即基体颜色呈红色的釉砂珠是在新王国时期才出现的。卢卡斯表示，在第 18 王朝之前或第 20 王朝之后都不存在红色釉砂。[1] 皮特里博物馆中还有几颗白色釉砂珠（914 号珠串），未经烧制、没有施釉，它们可能出自阿玛尔纳。在可塑材料制成的珠子中，釉砂珠占了 99%，其他塑材珠子包括许多蓝色或绿色的玻砂珠，以及一批共 19 颗棕色植物性塑材（vegetable paste）珠子（910 号珠串）。发掘报告中还提到了红陶珠[2]，不过它们可能是红色玻璃料珠或釉砂珠。我们在前一章讨论过，埃及人在第二中间期首次使用玻璃，但直到第 18 王朝初期之后玻璃才普及开来。第二十章提过一件第 17 王朝的带有王名凯普利－耐布－拉的蓝色玻璃狮子头，除此之外，已知最早的、自身带有断代依据的玻璃制品是一颗蓝色桶状玻璃珠，上面有第 18 王朝早期的王名"泽瑟尔卡－拉"（Zeserka－re）（即阿蒙霍特普一世）。[3] 蓝色之外，其他各色釉砂和玻璃要稍晚一些才流行起来，即第 18 王朝中期

---

① Lucas, 1936, p. 146.

② Firth and Gunn, 1926, p. 73, NE18.

③ Mace, 1902, p. 75, pl. LIII.

之后。各种颜色的分布如下（括号中的字母和数字是奥斯瓦尔德系统的表色法）：蓝色（13－14pi、17－18le）占32.6%，黄色（2ia－lc）占21.3%，黑色占15.1%，绿色（20－21le）占15.0%，红色（5－6le－pe）占10.1%，白色占4.1%，棕色（5pn、5pg）占0.7%，蓝紫色（10li）占0.4%，灰色（3ig）占0.4%，无色和透明占0.3%。大多数玻璃是不透明的，但是有些浅蓝色（16pe）或深黄色（21e）的玻璃是半透明的，而无色玻璃几乎都透明。另外，灰色玻璃的出现值得怀疑。阿玛尔纳出土的4颗灰色半透明玻璃珠明显属于罗马时期，被错放到了第18王朝的遗物中。这一时期的其他灰色玻璃珠都是不透明的，更像是周身覆有灰白色风化层的普通浅蓝色玻璃珠。硬石珠大多数是红玉髓珠（88.1%）和红色碧玉珠，或者红玉髓的不透明品种（8.1%），其次是石榴石（2.4%）、紫晶（0.5%）、水晶（0.4%）、青金石（0.2%）和绿色长石（0.1%）。还发现有杂色闪长岩珠5颗、绿色碧玉珠2颗、绿松石珠2颗，以及绿玉髓（？）珠、板岩珠、棕色和白色石英卵石珠和一种黑色石珠各1颗。其他遗址的发掘报告也提到了绿松石和绿玉髓[1]，孔雀石[2]和白色石英[3]也见于报告。至于施釉石材，虽然施釉滑石圣甲虫在这一时期很常见，但施釉滑石珠却极为稀少。已知的施釉滑石珠可能都是重新利用的旧类型，不过类型L27是个例外。这是一种半桶形的印章，没有铭文，在这一时期经常出现。皮特里博物馆第695号珠串上

---

[1]　绿松石见于 Firth and Gunn，1926，p. 69，NE65；绿玉髓见于 Möllers，Schubart and Schäfer，1910，p. 27；在图坦卡蒙的墓中也发现有一些绿松石珠，现藏开罗博物馆，临时编号359。

[2]　Möllers，Schubart and Schäfer，1910，p. 27。

[3]　Firth and Gunn，1926，p. 80，NE89。

有一颗用水晶制成的"罂粟果"形垂饰,[4]它是这一时期特有的类型。不过我们不能确定这颗珠子是特意施过釉的,还是仅仅从风化的釉砂或者锈蚀的铜器那里沾染了点颜色。金属珠所用的材料有金(76.7%)、银(10.7%)、铜(9.5%)及一种灰色金属(3.1%)。灰色金属珠(551号珠串)发现于古洛布,是12颗条形隔珠。奎贝尔在发掘报告中所说的贴金石膏可能是贴了金箔的玻璃料(M600)。① 其他材料有:鸵鸟蛋壳,占97.3%;黑色或黄色树脂,占1.5%;象牙或骨,占0.5%;芦苇,占0.6%;木料,占0.1%。壳类大环状珠(R53b)和一些带有纤维结构的小环状珠(R52c)看起来是用软体动物壳制成的。有些树脂珠可能是琥珀做的。据发掘报告,撒夫特荷那(Saft el - Henna)出土过小琥珀珠②,巴拉比什(Balabish)③ 和图坦卡蒙墓④中都发现过浅红色的树脂珠。软石珠在这一时期非常稀有。皮特里博物馆的软石珠只有蛇纹石珠和滑石珠各3颗,方解石珠、石灰石珠和石膏(?)珠各2颗,还有3颗白色石珠和1颗绿色石珠,其材料无法鉴别。这些珠子大多数可能是前几个时期的,现在重新使用了。

玻璃珠的类型分布如下:圆边环状珠(GN2),占10.0%;平边环状珠(GN6),占2.1%;双锥体环状珠(GN4),占3.8%;球形珠子(CN1、CN8、CN9),占62.7%;桶状珠(CN12、CN19[5]),占2.6%;其他类型,占2.0%。限于材料特性和制作方法,这一时期的玻璃珠通常呈球状、桶状和圆边环状。双锥体环状珠(GN4)是

① Quibell, 1908, p. 64.
② Petrie, 1906a, p. 39.
③ Wainwright, 1920, p. 57.
④ 开罗博物馆,临时编号351,362,367。

本时期的典型类型。边上起脊的桶状珠（GN18）只有一批，共35颗，但它们也有可能是釉砂做的。平边和圆转角的环状珠子（GN7）在这一时期非常少见，皮特里博物馆所藏此种珠子共6颗，其中4颗属于罗马时期，被错放到了阿玛尔纳第18王朝的文物中，我们前文讲过了。在其他形状中，有几颗锥状珠（GN13）、1颗双锥体球珠（GN10）、5颗椭圆截面的球状珠（GN25、GN27、GN29）、10颗扁椭圆截面的球状或桶状珠（GN46－GN49）、1颗半桶状珠子（GN41f）、1颗带箍环的桶状珠（GN73b）、7颗分节珠子（GN74、GN75）、1颗截面扁平的分节珠子（GN76）、1颗四臂珠（GN79）和一些形状不规则的珠子（GN80）。隔珠和垂饰的类型有：1枚用3颗球状珠接合而成的隔珠（GN83）；一些水滴状垂饰（GN84），有些带有用以悬挂的小环（GN85）；27颗扁平水滴状垂饰（GN87－GN89）；1颗獠牙形垂饰（GN92）；33颗"罂粟果"形垂饰（GN93）和9颗椭圆垂饰（GN95b）。图坦卡蒙墓出土的双锥体环状大珠子，穿孔特别大，被贝克称为"投环珠子"（GN204p）；此外还有一系列尺寸递变的锥状珠（GN13）和铅锤形垂饰（GN90d）。[1] 其他遗址中还发现过扁平桶状珠（GN36c）、双桶状隔珠（GN18e）、带尖垂饰（GN90b[6]）和新月形垂饰（GN97b、GN97d）。[2] 在技术层面，这些珠子几乎都是用缠丝法制成的，制作痕迹有些珠子还保留着，有的则将其磨掉了。在卡宏发现的几颗蓝色环状珠（1110号珠串）是用翻折法A制成的

---

[1]　开罗博物馆，临时编号762、763［卡特的发掘报告（即 Carter, *Tomb of Tutankhamen*——译者），vol. 1, pl. XXXV D］222（vol. Ⅱ, pls. LXVIII - LXIX），404（vol. Ⅲ, pl. XXXA），366（vol. Ⅲ, pl. XVIII）；锥状珠又见于 Davies, 1910, pl. Ⅵ, 3。

[2]　Brunton and Engelbach, 1927，图谱 no. 74j, 44z; Engelbach and Gunn, 1923, corpus no. 55D, 44G; Brunton, 1930, pl. XXXII, 17。

（G300），接合的痕迹还很清楚。据贝克的报告，阿玛尔纳发现过一些用翻折法制成的玻璃珠和用拉伸法 B（G800，即预制的玻璃管是用翻折法做的，而不是吹制的）制成的柱状珠子。[①] 有些珠子最后成型时可能进行了打磨。[②] 阿玛尔纳有 4 颗（1417 号珠串）用拉伸法 A[7]（G700）制成的灰色玻璃珠，它们应该属于罗马时期，被误放在第 18 王朝的文物里了，因为该遗址有一部分密集分布着罗马时期的墓葬。[③]

新王国时期，带装饰的玻璃珠特别常见。在皮特里博物馆，带装饰的玻璃珠和素面者的比例为 10.6∶100，其类型分布如下：凸螺旋状珠子（GD2），占 11.4%；彩色螺旋珠（GD65、GD66），占 6.4%；饰点状纹样的珠子，占 26.6%，包括点纹稀疏者（GD12、GD13）25.4% 和点纹密集者（GD14、GD15）1.2%；饰点 - 线纹样的珠子（GD16 - GD18），占 8.3%；饰绳纹的珠子（GD68），占 1.9%；蜻蜓眼珠和蜻蜓眼垂饰占 38.2%，包括圆形眼珠（GD23 - GD25）7.5%，扁平眼珠（GD34 - GD35）8.9% 及眼纹垂饰（GD36 - GD37）21.8%；带有缟玛瑙纹样的珠子（GD61、GD62），占 4.4%；带有单条水平带的珠子（GD70），占 1.2%；带有其他纹样的珠子，占 1.6%。类型 GD2a 是普通的环状珠，它们凸起的螺旋纹样可能是制作过程中无意形成的，完工时没有去掉，而非特意加工的装饰。彩色螺旋状珠子上有两条色带，一条白色、一条深色，深色色带为黑色、蓝色或绿色；珠子形状为桶状或水滴状。大多数装饰点纹的珠子，在深色背景（黑色、蓝色、蓝紫

---

① Beck, 1927, pp. 60 - 61, figs. 51 - 52.

② 参见贝克的评论，见于 Beck, 1927, p. 61。

③ Pendelbury and Frankfort, 1933, pp. 66 - 67, p. 71.

色或绿色）上加白点，也有在浅色背景（白色、黄色、绿色或浅蓝色）上加黑点的；珠子类型有球珠（GD12、GD14）、桶状珠（GD13、GD15c）或椭圆垂饰（GD15p[8]）。点－线纹见于球珠（GD16）或桶状珠（GD17）上，有 1 颗珠子上饰线形螺旋圈，而非点（GD18）。蜻蜓眼纹样由白色环及其中心的深色点组成，制作方法是在珠子基体上贴一个白色圆环（GD23）或者一个分层蜻蜓眼（GD25、GD34、GD35），珠子形状为圆形（GD23、GD25）或者扁平（GD34、GD35）截面的球状或桶状珠。蜻蜓眼垂饰一般装饰一到两个分层眼纹（GD36b－GD36d）或一个螺旋圈（GD36g），也有在中心眼睛外绕一圈小点的（GD37）；蜻蜓眼垂饰大多数截面扁平，上面除了悬挂用的小环外还有一个横穿珠体的穿孔。绳纹珠子的做法是，先把一白一黑两条玻璃线拧成绳，再将其压在珠子的基体上；这类珠子通常为球状珠或桶状珠（GD68）；类型 GD68y 是一颗残破的绳纹大珠子，出自阿玛尔纳，但年代有争议，笔者认为它可能属于罗马时期而不是第 18 王朝；类型 GD28 和 GD70f 的纹样也有绳纹元素。缟玛瑙纹玻璃珠为黑色（有时为棕色）球状珠或桶状珠，边缘中部模仿缟玛瑙做出一条白色条带；类型 GD70 有一条纯黑或黑白绳纹水平线，呈扁平桶状。皮特里博物馆中其他带装饰的玻璃珠还有：1 颗装饰模制螺旋纹、带箍环的柱状珠子（GD9），2 颗边缘呈锯齿状的环状珠（GD6b），1 颗饰有若干突起点纹的黑色桶状珠子（GD19），1 颗带四个黄犄角的绿色扁桶状珠子（GD20），1 颗装饰绳纹和分层眼纹的梨形珠子（GD28），1 颗用缠丝法制成、一端包有黄色玻璃小帽的蓝色水滴状珠子（GD64g），1 颗装饰之字纹的南瓜形珠子（GD79f）和 1 颗装饰旋涡纹的扁桶形珠子（GD84）。各遗址的发掘报告中提到的珠子类型还有：两端各有一窄颈的蓝色南瓜形珠子（GD66′[9]）①，普通的南瓜形珠子（GD6i）②，装饰之字纹的桶状珠（GD79b – GD79c）③，饰点纹的沙漏形珠子（GD15f），饰分层眼纹的扁球形珠子（GD35g），饰红、绿和白色条纹的桶状珠（GD62j），装饰蓝色条纹的黄色水滴状垂饰（GD95）以及仅一面带装饰的圆形垂饰（GD96b – GD96d）④。类型 GD96b – GD96d 的材料可能是釉砂，而非玻璃。需要注意的是，上述装饰玻璃珠的基体几乎是用缠丝法制成的（G600）。

　　硬石珠的类型分布如下：环状珠（H2、H5、H6）占 3.3%，锥体环状珠（H4）占 20.7%，球状珠（H1、H8 – H10）占 62.5%，桶状珠（H14 – H16、H19）占 3.8%，柱状珠（H21）占 3.0%。"罂粟果"形垂饰在这一时期特别常见。旧有的形状中最为常见的是球状，这是中王国留下来的传统，但这一时期球状珠的尺寸要小一些。皮特里博物馆其他类型的硬石珠有：3 颗环状珠（H3），1 颗水滴状垂饰（H20g），3 颗桶形、圆形或菱形的扁珠（H26 – H27、H32），9 颗半桶状珠子（H39），4 颗南瓜形珠子（H96），2 颗分节珠子（H57b），1 颗叶形隔珠（H69）和 9 颗中部镂空的方形隔珠（H98）。其他形状的垂饰有：30 颗扁平卵形垂饰（H87d）、1 颗鼓起的卵形垂饰（H87h）、7 颗水滴状垂饰（H71 – H73）、4 颗扁平水滴状垂饰（H75）、5 颗"花瓣形"垂饰（H87b）和 2 颗不规则形垂饰

① Petrie, 1910b, pl. XXVII, 94.
② Brunton, 1930, pl. XXXII, 61.
③ Naville, 1890, p. 43, pl. XVTⅢ, 5；另一颗出自阿玛尔纳，现藏于开罗博物馆：开罗博物馆 no. 55525。
④ Brunton and Engelbach, 1927, 图谱 nos. 70R, 58A, 58G；44X, 44Y；Brunton, 1930, pl. XXXII, 94。

（H88a）。图坦卡蒙墓出过重锤形垂饰（H79f）。[1] 布巴斯提斯（Bubastis）发现过几颗青金石做的盘状珠，边缘有切口（H96k）。[2] 萨卡拉的发掘报告里提到一颗大红玉髓多面珠[3]，但报告上没有描述其具体形状。矩形隔珠（H63c）也有发现。[4] 从技术上看，这一时期的硬石珠同中王国的相比，抛光得较为粗糙。穿孔方面，在第二中间期第一次变得常见的单锥型穿孔，在这一时期占了主导地位，正如下列比重分布所示：对锥型穿孔（H100）占 0.5%，对管型穿孔（H200）占 2.2%，单锥型穿孔（H300）占 95.6%，普通穿孔（H400）占 1.3%，不明确者占 0.4%。这清楚表明，不仅原始的对锥型穿孔变得少见了，就连中王国时期盛行的对管型和普通穿孔也变得相当罕见。少数没有采用单锥型穿孔技术的珠子更可能是重加利用的古代珠子，不能说明其所采用的穿孔技术仍在使用。穿孔类型不明确的包括未完工的和未穿孔的珠子，或是一些穿孔类型未做记录的隔珠。阿玛尔纳发现过一颗采用刻槽型穿孔（H800）的青金石珠，但笔者怀疑它是扰入的罗马时期的珠子。

新王国的施釉滑石珠非常罕见。皮特里博物馆有 5 颗桶状珠（L13 – L14）、2 颗南瓜形珠子（L71）和 1 颗没有文字的半桶状印章（L27）。除了最后一种，其他的很可能都是重加利用的古代珠子。另外还有 1 颗"罂粟果"形水晶垂饰（L55），有施蓝色釉的痕迹，笔者暂时将其归为施釉石珠；不过它也可能是没有施釉的普通垂饰，因与风化的釉砂或铜器接触而粘上类似釉料的东西。另外，这一时期还

---

[1] Carter, 1933, pl. XVIII, 开罗博物馆, 临时编号 366。

[2] Petrie, 1927, p. 7, pl. V.

[3] Firth and Gunn, 1926, p. 80, NE89.

[4] Engelbach and Gunn, 1923, 图谱 no. 58w。

发现过荷包形隔珠（L41）。[1]

　　金属珠中，灰色金属珠采用条形隔珠（M33d）的样式。铜珠中有许多呈环状，大多数为平边，是用翻卷薄片法 A 制作的；此外，铜珠还有些圆边环状珠（M2c、M7a）、细长的短圆柱形珠子（M12b – M12c）和 1 颗残垂饰（M48，只剩下悬挂用的小环了）；最后一件呈棕黑色，其材料鉴定值得怀疑。皮特里博物馆的银珠全部呈环状（M7p），只有一批，共 42 颗。底比斯出土的银珠有锥形珠（M7p）、桶状珠（M8b）和扁平桶状珠（M13g）。[2] 黄金是最常用于珠子制作的金属。金珠的形状和所占比重如下：环状（M2、M3）占 58.3%，桶状（M8、M9）占 30.0%，球状（M5、M21）占 6.4%，垂饰（M43 – M48）占 3.0%，其他形状占 2.3%。大多数环状珠是平边（M3b），也有圆边的（M2a），采用翻卷薄片后锻接两端的方法制作（M300），不过也有 3 颗的两端是重叠的（M200）。桶状珠有的是在玻璃料内核上贴金箔制成的（M600）。球珠（M5b）则是用两个半球对接而成的（M500），有些球状珠两端有箍环（M21b），有些则是连体双珠（M21m）。皮特里博物馆所藏其他类型的金属珠有 1 颗隔珠和 6 颗带装饰的珠子。隔珠是将两个柱状珠并排接合制成的（M28）。带装饰的珠子中，有 1 颗镂空的"灯笼形"珠子（M51）、3 颗边缘有切口的环状珠（M56b）、1 颗装饰凸棱纹的环状珠（M56f）和 1 颗用一圈小金珠制成的环状珠（M68b）。但是，皮特里博物馆收藏的金珠非常少，我们要想对其类型变化有一个全面把握，就需要参考其他收藏和图书资料。图坦卡蒙墓出土的金珠类型有：制作仪式

---

[1]　Brunton, 1930, pl. XXXII, 15.

[2]　锥状珠见于开罗博物馆，临时编号 336，出自图坦卡蒙墓；其他两种形状见于 Lythgoe, Lansing and Davies, 1917, p. 18, fig. 12。

用鞭的锥状珠（M7p）、双锥体桶状珠（M10a）、投环状珠子（即带有大穿孔的双锥体环状珠，M10p）、长水滴形珠子（M11h）、短柱状珠（M12b）、扁平圆形或菱形珠子（M13b、M13e、M7）、由三个环状珠子组成的隔珠（M27c）、由七颗棱纹宽环状珠组成的隔珠（M30）、重锤形垂饰（M45f）、带凸棱纹的环状珠（M56f）、由一圈小金珠组成的环状珠（M68b）以及表面用小金珠组成特定图案的珠子（M71i）①。其他遗址所见金珠类型有：塔勒拜斯泰（即布巴斯提斯）出土的双锥体环状珠（M10n），细环状珠（M12d），由小金珠拼成的双环形珠子（M68f），在金管一端接上用于悬挂的小环制成的垂饰（M50e）以及叶形垂饰（M90c）②；出自雅赫霍特普（Aahhetep）[10]皇后宝藏的珠子包括：用细金管连接三排环状珠制成的隔珠（M31）、带有两个互相垂直的穿孔的十字形隔珠（M25）、花瓣形垂饰（M48f、M48h）和装饰小金珠的扁平水滴状垂饰（M94）。③此外还有用两颗球珠（M26d）或两颗桶状珠（M29b）制成的隔珠④；叶形或花瓣形空心垂饰，背面扁平，两端各有小环⑤；

---

① 所有类型均见于开罗博物馆：类型 M7p，临时编号 336；M10a，临时编号 261－262（Carter，1933，pl. XXXVIIA7，B6）；M10p，临时编号 219（Carter and Mace，1927，pl. XXV）；M11h，临时编号 222（Cater and Mace，1927，pls. LXVIII－LXIX）；M12b，临时编号 904；M13、M7，临时编号 912－913（Carter and Mace，1923，pl. XXXVIC）；M27c，临时编号 260（Carter and Mace，1927，pl. XXXVI，B.1）；M30，临时编号 346（Carter，1937，pl. XX，B）；M45f，临时编号 366（Carter，1937，XVIII）；M56f，临时编号 263，（Carter，1937，pl. XXXVI，A，2）；M86b，临时编号 85；M71i，临时编号 232、362、367（Carter，1937，pl. XVIII，右上）。

② 开罗博物馆 J38713，J38675；见 Edgar，1907，pls. LII－LV。

③ 开罗博物馆 Cat. nos. 52670，52672，52673；见 Vernier，1927。

④ 开罗博物馆 J26298。

⑤ 开罗博物馆 Cat. nos. 52674；见 Davies，1910，pl. XXI。

通体压印棱纹的桶状珠子（M62b）[1]；镂空珠子和垂饰（M64b、M64c、M64p）[2]；1颗盘状珠，珠体周围焊有一圈之字形条带（M66d）[3]；荷包形或"贝壳"形隔珠（M86）[4]。

现在讨论可塑材料。用棕色植物性塑材做的珠子呈球形（PN8f）。皮特里博物馆的蓝色玻砂珠有如下类型：环状珠（PN2、PN6）占12.7%，双锥体环状珠（PN4）占23.4%，球状珠子（PN8）占34.6%，桶状珠（PN16–PN17）占2.4%，水滴形珠子（PN21）占0.9%，柱状珠（PN22）占0.3%，分节珠子（PN63）占25.7%。与中王国相同，球状珠子是最常见的类型。双锥体环状珠是这一时期的典型。分节珠子是连体的环状珠，这种珠子在新王国能占据主导地位，得益于一种新技术的发明，笔者会在后文讨论分节釉砂珠时详细说明。釉砂珠的类型和比重如下：环状珠（PN2、PN3、PN6、PN7）占77.7%，双锥体环状珠（PN4）占1.2%，球形珠子（PN1、PN8、PN9）占5.6%，桶状珠（PN16–PN18）占1.0%，柱状珠（PN22、PN23）占3.4%，水滴形珠子（PN21）占0.4%，分节珠子（PN62、PN63）占8.1%，隔珠（PN72–PN83）占1.8%，垂饰（PN86–PN98）占0.5%，其他类型占0.3%。环状珠尤其是小环状珠（PN2a–PN2c、PN6a–PN6b）在这一时期十分常见。这些环状珠是圆边（PN2）还是平边（PN6）并不重要，因为这种小珠子的边缘是平是鼓由釉料的黏度和厚度决定，要判断边缘到底是平的还是稍有鼓出常常难以办到。分节珠子在这一时期第一次占了主流，它们通常和普

---

[1]　开罗博物馆 J41587。
[2]　开罗博物馆 Cat. 52679，见 Vernier，1927，pp. 225 – 226，pl. LV。
[3]　Petrie，1927，p. 7，pl. V.
[4]　Petrie，1909b，p. 9，pl. XXIX.

通的环状珠穿在一起使用，制成分节的形状似乎是为了省去将它们切成单个环状珠的麻烦。环状珠和分节珠子的穿孔开始时比较小，但到新王国后期就变大了。英国青铜时代墓葬中发现的分节釉砂珠现在普遍认为是从埃及进口的[①]。双锥体环状珠是这一时期的典型。球状珠、柱状珠、桶状珠和水滴形珠子虽然在数量上不及环状珠和分节珠子，但也不少见。大多数隔珠是由环状珠或柱状珠接合而成的（PN72），或是两端附有小环的叶形或花瓣形（PN83）。其他类型的隔珠不太常见。皮特里博物馆还有如下类型的隔珠：用扁平柱状珠接成（PN73）；用分节圆柱状珠子接成（PN75）；用空心圆柱或实心半圆柱状珠子接成，两端再各附一小环（PN76）；用水滴状珠子接成（PN74b、PN74d）；用条状实心甲虫形或叶形珠子制成，两端各穿一孔（PN82）；以及多穿孔的实心长条隔珠（PN79）。以上所列各类隔珠所占百分比如下。

PN72	PN73	PN74	PN75	PN76	PN79	PN82	PN83
65.1%	0.6%	0.3%	3.2%	5.5%	1.3%	0.5%	23.3%

其中，PN83 与 PN82 在形状上非常相似，区别在制作方法上：前者是用模子制成的，两端带有小环用于穿线；而后者塑造成型，穿孔是戳出来的。而且 PN82 是中王国时期的类型，在皮特里博物馆中只有 3 颗，均发现于第 18 王朝早期的遗存中［遗存共两处，一处位于戴尔 – 巴哈利一座第 11 王朝用过的神庙里，另一处是西奈半岛的色拉比（Serabit）神庙[11]］，它们很可能都是中王国时期遗留下来的。PN83 在新王国时期第一次流行起来，普及程度超过了 PN82。其

---

① Beck and Stone, 1936, p. 252.

他遗址还发现用球状小珠接合而成的隔珠（PN74g）以及荷包形隔珠（PN78f）。[1] 垂饰大多为花形（PN98）和半水滴形（PN86j[12]、PN89），前者采用塑形法 B 制作；其他形状的垂饰有柱状垂饰（PN91）、叶形垂饰（PN92、PN93m）和金字塔形垂饰（PN94a）。皮特里博物馆中其他类型的釉砂珠还有：22 颗梨形珠（PN11）、31 颗锥形珠（PN12、PN13、PN24）、5 颗扁桶形或水滴形珠子（PN29、PN30）、4 颗半桶状珠（PN39b）、8 颗半梨形珠（PN40 - PN43）、1 颗半柱状珠（PN41）、5 颗扁平柱状珠（PN31、PN45f、PN47b）、2 颗多面桶状或球状珠（PN56 - PN58）、2 颗由双锥体环状珠组成的分节珠子（PN64）、9 颗纽扣形珠子和 4 颗船形珠，最后两种各有两个互相垂直的穿孔（PN69）。发掘报告中还提到了以下类型的釉砂珠：带有大穿孔的投环形珠子或双锥体环状珠（PN4p）[2]、蓝色玻砂做的多面球状珠（PN55b）、叶形隔珠（PN83k）和花形垂饰（PN98e、PN98i）。[3]

皮特里博物馆所藏带装饰的釉砂珠包括：花形珠（PD36）占34.1%，南瓜形珠子（PD21）占 33.5%，轧齿边或边上有切口的环状珠（PD15 - PD18）占 20.2%，绘螺旋纹的珠子（PD2、PD4）占3.3%，用碎屑装饰的珠子（PD48）占 2.2%，带其他装饰的珠子占6.7%。其中，绘螺旋纹的珠子呈桶状或水滴状。用碎屑装饰的珠子则为尺寸不同的桶状珠。这两种珠子都流行于中王国时期，在第 18王朝早期只偶尔出现，前文讲比重分布时提到的样本大部分来自第

---

[1] Engelbach and Gunn, 1923, 图谱 no. 55j; Brunton, 1930, pl. XXXII, 14。

[2] 出自图坦卡蒙墓，见 Carter and Mace, 1927, pl. XXV; 开罗博物馆，临时编号 760, 761, 765。

[3] Brunton, 1930, pl. XXXII; Petrie, 1894, pl. XX, nos. 518 - 520; pl. XIX, 450 - 451, 453。

18 王朝早期的遗存中（戴尔－巴哈利第 11 王朝用过的神庙遗址和西奈半岛的色拉比神庙遗址），只有 3 颗出自阿玛尔纳、1 颗出自撒夫特荷那，此后，它们就彻底绝迹了。正如赖斯纳所说，"明确断在中王国的文物和残块在每座神庙中都找得到，因此把所有釉砂残片都归入第 18 王朝很难站得住脚"①，它们中的一部分可能是中王国时留下来的。花形珠是这一时期的典型珠子类型之一，用模制法 A 制成（PN500）。其他类型的带装饰釉砂珠有：15 颗状如有翼箭镞的珠子，施有黑色和蓝色釉，皮特里认为这种装饰"似乎在模仿用染色稻草编制的物体"②（PD78m[13]）；14 颗雕刻或塑造而成的柱状珠子（其中 8 颗饰单螺旋纹样，PD10；1 颗饰双螺旋纹样，PD13e；1 颗饰不完整或变形螺旋纹样，PD62c；1 颗饰网纹，PD39d；2 颗用蓝色玻砂制成，两端各绕两道线，PD55f；1 颗用三颗球状珠夹两组两颗环状珠组成的珠子，PD55b）；6 颗花形锥状珠（PD33）；5 颗中部镂空的方形隔珠（PD71）；4 颗类似 M64 型金珠的镂空珠子（PD67）；9 颗模制花形垂饰，上有小环用于悬挂（PD93b）；以及以下 6 种类型的珠子各 1 颗：表面用蓝色和黑色条带交替装饰如西瓜皮状的大空心球（PD6）、由四颗小球接合而成的环状珠（PD35c）、绘有两个点的蓝色球状珠（PD43a）、用绿色碎屑装饰的黑色双锥体环状珠（PD46d）、棱纹隔珠（PD81b）和甲虫形隔珠（PD83b）。发掘报告中还有以下类型：1 颗塑造而成的螺旋形桶状珠子，施有深蓝紫色釉（PD8b），这颗珠子被发现于西奈的色拉比神庙，皮特里认为它是王朝时期早期的珠子，是斯尼弗鲁（Snefru）[14] 所献祭品的一部分③，

---

① Reisner, 1923b, p. 134.
② Petrie, 1906b, p. 152, fig. 159.
③ Petrie, 1906b, p. 150, fig. 155, no. 9。

不过笔者认为没必要将其年代定得那么早，因为据我们所知，带凸螺旋纹的珠子在中王国时期也有发现。[①] 图坦卡蒙墓里发现过"羽毛状菱格纹珠子"，这一称谓出自贝克的著作[②]，珠子本身为胸甲的一部分。[③] 阿玛尔纳出土过一颗条形隔珠，一面平整、无装饰，另一面有凸棱（PD81b），发现者指出"这种类型常见于同时期的希腊墓葬中"。[④] 阿玛尔纳还发现过上色的矢车菊形垂饰（PD93d）。[⑤] 此外，边上有切口并刻有两道水平线（PD27d）或十字纹（PD65f）或绘有连体三角形（PD78）的牌状珠子也有发现。[⑥] 从技术上看，模制法（PN500、PN600）首次出现在新王国时期，这在前面已经讲过。在本期的多个遗址中都发现了制作珠子的实用模具[⑦]，而此前几个时期里没有这样的发现。塑形法 C，即用"黄油拍"状工具来成型的方法，似乎也是这一时期发明的，主要用于制作球状珠和分节珠子，偶尔用于制作柱状珠。塑形后戳孔的方法（PN400）在中王国时特别常见，一般用于制作球状珠，在这一时期则很少使用。整体来说，珠子穿孔在新王国早期较小（PN100），晚期则变得非常大（PN200）。

人们长久以来都认为，英国青铜时代的分节釉砂珠是从埃及进口的，这种珠子也被视为埃及同外部交流的证据。麦凯伊和坎

---

① Engelbach and Gunn, 1923, 图谱 no. 47N。

② Beck, 1927, p. 50, Group XLVIII, A46.

③ 开罗博物馆，临时编号 515，见 Carter and Mace, 1923, pl. XXXVIII。

④ Frankfort and Pendlebury, 1933, p. 100, pl. XLII, l.

⑤ Petrie, 1894, pl. XIX, 471.

⑥ Brunton and Engelbach, 1927, corpus no. 41H；Brunton, 1930, pl. XXXII, 27, 97.

⑦ Petrie, 1890, p. 37；Petrie, 1894, pp. 28 - 29；Hamza, 1930, p. 52，另见于阿蒙霍特普三世的皇宫，参见 Winlock, 1912, p. 185。

宁顿女士①认为分节珠子起源于单独小珠子的意外粘连，但贝克和斯通则觉得分节珠子不一定源于单独小珠子的熔接，或者是用这种方式制作的，不过就其起源他们也没有给出自己的假说。② 笔者大胆推测，这一时期分节釉砂珠的产生，很可能与塑形法 C（使用"黄油拍"状工具成型）这种特殊工艺的发明有关，这种工艺，原本可能是为了快速制作球状小珠或环状珠子而发明的。支持这一推测的证据是，埃及已知最早的分节珠子是用象牙或骨料制作的③，制作时要先在上面刻出凹槽，再切割为单个珠子；另外，在塑形法 C 问世并被用于制作单体和连体（即分节）珠子以后，分节釉砂珠才盛行起来。贝克称分节珠子最早出现在第 6 王朝，呈蓝色、绿色和红色，而且这种珠子见于整个第一中间期④，他可能受了误导。贝克文中所绘古王国的分节小珠（据描述为蓝色、绿色和红色），几乎可以确定是新王国时期的，而他关于第一中间期分节珠子的论述既得不到该期遗址发掘报告的证实，比如布伦顿的《卡乌和巴达里》，也与我们对各批珠子收藏的研究成果相左。当然，在分节珠子流行之后，其他方法也会用于生产这种珠子。皮特里认为"这些带棱的管子是有意制作的，目的是省去一个一个穿结大量珠子的麻烦；较短的那些在制作时本就联结在一起，只是没有分开而已"。⑤ 贝克和斯通根据光谱分析得出结论，认为"在威尔特郡（Wiltshire）发现的那颗分节珠子与阿玛尔纳出土的一颗珠子极为相似，因此二者都是在埃及制作的，年代

---

① 麦凯伊的评论见 Marshall, 1931, p. 514；坎宁顿女士的评论见于 Cunnington, 1934, p. 106。
② Beck and Stone, 1936, p. 211.
③ Brunton, 1928b, p. 27, sec. 56, type 76a3.
④ Beck and Stone, 1936, p. 223.
⑤ Petrie, 1890, p. 37.

大体相同"。他们还注意到"埃及和威尔特郡珠子之间一个最明显的区别是穿孔的大小不同。所有大尺寸的英国珠子穿孔都非常大,而几乎全部埃及珠子都用小穿孔"①,原因很可能是他们用于对比的埃及样本年代过早。众所周知,第19王朝早期的珠子,穿孔都比阿玛尔纳的大。

其他材料制成的珠子中,黑色树脂珠呈小环状(R4e、R4f)。棕色树脂珠呈球状(R6)、双锥体桶状(R8g)和扁平桶状(R12i)。图坦卡蒙墓出土的树脂珠有圆边大环状珠(R2e)、双锥体环状珠(R5)和桶状珠(R8c)。② 骨珠和象牙珠的类型包括柱状珠(R33)和条形隔珠(R44)。底比斯发现了大量白色小环状珠子,被记录为"骨珠"③,但是从出版的照片来看,这些珠子可能是壳类珠子。环状鸵鸟蛋壳珠(R51、R52)在第18王朝早期并不罕见,但到新王国晚期就变得非常稀少了。有些壳类珠子的直径特别大(R53b),但仍不及中王国时期的圣饼形珠子(R53d)。类型R68a是没有完成的壳类珠子。还有一些长盘状的珍珠母珠子,长轴两端各有一个穿孔,(R72g)。④ 这一时期的木珠常常贴有金箔,一些没有贴金箔的木珠可能不是原状,表面的金箔在古代或近代被剥去了。皮特里博物馆只有长水滴形木珠(R80),不过根据发掘报告,在其他遗址还发现用于制作仪式用鞭的贴金木珠,分别呈球状(R79[15])、长水滴状

---

① Beck and Stone, 1936, p. 252, 224。

② 临时编号 362, 764, 351; Carter and Mace, 1923, pl. XXXIV, and 1927, pl. XIX, C。

③ Carnarvon and Carter, 1912, pp. 78 – 81, 尤其是该报告中的 nos. 31, 53, 59。

④ Naville and Hall, 1913, p. 25, pl. XXV, 3。

（R80）① 和锥状（R82d）②。芦苇珠是种奇特的类型，通过把小段芦苇弯成想要的形状制成（R93），这些芦苇珠出自戴尔－巴哈利第 11 王朝神庙遗址中属于第 18 王朝早期的废墟里。③

皮特里博物馆收藏的 16 颗软石珠中，有 11 颗为圆边环状珠（S2）或桶状珠（S14），但是不见平边环状珠（S6）或柱状珠（可以看作直边的桶状珠）（S18）。这一现象支持了我们的假设，即新王国的软石珠都来自前几个时期，是被重新利用的珠子。由于材料较软，平边珠子在佩戴时很容易被磨成圆边。皮特里博物馆中其他形状的软石珠有：1 颗截面大致为椭圆的环状珠（S21g），可能是在佩戴过程中磨成这个样子的；扁平桶状珠（S23g、S27b）若干；1 颗带有 V 形穿孔的半桶状珠子（S29f）；以及 1 颗背面平整的扁水滴状垂饰（S63）。最后一颗珠子的材料被定为软石（蛇纹石？）是值得怀疑的，其材质可能是某种玻璃料或风化的釉砂。果真如此，那它就该归入可塑材料群，其类型则应重新定为 PN98i。发掘报告中还提到了双锥体或锥体环状珠（S3b、S4e），以及 1 颗罂粟籽形（？）[16] 垂饰（S65b）。④

关于新王国时期珠饰的佩戴方法，图坦卡蒙墓的发现能提供最好的说明，因为它不仅保存得最好，而且随葬品最为丰富。该墓所出珠子的用途有：制作简易项链、宽乌瑟赫项圈，装饰悬挂胸饰的绳子，制作仪式用鞭即"连枷"，仿制动物尾巴，制作胸甲和一种带有流苏的肩带，用作袍子上的装饰，制作无边帽上的珠网、覆盖凉鞋和踏脚

---

① 开罗博物馆，临时编号 404，见卡特的发掘报告，Carter，1933，pl. XXIA。
② Davies，1910，pl. Ⅵ，3。
③ Naville and Hall，1913，p. 17，26，pl. XXⅦ，6.
④ Brunton and Engelbach，1927，图谱 nos. 58Y，58X，45L。

垫的珠网。① 其中有些用法也见于其他地方，例如许多遗址中发现简易项链②，阿玛尔纳出土了1件宽颈圈，美里塔蒙（Mryt－Amun）墓中随葬有手链和脚链，戴尔－巴哈利发现过仪式用鞭和固定在衣服上的珠子。③ 除上面所列外，珠子还有其他用法，例如在撒夫特荷那发现的缝有珠子的面罩和裹尸布；④ 库尔内有珠网编的荷包，蝇拍、脚链和腰带；⑤ 底比斯出土的腰带和花冠；⑥ 阿玛尔纳发现的缀在青铜额饰上的珠串和带有马耐特（manet）[17]饰物的一条短珠串。⑦ 除了将珠子串成项链作供品，埃及人还将破碎的柱状珠子插在圆形泥饼上

---

① 均见于开罗博物馆；简易项链，临时编号 88，268，362，760－765，1286（Cater and Mace, 1923, pls. XXXIV－XXXV, 1927, pl. LXXVIIB）；宽领圈，临时编号 944－951，（Cater and Mace, 1923, pl. XXXIX, 6）；胸饰绳索上的装饰，临时编号 227，231－232，344－345，350－351，943（Cater and Mace, 1923, pl. XL；1927, pl. LXXXIV；Carter, 1937, pl. XIX）；手链，临时编号 237，260－264，357，359（Cater and Mace, 1927, pl. LXXXV；Cater, 1937, pl. XX）；耳饰，临时编号 366－367（Cater, 1937, pl. XVIII）；仪式用鞭，临时编号 336，404－405（Carter, 1937, pl. XXI A）；假尾，临时编号 1211；胸甲，临时编号 515（Carter and Mace, 1923, pl. XXXVIII）；肩带，临时编号 346，（Carter, 1937, pl. XX B）；袍子上的装饰，临时编号 1071－1083，（Carter and Mace, 1923, pl. XXXIV）；无边帽（Carter and Mace, 1927, pl. XXXII）；凉鞋，临时编号 747，904，912－913（Carter and Mace, 1923, pls. XXXV－XXXVI）踏脚垫，临时编号 575（Carter, 1937, pl. LXIX）。
② 现藏于皮特里博物馆：1108－1111 号珠串（出自卡宏）、1508－1512 号珠串（出自巴达里）等。
③ Frankfort and Pendlebury, 1933, p. 18, pl. XXXVI 2：Winlock, 1932, p. 15, pl. XVIII, B－C；Naville and Hall, 1913, pp. 25－26, pls. XXV, L, XXVII, 6.
④ Petrie, 1906a, p. 38.
⑤ Petrie, 1909b, pp. 8－9, pls. XXV－XXIX.
⑥ Winlock, 1932, pp. 14－16. pl. XVIIA, text fig. 2.
⑦ Peet and Woolley, 1923, p. 31, vol. II, p. 22, pl. XXXVI, 3.

用于献祭①，发现者认为这些泥饼象征着面包。若果真如此，则当时的真饼上可能偶尔也会装饰珠子。在基址发现的成堆珠子，既可能穿成串后按常见功能使用②，也可能未加穿连，在奠基仪式上从容器（可能是篮子）中成把抓出，撒在那里③。有些从基址堆积中出土的釉砂珠，穿孔中还留着制作时漏进去的釉料，说明它们从未穿结。

珠子的编排方法，只有通过出土时仍保持原有顺序的珠串才能观察到。皮特里博物馆这一时期的401串珠子中，只有32串还在原穿绳上，或是按照原顺序重新穿起来的。图坦卡蒙墓的发现也能很好地反映本期珠子的排列方法，然而到目前为止只有部分文物得以出版。其他遗址的发掘报告也提供了这方面的信息。简易项链可以完全由同一形状、同一材质和同一颜色的珠子组成，如所有珠子均为盘状蓝色釉砂珠④；或是形状相同但颜色不同的珠子，如红玉髓和石榴石小圆珠交替排列，又如两颗蓝色和白色珠子与两颗黄色珠子交替排列⑤；或是形状不同的珠子和垂饰，如两颗罂粟果形红玉髓垂饰和两颗釉砂垂饰交替排列，每两个垂饰间再用四颗颜色不同的小釉砂珠分隔⑥，又如水滴形珠子和球状珠子交替排列。⑦ 稍微复杂一些的项链包含两到三串珠子，由隔珠联结在一起，如三串小釉砂珠被分隔条分为多段，最底下

---

① Naville and Hall, 1913, p. 17.

② 例如 Petrie, 1896a, p. 14。

③ Petrie, 1897, p. 14, sec. 31.

④ 例如 Firth and Gunn, 1926, p. 83, NE91; Carnarvon and Carter, 1912, p. 80, 53 号墓。

⑤ Petrie, 1906a, p. 41, tomb 378; p. 44, tomb 379.

⑥ Petrie, 1906a, p. 38, 246 号墓。

⑦ Quibell, 1908, pl. XII.

的一串珠子中混排着贝斯（Bes）[18]垂饰；① 又如两串小珠子被叶形或有护身符性质的隔珠分割开来。② 项链上的垂饰可能复杂些，由两条悬挂的珠串组成，每串有三颗环状珠，末端为一颗钟形珠。③ 大直径环状珠有时也会采用这种方式穿结，以露出其正面而非边缘。④ 阿玛尔纳出土的花形宽项圈上有两个彩色莲花形端珠，它们之间串着六排各种花形珠子，其间又有大量红色和黄色小环状珠用作分隔。⑤ 图坦卡蒙墓出土的八件花形项圈中，有一件上面有六排各种各样的花瓣形和花形珠子。⑥ 宽手链由几排用隔珠分开的各式珠子组成⑦，有的用金属扣扣牢。⑧ 第18王朝早期的腰带上有石头的或金属的"荷包"形或"贝壳"形隔珠（H98m、M96），按一定距离穿在两到三串环状珠之间⑨，或穿在两串（每串六颗）细桶状珠子之间，有一条串珠上每七颗珠子用一颗隔珠。⑩ 库尔内发现两只带提手的荷包，是用蓝色小珠子编的珠网制成的。⑪ 阿玛尔纳还有一件红色和黄色珠子编的珠网，饰有菱形纹样。⑫ 戴尔－巴哈利有一件带有纹样的珠网，由颜色

---

① Frankfort and Pendlebury, 1933, p. 41, pl. XXVIII, 7.
② Petrie, 1906b, p. 152, fig. 159, 3 – 4.
③ Mace, 1902, p. 89, pl. XLVI.
④ Naville and Hall, 1913, p. 17.
⑤ Frankfort and Pendelbury, 1933, p. 18, pl. XXXVI, 2.
⑥ 开罗博物馆，临时编号947，见 Carter and Mace, 1923, p. 173, pl. XXXIX。
⑦ Carter and Mace, 1927, vol. II, pl. LXXXVI。
⑧ Carter and Mace, 1933, vol. III, pl. XX；又见 Winlock, 1932, p. 15, pl. XVII, B – C。
⑨ Winlock, 1932, p. 15, pl. XVII, A；Möllers Schubart and Schäfer, 1910, p. 28, no. 33, pl. 8。
⑩ Petrie, 1909b, p. 9, pl. XXIX.
⑪ Petrie, 1909b, p. 8, pl. XXV.
⑫ Frankfort and Pendelbury, 1933, p. 32, U352.

鲜亮的小珠子编成。① 图坦卡蒙墓中装饰凉鞋、无边帽和踏脚垫的珠网上，有用多色小珠经巧妙编排而成的精美图案，该墓出土的袍子上也缝着珠子作装饰。② 库尔内发现的一件珠饰由 16 串蓝色长珠组成，总长 8 英寸（约合 20.3 厘米），珠串的穿绳在一端拧成一股，形成把手，发现者认为这"显然是一把蝇掸子"。③ 青铜马耐特小牌和珠子有时会被穿在一起形成短串，多串再并聚为一束。④

穿珠子的线绳通常为亚麻线⑤，也有用皮革编成的线。⑥ 有一串珠子是用结实的金属丝穿在一起的。⑦

关于新王国时期珠饰的图像表达，有很多材料可供深入研究。神庙壁画里绘有向神祇奉献的珠子⑧，墓壁上有制作珠子的场景和墓主人佩戴珠饰成品的画面⑨，木制小塑像⑩、雕像和木乃伊形棺上也绘有珠饰。前面讲过，对图像的深入分析不在本书的研究范围内，故此不做赘述。

---

① Naville and Hall, 1913, p. 25, pl. XXV, 2.

② Carter and Mace, 1923, pl. XXXVIC; Carter, 1933, pl. XXXII; Carter, 1933, pl. LXIX, B; Carter and Mace, 1923, pl. XXXIV, A, B.

③ Petrie, 1909b, p. 8, pl. XXV.

④ Frankfort and Pendelbury, 1933, p. 22, pl. XXXVI, 3.

⑤ Naville and Hall, 1913, p. 28; Winlock, 1932, p. 15.

⑥ Naville and Hall, 1913, p. 17。

⑦ Petrie, 1927, p. 17, no. 56.

⑧ 例如位于阿拜多斯的塞提一世神庙，参见皮特里的评论，见 Caulfield, 1902, p. 17。

⑨ 参见各类已出版的底比斯地区的墓室壁画，如埃及考察协会和纽约大都会博物馆的出版物。

⑩ 例如大英博物馆收藏的一件木制小雕像（B. M. 32749）臀部有一串珠子，珠串上还有椭圆或半圆隔珠。见 Hall, 1929, p. 237, pl. XI, I。

第二十一章译者注

[1] 图特摩斯三世东征：指第 18 王朝法老图特摩斯三世对黎凡特各国（今巴勒斯坦、黎巴嫩和叙利亚海岸）和米坦尼王国（Mittani，埃及语称那哈林，Naharin）的十七次军事征服。东征始于图特摩斯三世即位后第 22 年和第 23 年（约公元前 1457 年），终于第 42 年（约公元前 1438 年）。东征前，地中海东岸奥龙特斯河流域（Orontes River）的卡叠什（Kadesh）和图尼普（Tunip）在米坦尼的支持下联合地中海东岸其他小国叛乱。埃及从幼发拉底河到巴勒斯坦海岸的势力收缩，埃及对当地资源的控制受到米坦尼王国的威胁。这些都导致图特摩斯三世针对米坦尼及其附属势力的军事行动。在第一次东征中，埃及军队攻占麦吉多（Megiddo），连拔 119 座城池，随后在第六次东征中（即位第 30 年）第一次击败卡叠什，第八次东征中征服米坦尼（即位第 33 年），埃及的势力再次扩展到幼发拉底河。二者随后叛乱。图特摩斯三世于第十次东征（即位第 35 年）平复米坦尼叛乱。在即位第 42 年，七十岁高龄的他发动最后一次东征，镇压了卡叠什叛乱。镌刻于卡尔纳克神庙墙壁上的《图特摩斯三世年代记》（Annals）保留有 223 行对东征的记载，是目前篇幅最长的古埃及历史文献（图特摩斯三世东征参见刘文鹏《古代埃及史》，商务印书馆，2000，第 401 ~ 403 页；Bryan, B., The Eighteenth Dynasty before the Amarna Period, in Ian Shaw ed., *The Oxford History of Ancient Egypt*, Oxford：2000，pp. 245 – 247。《图特摩斯三世年代记》见于 Breasted, J., *Ancient Record of Egypt*, vol. Ⅱ, Chicago：1906，pp. 163 – 226）。

[2] 阿玛尔纳时期：约公元前 1360 年到公元前 1336 年。即从阿玛尔纳城建立到阿赫那吞死后、图坦卡蒙即位初期该城不再作为首都时为止（Kemp, B., *The city of Akhenaten and Nefertiti：Amarna and Its People*, London：2012，p. 301）。

[3] 图坦卡蒙，约公元前 1336 ~ 前 1327 年在位。

[4] 此处描述不确。原文件"poppy-petal"（罂粟花瓣），然而罂粟的花瓣作折扇形，与该垂饰外形明显有别，垂饰形状更接近倒置的罂粟果实，夏先生所指，应该是罂粟果。我们据此判断对书中这一用语作了修正，此后不再单独说明。

[5] GN12、GN19 都非桶状珠，疑为 GN16。

[6] 图谱 GN90 处无变体"b"。

[7] 原作"Drawn-out Method B"，实为"Drawn-out Method A"之误。

[8] 图谱 GD15 处无变体"p"。

［9］ 图谱未见 GD66′型珠子。

［10］ 雅赫霍特普（Aahhetep 或 Aahhotep）：第 17 王朝末期皇后，法老赛克尼恩拉－泰奥二世（Seqenenre Tao Ⅱ）之妻，第 18 王朝第一任法老雅赫摩斯（Ahmose）之母［如果认为第 17 王朝法老卡莫斯（Kamose）为雅赫摩斯的兄弟，则雅赫霍特普也是卡莫斯的生母］。学术界对于雅赫霍特普的身份一直存在争议。同这一名字相关的发现有二，其一是 1859 年在底比斯地区杜拉阿布那加（Dra Abu'I Naga）发现的棺椁 CG28501 及随葬的珠宝和武器，即文中的"雅赫霍特普皇后的宝藏"；其二是 1871 年在底比斯地区德尔－巴哈利 TT320 发现的木棺 CG61006。一种观点认为两具木棺分别属于名字相同但是身份不同的皇室女性：雅赫霍特普一世为雅赫摩斯的生母，其木棺为 CG61006，但是原有墓葬位置不明。雅赫摩斯二世可能是卡莫斯之妻或雅赫摩斯之女。在杜拉阿布那加发现的"雅赫霍特普皇后的宝藏"和木乃伊属于这位"雅赫霍特普"。另一种观点则认为两个雅赫霍特普都指雅赫霍特普一世，由于其寿命较长，死于阿蒙霍特普一世时期，所以得到了两具风格不同、标注头衔也不同的木棺［关于雅赫霍特普及关于其身份的争议，参见 Seipel，W.， "Ahhotep I" "Ahhotep II"，*Lexikon der Ägyptologie* 1：98 – 99. Wiesbaden：1975；Gitton，M. *Les divines épouses de la 18ᵉ dynastie.* pp. 9 – 23，Besançon – Paris：1984；Eaton – Krauss，M.，The Coffins of Queen Ahhotep，Consort of Seqeni – en – Re and Mother of Ahmose，*Chronique d'Égypte bulletin périodique de la Fondation égyptologique reine Élisabeth*，Vol. 65，Issue 130（1990），pp. 195 – 205；Eaton – Krauss，M.，Encore：the coffins of Ahhotep，wife of Seqeni – en – Re tao and mother of Ahmose. In A. Blöbaum J. Kahl and S. Schweitzer eds.，*Ägypten – Münster*：*Kulturwissenschaftliche Studien zu Ägypten，dem Vorderen Orient und verwandten Gebieten*，pp. 75 – 89. Münster：2003；Dodson，A.，Hilton，D.，The complete royal families of Ancient Egypt，London：2004，p. 128；Grajetzk，W.，*Ancient Egyptian Queens，a hieroglyphic dictionary*，London：2005，p. 45，p. 48］。

［11］ 色拉比神庙：位于西奈半岛西南的色拉比卡迪姆（Serabit el – Khadim）。埃及人自公元前 4000 ~ 前 3000 年起就开始在这一地区附近开采绿松石。第 12 王朝时（约公元前 1985 ~ 前 1773 年）在色拉比出现了祭拜女神哈托尔（Hathor，同绿松石相关，在古埃及有"绿松石之女主"，［Mistress of the Turquoise 的称号］，是绿松石和铜矿工人的守护神）和索普度［Sopdu，和天狼星有关，称号为"东方之王"（Lord of the East）］的壁凿神龛和神庙，神庙在第 18 王朝哈特谢普苏特、图特摩斯三世和阿蒙霍特普三世统治期间得到扩建（约公元前 1473 ~ 前 1429 和公元前 1390 ~ 前 1352 年）并沿用到

第 20 王朝拉美西斯六世在位期间（约公元前 1136 年）。在色拉比神庙发现有著名的原始西奈字母（Proto‑Sinaitic script）涂鸦，被视为字母的前身〔对色拉比神庙的数次发掘，参见 Petrie, F., *Researches in Sinai*, London：1906）；Lake, K. et al. *The Serabit Expedition of* 1930. Harvard Theological Review 25（1932），pp. 95 – 203；Starr, R. and Butin, R., *Excavations and Protosinaitic Inscriptions at Serabit el – Khadem. Report of the expedition of* 1935. London：1936〕。

［12］图谱中未见 PN86 型珠子。

［13］图谱 PD78 型珠子未见变体"m"。

［14］斯尼弗鲁：古王国时期第 4 王朝法老，在位时间约为公元前 2543 ~ 前 2510 年。

［15］图谱中未见 R79 型珠子。

［16］罂粟籽呈肾脏形，而 S65b 呈瓶状，与倒置的罂粟果形状接近。夏先生已注意到原报告这个描述的不恰当性，因此标了问号。

［17］马耐特（manet）饰物：又作 menat, menyt, 埃及语为 mnj. t, 是领圈或项链的一种。马耐特一般带有一个宽大的铜牌，形状类似带有手柄的圆头鼓槌。铜牌"手柄"的末端与宽大珠饰项圈相连，垂在佩戴者背部，起配重作用。马耐特在新王国之前主要同丧葬仪式有关，是死者在来世登船时的保障。到新王国时期，马耐特也出现在为葬礼献祭的女性的手中。不过马耐特最大的特点是同哈托尔崇拜相联系，出现哈托尔女神和母牛的脖颈上。上层女性和哈托尔女祭司也佩戴或手持马耐特以示对哈托尔的虔诚（Jéquier, G., *Les frises d'objets des sarcophages du Moyen Empire*, Cairo：1912, pp. 73 – 77；Aldred, C., *Jewels of the Pharoahs*, London：1971, p. 20, p. 45, pl. 114, 115）。

［18］贝斯：古埃及神祇。贝斯的形象通常为罗圈腿侏儒，宽大的脸上有狮子鬃毛和耳朵，鼻子扁平如狮子鼻，口吐舌头，头戴羽冠，身着豹皮或短裙（kilt），偶尔握着埃及语"保护"的符号或手举长刀。贝斯的形象最早可以见于中王国时期的象牙板，到后期埃及成为护身符的一种。贝斯常常同性爱和生殖相联系。埃及人相信贝斯能保护产妇和新生儿，能为夫妻和孩子带来好运。因此贝斯的形象出现在卧室墙壁和家具上，成为一种"家神"；贝斯的全身像和脸部也可以制成硬石或釉砂护身符，佩戴在妇女儿童身上。中王国时期出现在象牙板上的贝斯举着长刀，能驱赶房舍中的蛇和蝎子（Andrews, C., *Amulets of Ancient Egypt*, London：1994, pp. 39 – 40；Hart, G., *The Routledge Dictionary of Egyptian Gods and Goddesses*, 2nd ed., London, New York：2005, pp. 49 – 50）。

第二十二章　晚期埃及阶段

　　新王国之后，埃及国力江河日下，多次丧失独立，又多次在当地人的领导下重获独立，直到最后被希腊人征服。埃及文明也失去了活力，艺术品和手工艺品变得衰退、贫乏；但与此同时，环地中海各地区间的交流变得日益频繁，这表现在珠子和其他文物上。由于此期文物同前几个时期相比，既不那么古老，也不特别精美、有趣，导致这一时期的考古学研究受到埃及学家的严重忽略；正如本章结尾将要叙述的，一组波斯时期的文物被误判为第23王朝。学界亟须重新检核晚期和托勒密时期的考古材料。在后文的讨论中，被皮特里归入"第23王朝"的东西会被改到"第27~30王朝或波斯时期"，如此改动的原因笔者会在本章结尾作出解释。

　　这一时期珠子的材料包括：玻璃，占1.4%；硬石，占2.0%；釉石，占0.01%；金属，占1.9%；塑材，占93.0%；其他材料占1.4%；软石，占0.3%。釉砂珠变得极为常见，因为这一时期流行用釉砂珠为木乃伊制作珠网。这样一件木乃伊珠网，加上装饰其间的彩色珠子，有时要耗费上千颗珠子。玻璃珠、硬石珠和壳类珠的比例下降了。施釉滑石珠依然十分稀少。金属珠较为常见。大约89.3%的金属珠（占本期各类珠子总数的1.7%）属于波斯时期，可能因为埃及人这时可以利用希腊和小亚细亚的银矿了。软石珠自古王国失宠后，到这时候重又得到一些人的喜爱，本时期软石珠大约有84.3%

来自第 22 王朝。

玻璃珠中以绿色最为流行，其次是透明玻璃珠。除灰色玻璃外，新王国使用的其他各色玻璃在这一时期继续出现，颜色包括黑色、蓝色、棕色、红色、蓝紫色、白色和黄色。但是灰色玻璃在新王国出现是有问题的，这在前一章已经指出了。硬石珠的材料大多为红玉髓（43.6%）和青金石（41.0%）；其次是木蛋白石（？）或棕白色相间的石英卵石（3.9%）、某种绿色石头（2.5%）、黄色石英卵石（1.9%）、红色碧玉（1.5%）、绿色长石（1.2%）和紫晶（1.0%）；其他硬石珠还有玛瑙、水晶、杂色闪长岩珠各 4 颗，玉髓、缟玛瑙珠各 2 颗，绿色碧玉、石榴石和赤铁矿石珠各 1 颗，以及 1 颗白色石珠。发掘报告还提到白色石英、绿柱石、正长岩、棕色和黑色硅酸盐矿石。[①] 大多数红玉髓珠（91%）和所有红碧玉、石榴石、紫晶珠都出自晚期埃及早、中段，是新王国传统的延续。大部分木蛋白石（？）和黄色石英卵石珠来自第 25 王朝。晚期埃及的青金石珠都属于该期晚段，即波斯时期，波斯人在这一时期将青金石（很可能采自阿富汗）大量运入埃及。绿长石、赤铁矿石、缟玛瑙、杂色闪长岩和某种绿色石头也仅见于波斯时期，其中大部分在托勒密时期继续被用于制作石头护身符。金属珠中银珠占了 89.3%，其余材料有锑（7.6%）、金（1.9%）和铜（1.2%）。锑珠很有意思，它们肯定是以成品而非原材料从外国进口的，因为珠子的形状不见于埃及传统。所有锑珠均出自拉宏，年代在第 22 王朝。此外还有关于黄铁矿石等罕见石珠的记载。[②] 塑材珠中有 95.4% 为釉砂，4.2% 为蓝

---

① Petrie, 1888, p. 22, 出自 23 号墓；绿柱石珠还见于努比亚努里（Nuri）的王室墓葬中，见 Reisner, 1917, p. 32。

② Petrie, 1891, p. 25.

色玻砂，0.4% 为贴金的黄色塑材珠，只有 1 颗为棕色塑材或泥制珠子（皮特里博物馆 1132 号珠串）。皮特里博物馆中所有贴金黄色塑材珠都出自拉宏的一座墓葬中（570 号珠串）。釉砂珠基本为蓝色和绿色，包括浅绿色（62.7%），但是白色（11.3%）、黑色（11.1%）、粉红色（9.2%）的釉砂珠也并不罕见。灰色釉砂珠极少（0.2%），倒是有 1 颗暗棕色珠子，但很可能是风化了的绿色釉砂珠（1430 号珠串）。这一时期釉砂珠的颜色显得呆滞暗淡，与新王国时期相差甚远。其他材料中，鸵鸟蛋壳最为常见（79.6%），几乎全部来自第 22～25 王朝；粉珊瑚珠占了 14.5%，年代均为波斯时期；剩下的 5.9% 中有 17 颗树脂或琥珀珠、2 颗角海螺壳做的圣饼形珠子、2 颗黑色树脂珠和 2 颗象牙或骨制珠。底比斯出过 1 颗软树脂珠子。[①] 软石珠中有 71 颗方解石珠（1 颗属第 25 王朝，剩下的均为第 22 王朝）、18 颗雪花石膏珠（第 22 王朝 13 颗，第 25 王朝 5 颗）、7 颗石灰石珠（第 22 王朝 3 颗，第 25～26 王朝 4 颗）、4 颗滑石珠（第 22、25 王朝各一颗，波斯时期 2 颗），还有年代不详的绿石珠 2 颗。可见软石珠在第 22 王朝的重新流行，持续时间十分短暂，还没有到波斯时期就结束了。

从类型上看，有装饰的玻璃珠在这一时期特别常见。皮特里博物馆中有装饰和素面玻璃珠的比例为 31∶100。这一期的素面玻璃珠是用缠丝法（G600）制成的，其形状及各自比重如下：球形（GN1、GN8、GN9）占 32.2%，环形（GN2、GN6）占 20.2%，圆角环形（GN7）占 19.0%，双锥体环形（GN3、GN4、GN12）占 5.6%，大双锥体（GN10、GN11）占 11.2%，桶状（GN15、16）占 4.1%，

---

① Quibell, 1898b, p. 10.

圆柱体（G20、GN21）占 3.4%，其他形状占 5.3%。圆角珠子，无论是盘状还是柱状珠（GN7、GN20d、GN21b），在罗马时期之前都非常少见。皮特里博物馆的这类珠子（出自孟菲斯）几乎都是扰入的后代珠子，只有 1 颗出自撒夫特荷那（Saft El Henna）的环形珠和 1 颗出自里科（Riqqeh）的圆柱体珠子除外。双锥体大珠子（GN10、GN11）是第 22～23 王朝的特有类型；皮特里博物馆的 36 颗双锥体大珠子中，只有 2 颗来自第 25 王朝，另 2 颗为第 22～25 王朝。双锥体环形珠（GN3、GN4、GN12）是新王国时期的类型，在晚期埃及得到复兴。这类珠子全部来自第 25～26 王朝。另外，GN3 和 GN12 似乎是制作粗糙的双锥体环形珠（GN4）。其他类型的玻璃珠还有：2 颗扁平桶状珠或水滴形珠（GN27e、GN49d）、2 颗不带铭文的椭圆或矩形纽扣印章（GN44、GN45）、3 颗多边柱状珠（GN60、GN63）、2 颗多边球形珠（GN61）、3 颗分节珠子（GN74）、1 颗不规则形珠子（GN80）和四面立方体珠子（GN77c）。塔尼斯（Tanis）出土过一颗类似最后一种类型的浅绿色玻璃珠，据描述为"模制的多面体，模子用切割后的宝石制成"，年代被定在第 30 王朝。[①]

在皮特里博物馆中有 99 颗属于该时期的装饰玻璃珠，其类型按装饰纹样区分如下：点装饰珠（GD12 - 14）及圈 - 眼装饰珠（GD23）共 20 颗、15 颗分层眼珠（GD26）、49 颗密集型分层眼珠（GD27）、1 颗有点状装饰的分层眼珠（GD30）、1 颗扁平眼珠（GD35）、2 颗复合眼珠（GD38）、3 颗制作方法不明的蜻蜓眼珠（GD39）和 6 颗带有其他装饰的珠子。可见蜻蜓眼玻璃珠在这一时期

① Petrie, 1885, p. 30, sec. 37.

很常见。其他类型的装饰玻璃珠包括南瓜状珠（GD6d）、球状缟玛瑙珠（GD61c）、带有单条水平线（GD70c）或锯齿状纹样（G79d）的扁平桶状珠各 1 颗，均属于该期早段，可能是从新王国时期遗留下来的珠子；另有带羽毛纹样的具领桶状珠（GD82）和带散点纹样的球形珠（GD86c）各 1 颗，很可能都是波斯时期的；2 颗点装饰珠（GD12b、GD14b）均属第 22 王朝。在内核上贴玻璃环制作蜻蜓眼玻璃珠的方法，偶尔见于新王国时期，但不如晚期埃及早、中段这么常见，特别是第 25 王朝。皮特里博物馆的 20 颗样本中，有 10 颗是第 25 王朝的，8 颗来自第 22 王朝，2 颗来自第 12 ~ 30 王朝[1]。分层蜻蜓眼珠的一般类型见于几乎整个晚期阶段，但是带有七颗蓝"眼"（外绕白、棕色环）的密集型分层眼珠（GD27），除个别来自第 26 王朝外，几乎全部属于波斯时期；它们曾被误判为第 23 王朝的珠子，但很明显是错误的，笔者会在本章结尾处做说明。每个复合蜻蜓眼珠都有一只大"眼"和若干分层的小"眼"，此类珠子也属于波斯时期。有点状装饰的大个分层眼珠（GD30）和饰有逗号形点状纹样的扁平蜻蜓眼珠（GD35d）均被皮特里标为"第 23 王朝"，但是它们也很可能属于波斯时期。① 类似的有点状装饰的蜻蜓眼珠子也见于伊特鲁里亚和希腊古墓，狄龙认为其年代为公元前 6 世纪。② 笔者的登记卡片上没有关于 GD39c – GD39g 这组蜻蜓眼珠制作方法的记载，它们看着像是用分层法制作的，年代可能为波斯时期。晚期阶段的珠子中还有 GD19m 型（带有许多小凸起的球形）③ 和 GD37 型（带有角

---

① 复合蜻蜓眼珠见 Petrie, Mackay and Wainwright, 1915, p. 35, pl. XXX, 3; 装饰点 – 眼图案的珠子，见 Petrie, 1906a, pl. XIXA。
② Dillon, 1907, p. 187, pl. XV, 1.
③ Petrie, 1906a, pl. XIXC.

状眼的球形）① 珠子，后一种类型很可能晚到托勒密时期。② 截至目前，晚期阶段还没有发现用切割玻璃棒法制作的珠子。塞利格曼和贝克提到一枚千花玻璃珠，可确定是用割玻璃棒法制作的，根据他们的描述，这颗珠子是布伦顿在发掘一处包含第 20～25 王朝墓葬的墓地时发现的。③ 但这明显是一颗罗马时期的珠子，因为布伦顿先生为笔者提供了这颗珠子的信息："他（塞利格曼）明显犯了个错误，我查了自己的记录，没有找到这颗珠子。如果这颗珠子是我提供给他的，那它一定是采集回来的。如果它出自包含第 22～25 王朝墓葬的区域（我确定不是），那么一定不会出自墓葬，因为要是这样的话，我绝对不会把它给别人的。"④

硬石珠的类型及比重如下：球形珠（H1、H3i、H8、H9）占 34.9%、环形珠（H2、H3g、H6、H7）占 5.1%、双锥体环形珠（H4、H10）占 1.5%、桶状珠（H14－H16、H18－H19）占 4.2%、柱状珠（H21－H22）占 39.7%、特殊形状的珠子占 7.0%；卵石垂饰（H76e、H88）占 1.9%、其他垂饰占 1.9%。柱状珠和球形珠在这一时期都很常见，但是环形珠和桶状珠则相对较少。皮特里博物馆的双锥体环形珠均来自晚期埃及早期（第 22～25 王朝），是新王国类型的延续。皮特里博物馆中特殊形状的硬石珠有：7 颗多边球形或桶状珠（H50），全部属于第 22～23 王朝；2 颗扁平桶状珠（H33），来自第 25 王朝；9 颗圆形、椭圆形或长方形的纽扣状珠子（H40、

---

① Petrie, Mackay and Wainwright, 1915, p. 35, pl. XXX, 3; Brunton, 1930, pl. XLIII, 16.

② Eisen, 1916a, p. 17; 贝克的报告，见 Brunton, 1928, p. 25。

③ Seligman and Beck, 1938, p. 15. pl. III, 6.

④ 私人通信，1942 年 2 月 13 日。

H41），均属第 22～23 王朝；3 颗方形隔珠（H62d），为波斯时期的；1 颗立方珠（H45）和 1 颗形状不规则的珠子（H60a），均为青金石制成，属于波斯时期；以及 14 颗带凹槽的扁平桶状珠（H97a），出自阿布希尔（Abusir）第 25 王朝维西尔聂赫特（Nekht）的墓葬。还有几颗缠玛瑙珠子，有的呈桶状，珠体中央有一圈浅色条带；[1] 有的则是盘状纽扣珠，一面的中心带有黑点。[2] 皮特里博物馆有 3 颗多面珠（珠串编号 1269、1274），呈立方体（H58）或盘状（H52），标签上书出自孟菲斯，年代为晚期阶段，但是从形制上看，它们可能属于罗马时期。实际上，孟菲斯这两串珠子包含各个时期的珠子，上至第 22 王朝，下至罗马时期。垂饰中，许多是卵石直接穿孔制成的，未经进一步修整（H88），比如几颗第 25 王朝的近水滴形垂饰（H76）。这些卵石大多数为带有棕色色块（木蛋白石？）的白色石英（？），虽然前王朝的人们也经常使用这种石头制作珠子，但是晚期阶段的珠子采用独特的穿孔技术，很容易与前王朝的珠子作区分。别的垂饰还有 5 颗罂粟果形垂饰（H86），属第 22～25 王朝，是从新王国遗留下来的类型；水滴形垂饰（H73、H74）和铅锤形垂饰（H79）各 2 颗，均属第 22～25 王朝；1 颗球形垂饰（H71），标注的是"第 23 王朝"，但更可能是波斯时期的；还有 1 颗发现于孟菲斯的盘状垂饰，年代不详。

　　从工艺上看，晚期埃及的硬石珠比不上新王国时期。有些珠子表面加工得很粗糙（H1000），很多珠子只是自然磨光的卵石（H7000）。硬石珠各类穿孔所占比例如下：对锥型（H100）占

① Fisher，1917，fig. 89，pp. 228 - 229.
② Petrie，1909a，p. 12，pl. XXⅧ，12；以及 Petrie，1906a，p. 19，pl. XXA.

0.2%，对管型（H200）占 9.8%，单锥型（H300）占 40.0%，普通穿孔（H400）占 2.0%，锯填型（H600）占 12.5%，刻槽型（H800）占 35.5%。其中，在中王国之前占主流的对锥型穿孔到这一时期几近消失。前文所提唯一一颗采用对锥型穿孔技术的珠子出自孟菲斯，很可能是重加利用的古代珠子。同样盛行于中王国时期的对管型和普通穿孔珠子在这一时期也相当少见了，其中大多数（大约93%）属于这一时期的早段（第 21～25 王朝）。流行于新王国时期的单锥型穿孔在这一时期依然是主流，不过流行程度在缓慢下降——第 22～23 王朝占 75%，第 25 王朝占 18.6%，而波斯时期只有6.4%。刻槽型穿孔在这一时期晚段占据了主导地位，这种穿孔最早出现在第 25 王朝，但是 95% 属于波斯时期。所有采用锯填型穿孔的珠子都是波斯时期的青金石珠。[①] 波斯时期的硬石珠中有 93% 采用刻槽型穿孔（67.9%）或锯填型穿孔（25.1%），5% 采用单锥型穿孔，剩下的 2% 中有几颗采用对管型和普通穿孔，只有 1 颗采用对锥型穿孔，前文已述，这颗珠子可能是重加利用的早期珠子。

皮特里博物馆有 4 颗晚期阶段的施釉滑石珠，均来自该期早段（第 22～25 王朝）。其中包括 3 颗球形珠（L6、L8m、L11c），1 颗多边桶状珠（L34）。后一种类型在第 22～23 王朝十分流行，上述珠子的年代与此吻合，但是其他 3 颗珠子则可能是重新利用的老珠子。

再说晚期埃及金属珠的类型。皮特里博物馆的金珠类型有：6 颗环形珠（M3e），其年代为第 22 王朝；2 颗桶状珠（M8h）和 3 颗六边形桶状珠（M17b），年代为第 22～30 王朝；球形（M5、M7）和

---

① Petrie, 1888, p. 24, sec. 23.

柱状（M12h[2]）金珠也见诸报道，球形金珠的制作方法是，将薄金片圈成管状，焊好接合处，然后套在软塑材的球形内核上加热成型。[1] 皮特里博物馆的铜珠有：5 颗环形珠（M2、M3）、1 颗球形珠（M5d）和 2 颗装饰小金珠的环形珠子（M68h），最后一种珠子的年代大概在公元前 350 年。锑珠包括 20 颗素面球形珠（M5b）、5 颗两边各有三条小凸棱的球形珠（M58）和 19 颗一面中心有凸点的纽扣形珠子（M78），这些珠子都出自拉宏，年代在第 22 王朝[2]，它们都有一圈环绕周身的范线，说明都是模铸成型的（M700）。这种锑珠的材料、形制（除普通的球形外）和制作工艺都不见于此期的埃及，应该是直接从外国进口的。皮特里博物馆收藏的晚期银珠，据共存的钱币判断，大部分属于波斯占领时期晚段，它们的出现，很可能与埃及对希腊地区银矿的利用有关。这些银珠的类型有：环形珠（M2）占 0.4%，桶状珠（M9m）占 0.2%，柱状珠（M12）占 29.5%，六边形球状珠（M16）占 54.1%，斧形垂饰（M46、M49）占 4.5%，镂空珠（M64c）占 1.4%，以小金珠拼接的珠子（M68 – M70、M72）占 8.1%，饰十字纹样的珠子（M74）占 1.0%，雕刻图案的小牌（M82）占 0.8%。环形珠是用又大又薄的银片做成的。制作柱状珠时，先将一小片金属翻卷成筒形，再将两端锻接在一起（M300）。六边形珠和斧形垂饰都是用实心金属制成的。镂空珠子呈球形，是将银绕成两个半球后接合而成的。这种用金属或釉砂制作镂空珠子的技术在新王国就已经出现了。另外，小银珠也能接合成环形珠（M68）或柱状珠（M69）。有些珠子上，通过将大小不同的小金珠加以巧妙安

---

① Petrie, 1927, p. 2, no. 1; Mace, 1902, p. 91, pl. LII.
② Petrie, 1891, p. 25, pl. XXIX, no. 56; 1892, p. 227.

排（M70），或将同一尺寸的小金珠以某种样式固定在银质内核上（M72），可以形成装饰性图案。M72 类型的银珠形状扁平，来自波斯时期。[①] 以小金珠成型的环状珠有时也用作玉髓桶状珠两端的小"帽"。[②] 一些柱状珠表面刻有模仿小金珠的十字纹样（M74），这很可能是劣质的小金珠型珠子。有些在珠子的长方形小牌上刻有圣安德烈十字架，十字架四臂间的空隙里各饰有一个点。

用可塑材料制成的珠子中，棕色塑材或泥制珠子为小球状（PN1b）。贴金的黄色塑材珠为环形珠（PN6）或细长的柱状珠（PN22h），二者都用于制作木乃伊珠网。大多数蓝色玻砂珠也为环形珠（PN6）、柱状珠（PN22、PN23）和环形隔珠（PN72b、PN77a），也都用于制作木乃伊珠网。少数蓝色玻砂珠呈如下形状：几颗分节珠子（PN63a）、球形（PN8b）、截面为方形的桶状（PN51）、五边形球状（PN55c）和六边形桶状（PN59）珠子各一两颗。釉砂在这一时期依然是制作珠子的主要材料，釉砂珠的类型及比重如下：环形珠（PN2、PN3、PN6、PN7）占 70.6%，球形珠（PN1，PN8、PN9）占 2.1%，桶状珠（PN16－PN18）占 0.6%，柱状珠（PN22、PN23）占 21.2%，分节珠子（PN62、PN63）占 3.9%，隔珠（PN72－PN83）占 0.7%，其他珠子占 0.9%。这个比例分布表明，由于木乃伊珠网（需要大量柱状珠）的流行，柱状珠的比例大幅度增加，而其他类型的比重则相对下降；甚至连在珠饰构图中大量使用的环形珠，与柱状珠相比，比例也稍有下降。釉砂隔珠中除了常见的 PN72b 型环形珠外，还有一种双孔隔珠，是在单珠上穿两个孔做成的

---

① Petrie, 1927, p. 2, sec. 5, no. 3.
② Fisher, 1917, pp. 228－230, fig. 89。原注卷号误为 XVIII。——译者

（PN77），而不是用两个环形珠接合而成。这种特殊隔珠是晚期埃及（可能也是托勒密时期）的特有类型。皮特里博物馆中其他类型的釉砂珠有：31 颗短锥体珠子（PN12、PN13），用于制作仪式用鞭；66 颗花形锥状珠（PN70），用作垂饰；以及 30 颗长锥状珠（PN24），其中一些可能是劣质的花形锥状珠。花形锥状珠是第 22～23 王朝的特有类型，新王国时期虽也有此类珠子，但更为写实。其他釉砂珠还有：27 颗双锥体珠（PN4、PN5），年代为第 22～25 王朝，有些可能是新王国的残存类型；21 颗梨形或水滴形珠子（PN11、PN21）；6 颗凹面双锥状珠（PN15c）；3 颗凹面短圆柱形珠子（PN14c），16 颗剖面为椭圆形的柱状珠（PN31），这两种珠子可能是变形的柱状珠；5 颗截面为凸透镜形的扁平圆柱状珠子（PN36）；以及 1 颗截面为矩形的珠子（PN44）；8 颗卵形珠子（PN25），可能为变形的球状珠；3 颗剖面为桶形、梨形或圆形的扁平珠（PN29、PN30、PN34）；1 颗两边平直的椭圆形珠子（PN45h）；4 颗五边形球状或桶状珠（PN55、PN56），17 颗六边形球状或桶状珠（PN58、PN59），二者均来自第 22～23 王朝，是这一时期的特有类型；9 颗两边带颈的柱状珠（PN61），一起出土于贝尔内什（Bernesht），年代为第 25 王朝或稍晚；以及 1 颗由两颗球形珠组成的扁平分节珠子（PN65d）。除去被穿作垂饰的珠子，这一时期严格意义上的垂饰十分罕见。皮特里博物馆真垂饰有以下几例，均来自晚期埃及（第 22～25 王朝）：1 颗水滴形垂饰（PN87b）、2 颗花形锥体垂饰（PN94c）、1 颗罂粟果形垂饰（PN98d）和 3 颗朝圣瓶形（？）垂饰（PN98g）。

有装饰的釉砂珠如绘有螺旋纹的柱状珠（PD4e）和碎屑装饰珠（PD48h），均出土于阿拉巴（El Arabah）的 E256 号墓，年代为第 25 王朝。这两个类型很古老，在第 18 王朝早期之后就消失了，它们的再度出现可能是因为发掘者对墓葬的断代有误，或是它们本身就是被重加利用的古代珠子。其他装饰釉砂珠的类型分布如下：边缘呈锯齿状的环形珠（PD15 - PD18）占 66.2%；南瓜状珠（PD21）占 9.8%；花形锥体珠或盘状珠（PD33、PD36）占 7.7%，饰十字纹样的珠子（PD39、PD40、PD91）占 10.4%，绘点状纹样的珠子（PD41、PD43）占 4.7%，装饰圈 - 点纹样的珠子（PD42、PD53d）占 0.6%，其他珠子（PD30f、PD60d）占 0.6%。所有边缘呈锯齿状的环形珠和大多数南瓜形珠子属于第 22 ～ 25 王朝。瑙克拉底斯（Naukratis）出土过 1 颗蓝色玻砂南瓜珠，年代为第 24 ～ 30 王朝；另有 5 颗釉砂南瓜珠可能属于波斯时期。花形锥体珠和盘状珠属于第 22 王朝，其中除了类型 PD33d 外，其他都可以追溯到新王国时期。在装饰十字纹样的珠子中，桶形珠（PD40）的年代早于柱状珠（PD39）或水滴形垂饰（PD91），前者的年代为第 22 王朝，而后两者的年代则为波斯时期。有几颗装饰点状图案的球形或桶形珠（PD43）和 1 颗刻有圈 - 点图案的大球形珠（PD53d），被归入第 22 王朝；而一面中心绘有一点或一面刻有五个圈 - 点纹的纽扣形珠子（PD41、PD42），则属于波斯时期。皮特里博物馆中还有 1 颗出自阿拜多斯的桶状珠，边缘沿轴分为数瓣，还绘有三道与轴垂直的条带（PD30f），其年代可能为第 22 ～ 25 王朝；以及 1 颗出自孟菲斯、两边刻有水平凹槽的扁平桶状珠（PD60d）；还有 1 颗据记载出自拉宏的篮子形垂饰（PD98）。①

在其他材料的珠子中壳类珠的数量是最多的。限于材料的特点及打磨边缘的技法，几乎所有鸵鸟蛋壳珠都是边缘平直的环形珠

---

① Petrie，Brunton，Murray，1923，pl. LXII，corpus no. 46T.

（R52），只有个别边缘呈弧形（R51），这些珠子均属于第 22~25 王朝。所有珊瑚珠都属于波斯时期，其形状如下：1 颗为厚环形（R51h）；45 颗为球形（R55），其中 13 颗两端扁平（R56）；2 颗为柱状，其截面为圆形（R56）或矩形（R60）；14 颗为截面呈矩形的扁平桶状（R64i）。瑙克拉底斯出土过一串珊瑚珠项链，珊瑚珠形状规整，穿孔较小。[1] 皮特里博物馆中还有 4 颗用大海螺壳顶部制成的圣饼形大珠子（R53），年代为第 25 王朝。骨珠和象牙珠的数量稀少，皮特里博物馆收藏的这类珠子只有 1 颗象牙桶状小珠（R32i）和 1 颗仍保留骨料原有三角形截面的柱状珠子（R36b），二者均属于第 22~25 王朝。琥珀珠形制有：截面为椭圆的扁平桶状珠（R12c - R12e）11 颗，截面为矩形者（R16m）1 颗，半桶状珠（R13）和半柱状珠（R14）各一颗，不规则形珠子（R20）2 颗。不规则形琥珀珠的年代尚不确定，可能属于第 22~30 王朝，甚至更晚；其余珠子的年代均为第 22~25 王朝。不规则形琥珀珠在罗马时期非常常见。孟菲斯出土过 2 颗有纹饰的黑色树脂环形珠，在靠近两端处分别刻有一排短平行线（R23b）。

软石珠在第 22 王朝和第 23 王朝时再度流行起来。皮特里博物馆的晚期软石珠中有 87.3% 来自这两个王朝，类型包括：31 颗六边形桶状珠（S38）和 24 颗六边形（S37）或五边形（S36）的球形珠，这些珠子除 1 颗为浅黄色滑石外，皆为方解石珠；多边形方解石珠是第 22 王朝和第 23 王朝的特有类型。球形珠子（S7c）有 14 颗，大多数为方解石的；立方体珠子（S33）2 颗，也是方解石的；桶状珠 17 颗，大部分用埃及雪花石膏制成（S14、S15）；斧形垂饰

---

[1] Petrie，1886，p. 40，sec. 45，年代约为公元前 5 世纪。

（S62b）1 颗，由白色石灰石制成；以上珠子的年代均在第 22～23 王朝。可归入第25～26 王朝的只有11 颗珠子：有 2 颗石灰石环形珠（S2k，根据共存的圣甲虫上的名字可定其属于第 26 王朝）、3 颗截面为圆形（S13）或椭圆（S23e）的桶状珠、1 颗立方体珠子（S33）、4 颗水滴形埃及雪花石膏垂饰（S52、S55）、1 颗六边形桶状珠（S38，很可能是第 22 王朝和第 23 王朝残存的类型）。波斯时期的珠子只有 2 颗：1 颗为柱状滑石珠（S18j），另外 1 颗为水滴形滑石垂饰（S52b）。

珠子在晚期继续被用于制作项链、腰带①、手链②、脚链③和流苏珠饰④。珠子编成的木乃伊网在古王国时期就偶尔出现，在这一时期变得极为流行，并成为新王国之后的典型物件。⑤ 蜻蜓眼玻璃珠用在青铜耳环上，发现者将它定在第 23 王朝⑥，但是其年代更可能为波斯时期。

珠子的编排方式部分取决于它的用途。卡乌和巴达里出土的项链，只有少数由同一类型的珠子组成，绝大部分都是用各种各样的珠子混穿而成的。⑦ 塔尼斯的舍申克（Sheshenq）墓葬中出土过一条项链，它由金珠和青金石珠交替排列组成，其间还夹有 2 颗六边形的方解石珠和 1 颗柱状青金石珠。⑧ 拉塔贝赫（el - Ratabeh）出土的项链

---

① 例如 Brunton，1839，p. 544。
② Petrie，1888，p. 22，23 号墓；以及 Schäfer，1908，p. 114。
③ 例如皮特里博物馆 1025 号珠串。
④ Petrie，1902，p. 40，pl. I XXIX，8.
⑤ Garstang，1907，p. 203.
⑥ Petrie，1910b，p. 27，pl. XXVIII，137.
⑦ Brunton，1930，p. 23.
⑧ Brunton，1839，p1/2 544.

则由一长串尺寸递变的大双锥体玻璃珠组成。[1] 阿拜多斯出土的流苏珠饰包含一条用环形珠子编成的宽带子和垂在下方的珠网，珠网用柱状珠和环形珠编成。[2] 木乃伊珠网由短圆柱珠编成，珠子沿对角线方向排列，通常还用普通环形珠或环形隔珠作连接；木乃伊珠网上还会附加装饰品，由多色环形珠成对编成，图案包括带翼圣甲虫、荷鲁斯四子（four genii）及其他具有神性的东西（如粗制的人脸）。[3] 珠饰图案有时会做成玫瑰形。[4] 阿拜多斯出土的斜向珠网上端有 20 个大方格，底端有 10 个，每 5 个绿方块中间有 1 个蓝方格，组成一条横跨身体的条带。类似的条带还有黑、绿色相间，交接处用黄色球状珠的垂直条带。[5] 舍申克墓葬（塔尼斯）那件放在木棺上的珠网，则由两排蓝色（？）柱状釉砂珠和一排金珠水平交替排列构成。[6]

前文已述，皮特里等人将一组文物划归到了第 23 王朝（公元前 8 世纪），但它们实际上属于波斯时期（公元前 5 世纪）。这组文物中最具特点的是一种饰两排"眼"的蜻蜓眼分层玻璃珠，包括两个类型：GD27d 型，其分层蜻蜓眼由蓝点及环绕它的白色或棕色圆圈组成，珠子一端通常有三只"眼"而另一端有四个较小的"眼"，而且珠子整个表面都为"眼"所覆盖，基本不露基体；GD27b 型，其主

---

① Petrie, 1906a, p. 32, pl. XXXIII, 62.

② Petrie, 1902, p. 40, pl. LXXIX, 8.

③ Garstang, 1907, p. 203, fig. 217; Petrie, Mackay and Wainwright, 1915, pp. 33 - 34, 36, pl. XXXII, 4; Quibell, 1907, p. 5, pl. VI, 4; 又见于 Petrie, 1891, pp. 25 - 26; Quibell, 1898b, p. 12; Peet, 1914, p. 90。

④ Garstang, 1901, p. 15; Garstang, 1907, p. 203.

⑤ Petrie, 1902, pp. 35 - 36.

⑥ Brunton, 1839, p. 544.

体或基质为黄色、蓝色或绿色，装饰两行分层蜻蜓眼。最开始，皮特里认为这两种蜻蜓眼珠子（尤其是类型 GD27d）"很可能是第 26 ~ 30 王朝的"[1]，后来他又觉得其年代为"第 22 ~ 25 王朝"[2] "第 23？王朝"[3]，甚至认为它绝对是"第 23 王朝"[4] 或"公元前 8 世纪"[5] 的。艾伦、贝克和温赖特都遵循皮特里的断代，分别将其年代定为第 20 ~ 23 王朝、第 23 王朝或第 23 ~ 25 王朝。[6] 不过，这种珠子并非只有埃及出土。根据艾森的研究，意大利公元前 5 世纪的墓葬中曾发现过上述两个类型的珠子，但在此之前不见任何 GD27d 型珠子，GD27b 型即使有也非常少。艾森据此认为皮特里对珠子的断代过早，而意大利珠子的年代又定得太晚，否则就无法解释公元前 8 到公元前 7 世纪的意大利古墓中不见这两种珠子的现象。[7] 笔者认为皮特里的断代的确过早[8]，因为玛特玛尔（Matmar）的大墓地就没有出过一颗这样的珠子，该墓地有 700 多座未经盗扰的墓葬，其年代可确定为第 22 ~ 25 王朝。[9] 除了这一本地证据外，艾森提及的意大利墓葬也能证明这种珠子的年代应为公元前 5 世纪。另外，叙利亚

---

[1] Petrie, 1890, p. 37.

[2] Petrie, 1891, p. 26, pl. XXIX, 52 – 53；又见 British Museum, 1929, p. 90。

[3] Petrie, 1906a, pp. 17 – 18, pl. XIX.

[4] Petrie, 1910b, p. 37, pl. XXVIII, 135, 137.

[5] Petrie, 1928a, p. 24, pl. XXII, 194, 196.

[6] Allen, 1923, p. 117; Beck, 1927, p. 64, fig. 62; Petrie, Mackay and Wainwright, 1915, p. 35, pl. XXX, 3.

[7] Eisen, 1916a, pp. 14 – 16.

[8] 艾森在文中批评（上引书，p. 15）皮特里将分层蜻蜓眼珠放在第 19 王朝标题之下（Petrie, 1910b, pl. XXVIII, 135）。这实际上是艾森的错误。虽然图版的标题为"第 19 王朝至托勒密时期的陶器"，此处讨论的珠子，年代在第 37 页被清楚地标注为第 23 王朝。

[9] 这一信息由布伦顿先生提供。

北部①和巴勒斯坦②波斯时期的墓地出土过这种珠子；欧洲公元前5～前4世纪的墓葬中发现过类似类型 GD27b 的珠子；③ 马耳他也发现过类似的珠子，穆雷按埃及编年，将其断在第 22～25 王朝④，不过这个年代有些太早了。此外，这种蜻蜓眼珠子不是单独出现的，它总和其他文物同见于同一墓地。耶胡迪耶（Yehudiyeh）所谓"第 23 王朝"的墓地中，除了分层蜻蜓眼珠外，还有以下极具特点的文物：用彩色玻璃制作的人头和公羊头形垂饰，小青铜铃，神形小护身符（如贝斯神和普塔神等），绘制或雕刻的杰德柱和乌加特眼，⑤ 以及青铜扣针。⑥ 这些文物均见于叙利亚北部波斯时期的墓地中⑦，大部分（除了动物形玻璃垂饰和青铜铃）见于巴勒斯坦波斯时期的墓地里⑧，大多数也见于格拉尔（Gerar）的 CD 层（第 197～192 层）。⑨

　　格拉尔 CD 层（第 197～192 层）被皮特里断在公元前 8 世纪，笔者需要对此扼要讨论一下，因为皮特里这个年代定得太早，而它的

---

① Woolley, 1916, pp. 115 – 129, pl. ⅩⅩⅨ, figs. 13, 16；根据出土的希腊陶器和钱币判断，墓地的年代为公元前 600～前 300 年，集中于公元前 5 世纪，见 p. 127。

② Johns, 1933, p. 52, pl. ⅩⅩⅤ, 642, and pl. ⅩⅩⅥ, 662。根据出土钱币可以推断，墓地的年代为波斯时期下半叶到希腊化时代，见 p. 44。

③ Déchelette, 1914, pp. 358 – 359, fig. 364；Ⅳ, pp. 820 – 824, figs. 573 – 574.

④ Murray, 1928, p. 51, fig. 5.

⑤ Petrie, 1906a, pp. 17 – 18, pl. ⅩⅧ – ⅩⅨ。

⑥ Petrie, 1906a, pl. ⅩⅩA。

⑦ Woolley, 1916, p. 126, pl. ⅩⅩⅨ, 1 and 2（动物形玻璃垂饰）pl. ⅩⅫ, 194, 196（分层蜻蜓眼珠）pl. ⅩⅩⅨ, 179（护身符）；pl. ⅩⅩⅨ, 13, 16（乌加特眼）；and pl. ⅩⅩⅢ（扣针）。

⑧ Johns, 1933, p. 82, no. 664, pl. ⅩⅩⅥ,（乌加特眼）pp. 48 – 49（诸神形象的小护身符）；fig. 13（扣针）。

⑨ Petrie, 1928a, p. 24, pl. LXVI, 1 – 3（动物形玻璃垂饰）；pl. ⅩⅫ, 194, 196,（分层蜻蜓眼珠）。目前我还无法接触到这一发掘报告，但是根据我的记忆，在这一层位中发现有青铜扣针、乌加特眼和诸神形象的小护身符。

年代应该为公元前5世纪（波斯时期）。这一层位中除了出土见于叙利亚北部和巴勒斯坦波斯时期墓葬中的文物外，还出土了一些陶器，与大英博物馆收藏的一件银碗和在埃及发现的波斯铜器类似。① 那么，出自CD层的这一组文物应归属到波斯时期。CD层之下是EF层（第192～189层），皮特里将其断在第22王朝，称其为"舍申克地层"（约公元前930年）。笔者认为这一断代也太早了，这一地层明显属于第26王朝，即斯基泰人入侵叙利亚的时代（公元前624～前596年），地层中出土的三角形青铜箭镞即是明证。② 这种箭镞在前文提及的叙利亚北部和巴勒斯坦波斯时期的墓葬中也有发现③，它在埃及的出现要到斯基泰人入侵叙利亚之后④，而它在巴勒斯坦南部地区大量出现的时间比埃及早了300年，这实在是不可能的。该层位（第192～189层）或其下面几层（第189～183层）中出土过许多碗，与瑙克拉底斯出土的公元前7世纪的碗如出一辙；⑤ 其中还出土了不少斯基泰文物，除了三角形青铜箭镞外还有方形四轮车和犁牛的陶模型，以及铁制宽刃短剑。⑥ 皮特里对EF层断代的根据主要是贝斯特神盾（Bast aegis）形的护身符，他认为这是第22王朝的典型遗物。⑦ 但是这种护身符在第22～26王朝都有发现⑧，考虑到共存的斯基泰文物，我们将其断在上述时段的末期，即大约第26王朝。F层（第

---

① Petrie，1928a，p. 24，pl. LXV，1－3。

② Petrie，1928a，p. 34，pl. XXIX，13－22。

③ Woolley，1916，p. 121；pl. XXII，28；以及 Johns，1933，p. 56，fig. 14。

④ Petrie，1917，p. 34，pl. XLI，76.

⑤ Petrie，1928a，p. 21，corpus nos. 7c，7m.

⑥ Petrie，1928a，又见皮特里的文章，*A. E.* 1928，pp. 101－104。

⑦ Petrie，1928a，p. 4，pl. XXI.

⑧ Petrie，1914a，p. 42，fig. 195.

189～183 层）所出遗物，除上述公元前 7 世纪初的瑙克拉底斯型陶器外，还有：一只带有希伯来印文的陶罐把手①，这种印章最早出现在犹太时期，即公元前 600～前 300 年②；几个炼铁炉③和许多铁质工具、武器，埃及最早的炼铁炉发现于瑙克拉底斯，年代在公元前 6 世纪。④ 但是在皮特里的体系中，带希伯来印文的陶罐把手和炼铁炉的年代都应该在公元前 1100 年或更早，而他的确也是这样断代的。笔者认为，它们的年代应该为第 26 王朝，即大约公元前 7 世纪，或是稍早一些，但不会早太多。无独有偶，卢卡斯也认为皮特里对格拉尔的断代过早，因为这一层中出现了大量铁器。⑤ 这一过早的断代与已知的考古及文献材料出入太大，就连皮特里也不得不提出一个"舍申克迁徙"的假说来解释"第 22 王朝"的地层中出现的斯基泰文物。该假说认为舍申克朝的建立者是"来自苏萨的人"，那些中亚类型的遗物正是舍申克及其追随者在迁徙埃及时带到格拉尔（位于巴勒斯坦）的，而不是斯基泰人带来的。⑥ 这实际是他那个第 22 王朝源于亚述的旧论的再现⑦，这个旧论曾遭到布列斯特的反驳，因为据哈普森石碑（Stelae of Harpeson）的记载，舍申克肯定是来自利比亚的。⑧ 笔者认为，对这一问题的合理解决方法就是将所谓"第 22 王朝"层位的年代下调到第 26 王朝，将所谓"第 23 王朝"层位或公

---

① Petrie, 1928a, p. 19, pl. XLIII.
② British Museum, 1929, p. 87.
③ Petrie, 1928a, p. 14.
④ Petrie, 1886, p. 39.
⑤ Lucas, 1937, p. 406，脚注。
⑥ Petrie, 1928b, in *A. E.*, 1928, pp. 101 – 104.
⑦ Petrie, 1892, p. 284.
⑧ Breasted, 1906, pp. 393 – 399，以及 p. 399 的脚注。

元前 8 世纪层位的年代下调到波斯时期。

　　在这段巴勒斯坦插曲后，我们继续回到埃及，看看这一年代调整的结果。耶胡迪耶的重要晚期埃及墓葬群被皮特里断为第 23～25 王朝。他的主要观点是，这些墓葬无疑晚于第 22 王朝，而所有小护身符和蜻蜓眼玻璃珠在第 26 王朝之前就消失了。[①] 这一说法的前半部分是正确的，但是乌加特眼和其他小护身符依然见于第 26 王朝覆亡后的波斯时期，比如有些就发现于前文提到的叙利亚北部和巴勒斯坦地区，而且其年代可据共存的钱币得以证实。一颗出土于耶胡迪耶的制作精良且光滑的乌加特眼（眉毛绘成黑色），与一枚普桑提克（Psamtic）圣甲虫共存，说明其年代为第 26 王朝或更晚（串珠编号 1240），但如果根据皮特里的方法，其年代则为"第 22 王朝"的最早阶段。皮特里博物馆还有一颗复合蜻蜓眼玻璃珠和一个青铜铃（串珠编号 1400），若以皮特里的方法断代，则它们属于第 23 王朝，但据与其共存的一枚铜币——虽然已经锈蚀得无法确切辨识——判断，它们无疑属于波斯或托勒密时期。玻璃珠和青铜铃的标签上只写着墓葬号"236"，不过这仍能说明它们出自撒夫特荷那（Saft el Hanna）或耶胡迪耶。我怀疑皮特里将它们的年代定在第 23 王朝是因为可能的年代只有两个：第 23～25 王朝或波斯时期，而皮特里偏向于前者，因为第 25 王朝的珠子风格不同，与铭有该朝王名的圣甲虫同出的珠子，以及莱斯纳对努比业皇室墓葬的发掘都可证明。所以，如果按皮特里的方法，这两件东西的年代为第 23～25 王朝；但是根据文献证据来看，第 23 王朝延续不到一个世纪，甚至可能只有 50 年或更短，而第 24 王朝只有 6 年。那么，按皮特里的断代，上述

---

① Petrie, 1906a, pp. 17-18.

珠子风格的兴起、发展和衰落经历的时间也太短了。① 皮特里断代过早的另一个原因在于他对半宝石护身符年代的假设。他认为半宝石做的小护身符都属于第 26 王朝，例如在位于哈瓦拉的乌扎－霍尔（Uza－Hor，又称霍尔－乌他 Hor-uta）墓中发现的小护身符。但是它们的实际年代是第 30 王朝或托勒密时期早段。② 皮特里在其早期报告中把乌扎－霍尔墓的年代定为第 30 王朝③，这是正确的，遗憾的是，他在之后的报告和其他著作中又将其改成了第 25 王朝。④ 皮特里在把第 30 王朝的材料推到第 25 王朝后，还将波斯时期的材料强行挤入模糊且短命的第 23 王朝。在我看来，在耶胡迪耶的所谓"第 23 王朝"墓葬群实际上属于波斯时期。

相似的情况也发生在美杜姆（Meydum）和卡夫－阿玛（Kafr Ammar）。美杜姆一座墓葬中发现有几颗分层蜻蜓眼珠，一起发现的还有乌加特眼护身符，而且其中一颗蜻蜓眼珠还装在一只青铜耳环上，皮特里认定它们的年代为第 23 王朝⑤，然而巴勒斯坦也发现过装分层蜻蜓眼珠的耳环，其年代据一起出土的钱币可明确断在公元前 5～前 4 世纪⑥，那么美杜姆出土的珠子也应该属于这一时期。卡夫－阿玛墓地的发掘者认为其年代为第 23～25 王朝，因为墓葬中出土了乌加特眼护身符和木乃伊珠网。⑦ 我们在前文说过，在叙利亚北部和巴勒斯坦断代确实的波斯时期墓地中，也出土有这种类型的乌加

① Petrie, 1906a.
② 例如已经出版并得到确实断代的样本，见 Mond and Myers, 1934。
③ Petrie, 1889, p. 9.
④ Petrie, 1890, pp. 19–20；以及 1931，p. 96。
⑤ Petrie, 1910b, p. 37, pl. XXVⅢ, 135–137.
⑥ John, 1933, p. 104, pl. XXXVI, 991。
⑦ Petrie, Mackay and Wainwright, 1915, p. 34.

特眼护身符，那么埃及出土的这种护身符肯定也属于波斯时期。木乃伊珠网早在第 22 王朝就大量出现了，一直延续到托勒密时期，比如丹德拉①和阿尔芒特②的发现。据此，我们有理由相信波斯时期也存在这种木乃伊珠网。卡夫－阿玛第 69 墓中出过一颗复合眼珠、一颗有角状突起的眼珠和几颗小蜻蜓眼珠，小蜻蜓眼珠的眼为环绕白色或棕色圆圈的蓝点。③ 温赖特根据皮特里的标准，将它们的年代判定为第 23 王朝。发掘报告中没有记录蜻蜓眼珠的结构，我们因此不清楚其装饰元素是用分层法还是切割玻璃棒法制作的。前文指出，皮特里博物馆收藏的分层复合蜻蜓眼珠同一只青铜铃和波斯或托勒密时期的钱币一起出土，则珠子的年代为公元前 5 世纪。④ 但是用切条法制作的复合蜻蜓眼珠，年代则为托勒密时期至罗马早期。⑤ 白色或棕色圆圈环绕蓝点的蜻蜓眼珠有两种不同类型：一种在前文已做讨论，属于公元前 5 世纪；另一种是用切割玻璃棒法制作的，属于罗马时期。⑥从发掘报告中的照片看，卡夫－阿玛的这些小蜻蜓眼珠似乎是后一类型。因此卡夫－阿玛墓地的年代上限可以到波斯时期，但是从珠子和其他证据来看，大多数墓葬的年代在托勒密时期和罗马早期。例如，该墓地有两种墓葬类型：一种为葬有木棺的竖穴墓，深约 10 英尺（约合3 米——译者），木棺为单坡顶盒状，带四个角柱；另一种为不

---

① Petrie, 1900a, p. 32；又见于 Fisher, 1917, p. 234, fig. 94.
② Mond and Myers, 1934, p. 128, 位于公牛的背上。
③ Petrie, Mackay and Wainwright, 1915, p. 35, pl. XXX, 3；XXXII, 3.
④ Eisen, 1916a, p. 17, 正文插图 14, pl. I, 55, 56。
⑤ Eisen, 1916a, p. 21, figs. 55, 62.
⑥ 例如 Brunton, 1930, p. 27, pls. XLV－XLVI, 176；有些现藏于开罗博物馆（J70261），发现于巴拉那（Ballana）和库斯图（Qustul）的皇室墓葬，其年代为拜占庭时期。

葬木棺竖穴墓，既大且深，木乃伊表面的布条上有大量沥青状的黑色树脂。① 墓葬形制、棺木形制和木乃伊制作方法都明显属于托勒密时期②，可能会稍早或稍晚一些，但绝到不了第23王朝。陶器的类型也证明了这一点，例如带柄的灰绿色水罐也属于波斯或托勒密时期。③ 因此卡夫－阿玛原定为"第23王朝"的墓葬，其年代实为波斯或托勒密时期。

由于对晚期埃及特别是波斯时期遗物研究的忽视，混淆第26王朝和第30王朝文物的情况时有发生。例如，萨卡拉的塔尼赫布（Zanneihibou 或 Thanehebu）之墓出土过一件装饰金珠和釉砂珠的衣服，韦尼耶认为其年代为第26王朝④，但在经过更为准确的断代后，开罗博物馆将其标为第30王朝。⑤ 位于图那－哥贝（Tuna el－Gebel）（赫尔摩波利斯）的著名的佩特洛斯里斯（Petrosiris）彩绘墓，其年代有些研究者认为是波斯占领时期，有的人则认为是马其顿占领时期。⑥ 我们讨论的断代过早的问题不过是另一个混淆第26王朝和第30王朝文物的例子罢了。将波斯时期考古材料的年代定得过早，直接导致了考古报告中波斯时期（两百多年）遗存的缺乏，特别是在与公元前8世纪短命的第23王朝相比之时。

在这番长篇讨论之后，我想我们现在已经有理由将皮特里的收藏及其发掘报告中属于"第23王朝"的文物改到波斯时期了，实际上，在本章开始讨论珠子材料和类型时，我已经这样做了。当然，通

---

① Petrie, Mackay and Wainwright, 1915, p. 33, sec. 57.
② Petrie, 1889, p. 14; Edwards, 1938, p. 46.
③ Petrie, Mackay and Wainwright, 1915, pl. XXXIV. 60 – 69.
④ Vernier, 1927, pp. 478 – 480, pl. CIII（Cat. no. 53668）.
⑤ Maspero, 1902, p. 5.
⑥ Ch. Picard, 1931, pp. 201 – 227, 以及其中引用的文献。

过确凿证据如带有王名的圣甲虫判定为第 23 王朝的文物，其断代依然有效。不过皮特里"第 23 王朝"那组文物就另当别论了。

第二十二章译者注

［1］此处"第 12 ～ 30 王朝"有误，可能是"第 22 ～ 30 王朝"。

［2］图谱 M12 型珠子未见变体"h"。

第二十三章　希腊罗马时期

埃及被马其顿占领后，在希腊人的统治下度过了三个世纪（公元前332～前30年）。托勒密埃及实际上是希腊化世界的一部分，其文化混合着古老的埃及传统和新引入的希腊元素，后者对前者的替代过程一直持续不断。罗马帝国崛起后，埃及沦为它的一个行省，罗马对埃及的统治直到阿拉伯时期才告结束。罗马的统治（公元前30～公元640年）逐渐破除了埃及古老传统的残余；罗马统治后期即拜占庭或科普特时期（公元395～640年），埃及文化的变化极为剧烈，已经不能再被视为王朝时期的埃及文化了。总体来说，这些文化史上的特点也表现在珠子和其他文物上。

我们在上一章提到，一些托勒密早期的珠子会被发掘者归到第26～30王朝，甚至第23王朝；而一些托勒密晚期的玻璃珠则又可能被误判为罗马时期。因此明确断代在托勒密时期的珠子很少。在我登记过的皮特里博物馆的1760串珠子中，只有9串可以相对明确地归入这一时期。

托勒密珠子的材料如下：贴金玻璃（gilt glass）第一次出现[1]，其他颜色的玻璃继续使用。硬质石材中，石榴石最受欢迎，红玉髓、

---

[1]　William, 1924, p. 44; Eisen, 1919, pp. 87 - 119.

紫晶和水晶仍在使用。发掘报告中还提到了玛瑙①、缟玛瑙、绿松石、青金石②和"黑燧石"③ 珠子，最后一种很可能是黑曜石。金属中银珠和金珠同样普及，银珠甚至还要更常见一些。各色釉砂珠也有发现，但其颜色比不上新王国时期的釉砂珠。皮特里博物馆中有一颗未施釉的滑石珠和几颗蛇纹石珠，是软石珠的代表。此期还见有软体动物壳做的珠子。发掘报告中还记录有骨珠④和珊瑚珠⑤。但是笔者未见到任何属于这一时期的施釉石珠。

从类型上看，玻璃珠的形状有球形（GN8）、桶形（GN15c）或柱状（GN20）。球形贴金玻璃珠（GN708c）是用拉伸法 A 制成的，这是一种罗马技术，不过珠子所在串珠（编号 577）的年代可以通过与之共存的托勒密·费拉德尔弗斯[1]的钱币准确判定。⑥ 发掘报告没有特意提及这颗珠子，不过大家普遍认为贴金玻璃珠是托勒密晚期的发明。⑦ 有些珠子用黑白两色玻璃制成，模仿缟玛瑙，呈球形（GD61i）⑧ 或桶状（GD62b）。⑨ 莫斯塔哥达发现过 3 颗蜻蜓眼珠，发现者认为其年代为托勒密时期。⑩ 这些珠子基体为绿色，"眼"为黄色，"眼"中心为绿色，边缘呈红色，边缘外围绕黑、白色的点。但这种类型的珠子（GD30）在波斯时期就出现了，我们在上一章已

---

① Brunton，1937，p. 137.
② Petrie，1885，p. 35.
③ Petrie，1885，p. 34.
④ Gardner，1888，p. 29.
⑤ Petrie，1885，p. 33.
⑥ Petrie，1927，p. 3. pl. 1 – 5.
⑦ Eison，1930，p. 20.
⑧ Petrie，1906a，p. 26，sec. 34，pl. XXVII.
⑨ Brunton，1937，p. 137，sec. 194，Brunton，1930，p. 23，pl. XLVIII，12 – 13.
⑩ Brunton，1937，p. 137，sec. 194.

经讨论过。

石榴石珠通常用天然磨光的小卵石制成，除穿孔外未经任何其他处理（H7000[2]）。它们保持着天然形状，如球形（H1、H8）或不规则形（H60a）。有些珠子表面经过磨光，但磨光时基本沿着卵石原有的边缘，这样处理的珠子形状大致为双锥体环形（H4d）、截面为正方形的双锥体环形（H44）或截面为凸透镜形的梨形（H34b）。1 颗石榴石垂饰为平顶金字塔状（H83e）。3 颗浅色紫晶或水晶珠属于类型 H23，皮特里称"它们似乎是两端呈尖状的晶体，被磨成柱体然后抛光"。① 红玉髓珠有小桶状（H15d）和柱体（H21p）两种。以上硬石珠，除了小桶状红玉髓珠采用对锥型穿孔外（H100），其余均为对管型小穿孔（H200）。见诸报道的类型还有：球形红玉髓珠（H18）、双锥体紫晶珠（H10）、桶状玛瑙珠（H15）②、六边形红玉髓珠（H50）③ 以及缟玛瑙珠（H91）④。

同希腊的联系使银珠在波斯时期大量涌现，托勒密早期的银珠类型大多数仍延续波斯时期的传统，其形制包括：六边形球状珠（M16d），球形镂空珠子（M64c），饰十字纹样、模仿小金珠装饰的柱状珠（M74）以及刻画网状纹样的矩形小牌状珠子（M82d）。真正装饰小金珠的柱状珠子（M69）也见诸报道。⑤ 以上珠子在波斯时期都可以找到原型。发掘报告还提到过素面六边形柱状银珠（M17d）⑥

---

① Petrie，1927，p. 3，no. 6.

② Brunton，1937，p. 137.

③ Caton – Thompson，1934，p. 148.

④ Brunton，1930，p. 23.

⑤ Petrie，1885，p. 35，pl. XII，27 – 28.

⑥ Petrie，1885，p. 33，pl. XII，26.

和南瓜形银珠（M56）①。金珠的类型有截面为普通圆形（M8d）或多边形（M19）的桶状珠，二者都用覆芯法制成（M600）。棱纹环形珠（M56f）、具领并戳点状纹样的桶状珠（M76b）、表面焊有掐丝纹样的空心球珠（M66e、M66f）也有发现。最后一种是托勒密时期的特有类型之一，引进自希腊，在那里，掐丝技术逐步取代了公元前5～前4世纪的焊金珠技术。金质镂空球形珠（M64c）②和装饰小金珠的球形垂饰（M95）③也有出土。托勒密埃及的墓葬中还发现过莲花形和南瓜状珠子，材质为金或经过焙烧的玻璃料④，后一种可能是在玻璃料内核上贴金箔的珠子的别称。

釉砂珠基本上是柱状珠（PN22）和圆边（PN2）或平边（PN6）的环形珠，二者都被用于制作木乃伊珠网。木乃伊珠网是从晚期埃及遗留下来的传统，在托勒密时期多出现在早段。⑤六边形珠（PN58e）和具领柱状珠（PN61）都可以追溯到晚期埃及阶段，前者可能是重加利用的晚期珠子或残存的晚期类型。皮特里博物馆还收藏有球形珠（PN9b[3]）、桶状珠（PN17f）、饰十字纹样的柱状珠（PD39f）、刻画圣安德烈十字架的矩形小牌状珠子（PD65x）和刻凹槽的矩形隔珠（PD81d）。分节珠子（PN62）和棱纹桶状珠（PD29）也发现过。⑥

皮特里收集品里有1颗截面为矩形的大环形珠（S32e）和1颗桶状珠（S14k），均为蛇纹石所制。有的报告中还提到骨珠和珊瑚

---

① Brunton，1937，p. 137.

② Petrie，1927，p. 12，no. 194，pl. Ⅸ.

③ Petrie，1906a，p. 42，pl. XXXⅧ，57.

④ Eisen，1930，p. 26.

⑤ Mond and Myers，1934，p. 128.

⑥ Petrie，1909a，pl. XLVII.

珠，但前文说过，相关报告并没有记录它们的形状，也许其形状与波斯时期的同类珠子相似。软体动物壳珠子的呈厚圆柱体（R58m、M58p）。

珠子用法中最常见的是串成项链①和编成木乃伊珠网②。将珠子串作项链是各时期大部分人的常见做法，而木乃伊珠网是晚期埃及遗留下来的传统。木乃伊珠网是用环形、柱状釉砂珠编成的，网上还附有带翼甲虫等制品。珠子也可串在青铜线上制成耳环③或用作金耳环上的垂饰④。

如本书前几章所述（第二章和第四章），由于时间紧迫、大战爆发，皮特里博物馆罗马时期的珠子登记得很不充分。这一时期的许多珠串完全未做登记，而已经登记的珠串，所记录的信息也非常笼统，不过总比没有强。因此这里只能对罗马珠子做简单的、初步的描述。

总的来说，希腊－罗马时期珠子所用的材料包括：玻璃（G）占61.9%，硬石（H）占4.9%，釉石（L）占0，金属（M）占1.7%，塑材（P）占17.2%，其他材料（R）占14.2%，软石（S）占0.1%。其中最重要的变化是玻璃替代釉砂成为最主流的材料。其他材料如琥珀、黑色树脂、鸵鸟蛋壳、木头等的比重大幅增加。硬石珠的比例也稍有增加，而金属珠和软石珠的比重则略有下降。如果将托勒密时期和罗马－科普特时期的珠子分开统计，我们会发现这些变化主要发生在罗马时期，托勒密时期只是过渡。

---

① 例如 Petrie, 1927, pp. 2 - 3, nos. 4 - 5；Petrie, 1885, p. 33；Brunton, 1937, p. 137。

② 例如 Peet, 1914, p. 96；Petrie, 1900a, p. 32；Mond and Myers, 1934, p. 128, pl. XCV, 10；Fisher, 1917, p. 234, fig. 94。

③ Petrie, 1906a, p. 26, sec. 34, pl. XXVII。

④ Petrie, 1906a, p. 42, pl. XXXVIII, 57。

	玻璃（％）	硬石（％）	釉石（％）	金属（％）	塑材（％）	其他材料（％）	软石（％）
托勒密时期	0.7	5.1	—	8.1	84.8	1.1	0.2
罗马－科普特时期	73.3	4.9	（0.01）	0.4	4.5	16.8	0.1

　　玻璃取代釉砂成为最受欢迎的珠子材料。从罗马时期开始，釉砂不再受埃及人的青睐。托勒密时期的玻璃珠较少，部分原因是发现者经常将其归到罗马时期。新发明的贴金、贴银玻璃珠大量取代了真正的金、银珠，因此罗马时期的金属珠变少了。

　　罗马珠子所用材料的详细情况如下。这一时期素面玻璃珠有以下几种颜色（按比例排列）：绿色（23.8％）、蓝色（22.5％）、黑色（13.3％）、柠檬黄（9.7％）、银色或珍珠色（6.5％）、乳白色（5.7％）、非透明红色（5.1％）、金色（4.5％）、棕色（4.0％）、蓝紫或紫色（2.8％）和无色透明（2.1％）。4颗透明玻璃珠内部有红色或黄色染料。银色或珍珠色的珠子是新出现的品种，但和贴金玻璃珠一样，可能在托勒密时期就已经发明了。硬石珠中最常见的是红玉髓珠，占71.5％；其次是紫晶（10.1％）、水晶（4.5％）、绿柱石（4.5％）、缟玛瑙（3.2％）和绿长石（1.9％）。此外还有玉髓、石榴石、青金石、孔雀石、浅黄色或白色石英、火山灰（硬结泥灰）和粉色或黑色斑岩做的珠子各一两颗。所谓"浅蓝色石英"[1] 可能是玉髓。发掘报告中还记录有绿松石、灰色花岗岩[2]和不透明灰色石英[3]做的珠子。皮特里博物馆藏有1颗施釉滑石珠（串珠编号1662），

---

① Petrie, Mackay and Wainwright, 1915, p. 45, sec. 83.

② Petrie, 1906a, p. 60, pl. XLVII, 176；p. 62，第68号墓。

③ Brunton, 1937, p. 141, Tomb 1894.

但其材质鉴定尚存疑问。金属珠中，金、银、铜、铅和铁珠均有发现。金珠和银珠在这一时期很少见，因为它们被贴金、贴银玻璃珠替代了。有的金珠是通过给塑材内核上贴金箔制成的。[1] 塑材珠的材料包括烘烤过的黑色黏土、灰色黏土、棕色植物性塑材和釉砂。釉砂在这一时期变得少见了，皮特里博物馆收藏的该期釉砂珠，大多数（84%）出自吉塔（Gheyta）的罗马墓葬；发现者认为它们很可能是罗马人从古代墓葬中掘出并重新利用的珠子。[2] 有一种带装饰的珠子比较特别（PD38），是通过给塑材里镶嵌黑色玻璃或琥珀制成的。[3]其他材料中特别常见的有鸵鸟蛋壳（39.5%）、琥珀（25.8%）和黑色树脂（21.3%），其次则有木头（6.7%）和象牙（4.3%）。琥珀珠的突然增加，很可能由于除此前使用的地中海琥珀外，又引入了波罗的海的琥珀。[4] 其余2.4%包括软体动物壳（包括象牙贝壳）、粉红色贵珊瑚和骨，鱼椎骨也用于珠子制作。[5] 软石珠很少，皮特里收集品中只有2颗方解石珠、2颗软赤铁矿石珠和1颗蛇纹石珠，石灰石珠也见于记录。[6]

从类型上看，皮特里博物馆已登记的素面玻璃珠，类型分布如下：环形、扁球形和球形珠（GN1、GN2、GN7 - GN9）占57.0%，柱状珠（GN20、GN21）占12.0%，双锥体珠（GN4、GN10）占0.6%，水滴形珠（GN12、GN19）占1.0%，桶状珠（GN15 - GN16）占1.4%，扁珠（GN25 - GN50）占6.2%，多面珠（GN53 -

① Petrie, 1906a, pl. XLVI, 144.
② Petrie, 1906a, p. 60, sec. 85.
③ Brunton, 1930, pp. 27 - 28.
④ 参见 Eisen, 1930, p. 25。
⑤ Brunton, 1937, p. 142, 11713 号墓。
⑥ Petrie, 1906a, p. 63, 210 号墓。

GN71、GN77、GN78）占 7.7%，分节珠（GN73 – GN76）占 6.9%，其他类型占 0.2%，垂饰（GN84 – GN92）占 1.5%，而没有划定类型的占 5.5%。新技术的采用，如拉伸法 A（G700），令大部分球形、扁球珠和环形玻璃珠的底面和边缘都非常平整，边缘和底面交界的转角处呈圆角（GN7），有的边缘稍微带一点弧度（GN2、GN9）；不过普通的球形珠和扁球形珠（GN1、GN8），乃至边缘平直、转角处棱角分明的环形珠（GN6）仍有发现。柱状珠（GN20、GN21）的情况与此相似，其中大多数为圆转角（如 GN21b）。这种拉伸法 A 似乎需要先吹制一条相当长的玻璃管，等其拉长变薄后，工匠会在管上画出凹槽标记每一节的长度，然后将各节切割下来制作珠子。如果玻璃管没有沿凹槽切开，就成了分节珠子（GN73 – GN76），每个分节珠子由若干颗普通珠子组成，大多数为圆边（GN74），有的则为平边（GN75）；有些分节珠子为具领柱状珠（GN73e – GN73f）或具领桶状珠（GN73h – GN73j），有三颗样本为分节扁珠（GN76）。当拉长的玻璃管不刻凹槽直接切割，就会形成转角棱角分明的平边柱状珠。现代威尼斯玻璃匠在旋转坩埚里重新加热珠子以消除转角，但是罗马人似乎没有使用这种方法。其他珠子类型包括 3 颗不规则形珠子（GN80）和一两颗以下类型的珠子：GN14，凹透镜形柱状珠；GN18，凹边桶状珠和 GN57、GN58，截面为菱形的梨形珠或柱状珠。最后一种类型可归为扁珠或多面珠中。玻璃扁珠在罗马时期特别常见，原因可能也与技术有关。新发明的翻折法在软玻璃片包住工具后施加一定压力，玻璃珠很容易被压成扁平状，这种新形状最初是这一技术缺陷的偶然产生，后来珠子匠便有意制作了。此种扁珠的截面有椭圆形（GN25 – GN29）、凸透镜形（GN35 – GN37）、半圆形（GN40 – GN42）、平凸形（GN43）或近似矩形（GN47 – GN50），其剖面则有圆形（GN25、GN40、GN43、GN47）、桶形（GN26、GN35、GN36、GN41、GN48）、水滴形（GN29、GN37、GN42、GN49）和柱形（GN50）。由于翻折法 B（G400）的采用，大多数珠子的剖面呈水滴形（约占52%）。根据贝克的命名法[①]，上述珠子中截面为方形的珠子应归到"多面珠"中，这种珠子的剖面形状包括桶形（GN53）、梨形（GN54）和柱形（GN55）。曲面的多面珠包括五边形球状珠（GN59）、六边形球状珠（GN62）、六边形桶状珠（GN63）、七边形环形珠（GN66）和七边形桶状珠（GN68），八边形桶状珠（GN70）[②]也见于报道。两种扁平多面珠在这一时期非常常见，即六边形柱状珠（GN64）和倒角立方体珠子（GN77）。前者通常为草绿色，模仿绿柱石的颜色和形状；后者则模仿切割过的宝石。以下类型的多面珠各有1颗：七边形柱状珠（GN67[4]）、八边形柱状珠（GN71）和扭曲的倒角立方体珠子（GN78）。垂饰中最常见的类型是截面为凸透镜形的扁平水滴状垂饰，其穿孔是用翻折法制成的。此外还有普通水滴形垂饰（GN84）、截面为平凸形的水滴状垂饰（GN87）、扁平椭圆垂饰（G89）和牙形垂饰（GN91、GN92）。卡乌还出土过扁平的瓶形垂饰（GN95d）。

关于制作方法，只有三分之一的珠子做了记录。不同制作方法的比例如下：拉伸法 A（G700）占78%，翻折法 B（G400）占16.5%，吹制法（G900）占3.5%，翻折法 A（G300）占0.2%。形状和技术之间似乎有一定关系。与拉伸法 A 相关的有环形珠（大多为圆转角 GN6、GN7）、球形珠（GN8、GN9）、扁球形珠（GN1、

---

① Beck，1927，pl. 1.
② Brunton，1930，pls. XLV，XLVI，93，186.

GN2)、圆转角柱状珠（GN21）和圆边分节珠（GN74）；与翻折法 A 相关的是扁平或方形柱状珠（GN50、GN55）；与翻折法 B 相关的有扁珠（GN49）、扁垂饰（GN88）、双锥体珠子（GN4、GN10）、梨形珠（GN12、GN19）、桶状珠（GN15），以及环形珠（GN7），单体（GN8）或复合（GN74）球形珠，圆转角、截面圆形（GN20）或椭圆（GN26）的柱状珠，桶状珠（GN15，2 颗）和水滴形珠（GN19，2 颗）。用缠丝法（G600）制成的珠子共 44 颗（串珠编号 1704），但据记录都是采集的。从颜色（半透明红色）和制作技术判断，这批珠子应属阿拉伯时期无疑。曾在王朝时期盛行一时的缠丝法，到罗马时期几乎完全被新的制作方法取代了，特别是拉伸法 A。装饰玻璃珠在罗马－科普特时期很常见，装饰玻璃珠和素面玻璃珠的比例为27.5：100。许多装饰玻璃珠是这一时期的特有类型，主要的装饰类型包括：模制纹样（GD1－GD8）占 3.9%，碎屑装饰（GD11）占4.0%，眼状和马赛克装饰（GD12－GD57）占 12.8%，仿缟玛瑙装饰（GD61－GD62）占 9.2%，一端裹黄色的绿色珠子（GD64）占7.0%，饰条纹的黄色珠子（GD72、GD73）占 40.7%，其他条纹装饰（GD63、GD74、GD75）占 1.9%，饰折线纹样的珠子（GD77）占 6.1%，饰波浪状、羽毛状和漩涡状纹样的珠子（GD78－GD87）占 5.9%，其他装饰类型占 0.7%。凸起螺旋状珠子（GD2a）似乎是用缠丝法制作的普通环形珠，因为做得不精细，成了这种形状。皮特里博物馆中只有两批这样的珠子（串珠编号 1697、1704），都是采集回来的。1704 号珠串上还有用缠丝法制成的球形珠子（GN608a），在前文已经提过了。缠丝法盛行于王朝时期，又在阿拉伯时期得以复兴和广泛使用，因此这些珠子要么是重加利用的王朝时期的珠子，要么就是扰入的阿拉伯时期的珠子。罗马时期还有饰凹凸螺旋纹的桶状珠（GD2d、GD3）。南瓜状珠子（GD6）在这一时期很普遍，流行于罗马控制的所有地区，有的甚至远达苏格兰纽斯特德（Newstead）的罗马要塞。[①] 棱纹桶状珠（GD7）可以视为普通南瓜形珠子的变种。饰网状纹样的柱状珠（GD8）是用贴金玻璃制成的。用碎屑装饰的珠子通常有一个黑色内核，上面镶有各色玻璃碎屑，其形状有普通球珠（GD11b）、分瓣球珠（GD11c）和瓶形垂饰（GD11g）。这种碎屑装饰的珠子是罗马时期的特有类型。几乎所有带眼状和马赛克装饰的玻璃珠都是切割玻璃棒制成的，唯一的例外是 4 颗"眼"或疏或密的珠子（GD12 - GD14）以及 3 颗分层蜻蜓眼珠（GD26、GD27）；后一种在皮特里博物馆只出现过一次（串珠编号 954），发掘报告将其年代定在"罗马时期"[②]，但博物馆标签上写的却是"第 22~26 王朝"。它们无疑是波斯时期的珠子，只是在罗马时期被重新利用了。这些珠子，要么在基体上装饰切割玻璃棒制成的"眼"，要么整个珠子本体就是用切割玻璃棒（包括千花玻璃条）制作的。用前一种方法制作的珠子，内核常为球形（GD41），也有柱状（GD44）、倒角立方体（GD45）或盘状（GD50）。附加的眼纹与基体表面平齐（GD41、GD44、GD45、GD50），或从表面凸出（GD47）。盘状垂饰上的眼纹有时与基督教十字架组合使用。GD39 类型上眼的结构未做记录，但是属于这一时期的同类眼珠（GD39b、GD39h）都是用切割玻璃棒法制作的。用后一种方法制成的珠子中，切割单个玻璃条的，珠子上通常有花形图案，珠子的形状则有球形（GD52）、桶状或柱状（GD54）或呈垂饰状（GD49）。马赛克或千花玻璃珠是用复合玻璃条切割而成

---

① 例如 James Curle，1911，p. 337，fig. 14。
② 撒夫特荷那 277 号墓，见 Petrie，1906a，p. 39，sec. 55。

的，这一技术发明于托勒密末期，很快便得到广泛应用。① 复合玻璃条中每根玻璃条的纹样呈眼状（GD42、GD46）或者花形（GD55 - GD57），制成的珠子有球形珠（GD42、GD46、GD55、GD56）、扁桶形珠（GD55d）或柱状珠（GD57）。卡乌出土的饰密集眼纹的小珠子②，与拜占庭时期努比亚王室墓葬③及俄尔门（Ermenne）的梅罗（Meroitic）墓地④出土的珠子属于同一种类型（GD46）。它们是用带眼纹的复合玻璃条切割而成的，不是分层蜻蜓眼珠子。用切割带纹样的玻璃棒制作的玻璃珠，也见于拜占庭时期的努比亚王室墓葬⑤和卡拉诺格（Karanog）的罗马 - 努比亚墓葬⑥中，这些珠子呈球形，饰有棋盘纹。仿缟玛瑙珠和一端为黄色的绿色珠子是罗马时期另两个特有的类型。仿缟玛瑙珠为黑色或棕色，珠体环绕一道白色条纹，其形状为球形（GD61）、桶状（GD62b - GD62g）或柱状（GD62m）。一端为黄色的绿色珠子是用翻折法 B 制作的（G400），通常为梨形，黄色斑块位于较大的一端（GD64b - GD64d），它们表现的可能是某种水果或种子。第 18 王朝晚期也有类似的珠子，只不过颜色为蓝色和黄色（GD64g）。通过鉴定制作方法便可以将两个时期的珠子轻易区分开来，第 18 王朝的这种珠子通常是用缠丝法制作的（G600），根据发掘报告上的照片判断，卡乌出土的螺旋状珠子（GD66）是用翻折

---

① Eisen, 1916a, p. 4, p. 20.

② Brunton, 1930, p. 27, 图谱 no. 176。

③ 开罗博物馆 J 70261，出版在 Emery, 1938, nos. 17 - 46, Cat. no. 140。

④ Junker, 1925, p. 119, pl. xii, 142.

⑤ Emery, 1938, pl. 46D，见《开罗博物馆文物图录》图录编号 157，博物馆典藏号 J70274。

⑥ Woolley and Randall MacIver, 1910, p. 75, pl. 40, 7811 号、7913 号墓。

法制作的。① 这一时期另一个重要类型是沿轴向装饰鲜绿色或白色长条纹的不透明黄色珠子，有的一端裹着一块黄色玻璃（GD73），让人联想起之前讨论的类型 GD64。这些条纹珠子也可以用翻折法 B（G400）制作，成品通常为梨形，年代为公元前 2 世纪。② 在"其他条纹珠子"这一条目下有几颗球形珠子，其上条纹为纵向（GD63）或横向（GD74），前者有用翻折法 A（G300）制作时留下的痕迹；还有几颗镶嵌各色水平线的柱状珠（GD75）。装饰折线纹的珠子也是这一时期的特有类型，它们通常用黑色玻璃制成，纹样呈蓝色、黄色或红色，为一行或数行折线，有时还配合平行线、点或用玻璃条切成的眼。这种折线纹珠子的形状大多为球形或桶状（GD77），偶尔有柱状（GD94）；施加的折线略微凸起，而波浪状或羽毛状折线（GD78 - GD85）则与珠子的基体平齐。折线纹珠子的制作方法有两种，一种是将纹饰压在珠子的内核上，一种则是直接用两种颜色的绞胎玻璃制作内核。GD78 的纹样为人字形（折线的每一段为直线），GD82 - GD85 用羽毛状或弯曲的（折线每一段呈 S 形）折线装饰，GD79、GD81 用扇贝形折线（用梳子划出）装饰。折线纹珠子的形状有桶状（GD78b - GD78d、GD79b、GD82）、柱状（GD81）、球形（GD85b）、棱纹球形（GD79d、GD79f）、棱纹桶形（GD83）、扁平桶形（GD84）、六边形柱状（GD85d）和方形柱状（GD78f）。涡纹珠子通过搅动不同颜色的复合玻璃条或玻璃块来形成旋涡纹样，其形状有球形（GD86c）、柱状（GD87d - GD87f）、六边形柱状（GD87h）和椭圆纽扣状（GD87j）。选作标本的块状装饰珠子（GD87b）可能不是

---

① Brunton, 1930, pls. XIV - XIVI, 37 - 38, 69 - 70, 120.

② Allen, 1923, p. 119.

玻璃而是染色黏土（？）做的，若果真如此，则应将其归入 PD80。采用其他装饰的珠子有：1 颗一半为黄色一半为绿色的桶形珠子（GD76），可以视作条纹珠子的变种；1 颗穿孔周围装饰螺旋纹的纽扣珠子（GD88）；1 颗饰网纹的水滴形垂饰（GD97）；1 颗珠身围绕着绳状条纹的黄色大桶状珠（GD68k）；以及 3 颗垂饰（GD92[5]，是将几个厚环贴在饰螺旋纹的桶状珠或柱状珠上制成的）。有些被定为罗马时期的装饰玻璃珠实际上可能是早期甚至现代威尼斯工匠的制品，例如带人字形装饰的棒状珠子或阿格里珠（GD91）。这种珠子遍布世界，埃及也不例外，它们绝对源自威尼斯①，但有时候会被误认为是罗马时期的，并溯源至埃及。②

　　硬石珠的类型分布如下：球形珠（H1、H8）占 55.4%，环形珠（H2、H4、H5）占 4.2%，桶状珠（H14、H15、H19）占 6.4%，扁平珠（H27 - H35）占 9.0%，多面珠（H43 - H54、H58）占 12.5%，缟玛瑙珠（H91）占 2.9%，其他珠子占 3.2%，水滴形垂饰（H74 - H76）占 4.8%，尚未记录类型的珠子占 1.6%。其中球形珠占主体。环形珠有圆边（H2）、边上起棱（H5）或边上起棱的球形（H4）。桶状珠为圆边（H14）、平边（H15）或两端扁平的双锥状（H19）。扁平珠子截面呈椭圆形（H27），梨形珠的截面为椭圆或凸透镜形（H28、H34），圆形或桶形珠子的截面为凸透镜形、剖面为柱状（H32、H33、H35）。截面呈凸透镜形的梨形珠（H34）是这一时期特有的类型，其材质通常为紫晶和水晶。多面珠的面有曲有平，曲面多面珠中有矩形、菱形、正方形及七边形的桶状珠（H46、

---

① Kisa, 1908, pp. 134 - 135; Dillon, 1907, pp. 188 - 189, pl. XV, 2.
② Brent, 1880, p. 307; Beck, 1927, p. 65, fig. 66.

H53），五边形和六边形的球形珠子（H47、H50），以及七边形环形珠（H52）。平面多面珠中有倒角立方体珠子（H58）、多面体珠（H55）和平行多面体珠子，平行多面体珠子又包括截面为三角形（H43）、五边形（H48）、六边形（H49、H51）或八边形（H54）的长、短柱状珠子。所有倒角立方珠均为红玉髓制成，而所有平行多面体珠子都用天然晶体结构为六边形的绿柱石制成（仅 1 颗是青金石的）。这两种珠子和下面将要讨论的缟玛瑙珠都是这一时期的特有类型。缟玛瑙珠为柱状或桶状，其中 1 颗截面为凸透镜形（H91）。缟玛瑙珠的白色条纹总位于珠子的中间。吉塔还出土过 1 颗纽扣形缟玛瑙珠，其圆形表面中央饰有黑点（H90）。① 其他类型的硬石珠还有：2 颗柱状珠（H60）、3 颗纽扣形（或截面呈平凸形的圆形）珠子（H40）、1 颗具领柱状珠（H56）、2 颗不规则形珠子（H60）和 2 颗蚀花肉红石髓珠（H99f－H99g）。蚀花肉红石髓珠很有意思，这两颗样本分别属于 1526 号和 579 号珠串，分别出土于撒夫特荷那 705 号和 796s 号墓。它们呈圆纽扣形，截面为椭圆形或平凸状，腐蚀出来的白色图案为带一排放射状小十字的环或带四个点的大十字。在贝克的体系中它们属于"中期"（公元前 300～公元 200 年）②，据贝克分析，它们与"早期"（公元前 2000 年之前）蚀花肉红石髓珠的区别不仅表现在装饰纹样上，还表现在珠子的形状和制作技术上。年代较晚的珠子，表面处理不如早期的细致，而且穿孔也较小。皮特里收集品中有一颗出自阿拜多斯的"早期"蚀花肉红石髓珠子，已经在中王国珠子一章中讨论过了。水滴形垂饰既有紫水晶做的一端呈尖状的普

① Petrie，1906a，p. 60，pl. XLVII，165.
② Beck，1933，p. 396.

通水滴形垂饰（H74d），也有水晶制作的截面为凸透镜形的梨形垂饰（H76c）。在简短地描述了各种类型后，我们应该能注意到，某些珠子的形状和材料有一定关系，例如扁平梨形珠子或垂饰与紫水晶和水晶的联系、六边形柱状珠子与绿柱石的联系，以及倒角立方体珠子与红玉髓的联系。

　　除了切割小面外，罗马时期的硬石加工技术非常粗糙。珠子的表面，即使经过抛光也仍高低不平，这可能是因为人们不再像王朝时期那样对珠子逐一抛光，而采用了批量抛光的方法，比如今天印度肯帕德的珠子匠通过拖拽混装着金刚砂和珠子的皮袋来抛光红玉髓珠。① 如布伦顿所说，批量抛光也使珠子失去了特定的形状。② 表面修整被压缩到了最低限度，特别是对绿柱石、紫晶和水晶珠的修整。大多数硬石珠的穿孔属于对管型小穿孔（H200，64.9%），其次是刻槽型穿孔（H800，26.2%）。很多对管型粗穿孔（H200）和普通穿孔（H400）实际上是用刻槽技术（H800）钻成的，但凹槽在最后的抛光工序中被磨掉了，因此很难察觉。单锥型穿孔（H300，5.8%）和普通穿孔（H400，2.2%）也有发现；有2颗珠子采用了倒角型穿孔技术（H500）；还有1颗珠子采用对锥型穿孔技术（H100），它是一颗边上起棱的大环形珠，肯定是被重新利用的古代珠子。

　　皮特里博物馆的施釉滑石珠只有1颗，形状为六边形柱体（L35），出自拉宏；但其材料判定尚不确实。由于欧战危机，博物馆中大多数贵金属做的首饰在笔者开始登记罗马珠子前就被打包封存了，笔者登记的少量金属珠子多是银珠，形状有具领桶状珠（M21）

---

① Arkell, 1936, p. 297.

② Brunton, 1930, p. 27.

或球形垂饰（M40）。皮特里博物馆里还有 4 颗铜珠：1 颗为柱体
（M12c）、1 颗为纽扣形垂饰（M41）、1 颗为水滴形小牌状垂饰
（M43），最后 1 颗是边上起棱的双锥体环形珠（M92）。有 1 颗铁制
的柱状大垂饰（M50b），但尚不清楚它到底是不是珠子。根据发掘报
告，吉塔出土过几颗形状特别的柱形银珠①，长约 1.5 英寸（约合
3.8 厘米——译者），顶端有两个悬挂用的小"眼"（M96）；卡夫 -
阿玛发现过一条金项链，上面有几颗球形珠（M5b）、1 颗具领柱形
珠（M12）和 1 颗有装饰的金珠；② 吉塔出过几颗带装饰的珠子
（M83）③，在塑材内核上贴金箔制成（M600），这一技术最早出现在
前王朝。在塑材珠中，棕色植物性塑材制成的珠子为球形（PN8h），
黏土珠为焙烧过的黑色黏土制成的大环形珠（PN2y）或灰色黏土质
的双锥体桶状珠（PN20k）；普通桶状黏土珠（PN16u）也见于报
道。④ 釉砂珠此时特别少见。皮特里博物馆收藏的罗马时期的素面釉
砂珠共 215 颗，其中 171 颗为环形珠（PN6d），出自吉塔 471 号墓，
它们应该是重加利用的老珠子⑤；其余 44 颗釉砂珠形制如下：22 颗
环形珠（PN2、PN3、PN6）、6 颗双锥体环形珠（PN4）、8 颗球形珠
（PN8、PN9）和 8 颗平边分节珠子（PN63）。圆边分节珠子（PN62）
也有发现；⑥ 还有 14 颗带装饰的釉砂珠，几乎都是南瓜状珠子
（PD21），只有 1 颗是刻画网纹的柱体珠子（PD39b）。南瓜状珠子在

---

① Petrie, 1906a, p. 62, 71 号墓, pl. XL, 71。
② Petrie, Mackay and Wainwright, 1915, p. 38, 99 号墓, pl. XXXIX, 22；另见
　　Petrie, 1927, p. 3, no. 11, pl. II。
③ Petrie, 1906a, pl. XLVI, 144.
④ Petrie, 1906a, pl. XLVII.
⑤ Petrie, 1906a, p. 60, sec. 85.
⑥ Petrie, 1906a, pl. XLVII, 171.

罗马时期特别常见，遍布整个罗马帝国，正如艾森所说，这一时期的南瓜珠带有大穿孔，很容易与早期的南瓜珠区分开来。[①] 皮特里博物馆中还有 2 颗出自卡乌的白色灰泥或玻璃料制成的珠子，两边各镶 1 块黑色玻璃小板（PD38）；该遗址中还出土了镶嵌琥珀小板的类似珠子。[②] 卡乌[③]、莫斯塔哥达[④]和拜占庭时期的努比亚王室墓葬[⑤]中，都发现过压有眼纹（或点－圈纹样）的球状蓝色釉砂珠（PD53）。

在其他材料制成的珠子中，琥珀珠在这一时期非常常见，大多数珠子形状不规则，这是罗马时期琥珀珠的典型特征，说明人们似乎更珍视融入材料本身的伦理价值，而非漂亮的外表。琥珀珠大体呈梨形，截面接近凸透镜形、平凸形、三角形（R20），或不规则形（R21、R22）；此外还有环形珠（R4）、球形珠（R6）、横扁球形珠（R11）、扁桶状珠（R16）和矩形短柱体珠子（R18）；其中有些比其他珠子在整形和完工时加工得细致。琥珀珠也有带装饰的，如果无意刮擦出的平行线也算装饰的话。这些装饰琥珀珠呈矩形柱体或扁平梨形，平行线则为垂直或水平线（R24）。卡乌出土的 1 颗桶状琥珀珠，镶嵌有两道蓝色塑材折线（R23f）。[⑥] 黑色树脂珠在这一时期也很常见，几乎所有这类珠子都是平边环形珠（R4）或短柱体珠子（R10），只有 3 颗例外，分别为锥状环形珠（R3）、球形珠（R6）和圆边环形珠（R2）。骨珠呈柱状（R33）或桶状（R32）。素面象牙珠

① Eisen，1930，p. 21.

② Brunton，1930，pp. 27 – 28.

③ Brunton，1930，p. 27，pls. XLV – XLVI，177（托勒密时期或稍晚一些）。

④ Brunton，1937，p. 140，1102 号墓。

⑤ Emery，1938，pls. 48A（Cat. No. 163）pl. 46D（Cat. No. 157）corpus no. 32 on pls. 43 – 44.

⑥ Brunton，1930，图谱 no. 67。

为球形（R31b），而有装饰的象牙珠大多为桶形，刻画有环绕珠子的平行线，很可能用车床加工过（R43）；不过桶状珠子也有刻画点－圈纹样的（R42）。箭镞形垂饰刻有水平平行线或平行短线及两个圆点（R48）。象牙和骨制莲花形和南瓜状珠子也见于记录。[1] 所有鸵鸟蛋壳珠都是圆边或平边的环形珠（R51、R52）；原定为珊瑚质的粉色壳类珠呈球形（R56c）、近似桶形（R66）或不规则形（R49）。[2] 软体动物壳珠子被加工成柱状珠（R59），有些用象牙贝制成的珠子还保留着表面的天然平行槽线（R74c）。普通的软体动物壳珠子和珍珠母珠子都被做成扁平桶状（R64）。木珠大多为圆边厚环形珠（R78），但也有棱纹桶状珠（R84）或边缘被切割为折线状的环形珠（R86）；发掘报告中还提到过盘状的木珠（R76、R77）。[3]

罗马时期的软石珠很少见。有 2 颗柱状软赤铁矿石珠，截面呈圆形（S18）或凸透镜形（S28）；2 颗方解石珠分别为六边形球状珠子（S37e）和扁平水滴形垂饰（S70）；1 颗蛇纹石珠呈矩形柱体（S33）。

在用法方面，罗马时期的珠子大多被用来制作项链[4]、手链[5]和耳环[6]，偶尔用于制作脚链[7]。有一条科普特时期的皮制带状头饰，

---

[1]　Eisen，1930，p. 26.

[2]　Brunton，1930，pls. XLV – XLVI，103 – 105.

[3]　Brunton，1930，pls. XLV – XLVI，163 – 164.

[4]　例如 Brunton，1937，pp. 139 – 142；Petrie，Mackay and Wainwright，1915，p. 38，pl. XXXIX，22。

[5]　Brunton，1937，p. 139，420 号墓；Petrie，1906a，p. 61。

[6]　Brunton，1937，p. 140，574 号和 1104 号墓；Petrie，Mackay and Wainwright，1915，p. 45，pl. LII，4；Petrie，1906a，p. 40，439 号墓。

[7]　Brunton，1937，p. 140，1105 号墓。

上面缝有几颗小银珠和蓝、黄、红色的小玻璃珠。[①] 罗马时期对珠子的编排常常很随意，串珠经常由许多各种各样的珠子组成。[②] 但有时其编排也有一定顺序。撒夫特荷那一座墓葬中发现的珠串由金珠和树脂珠交替排列组成；另一座墓中，项链上的珠子似乎按绿色珠子、红玉髓珠和黄色珠子交替排成一圈；后一座墓葬中还出土了一小串用作耳环垂饰的珠子，其排列顺序为：底层是菱形水滴状小紫晶珠，其上的 4 颗珠子分别为蓝色、绿色和黑色的玻璃料珠，穿在细青铜线上。[③] 珠子的穿绳大多数很可能是某种纤维，但基本腐烂得无迹可寻了。莫斯塔哥达出过一串项链，珠子穿在黄色的毛线上；[④] 穿有珠子的耳环是用黄金[⑤]或青铜[⑥]制成的；还有用作垂饰的石珠，穿在银线上。[⑦] 莫斯塔哥达出过一串铁脚链，上面穿有一颗刻着眼状纹饰的蓝色珠子。[⑧]

图像中表现的珠子。公元 1 世纪时有许多贴金的夹纻木乃伊胸像，有的上面有镶嵌缟玛瑙和仿制珍珠的耳环模型，以及桶状缟玛瑙珠和绿色、黑色球形珠子交替排列的模型项链。[⑨] 皮特里在埃及法尤姆省发现过许多公元 2 世纪的罗马肖像，有的肖像佩戴着珠宝，表现

---

① Brunton，1930，p. 140，811 号墓。

② Brunton，1930，p. 27.

③ Petrie，1906a，pp. 39 – 40，291 号和 439 号墓。

④ Brunton，1937，p. 142，10109 号墓。

⑤ Petrie，Mackay and Wainwright，1915，p. 45，pl. LII，4.

⑥ Petrie，1906a，p. 40，439 号墓。

⑦ Petrie，Mackay and Wainwright，1915，p. 28，pl. XXXIX，23；Petrie，1927，p. 3，no. 10，pl. II.

⑧ Brunton，1937，p. 140，1103 号墓。

⑨ Petrie，1890，p. 20，sec. 31；又见开罗博物馆 J33129 – 33131，J33135，发现于梅尔（Meir）公元 1 世纪的墓葬群。

的耳环有三种：第一种是球形或盘状耳环（M40、M41、M95），常常和中间有月牙形垂饰（GN97）的金项链一起使用；第二种为装饰珍珠、绿柱石或金珠的环形耳环，常常同石珠项链一起出现，尤其是柱状或球形绿柱石珠（H8、H51）穿成的项链；第三种为垂饰或条状耳环，常与更加复杂、更加艳丽的石珠或金珠项链配合使用。这些表现耳环和项链的图像对我们确定珠子的排列方式及年代具有重要价值。①

第二十三章译者注

[1] 托勒密·费拉德尔弗斯（Ptolemy Philadelphus）：这里指托勒密二世（Πτολεμαῖος Φιλάδελφος），公元前284～前246年在位。

[2] 原文作"H700"，应为"H7000"之误。

[3] 图谱PN9型珠子未见变体"b"。

[4] 图谱未见GN67型珠子。

[5] 图谱中未见GD92型珠子。

---

① Petrie, 1889, p. 19, sec. 28, pl. XI；Petrie, 1911, p. 12, sec. 24.

参考文献

（若不说明，则出版地为伦敦）

期刊名缩略语

A. E. *Ancient Egypt*, ed. by Petrie.

A. J. A. *American Journal of Archaeology*, Concord, N. H.

Ant. *Antiquity*, ed. by Crawford. Southampton.

A. J. *Antiquaries' Journal.*

Arch. *Archaeologia.* Issued by the Society of Antiquaries, London.

A. S. *Annales du Service des Antiquities.* Cairo.

B. M. N. A. *Bulletin of the Metropolitan Museum of Art.* New York.

B. M. F. A. *Bulletin of the Museum of Fine Art.* Boston.

J. E. A. *Journal of Egyptian Archaeology.*

J. R. A. I. *Journal of the Royal Anthropological Institute*, London.

L. A. A. A. *Annals of Archaeology and Anthropology.* Issued by the Liverpool
Institute of Archaeology. Liverpool.

Q. D. A. P. *The Quarterly of the Department of Antiquities in Palestine.*
Jerusalem.

※※※※※※※※※※※※※※※※※※※※※※※※※※※※※

Allen, T. , 1923, *The Handbook of the Egyptian Collection*, the Art Institute
of Chicago, Chicago.

Amer, & O. Menghin, 1932 – 1936. *The Excavation of Egyptian University
in the Neolithic Site at Maadi*, *Preliminary Report*, I-II, Cairo.

Andrew, G. , 1939, The Greywacke of the Eastern Desert of Egypt, in *Bulletin de l'Institut d'Égypte*, Vol. XXI (1938 – 1939) 6ème série, pp. 153 – 190.

Anonymous, 1919, Bead Making at Murano and Venice, *Journal of the Royal Society of Arts*, Vol. 67, No. 3481 (August 8, 1919), pp. 605 – 609.

Arkell, A. J. , 1936, Cambay and the Bead Trade, *Anti.* , X, *no.* 39, pp. 292 – 305.

Ayrton E. , W. Loat, 1911, *Pre-dynastic Cemetery at El Mahasna*, London: Egypt Exploration Fund.

Ball, J. , 1912, *The Geography and Geology of South-eastern Egypt*, Cairo: Govt. Press.

Baly, T. , 1932, The Relations of the Eleventh Dynasty and the Heracleopolitans, in *J. E. A.* , Vol. 18, No. 3/4 (Nov. , 1932), pp. 173 – 176.

Bannister, F. , Plenderleith, H. , 1936, Physico – Chemical Examination of a Scarab of Tuthmosis IV Bearing the Name of the God Aten, *J. E. A.* , Vol. 22, No. 1 (Jun. , 1936), pp. 3 – 6.

Beck, H. C. , 1927, Classification and Nomenclature of Beads and Pendants, *Archaeologia*, Vol. 77 (January 1927), pp. 1 – 76.

Beck, H. C. , 1929, article "Beads", in *Encyclopedia Britannica.* 14th ed. III.

Beck, H. C. , 1930, A Note on Certain Agate Beads, in *A. J.* , X, p. 149.

Beck, H. C. , 1933, Etched Carnelian Beads, *A. J.* , Vol. 13, Issue 4, pp. 384 – 398.

Beck, H. C. , 1934a, Glass before 1500 B. C. , *A. E.* , Vol. 19, pp. 7 – 21.

Beck, H. C. , 1934b, Notes on Glazed Stones, part I, *A. E.* , June, 1934, Vol. 19, pp. 69 – 83.

Beck, H. C. , 1934c, The Use of the Microscope in the Study of Ancient

Beads, in *Journal of Microscopic Society*. LIV, pp. 186 – 194.

Beck, H. C., 1935, Notes on Glazed Stones, part Ⅱ and Ⅲ, *A. E.*, Vol. 20, pp. 19 – 37.

Beck, H. C., 1936, Beads and Magic. A Paper Read at the 496th Meeting of Ye Sette of Odd Volumes on May 28th 1935, no. xcvi, London: Stockwell.

Beck, H. C., J. F. Stone, 1936, Faience Beads of the British Bronze Age.

Beck, H. C., C. G. Seligman, 1938. Far Eastern Glass: some Western Origins. in *Bulletine of the Museum of Far Eastern Antiquities*. no. 10. Stockholm. pp. 1 – 64.

Blackman, W., 1927, *The Fellāhīn of Upper Egypt: Their Religious, Social and Industrial Life Today with Special Reference to Survivals from Ancient Times*, London: G. G. Harrap.

Breasted, J., 1906, *Ancient Record of Egypt*, Vol. Ⅳ, Chicago: The University of Chicago Press.

Brent, J., 1880, On Glass Beads with a Chevron Pattern, *Archaeologia*, Vol. 45, Issue 2 (January 1880), pp. 297 – 308.

British Museum, 1920, *A Guide to the Antiquities of the Bronze Age: In the Department of British and Mediæval Antiquities*, 2nd ed., London: Printed by Order of the Trustees.

British Museum, 1929, How to obgerve in Archaeology (2nd ed.).

Brown, G., 1928, *The Art of the Cave Dweller: A Study of the Earliest Artistic Activities of Man*, London: Murray.

Brunton, G. 1920, *Lahun I: the Treasure.* London.

Brunton, G., 1927, *Qau and Badari Ⅰ*, London: British School of Archaeology in Egypt

Brunton, G., 1928, *Qau and Badari Ⅱ*, London: British School of Archaeology in Egypt, Quaritch.

Brunton, G., G. Caton-Thompson, 1928, *The Badarian Civilisation and Predynastic Remains near Badari*, London: British School of Archaeology in Egypt.

Brunton, G. , 1930, *Qau and Badari* Ⅲ, London: British School of Archaeology in Egypt, Quaritch.

Brunton, G. , 1937, *Mostagedda and the Tasian Culture*, London: B. Quaritch Ltd. .

Brunton, G. , 1939, Some Notes on the Burial of Shashanq Heqakheperre, *A. S.* , Vol. 39, pp. 541 – 547.

Brunton, G. , Engelbach, R. , 1927, *Gurob*, London: British School of Archaeology in Egypt.

Brunton, G. , G. Caton-Thompson, 1928, *The Badarian Civilization*.

Capart, J. , 1905, *Primitive Art in Egypt*, A. S. Griffith (trans.), London: H. Grevel.

Carnarvon, J. , Carter, H. , 1912, *Five Years' Explorations at Thebes: A Record of Work Done in 1907 – 1911*, London: H. Frowde, Oxford University Press.

Cairo Museum, 1938, A Brief Description of the Principal Monuments, Cairo.

Carter, H. , Mace, A. C. , 1923, *The Tomb of Tutankhamen: Discovered by the Late Earl of Carnarvon and Howard Carter*, Vol. 1, London: Cassell.

Carter, H. , Mace, A. , 1927, *The Tomb of Tutankhamen: Discovered by the Late Earl of Carnarvon and Howard Carter*, Vol. 2, London: Cassell.

Carter, H. , 1933, *The Tomb of Tutankhamen: Discovered by the Late Earl of Carnarvon and Howard Carter*, Vol. 3, London: Cassell.

Caton – Thompson, G. , 1932, The Royal Anthropological Institute's Prehistoric Research Expedition to Kharga Oasis, Egypt. The Second Season's Discoveries, *Man*, Vol. 32, 1 June, pp. 129 – 135.

Caton – Thompson, G. , 1934, *The Desert Fayum*, London: Royal Anthropological Institute of Great Britain and Ireland.

Caulfeild, A. , 1902, *The Temple of the Kings at Abydos.* (*Sety I.*), London: B. Quaritch.

Childe, G. , 1935, *New Light on the Most Ancient East*, London: Kegan

Paul Trench, Trubner & Co. Ltd. .

Clay, S. , 1939, Standardization of Colours, *Nature*, Vol. 143, No. 3619 (11 March), pp. 410 – 411.

Cunnington, M. , 1934, *An Introduction to the Archæology of Wiltshire from the Earliest Times to the Pagan Saxons: With Chapters on Stonehenge, Avebury, Silbury Hill, Woodhenge, Barrows, Earthworks, etc.* , Devizes: Printed by Charles Henry Woodward.

Curle, J. , 1911, *A Roman Frontier Post and Its People: The Fort of Newstead in the Parish of Melrose*, Glasgow: James Maclehose for Glasgow U. P. .

Daniel, F. , 1937, Bead Workers of Ilorin, Nigeria, *Man*, Vol. 37 (Jan.), pp. 7 – 8.

Davies, N. , 1902, *The Rock Tombs of Deir El Gebrâwi*, Part 1, *Tomb of Aba and Smaller Tombs of the Southern Group*, London: Egypt Exploration Fund.

Davies, N. , 1922, *The Tomb of Puyemrê at Thebes* (Band 1): *The hall of Memories*, New York.

Davies, T. , 1910, *The Tomb of Queen Tîyi. The Discovery of the Tomb*, London: Constable.

Déchelette, J. 1908, *Manuel d'archéologie préhistorique, celtique et gallo-romaine, archéologie préhistorique*, Vol. 1, Paris: Picard.

Déchelette, J. 1914, *Manuel d'archéologie préhistorique, celtique et gallo-romaine, second âge du fer ou époque de la Tène*, Vol. 3, Paris: Picard.

Déchelette, J. , 1924, *Manuel d'archéologie préhistorique, celtique et gallo-romaine, second âge du fer ou époque de la Tène, premier âge du fer ou époque de hallstatt*, Vol. 4, Paris: Picard.

Department of Antiquities, 1931, *The Summary Guide*, 4th ed. .

Desch, C. H. , 1929, Reports on the Metallurgical Examination of Specimens for the Sumerian Committee of the British Association. *Reports of the British Association for the Advancements of Science.*

Dillon, E. , 1907, *Glass*, London: Methuen and Co. .

Doran, W. , 1937, On Predynastic Resin Beads from Ar. 1370, 1430, and 1424a, in R. Mond, O. Myers, *Cemeteries of Armant*, *I*, London: The Egypt Exploration Society, pp. 96 – 100.

Duncan, J., 1930, *Corpus of Dated Palestinian Pottery*, London: British School of Archaeology in Egypt.

Dunham, D., 1939, Some Notes on Ancient Egyptian Drawing, *B. M. F. A.*, Vol. 37, No. 222 (Aug., 1939), pp. 62 – 64.

Edgar, C., 1907, Planches XLIII – LV: The Treasure of Tell Basta. in G. Maspero ed., *Le musée égyptien: Recueil de monuments et de notices sur les fouilles d'Égypte*, Vol. 2, pp. 93 – 118, Cairo: Imprimerie de l'Institut français d'archéologie orientale.

Edwards, I., 1938, *A Handbook to the Egyptian Mummies and Coffins Exhibited in the British Museum*, London: The British Museum.

Egyptian Museum, 1938, *A Brief Description of the Principal Monuments*, Cairo: Cairo Museum.

Eisen, G., 1916a, The Characteristics of Eye Beads from the Earliest Times to the Present, *A. J. A.*, Vol. 20, No. 1 (Jan. – Mar., 1916), pp. 1 – 27.

Eisen, G., 1916b, The Origin of Glass Blowing, *A. J. A.*, Vol. 20, No. 2 (Apr. – Jun., 1916), pp. 134 – 143.

Eisen, G., 1919, Antique Glass, *The Art Bulletin*, Vol. 2, No. 2 (Dec., 1919), pp. 87 – 119.

Eisen, G., 1930, Lotus – and Melon – Beads, *A. J. A.*, Vol. 34 (1), pp. 20 – 43.

Eisen, G., 1936, Antique Fig – Beads, *A. J. A.*, XXXIV, pp. 190 – 196.

Emery, W., 1938, *The Royal Tombs of Ballana and Qustul*, Cairo: Government Press.

Emery, W., Kirwan, L., 1935, *The Excavations and Survey between Wadi Es – Sebua and Adindan 1929 – 1931*, Cairo: Government Press, Bulâq.

Encyclopedia Britannica Company, 1929, *Encyclopedia Britannica*, 14th ed. .

Engelbach, R., H. Petrie and N. A. Murray, 1915, *Riqqeh and Memphis VI*, London: British School of Archaeology in Egypt, B. Quaritch.

Engelbach, R., B. Gunn, 1923, *Harageh*, London: British School of Archaeology in Egypt.

Evans, A., 1930, *The Palace of Minos: A Comparative Account of the Successive Stages of the Early Cretan Civilization as Illustrated by the Discoveries at Knossos*, Vol. 2, London: Macmillan.

Firth, C. M., 1912, *The Archaeological Survey of Nubia, Report for 1908 – 1909*, Cairo: Government Press.

Firth, C. M., 1915, *The Archaeological Survey of Nubia, Report for 1909 – 1910*, Cairo: Government Press.

Firth, C. M., B. Gunn 1926, *Excavations at Saqqara: Teti Pyramid Cemeteries*, Cairo: Imprimerie de l'Institut français d'archéologie orientale.

Firth, C. M., 1927, *The Archaeological Survey of Nubia, Report for 1910 – 1911*, Cairo: Government Press.

Firth, C. M., Quibell, J., 1935, *Excavations at Saqqara: the Step Pyramid*, Le Caire: Impr. de l'Institut français d'archéologie orientale.

Fisher, C. M., 1917, The Eckley B. Coxe Jr. Egyptian Expedtion, *The Museum journal: University of Pennsylvania*, Vol. 8, No. 4 (December 1917), pp. 212 – 237.

Frankfort, H., 1930a, Review: *Qau and Badari I* by Guy Brunton, with chapters by Alan Gardiner and Flinders Petrie. London, 1928 (British School of Archaeology in Egypt), in *J. E. A.*, Vol. 16, No. 3/4 (Nov., 1930), pp. 268 – 269.

Frankfort, H., 1930b, The Cemeteries of Abydos: Work of the Season 1925 – 26: II. Description of Tombs, in *J. E. A.*, Vol. 16, No. 3/4 (Nov., 1930), pp. 213 – 219.

Frankfort, H., Pendlebury, J., 1933, *The City of Akhenaten*, Part 2, *The North Suburb and the Desert Altars*, London: Egypt Exploration Society.

Gaora, Sami, 1930, Fouilles du Service des Antiquities a Deir Tassa, in

Annal du Service, XXX (1930), pp. 151 – 152, pl. III.

Gardner, E. , 1888, *Naukratis, part II*, London: Trübner & Co. .

Garstang, J. , 1901, *El Arábah: A Cemetery of the Middle Kingdom. Survey of the Old Kingdom Temenos. Graffiti from the Temple of Sety*, London: Quaritch.

Garstang, J. , 1903, *Mahâsna and Bêt Khallâf*, London: Bernard Quaritch.

Garstang, J. , 1907, *The Burial Customs of Ancient Egypt: As Illustrated by Tombs of the Middle Kingdom: Being a Report of Excavations Made in the Necropolis of Beni Hassan during 1902 – 3 – 4*, London: Constable.

Gautier, J. , Jéquier, G. , 1902, *Mémoire sur les fouilles de Licht*, Cairo: Imprimerie de l'Institut français d'archéologie orientale.

Gladstone, J. , 1892, On Metallic Copper, Tin and Antimony from Ancient Egypt, *Proceedings of the Society of Biblical Archaeology*, Vol. 14, No, 106 (March 1st 1892), pp. 223 – 228.

de la Grancière, P. A. , 1897, *Les parures préhistoriques et antiques en grains d'enfilage et les colliers talismans Celto – Armoricains précédé d'un aperçu sur les temps préhistoriques*, Paris: E. Leroux.

Griffith, F. , 1896, *Beni Hasan: Part III*, London: Egypt Exploration Fund.

Habachi, L. , 1939, A First Dynasty Cemetery at Abydos, *A. S.* , Vol. 39, pp. 767 – 774.

Hall, H. , 1929, Some Wooden Figures of the Eighteenth and Nineteenth Dynasties in the British Museum, part 1, *J. E. A.* , Vol. 15, No. 3/4 (Nov. , 1929), pp. 236 – 238.

Hamza, M. , 1930, Excavations of the Department of Antiquities at Qantîr (Faqûs District) (season, May 21st – July 7th, 1928), in *A. S.* , Vol. 30, pp. 31 – 68.

Hassan, S. , 1932, *Excavations at Gîza I. 1929 – 1930*. Oxford: Oxford University Press.

Hassan, S. , 1936, *Excavations at Gîza II . 1930 – 1931*. Cairo: Government Press, Bulâq.

Hill, G. , (ed.), 1929, *How to Observe in Archaeology*: *Suggestions for Travellers in the Near and Middle East*, 2nd Edt. , London: British Museum.

Jéquier, M. G. , 1921, *Les frises d'objets des sarcophages du Moyen Empire*, Cairo: Imprimerie de l'Institut français d'archéologie orientale.

Johns, C. N. , 1933. Report on the Excavation at Pilgrims' Castle, Atlit. *The Quarterly of the Department of Antiquities in Palestine* 2, pp. 41 – 104.

Junker, H. , 1912, *Bericht über die Grabungen der Kaiserl. Akademie der Wissenschaften in Wien auf dem Friedhof in Turah*: *Winter* 1909 – 1910, Wien: In Kommission bei A. Holder.

Junker, H. , 1919, *Bericht über die Grabungen der Akademie der Wissenschaften in Wien auf den Friedhöfen von el – Kubanieh – Süd*, Wien: Akadamie der Wissenschaften in Wien.

Junker, H. , 1920, *Bericht über die Grabungen der Akademie der Wissenschaften in Wien auf den Friedhöfen von El – Kubanieh – Nord*: *winter*, 1910 – 1911, Wien: Alfred Hölder.

Junker, H. , 1928, *Bericht über die von der Akademie der Wissenschaften in Wien nach dem Westdelta entsendete Expedition* (20. *Dezember* 1927 *bis* 25. *Februar* 1928), Wien: Hölder – Pichler – Tempsky a. – g.

Junker, H. , 1929, *Vorbericht über die dritte, von der Akademie der Wissenschaften in Wien in Verbindung mit dem Egyptiska Museet in Stockholm unternommene Grabung auf der neolithischen Siedelung von Merimde – Benisalame*, Vol. I, Wien: Akademie der Wissenschaften in Wien.

Junker, H. , 1930, *Vorbericht über die dritte, von der Akademie der Wissenschaften in Wien in Verbindung mit dem Egyptiska Museet in Stockholm unternommene Grabung auf der neolithischen Siedelung von Merimde – Benisalame*, Vol. II, Wien: Akademie der Wissenschaften in Wien.

Junker, H. , 1932, *Vorbericht über die dritte, von der Akademie der Wissenschaften in Wien in Verbindung mit dem Egyptiska Museet in Stockholm unternommene Grabung auf der neolithischen Siedelung von Merimde – Benisalame*, Vol. III, Wien: Akademie der Wissenschaften in Wien.

Junker, H. , 1925, *Ermenne*: *Bericht über die Grabungen der Akademie der*

Wissenschaften in Wien auf den Friedhöfen von Ermenne（Nubien）im Winter 1911/12，Wien：Hölder – Pichler – Tempsky.

King，W.，1914，*The Elements of Statistical Method*，New York：The Macmillan Company . London：Macmillan & Company.

Kirwan，L.，1939，Reviewed Work：*Mostagedda and the Tasian Culture* by Guy Brunton，*J. E. A.*，Vol. 25，No. 1（Jun.，1939），pp. 107 – 109.

Kisa，A.，1908，*Das Glas im Altertume*，Leipzig：K. W. Hiersemann.

Kraus，E.，Hunt，W.，Ramsdell，L.，1936，*Mineralogy*，3rd ed.，New York：McGraw – Hill Book Co..

Lucas，A.，1932，*Antiques，Their Restoration and Preservation*，2nd rev. ed，London：E. Arnold & Co..

Lucas，A.，1934，*Ancient Egyptian Material and Industries*，2nd ed.，revised，London：Edward Arnold & Co..

Lucas，A.，1936，Glazed Ware in Egypt，India and Mesopotamia，*J. E. A.*，Vol. 22，No. 2（Dec.，1936），pp. 141 – 164.

Lucas，A，1938，Early Red Faience，*J. E. A.*，Vol. 24，No. 2（Dec.，1938），p. 245.

Lythgoe，A.，Lansing，A.，N. de Garis Davies. 1917. The Egyptian Expedition 1915 – 16. *The Metropolitan Museum of Art Bulletin*，vol. XII，no. 5 supplement. pp. 1 – 31.

MacDonald，E.，Starkey，J.，Harding，L.，1932，*Beth – Pelet II*，London：British school of archaeology in Egypt.

Mace，A. G.，1909，*The Early Dynastic Cemeteries of Naga-ed – Dêr*，part II，Leipzig：J. C. Hinrichs.

Mace，A. G.，Winlock，H. E.，1916，*The Tomb of Senebtisi at Lisht*，New York：The Gilliss Press

Mackay，E.，1925，*Report on the Excavation of the "A" cemetery at Kish，Mesopotamia*，Vol. I，Chicago：Field Museum of Natural History.

Mackay，E.，1929，*A Sumerian Palace and the "A" Cemetery at Kish，Mesopotamia*，Chicago：Field Museum of Natural History.

Mackay，E.，1933，Decorated Carnelian Beads，*Man*，1 September 1933，

Vol. 33, no. 150, pp. 143 – 146.

Mackay, E. , 1937, Bead Making in Ancient Sind, *Journal of the American Oriental Society*, 1937 Mar, Vol. 57 (1), pp. 1 – 15.

Marshall, J. , 1931, *Mohenjo-daro and the Indus Civilization: Being an Official Account of Archaeological Excavations at Mohenjo-daro Carried out by the Government of India between the Years 1922 and 1927*, London: Probsthain.

Maspero, M. , 1902, Sur les bijoux d'Époqque Saïte trouvés à Sakkarah, *A. S.* , Vol. 3, pp. 1 – 6.

McGuire, J. , 1896, *A Study of the Primitive Methods of Drilling*, In Annual Report of the Smithsonian Ins. for 1894, Pt. 2. Washington: G. P. O. .

Menghin, O. , 1931, *Weltgeschichte der Steinzeit*, Wien: A. Schroll & Company.

Möllers, G. , W. Schubart, H. Schäfer, 1910, *Ägyptische Goldschmiedearbeiten, unter Mitwirkung von Georg Möller und Wilhelm Schubart*, Berlin: K. Curtius.

Möllers, G. , Scharff, A. , 1926, *Die archaeologischen Ergebnisse des vorgeschichtlichen Gräberfeldes von Abusir el – Meleq*, Leipzig: J. C. Hinrichs.

Mond, R. , Myers, O. H. , 1934, *The Bucheum*, London: Egypt Exploration Society.

Mond, R. , Myers, O. H. , 1937, *Cemeteries of Armant, I*, London: The Egypt Exploration Society.

de Morgan, J. , 1895, *Fouilles à Dahchour*, vol. I, Vienne : A. Holzhausen.

de Morgan, J. , 1896, *Recherches sur les origines de l'Égypte ethnographic préhistorique et tombeau royal de Négadah, vol.* I , Paris: Ernest Leroux, Éditeur.

de Morgan, J. , 1897, *Recherches sur les origines de l'Égypte ethnographic préhistorique et tombeau royal de Négadah*, vol. II , Paris: Ernest Leroux, Éditeur.

de Morgan, J. , 1903, *Fouilles à Dahchour*, vol. II, Vienne: A. Holzhausen.

Murray, H., 1888, *A New English Dictionary on Historical Principles: Founded Mainly on the Materials Collected by the Philological Society*, Vol. 1, AB, Oxford: The Clarendon Press.

Murray, M., 1917, Some Pendant Amulets, *A. E.*, Vol. 4, pp. 49 – 56.

Murray, M, 1928, Egyptian Objects Found in Malta, *A. E.*, Vol. 13, part 2 (June 1928), pp. 45 – 51.

Naville, E., 1890, *The Mound of the Jew and the City of Onias: Belbeis, Samanood, Abusir, Tukh el Karmus*, 1887, London: Kegan Paul, Trench, Trübner.

Naville, E., 1914, *The Cemeteries of Abydos*, part I, London: The Egypt Exploration Fund.

Naville, E., H. R. Hall, 1907, *The XIth Dynasty Temple at Deir el – Bahri*, Part I, London: The Egypt Exploration Fund.

Naville, E., H. R. Hall, 1913, *The XIth Dynasty Temple at Deir el – Bahari*, part Ⅲ, London: Egypt Exploration Fund.

Newberry, P., 1905, An Unpublished Scene From the Tomb of Th? at Sakkara, Representing the Manufacture of Seals, *P. S. B. A.*, 27, p. 286.

Orchard, W. C., 1929, *Beads and Beadwork of the American Indians, a Study Based on Specimens in the Museum of the American Indian, Heye Foundation*, New York, Museum of the American Indian, Heye Foundation.

Peet, T. E., C. L. Woolly, 1923, *The City of Akhenaton, Part I. Excavations of 1921 and 1922 at el – 'Amarneh*, London: Egypt Expedition Found.

Peet, T. E., 1913, *The Cemeteries of Abydos*, part Ⅲ. *1912 – 1913*, London: The Egypt Exploration Fund.

Peet, T. E., 1914, *The Cemeteries of Abydos*, part Ⅱ, *1911 – 1912*, London: The Egypt Exploration Fund.

Peet, T. E., 1933, The Classification of Egyptian Pottery, *J. E. A.*, Vol. 19, No. 1/2 (May, 1933), pp. 62 – 64.

Pendelbury, J. D. S. , H. Frankfort, 1933, *The City of Akhenaton*, *Part II.*

Petrie, W. M. F. , 1885, *Tanis, part 1, 1883 – 1884*, London: Trübner.

Petrie, W. M. F. , 1886, *Naukratis, part I*, London: Trübner & Co. .

Petrie, W. M. F. , 1888, *Tanis, part 2, Nebesheh (Am) and Defenneh (Tahpanhes)*, London: Trübner.

Petrie, W. M. F. , 1889, *Hawara, Biahmu, and Arsinoe: with Thirty Plates*, London: Field & Tuer.

Petrie, W. M. F. , 1890, *Kahun, Gurob and Hawara*, London: Kegan Paul.

Petrie, W. M. F. , 1891, *Illahun, Kahun and Gurob, 1889 – 1890*, London: Nutt.

Petrie, W. M. F. , 1892, *Medum*.

Petrie, W. M. F. , 1894, *Tell El Amarna*, London: Methuen.

Petrie, W. M. F. , 1895, Bead, an article in the Catalogue of the Exhibition of the Art of Ancient Egypt, Burlington Fine Arts Club.

Petrie, W. M. F. , 1896a, *Koptos*, London: B. Quaritch.

Petrie, W. M. F. , 1896b, *Nagada and Ballas: 1895*, London: B. Quaritch.

Petrie, W. M. F. , 1897, *Six Temples at Thebes, 1896*, London: Quaritch.

Petrie, W. M. F. , 1898, *Deshasheh*, London: Egypt Exploration Fund.

Petrie, W. M. F. , 1900a, *Dendereh, 1898*, London: Egypt Exploration Fund.

Petrie, W. M. F. , 1900b, The Royal Tombs of the First Dynasty. Part I.

Petrie, W. M. F. , 1901a, *Diospolis Parva: The Cemeteries of Abadiyeh and Hu, 1898 – 1899*, London: Egypt Exploration Fund.

Petrie, W. M. F. , 1901b, *The Royal Tombs of the Earliest Dynasties*, part 2, London.

Petrie, W. M. F. , 1902, *Abydos, part 1*, London: Egypt Exploration Fund.

Petrie, W. M. F. , 1903, *Abydos, part 2*, London: Egypt Exploration Fund.

Petrie, W. M. F. , 1904a, *Methods and Aims in Archaeology*, London: Macmillan.

Petrie, W. M. F. , 1904b, Notes on the Later Egyptian Dynasties, *Proceedings of the Society of Biblical Archaeology*, Vol. 26, no. 200 (December 14, 1904) pp. 283 – 287.

Petrie, W. M. F. , 1905, *Ehnasya*, 1904, London: Egypt Exploration Fund.

Petrie, W. M. F. , 1906a, *Hyksos and Israelite Cities*, London: Office of School of Archaeology.

Petrie, W. M. F. , 1906b, *Researches in Sinai*, London: Murray.

Petrie, W. M. F. , 1907, *Gizeh and Rifeh*, London: School of Archaeology in Egypt.

Petrie, W. M. F. , 1909a, *Memphis I*, London: School of Archaeology in Egypt.

Petrie, W. M. F. , 1909b, *Qurneh*, London: School of Archaeology in Egypt.

Petrie, W. M. F. , 1910a, *The Arts and Crafts of Ancient Egypt*, 2nd edition.

Petrie, W. M. F. , 1910b, *Meydum and Memphis (III)*, London: School of Archaeology in Egypt.

Petrie, W. M. F. , 1911, *Roman Portraits and Memphis (4)*, London: School of Archaeology in Egypt.

Petrie, W. M. F. , 1912, *Corpus of Prehistoric Pottery and Palettes*, London: British School of Archaeology in Egypt.

Petrie, W. M. F. , 1914a, *Amulets: Illustrated by the Egyptian Collection in University* College, London, London: Constable.

Petrie, W. M. F. , 1914b, *Tarkhan II*, London: School of Archaeology in Egypt, University College.

Petrie, W. M. F. , 1915a, *Handbook of Egyptian Antiquities, Collected by Professor Flinders Petrie, Exhibited at University College*, London: The College.

Petrie, W. M. F. , 1915b, The Metals in Egypt, *A. E.* , part 1, pp. 12 – 23.

Petrie, W. M. F. , 1917, *Tools and Weapons: Illustrated by the Egyptian Collection in University College, London, and 2, 000 Outlines from Other Sources*, London: British School of Archaeology in Egypt, University College.

Petrie, W. M. F. , 1920, *Prehistoric Egypt: Illustrated by Over 1, 000 objects in University College, London*, London: British School of Archaeology in Egypt.

Petrie, W. M. F. , 1925, *Tombs of the Courtiers and Oxyrhynkos*, London: British School of Archaeology in Egypt.

Petrie, W. M. F. , 1927, *Objects of Daily Use, with* 1800 *Figures from University College*, London: British School of Archaeology in Egypt.

Petrie, W. M. F. , 1928a, *Gerar*, London: British School of Archaeology in Egypt.

Petrie, W. M. F. , 1928b, The Shashanq Migration, *A. E.*, Vol. 13, part 4, (December 1928), pp. 101 – 104.

Petrie, W. M. F. , 1931, *Seventy Years in Archaeology*, London: Sampson Low, Marston.

Petrie, W. M. F. , 1937, *The Funeral Furniture of Egypt with Stone and Metal Vases*, London: British School of Egyptian Archaeology, and Quaritch.

Petrie, W. M. F. , J. E. Quibell, 1896, *Naqada and Ballas*.

Petrie, W. M. F. , G. Brunton, 1924, *Sedment I – II*, London: British School of Archaeology in Egypt, B. Quaritch.

Petrie, W. M. F. , G. Brunton, M. Murray, 1923, *Lahun II*, London: British School of Archaeology in Egypt.

Petrie, W. M. F. , E. Mackay, G. Wainwright, 1915, *Heliopolis, Kafr Ammar and Shurafa*, London: Quaritch.

Petrie, W. M. F. , G. Wainwright and H. Gardiner, 1913, *Tarkhan I and Memphis V*, London: School of Archaeology in Egypt.

Petrie, W. M. F. , G. Wainwright and E. Mackay, 1912, *The Labyrinth, Gerzeh and Mazghuneh*, London: School of Archaeology in Egypt.

Picard, C., 1931, Les influencesétrangères au tombeau de Petosiris: Grèce ou Perse? (avec 2 planches), *IFAO*, Vol. 30, pp. 201 – 227.

Pinches, T., P. Newberry, 1921, A Cylinder – Seal Inscribed in Hieroglyphic and Cuneiform in the Collection of the Earl of Carnarvo, *J. E. A.*, Vol. 7, No. 3/4 (Oct., 1921), pp. 196 – 199.

Platt, A. F. R., 1901, The Ancient Egyptian Methods of Working Hard Stones, *Proceeding of Society of Biblical Archaeology*, XXXI, pp. 172 – 184.

Pliny, 1857, *The Natural History of Pliny*, J. Bostock, H. Riley (tran.), Vol. 6, London: H. G. Bohn.

Quibell, J. E., 1898a, *El Kab*, London: Bernard Quaritch

Quibell, J. E., 1898b, *The Ramesseum*, London: B. Quaritch.

Quibell, J. E., 1907, *Excavations at Saqqara, Vol. I* 1905 – 1906, Cairo: Imprimerie de l'Institut français d'archéologie orientale.

Quibell, J. E., 1908, *Tomb of Yuaa and Thuiu*, Cairo: Imprimerie de l'Institut français d'archéologie orientale.

Quibell, J. E., 1912, *Excavations of Saqqara* (1908 – 1909, 1909 – 1910): *The Monastery of Apa Jeremias*, Cairo: Imprimerie de l'Institut français d'archéologie orientale.

Quibell, J. E., 1923, *Excavation at Saqqarah, vol. VI, 1912 – 1914*. Cairo.

Quibell, J. E., F. W. Green, 1902, *Hierakonpolis, part* II, London: Bernard Quaritch.

Randall – Maciver, D., A. Mace, 1902, *El Amrah and Abydos*, 1899 – 1901, London: Egypt Exploration Fund.

Reinecke, P., 1911, Glasperlen vorrömischer Zeiten aus Funden nördlich der Alpen. in *die Altertümer unserer Heidnischen Vorzeit*. Bd. V, Mainz.

Reisner, G. E., 1908, *The Early Dynastic Cemeteries of Naga-ed – Dêr*, part I, Leipzig: J. C. Hinrichs.

Reisner, G. E., 1910, *The Archaeological Survey of Nubia, Report for* 1907 – 1908, Vol. I, Cairo: National Printing Department.

Reisner, G. E., 1917, Excavations at Napata, the Capital of Ethiopia,

B. M. F. A. , Vol. 15 , No. 89 (Jun. , 1917) , pp. 25 – 34.

Reisner, G. A. , 1923a, *Excavation at Kerma: Part: I – III*, Cambridge, Mass.

Reisner, G. E. , 1923b, *Excavations at Kerma Parts IV – V* , Cambridge, Mass: Peabody Museum of Harvard University.

Reisner, G. E. , 1932, *A Provincial Cemetery of the Pyramid age* , *Naga-ed – Dêr*, Part II , Berkeley: University of California Press. Oxford: University Press.

Reisner, G. E. , C. Fisher, D. Lyon, 1924, *Harvard Excavations at Samaria, 1908 – 1910*, Cambridge: Harvard University Press.

Reisner, G. E. , 1913, New Acquisitions of the Egyptian Department: A Family of Builders of the Sixth Dynasty, about 2600 B. C. , in *B. M. F. A.* , Vol. 11, No. 66 (Nov. , 1913) , pp. 53 – 66.

Reisner, G. E. , 1907, *Catalogue général des antiquités égyptiennes du Musée du Caire* , *Amulet*, Cairo: Imprimerie de L'institut français d'archéologie orientale.

Rickard, T. A. , 1932, *Man and Metal, A History of Mining in Relation to the Development of Civlization*, New York and London: Mc Graw – Hill Co. Inc. .

Roeder, G. , 1939, Die Ausgrabungen in Hermopolis im Frühjahr 1939. in *Annales du Service des Antiquités de l'Égypte*, vol. 39 (1939) , pp. 727 – 747 & pl. CXXXIII – CXLI.

de la Roque, B. , 1936, *Tôd* (1934 à 1936) , Cairo: Imprimerie de l'Institut français d'archéologie orientale.

Rutley, F. , 1936, *Elements of mineralogy*, 23rd ed. , London: H. H. Read.

Sayce, A. , 1921, The Date of the Middle Kingdom, *A. E.* , Vol. 6, pp. 102 – 103.

Schäfer, H. , 1908, *Priestergräber und andere Grabfunde vom Ende des alten Reiches bis zur griechischen Zeit vom Totentempel des Ne – User – Re*, Leipzig: Hinrichs.

Scharff, A. , 1929, *Die Altertümer der Vor-und Frühzeit Ägyptens*, zweiter teil, Berlin: Verlag von Karl Curtius.

Steindorff, G. , 1913, *Das Grab des Ti*, Leipzig: J. C. Hinrichs.

Steindorff, G. , 1935, *Aniba*, *Bd.* 1, Glückstadt and Hamburg: J. J. Augustin.

Steindorff, G. , 1937, *Aniba*, *Bd.* 2, Glückstadt and Hamburg: J. J. Augustin.

Tischler, O. , 1886, Über Aggry – Perlen und über die Herstellung farbiger Gläser im Altertume, in *Schriften der Physikalisch – Ökonomischen Gesellschaft zu Königsberg in Preußen*, Band 27, Sitzungsberichte, Königsberg: Gräfe und Unzer, pp. 5 – 14.

Vernier, E. , 1907, *La bijouterie et la joaillerie égyptiennes*, Cairo: Imprimerie de l'Institut français d'archéologie orientale.

Vernier, E. , 1916, Note à propos du livre de M. Flinders Petrie: Arts et métiers dans l'ancienne Égypte, *B. I. F. A. O.* , pp. 35 – 42.

Vernier, E. , 1927, *Catalogue général des antiquités égyptiennes du Musée du Caire N° 52001 – 53855 Bijoux et orfèvreries*, Cairo: Imprimerie de l'Institut français d'archéologie orientale.

Wainwright, G. , 1914, Iron in Ancient Egypt, in *Cairo Scientific Journal*, Aug.

Wainwright, G. , 1920, *Balabish*, London: Allen & Unwin.

William, C. , 1924, *Gold and Silver Jewelry and Related Objects – Catalogue of Egyptian Antiquities Numbers 1-160*, The New York Historical Society.

Winlock, H. E. , 1912, The Work of the Egyptian Expedition, *The Metropolitan Museum of Art Bulletin*, vol. VII, no. 10, pp. 184 – 190.

Winlock, H. E. , 1921, The Egyptian Expedition 1920 – 1921: III. Excavations at Thebes, *B. M. M. A.* , Vol. 16, No. 11, pp. 29 – 53.

Winlock, H. E. , 1932, *The Tomb of Queen Meryet – Amūn at Thebes*, New York: Metropolitan Museum of Art.

Winlock, H. E. , 1936, A Discovery of Egyptian Jewelry by X – Ray, *B. M. M. A.* , Vol. 31 (12), pp. 274 – 278.

Woodford, C. , 1908, Notes on the Manufacture of the Malaita Shell Bead

Money of the Solomon Group, *Man*, Vol. 8, 1 January, pp. 81 – 84.

Woolley, L. 1916, A North Syrian Cemetery of the Persian Period, *Liverpool Annals of Archaeology and Anthropology* VII, pp. 115 – 129, Pls. XXI – XXVIII.

Woolley, L. , 1934, *Ur Excavations. Volume II, The Royal Cemetery*: *A Report on the Predynastic and Sargonid Graves Excavated between 1926 and 1931*, London: British Museum. Philadelphia, Pa: Museum of the University of Pennsylvania.

Woolley, L. , Randall MacIver, 1910, *Karanòg*: *the Romano – Nubian cemetery*, Philadelphia: University Museum.

Wreszinski, W. , 1923 – 1936, *Atlas zur altägyptischen Kulturgeschichte. Teil I – III*, Leipzig: J. C. Hinrichs.

古埃及珠饰图谱

（线图页并登记页）

图版壹 穿孔类型及制珠图像

A. 穿孔类型

1
对锥型

2
对管型

3
单锥型

4
普通穿孔

5
倒角型

6
大孔型
（孔径不小于珠径的1/3）

7
中空型

8
刻槽型

9
天然穿孔

B. 打磨珠饰的场景，见戴尔-格布拉维的阿巴之墓
（引自Davies的著作）

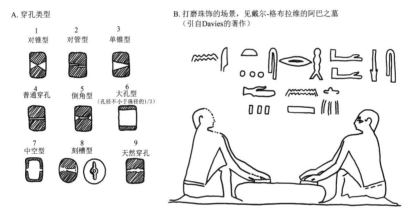

C. 给珠饰穿孔的画面

（1）萨卡拉的提侬之墓
（引自Steindorff的著作）

（2）戴尔-格布拉维的阿巴之墓
（引自Davies的著作）

（3）底比斯181号墓
（引自Davies的著作）

（4）底比斯39号墓
（引自Davies的著作）

图版 贰 玻璃珠饰图谱一

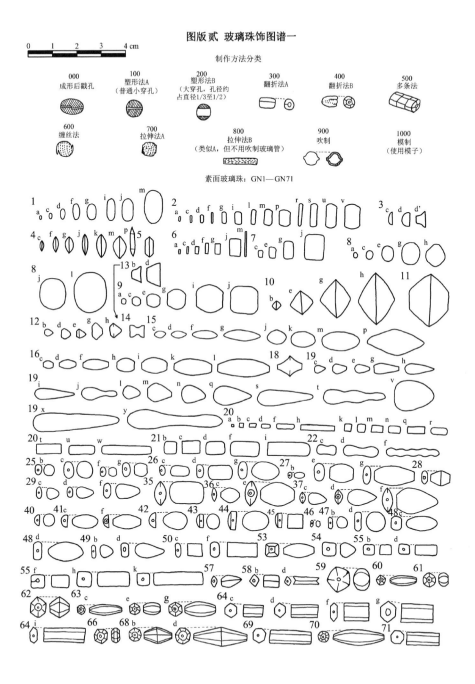

制作方法分类

| 000 成形后戳孔 | 100 塑形法A（普通小穿孔） | 200 塑形法B（大穿孔，孔径约占直径1/3至1/2） | 300 翻折法A | 400 翻折法B | 500 多条法 |

| 600 缠丝法 | 700 拉伸法A | 800 拉伸法B（类似A，但不用吹制玻璃管） | 900 吹制 | 1000 模制（使用模子） |

素面玻璃珠：GN1—GN71

图版叁　玻璃珠饰图谱二

素面玻璃珠：GN73—GN97

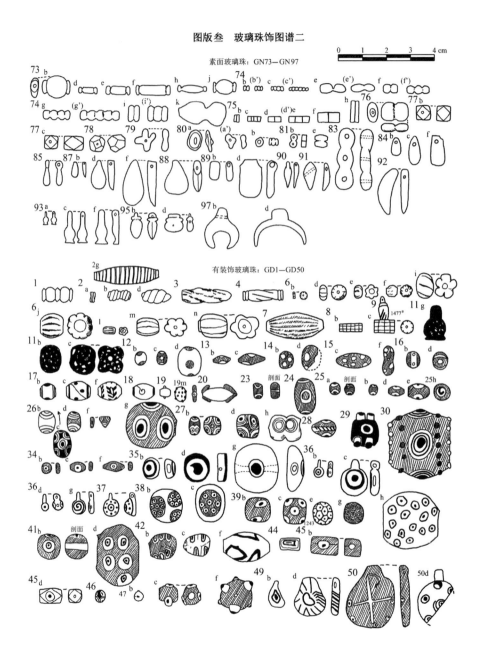

有装饰玻璃珠：GD1—GD50

---

* 译按：此处"1477"指作者对珠串的编号，余同。

图版肆　玻璃珠饰图谱三

有装饰玻璃珠：GD51—GD97

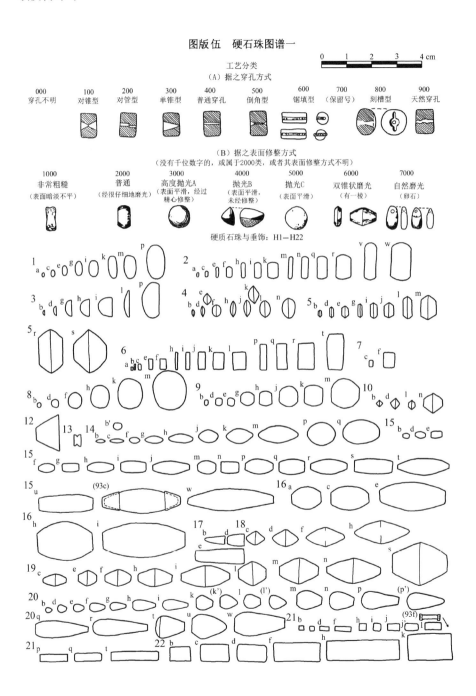

图版伍　硬石珠图谱一

工艺分类

（A）据之穿孔方式

000	100	200	300	400	500	600	700	800	900
穿孔不明	对锥型	对管型	单锥型	普通穿孔	倒角型	锯填型	（保留号）	刻槽型	天然穿孔

（B）据之表面修整方式

（没有千位数字的，或属于2000类，或者其表面修整方式不明）

1000	2000	3000	4000	5000	6000	7000
非常粗糙	普通	高度抛光A	抛光B	抛光C	双锥状磨光	自然磨光
（表面暗淡不平）	（经很仔细地磨光）	（表面平滑，经过精心修整）	（表面平滑，未经修整）	（表面平滑）	（有一棱）	（卵石）

硬质石珠与垂饰：H1—H22

图版陆　硬石珠图谱二

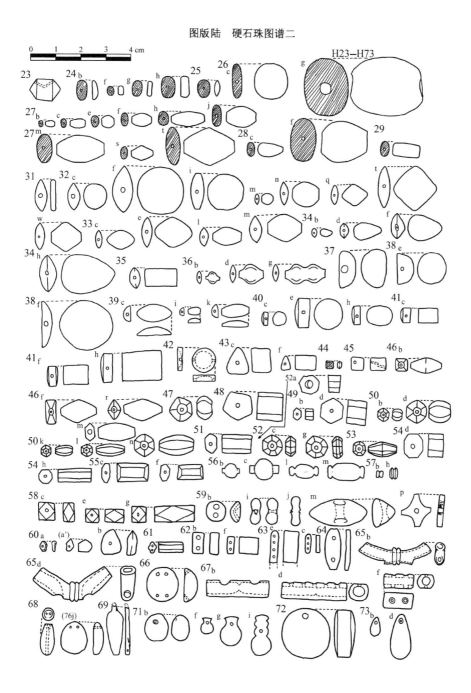

图版柒　硬石珠图谱三

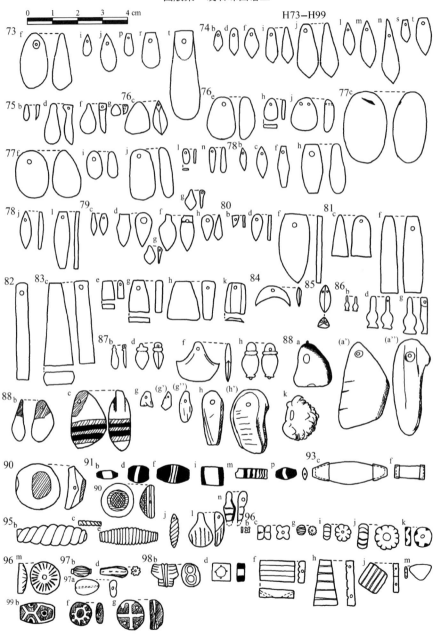

图版捌　釉石珠图谱

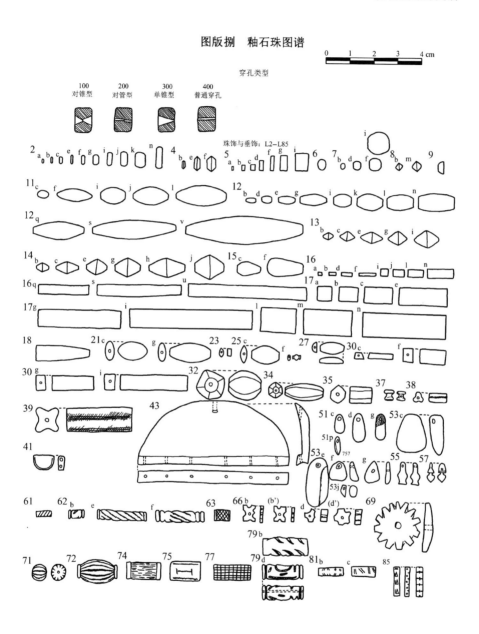

图版玖　金属珠图谱

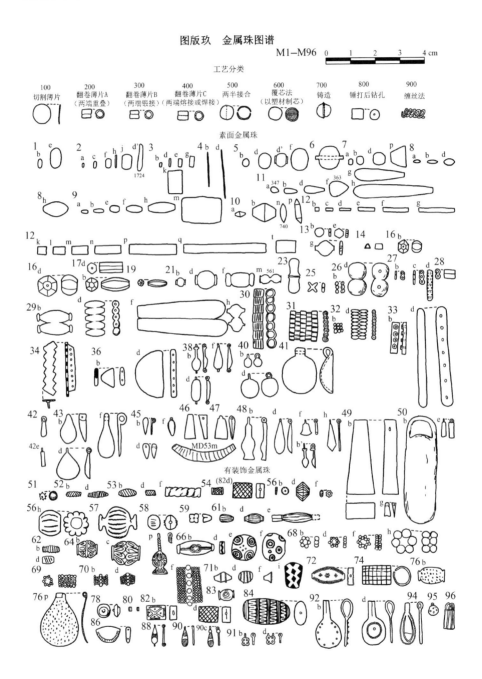

图版拾　塑材珠图谱一

工艺分类

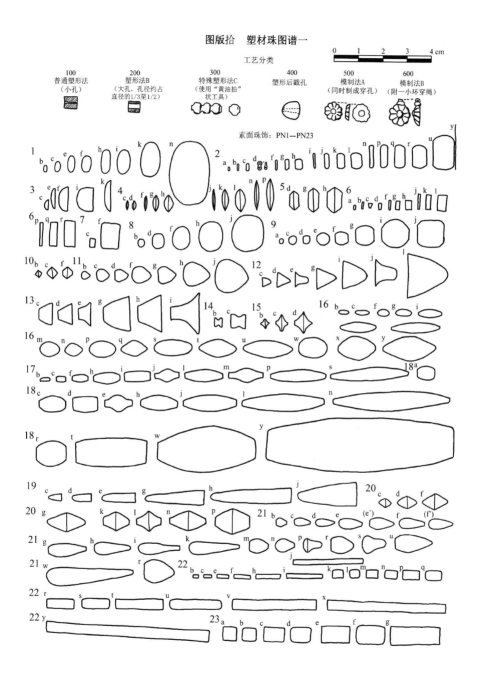

| 100 普通塑形法（小孔） | 200 塑形法B（大孔，孔径约占直径的1/3至1/2） | 300 特殊塑形法C（使用"黄油拍"状工具） | 400 塑形后戳孔 | 500 模制法A（同时制成穿孔） | 600 模制法B（附一小环穿绳） |

素面珠饰：PN1—PN23

图版拾壹　塑材珠图谱二

PN23—PN71

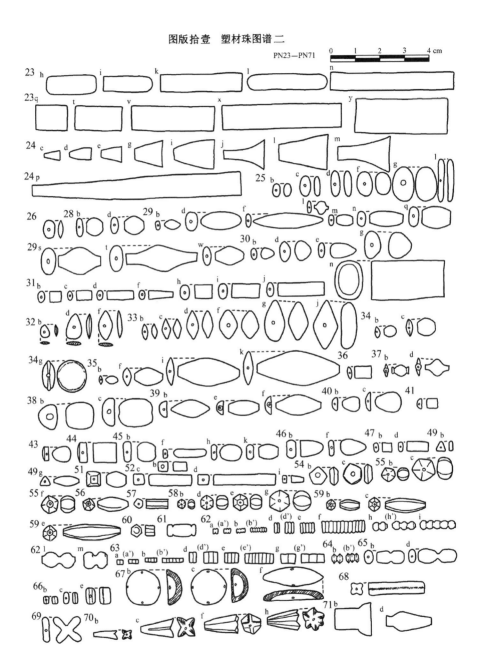

图版拾贰　塑材珠图谱三

PN72－PN99

素面隔珠及垂饰

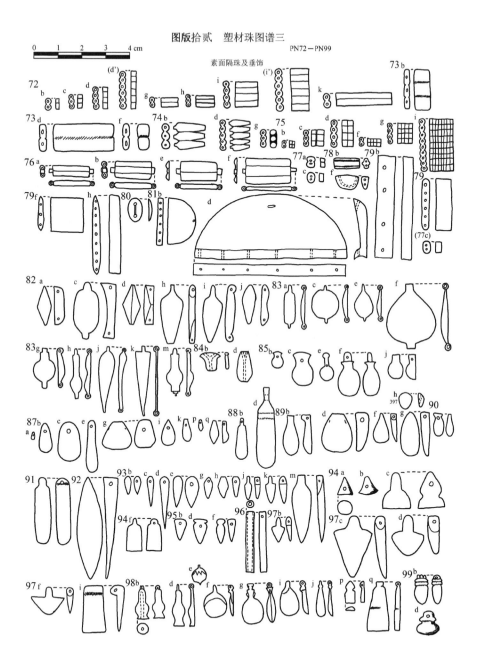

图版拾叁　塑材珠图谱四

PD1—PD38

有装饰珠子

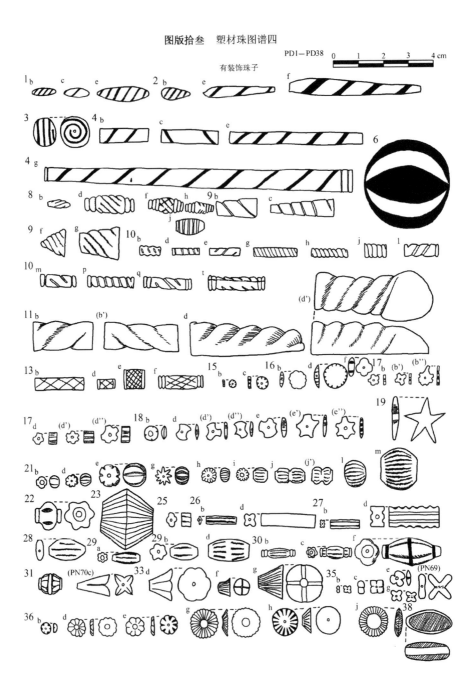

图版拾肆　塑材珠图谱五

PD39—PD98

有装饰珠子

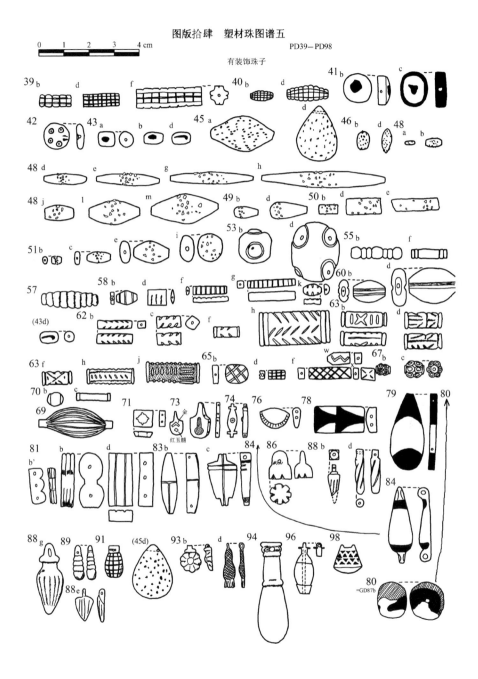

图版拾伍　其他材质珠子图谱一（保留群号）

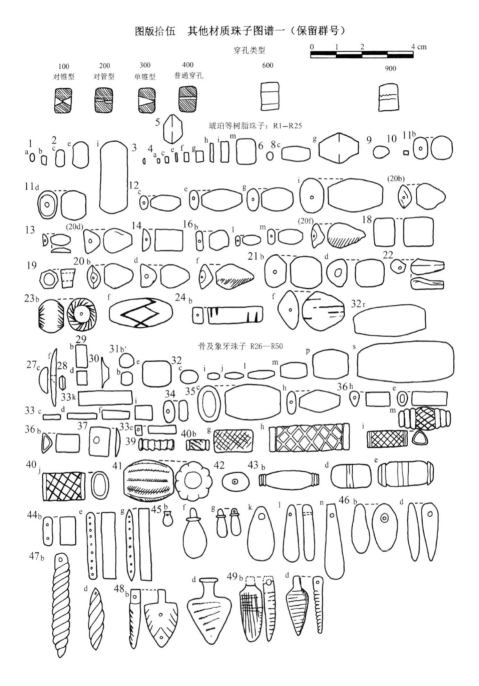

穿孔类型

0　　1　　2　　　　4 cm

100	200	300	400	600	900
对锥型	对管型	单锥型	普通穿孔		

琥珀等树脂珠子：R1—R25

骨及象牙珠子 R26—R50

图版拾陆　其他材质珠子图谱二　软石珠图谱一

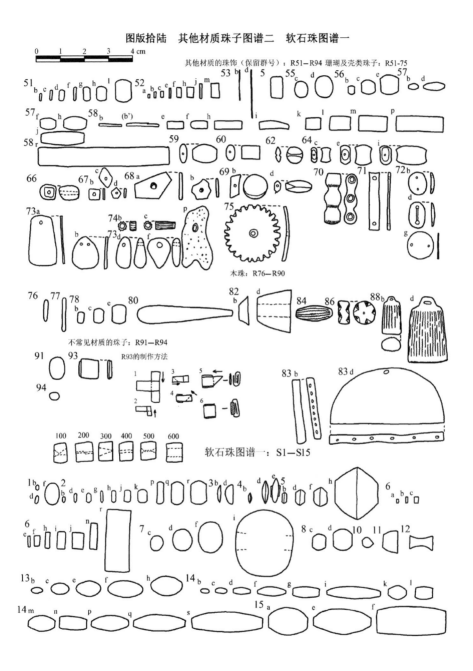

其他材质的珠饰（保留群号）：R51—R94 珊瑚及壳类珠子：R51-75

木珠：R76—R90

不常见材质的珠子：R91—R94

R93的制作方法

软石珠图谱一：S1—S15

图版拾柒　软石珠图谱二

S15—S86

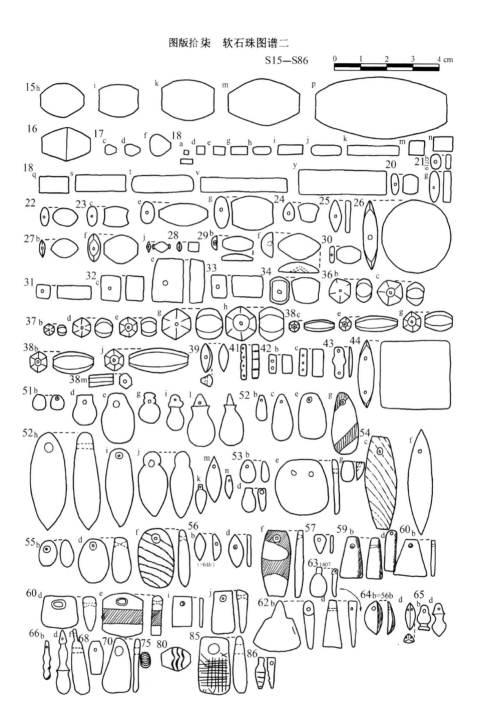

图版拾捌　素面珠子主要形状的编排顺序一

A1—A120

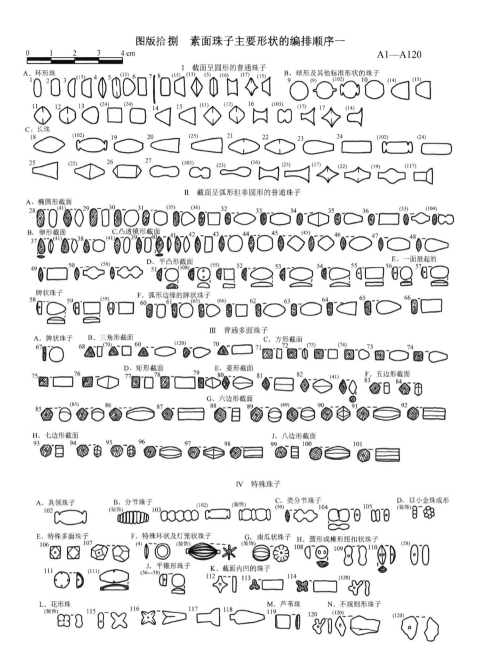

图版壹玖 素面珠子主要形状的编排顺序二（隔珠和垂饰）

A121—A240

图版贰拾　广义"基本尺寸"珠子的常见形状
（忽略形状及材质差异）　　　**B1—B29**

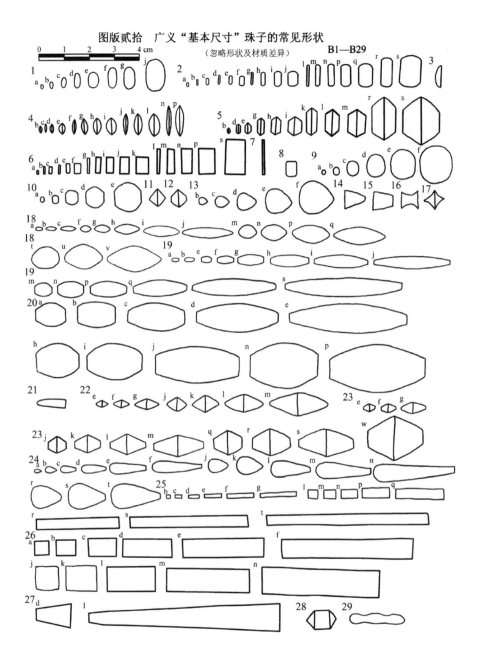

串珠登记页

壹　GN1—GN71

1a：绿（MK?）.

601c：白 N.

1c：绿 N，蓝 N，黄 N/L.

1d：棕 R，绿 R.

601d：黑 N，蓝 N，绿 N，灰 N，红 N，白 N，黄 N.

1f：黑 L，蓝 N，棕，绿 N/L，黄 N，红 L.

1g：蓝 R，绿 R，紫 R，白 R，黄 R.

601g：棕 L，蓝 N，绿 N，灰 N，红 N，白 N，黄 N.

701g：棕 R，绿 R，淡绿 R，红 R.

1i：绿 L，蓝 N，黄 L.

1j：浅蓝（FI?），蓝 N/L，绿 N/L，黄 N/L，棕 L/R.

1m：绿 N，黑 R.

2a：贴金 R.

2c：蓝 N，绿 N/R，黄 L.

2d：绿（MK?）/N，绿 R，黑 N/L/R，蓝 N/L/R，棕 N，黄 N/R，红 N，蓝紫 R，贴银 R，无色 R.

2f：蓝 N，红 N.

2g：蓝 N，绿 N/R，白 R.

2i：黑 R，蓝 R，绿 R，

黄 R，红 R，贴金 R，贴银 R.

602i：黑 N，蓝 N，绿 N，红 N，白 N，黄 N.

2l：绿 N/R，白 N，黄 N.

2m：绿 L/R.

302m：蓝 N.

602m：蓝 N.

702m：叶绿 R.

2p：棕 R，黄 R.

702p：黑 R.

2r：黑 N.

2s：黄 N.

2u：黑 R，黄 R.

2v：黄 N，白 R，贴金 R.

3d：蓝 L.

4c：蓝 N/R，绿 N，灰 N，红 L.

4f：蓝 N，绿 N/R.

4g：黑 L，蓝 N/L/R，绿 N/L/R，红 N/L，白 R.

404g：黄 R.

4j：蓝 N，绿 N.

4k：蓝 N，绿 N.

4p：深蓝 N，叶绿 N，白 N，黑 N.

6a：绿（SI?）.

706a：黑 R.

6c：蓝 N，红 L，黄 N/L.

6d：黑 N/R，蓝 N，绿 N/R，黄 N/L/R，

红 L，白 R.

6f：黄 N.

6g：黑 L，绿 L/R，白 R，淡绿 L.

6j：绿 N/R.

6k：淡绿 L.

6m'：黄 N.

7c：蓝（L）/R，黑 N/（L）/R，无色（L），蓝紫（L），绿 R，白 R，黄 R.

407c：黄 R，灰（N?）.

707c：绿 R，红 R，黄 R，黑 R，蓝 R，棕 R，贴银 R.

7e：绿 R，黄 R，黑 N.

407e：蓝 R.

707e：黑 R，蓝 R，棕 R，绿 R，叶绿 R，红 R，黄 R，贴金 R.

7g：淡绿 L.

707g：蓝 R，绿 R，黄 R，无色 R，贴金 R.

707l：红 R.

8. 白 Gr..

8a：蓝（MK?），蓝 R，绿 SI，黑 R，贴银 R.

608a：黑 N，蓝 N，绿 N/R，黄 N，红 R.

708a：黑 R，绿 R，黄 R.

8c：黑 R，棕 R，绿 R，紫 R，白 R，黄 R，蓝 SI/R.

408c：绿 R，黄 R.

608c：无色 N，黑 N/L，蓝 N/L，棕 N，绿 N/L，叶绿 N，红 N，蓝紫 N，白 N/L，黄 N/L，深黄 N.

708c：蓝 R，棕 R，白 R，黄 R，贴金 R，贴银 R.

908c：白 R.

8d：黑 N.

408e：黄 R.

608e：无色 N，黑 N/L，蓝 N/L，绿 N/L，红 N/L，蓝紫 N，粉 N，白 N/L，黄 N，棕 L.

908e：黑 R，蓝 R，绿

R，白 R，黄 R，贴金 R，贴银 R，红 or 黄 R.

8g：棕 R，黑 N/L，绿 N/L/R，黄 N/L，红 R，白 R.

408h：黄 R.

8j：蓝 L，黑 N，绿 N/L/R，红 N/R，蓝紫 N，白 L，黄 L，无色 R.

8l：绿 L，黄 L.

9a：蓝 N，红 N.

9c：红 N，黄 N.

709c：贴金 R，贴银 R.

9e：黑 N，蓝 N/L，红 N，贴银 R.

709e：绿 R.

9g：蓝 N，红 L，无色 R.

9i：红 L，贴金 R，白 R.

9j：绿 N，棕 N.

10b：绿 N，粉 R.

10e：棕 L，绿 L.

410e：黄 R.

10g：绿 L.

10h：绿 L.

11：蓝 L，绿 L.

12b'：蓝 N，绿 N.

12d：红 N.

412d：棕 R，蓝 R.

12h：黑 L，蓝 L，绿 L.

412h：绿 R，紫 R.

13b：蓝 N.

13d：蓝 N，绿 N.

14：贴金 R.

15a：黑 N.

15c：绿 R.

615c：无色 N，黑 N，蓝 N，绿 N，白 N，黄 N，红 L.

15d：蓝 R，黄 R，紫 R.

415d：蓝 R.

615d：黑 N，蓝 N/L，绿 N/L，红 N，白 N，黄 N.

15e：白 N.

615f：黑 N，蓝 N，绿 N，白 N，黄 N.

15g：蓝 N，黄 N.

15j：绿 R，白 R.

615j：黑 N，蓝 N，绿 N/L，白 N，黄 N.

15k：黑 R，绿 R.

415k: 紫 R.

615k: 黑 N, 蓝 N, 绿 N, 红 N, 蓝紫, 白 N, 黄 L.

915k: 紫 R.

15m: 蓝 R.

415m: 蓝 R.

615m: 黑 N, 绿 N, 红 N, 黄 N.

915p: 黄 R.

16c: 绿 N, 红 N, 黄 N.

16d: 蓝 N, 绿 N, 红 N, 黄 N, 白 N.

16f: 蓝 N, 绿 N/L, 白 N, 黄 N.

16g: 绿 N, 黄 N.

16h: 蓝 n, 红 L.

16i: 蓝 SI/R, 绿 N/L.

16j: 蓝 N, 绿 N.

16k: 蓝 N.

16l: 蓝 N, 蓝紫 N, 黄 N.

16m: 绿 N.

18: 绿 N/R.

619c: 黑 N, 蓝 N, 绿 N.

19e: 黑 N, 绿 N, 红

N, 白 N, 黄 N.

19g: 棕 N, 白 N.

19h: 蓝 R, 绿 R, 蓝紫 R.

619h: 蓝 N, 绿 N, 白 N, 黄 N.

19j: 黄 N.

19l: 棕 N, 白 N.

419l: 白 R.

19m: 黑 N, 蓝 N.

19n: 黑 N/R, 红 N, 黄 N.

19q: 绿 N.

419q: 绿 R.

919s: 无色（绘红或黄彩）R.

19t: 蓝 N, 绿 N.

19x: 棕 N, 绿 N, 红 N, 黄 N.

19y: 蓝 N, 绿 N, 红 N.

20: 蓝 Gr..

20b: 黑 N/（L?）.

20c: 蓝 N.

20d: 黑 N, 无色 （L）.

20f, 20h: 空.

20k: 黑 R, 绿 R, 蓝紫 R.

20l: 黑 N, 绿 R, 贴金 R.

20m: 蓝 N/R, 黄 N, 黑 R.

20n: 黑 N, 绿 N, 红 N, 黄 N.

20q: 绿 N/R, 红 N/ R, 黄 N.

20r: 蓝 R, 贴金 R.

620r: 黑 N, 白 N, 黄 N.

20t: 黄 N/L/R, 绿 R.

620u: 蓝 N/R, 绿 N, 红 N, 白 N.

920w: 黑 R, 无色 （绘红或黄彩）R.

21b: 红 N/R, 黄 N/ R, 蓝（L）/R, 绿 L/R, 黑 R, 白 R, 紫 R, 贴金 R.

721b: 黑 R, 蓝 R, 棕 R, 绿 R, 淡绿 R, 贴银 R.

21c: 黄 N, 粉 L, 绿 R.

21d: 黑 N, 蓝 N/R, 黄 R, 贴银 R.

21f: 蓝 N, 黄 N/R, pale 黄 N.

21i: 黑 N.

22c: 白 N.

22d: 蓝 N, 绿 N, 黄 N.

22f: 蓝 N, 绿 N, 黄 N.

25b: 绿 R.

25c: 绿 N, 无色 R.

25f: 蓝 N.

25g: 蓝 N, 蓝紫 R.

26c: 紫 R.

926d: 棕 R, 蓝 R, 紫 R, 黄 R.

26g: 绿 R.

27b: 蓝 N.

27e: 白 L, 绿 R, 无色 R.

27g: 棕 R.

28: 蓝 R.

29c: 白 N, 棕 R.

29d: 绿 R, 紫 R.

29f: 棕 R, 蓝 R, 黄 R.

35: 黑 R, 棕 R.

36c: N.

36e: 棕 R, 蓝紫 R.

37c: 蓝 R.

37d: 黑 R, 棕 R, 紫 R.

40：棕 R.	48d：黄 N，无色 R.	55k：蓝 R.	世纪）.
41c：蓝 R.	49b：粉 N，绿 R.	57：蓝 R.	64c：绿 R.
41f：绿 N.	49d：绿 L.	58b：绿 R.	64d：绿 R.
42：蓝 R，绿 R，紫 R.	449d：绿 R，无色 R.	58d：R.	64f：蓝 R.
	50c：绿 R.	59：绿 R.	64g：绿 R.
43：红 R.	50f：绿 R.	60：蓝 L.	64i：蓝 R.
44：蓝 L.	350f：绿 R.	61：绿 L.	66：蓝 R.
45：绿 L.	53：蓝 R.	62：无色 R，蓝 R，黄 R，贴金 R.	68b：蓝 R.
46：蓝 N.	54：蓝 R.		68d：蓝 R.
47b：蓝 N，紫 R.	55b：蓝 R，紫 R.	63c：红 L，绿 R（4 世纪）.	69：蓝 R.
47d：绿 N/R，黄 N，蓝 R.	355f：蓝 R.		70：R.
	55h：绿 R.	63g：红 L，绿 R（4	71：蓝 R.
48c：黄 N，蓝 R.			

贰　GN73—GN97　GD 1—GD50

GN73-97	974e：蓝 R，白 R，黄 R.	75h：红 N.	84?：白 R.
73b：黄 N.		76：蓝紫 N，粉 R，白 R.	84b：蓝 N/R，绿 N.
73e：绿 or 白 R.	74f：黑 L/R，蓝 R，白 R，贴金 R，贴银 R.		84f：无色 R.
73f：贴金 R，贴银 R.		77b：蓝 R.	85：蓝 N.
73h：贴金 R，贴银 R.	774f：白 R.	77c：蓝（L?）/R.	87b：蓝 N，绿 N.
73j：白 R.	74g：黑 R，贴金 R.	78：蓝 R.	87d：无色 R.
74：无色 R，红 R，白 R，黄 R，贴金 R，贴银 R.	74i：绿 N，贴银 R.	79：黄 N.	87f：无色 R.
	74i'：绿 L.	80：蓝 R，红 R，蓝紫 R.	88：蓝 R.
	74k：黄 L.		488：蓝 R.
74b：绿 N，红 N，蓝 R，黄 R，无色 R.	75b：绿 R，黄 R.	80a：蓝 N.	89b：无色 N，蓝 N，绿 N，黄 N.
	75c：白 R.	80a'：黄 L.	
74e：蓝 N，红 R，绿 R，贴金 R，贴银 R.	75f：黑 R，蓝 R，红 R，白 R，黄 R.	680b：蓝 N，红 N.	89d：黄 N，棕 R，绿 R.
		83：绿 N.	

90d: 叶绿 N，深蓝 N.

91: 蓝 R.

92: 蓝紫 N，蓝 R，红 R，无色 R.

93a: 蓝 N.

93c: 蓝 N，绿 N，红 N.

93f: 蓝 N，绿 N.

95b: 蓝 N.

97: R?

GD1—GD50

2a: 黑 N/R，蓝 N，黄 N.

2d: 黄 R.

3: 蓝 R.

4: 绿 N.

6b: 蓝 N.

6d: 绿 L，蓝 R.

6e: 黑 R，贴金 R.

6e'（有颈）：蓝 NK.

6f: 绿 R.

6i: N.

6j: 黑 R.

6l: 贴金 R.

6m: R.

6n: R.

7: 棕 R.

8b: 贴金 R.

9b: N.

11b: R.

11c: R.

11g: 黑 R.

12b: 黑 N，蓝 N，绿 N，黄 N，白 L.

12c: 黑 N/R，蓝 N.

12d:（MK?），白 N.

13b: 黑 N，蓝 N，绿 N，蓝紫 N，黄 N.

13c: 蓝 N.

14b: 黑 N/L，红 R.

14d: 黑 N.

15c: 黑 N.

15f: 黑 N.

15p: 黑 N.

16b: 黑 N.

16d: 黑 N（第 19 王朝）.

17b: N.

17c: N.

17c'：N.

17f: N.

18: N.

19: 黑 N.

19m: LT.

20: N.

23: 蓝 N/L，黑（N?）/L（第 25 王朝）.

24: 黑 L，白 L.

25a: 蓝（N?），黑（N?）.

25b: 蓝 N，黄 N.

25d: 蓝 N，黄 N.

25e: 黑 N，蓝 N，棕 N.

25h: 黄 N.

26b: L/（R?）.

26c: L.

26d: L.

26f: L.

26g: L.

27b: L.

27d: L/（R?）.

27h: L.

28: 蓝 N（第 19 王朝）.

29:（LT? or Gr?）.

30: LGr.

34b: N.

34c: N.

34f: N.

34f'：N.

35b: 黄 N.

35d: L.

35g: N.

36b: N.

36c: N.

36d: N.

36g: N.

37: N.

38b: LL.

38c: LL.

39b: R.

39c:（LL?）.

39g: LL.

39h: R.

41b: R.

42b: R.

42c: R.

42f: BZ.

44: 蓝 R.

45b: R.

45d: R（约 4 世纪）.

46: R.

47b: 绿 R.

47c: R（4 世纪）.

47f: R.

49b: R.

49d: R.

50: 蓝 R.

50d: 黑 R.

叁 GD51—GD97

51：R.

52b：绿 R.

52d：R（4 世纪）.

52f：R.

54b：R.

54d：R.

54f：BZ.

55b：BZ.

55d：R（1 世纪）.

56：R.

57b：R（1 世纪）.

57d：R.

57f：R.

57h：R（1 世纪）.

61b：黑 N.

61c：L.

61d：R.

61g：黑 N.

61i：黑 N/Gr.

61j：黑 N/R，棕 N.

62b：黑 N/R/Gr.

62c：黑 N/R.

62e：黑 R.

62g：棕 R.

62i：N.

62m：R.

63：R.

64b：R（4 世纪）.

64c：R（1 世纪）.

64d：R（1 世纪）.

664g：蓝 & 黄 N.

65b：蓝 N.

65c：黑 N，蓝 N.

65e：黑 N，绿 N.

65g：黑 N.

65k：黑 N.

66b：R，蓝 N，棕 N.

66c：R.

66d：BZ.

66f：R.

66j：R.

68b：黄 N（第 19 - 20 王朝）.

68c：黄 N（第 19 - 20 王朝）.

68g：黄 N（第 19 - 20 王朝）.

68k：R（3 - 4 世纪）.

68y：(N?).

70b：N.

70c：L.

70f：N.

72b：R.

72d：R.

72e：R.

73b：R.

73d：R.

74b：R.

74d：R.

74e：R.

74g：R.

75：R.

76：R.

77b：R（4 世纪）.

77c：R.

77f：R.

77i：R.

77l：R.

77m：R（4 世纪）.

77p：R.

77s（=94）：R.

77u：R（4 世纪）.

77w：R.

78b：R.

78c：R.

78d：R.

78f：R.

79b：N.

79c：黑、白 和 蓝 N（第 20 王朝）.

79d：L.

81b：R（4 世纪）.

81d：R.

82：L.

83：黑 R.

84：N.

85b：R.

85d：R.

86b：R.

86c：L.

87b：彩绘黏土？R.

87d：R.

87h：R.

87j：R.

88：R.

91：威尼斯.

92b：R.

92c：R.

92f：R.

94（=77s）：R.

95：黄基体蓝条带，N.

96b：黄 N.

96d：绿 N.

97：R.

肆 H1—H22

（EO = ED + OK；EOF = ED + OK + FI；FM = FI + MK；Sp = Pan grave. 除特别说明外均指红玉髓珠）

101c：石榴石 SI.

201c：石榴石 Gr.

301c：N，红碧玉 L.

401c：（PD?）

101e：烟晶 PD，红玉髓 OKMN.

201e：R.

301e：N.

401e：紫晶 MK.

101f：MK.

101g：FMSSp.

1101g：PD.

201g：N，石榴石 Gr.

301g：N.

801g：L.

101i：粉色长石 PD，红玉髓 SIN，石英？MK.

201i：MK，石榴石 Gr.

301i：NLR，青金石 N.

101k：PDSI.

401k：红碧玉 LT.

501k：天河石 LT.

101m：PD/FM.

301m：LT，闪长岩 LT，

绿长石？N.

801m：R.

101p：PD.

102a：ED/FM.

402a：青金石 PD，红玉髓 MK，［绿松石］MK.

102c：PDEOFMSN，石榴石 PDEDMS，青金石 PD，橄榄石 PD，石英 PD，黄晶 PD，紫晶 ED.

1102c：石榴石 PD.

6102c：FI，红碧玉 N.

7102c：OK.

202c：石榴石 ED，绿长石 SI.

302c：SN.

402c：青金石 OK，紫晶 M，红碧玉 N.

102e：红玉髓 BDPDEOFMSN，白石英 ED，青金石 PD，［?］FI，橄榄石 PD，石榴石

PDEDFM，紫晶 ED.

1102c：石榴石 PD.

6102e：SI.

302e：N.

102f：PDEOFMS，石榴石 PDEDM，青金石 PD，烟晶 PD，赤铁矿石 ED，板岩 ED.

1102f：水晶 ED.

6102f：MK.

202f：石榴石 ED，红玉髓 R，紫晶 SI.

302f：红玉髓 NL，青金石 N，绿长石 SI.

402f：绿长石 FM，红玉髓 Sp/N.

102g：PDEDM，石榴石 PD.

1102g：PD.

102h：PDEDFM，青金石 PD，黄晶 PD.

102hw：红玉髓 BD.

1102h：红玉髓 BD.

202h：SI.

302h：NL.

102i：红玉髓 BDPDEOFMS，石榴石 PD，绿松石 PD，水晶 PDED，青金石 PD，黄色石料 PD，紫晶 ED，赤铁矿石 ED.

202i：绿长石 SI.

302i：青金石 SN，紫晶 LT.

402i：青金石 FI.

102k：BDPDEOFM，水晶 PDM，青金石 PD，紫晶 ED，石榴石 EDM，赤铁矿石 ED.

6102k：FI.

202k：红玉髓 R，绿长石 N，紫晶 MK.

302k：紫晶 SI，红玉髓 NL，绿长石 N，赤铁矿石 L.

402k：绿长石 R，绿松石 PD.

102m：PD.

1102n：红玉髓 BD.

102n：PDEDFM，绿长石 MK.

102q：PDFM.

102r：PDEDFMN，赤铁矿石 PDED，绿碧玉 PD.

1102r：红玉髓 BD.

6102r：玉髓？FI，红玉髓 MK.

302r：N.

102t：PD.

102v：PD.

402v：LT.

102w：PD.

303b：石榴石 N.

403g：板岩？N.

303g：L，红碧玉 L.

303i：L.

303l：FY，长石？FY.

3p：Sp.

304b：Sp/N/L，红碧玉 N.

804b：R.

304c：N.

4d：青金石 N.

104d？：SI/N，红碧玉 N.

204d：石榴石 Gr.

304d：LT.

404d：N.

104e：OK.

304e：S/N.

404e：斑岩 MK.

204f（＝6206f）：NK，紫晶 MK.

304f：红碧玉 SI，红玉髓 N.

304g：N，青金石 PD，黄晶 PD.

204j：SI.

204l（＝6206l）：MK，紫晶 MK.

304h：NL，红碧玉 N.

304j：N，红碧玉 N.

804j：R.

104n：OK.

105b：PDOFMN，石榴石 PDED.

205b：Sp.

305b：Sp.

405b：FI.

105d：BDPDEOFMSN，石榴石 PO，石英 FI.

6105d：MK.

205d：R.

305d：FMSN.

105e：EOMS.

205e：OK，紫晶 MK.

305e：N.

105g：PDEDM.

305g：N.

6305g：MS.

105i：PDMS，石榴石 PD，绿长石 OK.

6105i：MK.

205i：OK.

105j：PDFS，黑曜石？ED，绿长石 OK，玉髓？FI.

305l：紫晶 R.

105m：PDFM，赤铁矿石 ED.

6105m：FI.

205m：ED.

305m：紫晶 R.

105r：赤铁矿石 ED.

105s：PD.

106a：FM.

406a：MK，绿松石 MK，青金石 PDM.

106b：PDEDM，绿松石 MK，玉髓 PD.

306b：N.

406b：橄榄石？SI，绿长石 OK，绿松石

OK，青金石 PD.

106c：PDEOFMSN，石榴石 PDEO，[？]FI，黄色石料 PD，绿松石 OKM.

206c：ED，绿松石 N.

306c：N.

406c：绿松石 PDMN，红玉髓 OKM，黑色石料 N，青金石 MKN.

106d：PD.

106e：红玉髓 BDPDEOFMN，烟晶 BDPD.

206e：PD.

306e：N.

406e：硬结泥灰（PD？）

106f：PD，青金石 PD，缟玛瑙 PD.

1106f：PD.

306f：LT.

406f：绿长石？MK.

406h：MK.

106j：PDF，粉色长石 PD，缟玛瑙 FI.

1106j：PD.

306j：LT.

106k: PDF.

1106k: PD.

406k: 绿玉髓? N.

106l: PD.

1106l: PD.

106q: PD.

106r: PD.

106t: PD.

107c: Sp.

407f: 石英岩 LT.

8: 红玉髓 Gr.

108b: 石榴石 SI, 红玉髓 N.

208b: MKS, 石榴石 MKSp.

308b: SSpN, 石榴石 SN.

408b: MK, 青金石 MK, 绿松石 MK, 斑岩 MK.

308c: N.

108d: EOFMSN, 石榴石 MKS.

208d: FMSN, 紫晶 EDMSN, 石榴石 EDFMSNL, 绿长石 SI.

6208d: MKS.

7208d: [石榴石] Gr.

308d: FMSSpNL, 石榴石 FISN, 紫晶 N, 水晶 L, 红碧玉 N.

6308d: N.

408d: MKN, 青金石 MK, 石榴石 MK.

808d: LT.

108f: EOFMSN, 紫晶 ED.

208f: FMSSpNLR, 紫晶 MSNL, 绿长石 N, [?] N.

6208f: MK, 紫晶 MK.

308f: OKSNL, [紫晶] SN, [石榴石] S, 孔雀石 R

808f: LT/R, 闪长岩 LT, 天河石 LT/R, 紫晶 R

108h: OKFM, 水晶 FI, 闪长岩? FI, 缟玛瑙 M.

208h: MKSSpNLR, 紫晶 MKSN, 水晶 N/R.

308h: N/L/R, 紫晶 R, 水晶 LT.

408h: MK.

808h: L/R, 绿岩 LT, 青金石 LT, 缟玛瑙 LT, 绿柱石 R.

5808h: PD?

108k: EDFM, 紫晶 ED.

6108k: M.

208k: SI.

308k: N.

408k: MK, 石榴石 MS, 闪长岩 M.

808k: LR, 绿长石 LR, 缟玛瑙 R, 绿岩 L.

208m: Sp.

908m: PD.

109b: OK.

209b: (PD?)

309b: N.

409b: 绿碧玉? N.

109d: FM.

209d: MK, 石榴石 MK.

309d: N, 红碧玉 N.

6309d: 红碧玉 N, 绿长石 N.

209e: ED.

309e: LT, 红碧玉 L.

409e: MK.

109g: EDFLT.

209g: EOM, 石榴石 ED, 石英? SI.

309g: LT.

409g: 紫晶 ED.

109h: 红玉髓 OKFM, 紫晶 ED.

209h: FI.

409h: 绿松石 PD.

109j: OKM.

10: 紫晶 Gr.

210b: MKN, 石榴石 SI.

310b: FMSN.

210d: SI.

310d: Sp.

210l: ED.

310l: N, 红碧玉 N.

410l: LT.

110n: MK.

212: MK.

113: MK.

214b: MK.

414b: 青金石 MK.

214c: 绿松石 MK.

214f: MKS, 石榴石 MS, 紫晶 M.

314f: NL.

314f': N.

414f: 绿松石 M.

114g: MK.

214g：MKS，紫晶 EDMK，石榴石 MK，青金石 MK.

414g：青金石 LT.

214h：EDM，绿长石 M.

414h：青金石？S.

814h：［？］L，绿岩 LT.

114j：MK.

214j：EDMR，紫晶 M，石榴石 M.

414j：R.

814j：R.

114k：MK，石榴石？MK.

214k：OKFMSN，紫晶 MS，赤铁矿石 Sp.

414k：LT.

814k：R.

214m：紫晶 MK，玉髓 MK.

114p：MK.

214p：MK.

5214p：水晶 R.

214q：赤铁矿石 MK.

15：玛瑙 Gr.

115b：OK.

415b：青金石？OK.

115d：EOGr，紫晶 MK.

215d：PDEDMK，紫晶 MK，石榴石 EDM，青金石 MK.

415d：绿松石 OK，红玉髓 MK.

115e：MK.

315e：N.

415e：青金石 MK.

115f：EOF，紫晶 ED.

215f：PDEOMSN，青金石 MKN，紫晶 S.

415f：青金石 MK，红玉髓 N.

6415f：R.

815f：青金石 N.

115h：PDOKF.

215h：OKFMSN，紫晶 MK.

415h：FI.

115j：FIR.

215j：MKN.

1215j：R.

115l：MK.

115m：EOF，绿长石 OK，紫晶 ED.

215m：PDEOMR，紫晶 M，石榴石 MS，绿

长石 S.

315m：LT.

415m：OK.

115n：EDF，绿长石 OKF.

115p：EOFM，紫晶 ED.

215p：OKSNR，绿长石 OK，［紫晶］MK，赤铁矿石 MK.

115q：PDOKFMN，绿松石 PD，绿长石 FI.

1115q：FY，天河石 FY.

215q：PD，闪长岩 MK.

315p：LT.

115r：PDEOF.

215r：紫晶 PD，红玉髓 EDMKN，玉髓 LT.

315r：LT.

115s：EOFN.

215s：PDLR.

215t：LT.

115u：ED，乳石英 S.

215u：PDEDLT，玉髓 LT.

215w：绿长石 MK.

116a：EDMK，水晶 FI.

116a'：FY，天河石 FY，青金石 PD，棕玛瑙 PD.

216a：石榴石 MK.

116c：PDEOFM.

216c：PD，紫晶 MK，玛瑙 LT.

116e：OK.

416e：粉色玉髓 OK.

316f：N.

116h：BD.

7916h：FY，硅化石 FY.

116i：MK.

17b：Sp.

17d：Sp.

218d：LT.

119c：MK.

219c：OKM，赤铁矿石 MK.

119e：PDEOFSI.

219e：赤铁矿石 MK，红玉髓 R.

319e：LT.

119f：OKM.

6119f：FI.

219f：ED，绿长石 M，

赤铁矿石 MK.

119h：OK.

219h：LT.

119i：PDOK.

319j：N.

119l：EOFM.

119n：OKM.

219s：绿长石 BD.

420b：绿松石 MK.

220e：ED.

120f：ED.

220f：ED.

220g：ED.

320g：N.

220h：PD，绿长石 MK.

220i：MKS，紫晶 M，青金石 M，绿松石 M.

320i：MK.

120k：PDM.

220k：MK.

120l：ED.

220l：EDM.

120m：MK，紫晶 ED，赤铁矿石？ED.

220m：ED.

120n：ED.

220n：ED.

120p：MK.

220p：PDED.

420p：MK.

220q：ED.

320q：ED.

120t：FI.

220t'：OKMK.

120u：MK.

120w：ED.

421b：绿松石 OK.

321b：N，红碧玉 N.

121c：PD.

121d：FI.

221d：OK.

321d：N.

421d：绿碧玉？OK.

421f：绿松石 OK.

121h：PDOK，青金石 PD.

321h：NL.

421h：OK.

321i：EDN，红玉髓 OK.

121j：青金石 PD.

221j：ED，绿长石 MK，青金石 MK.

321j：N.

421j：绿松石 MK.

221l：MK，青金石 PDEOMS.

121l：板岩 ED.

1221l：R.

421l：青金石 PD，绿松石 OKM，绿碧玉？S.

121p：ED，绿长石 MK，板岩 ED，青金石 MK.

221p：EDFMSGr.

321p：MK.

421p：青金石 PD，绿松石 MK.

521p：青金石 LT.

621p：青金石 LT.

221q：黄晶 PD.

121t：OKM.

221t：EDFM.

621t：青金石 LT.

122a：PDOK.

322a：LT.

122b：PDOK，青金石 PD，苔纹玛瑙 PD，缟玛瑙 PD，烟晶 PD.

222b：MK.

422b：OK.

122c：PDEDF，青金石 PD，苔纹玛瑙 PD，缟玛瑙 PD.

222c：OKR.

322c：LT.

422c：ED.

922c：赤铁矿石 PD.

122d：PD.

122f：PDED，青金石 PD.

322f：PD.

422f：ED.

622f：青金石 LT.

122h：青金石 PDED.

222h：PDM.

122k：PDED.

422k：青金石 PD.

伍 H23—H73

23：紫晶 Gr，水晶 Gr.

324b：绿碧玉 PD.

124f：石榴石 PD.

124g：石榴石 PD.

124h：FY，天河石 FY.

1124h：石榴石 ED.

326c：N.

26g：绿碧玉 BD（MS. T. 529）

7926g'：燧石 BD.

427b：青金石 MK.

27c：绿松石 N.

427c：蓝色石料 OK.

227e：ED，石榴石 MK.

127h：R，水晶 R.

227h：PD.

327m：水晶 N.

427s：绿碧玉 OK.

427t：OK.

28c：R.

28f：R.

29：青金石 MK.

131：PD.

232c：MKSp，紫晶 R.

532f：水晶 R.

32i（纳加迪尔 508）

232m：石榴石 R.

132n：青金石 PD，红玉髓 ED.

232n：MK，绿长石 MK，绿碧玉 MK.

432n：硬结泥灰 MK.

32q：紫晶 ED.

232q：绿碧玉 N.

232t：MK，青金石 MK.

132w：MK.

232w：OK，绿碧玉 MK.

233c：MK.

233e：MK，玛瑙 LT，紫晶 R.

1331：FY，天河石 FY.

2331：PD，青金石 MK，水晶 R.

133m：FI，绿长石 ED.

233m：玛瑙 LT，紫晶 R，绿长石 MK，浅黄色石英 R.

7234b：石榴石 R.

234d：R，紫晶 R，玉髓 R，白石英 R.

234f：紫晶 R，水晶 R.

534f：水晶 R.

234h：紫晶 R，水晶 R.

35：青金石 MK.

235：R，绿柱石 R.

236b：石榴石 SI.

236d：MK，绿长石 MK，青金石 MK，绿松石 MK，紫晶 SI.

236g：MK.

137 OK.

138e：FI.

238f：绿碧玉 MK.

239c：N.

439c：青金石 N.

239i：N.

239k：N，红碧玉 N，青金石 N.

240c：R.

240e：LT.

240h：LR，水晶 LT，绿碧玉 LT，粉色和黑色斑岩？R.

241c：玛瑙 LT.

241f：LT，黄晶 LT.

843c：绿柱石 R.

843f：绿柱石 R.

244：石榴石 Gr.

45：青金石 MK.

245：青金石 LT.

246：R.

46b'：青金石 MK.

46f：R.

46r：R.

847：玉髓 R.

848：绿柱石 R.

849b：绿柱石 R.

849d：绿柱石 R.

50：红玉髓 Gr.

350b：LT.

250d：水晶 R.

250k：LT.

450k：水晶 LT.

2501：LT.

8501：紫晶 R.

850n：紫晶 R.

251：绿柱石 R.

851：绿柱石 R.

52a：PD.

152c：PD.

252g：LT.

253：R.

854d：绿柱石 R.

254h：青金石 R.

54h：PD.

55c：R.

55f：R.

56b：（哈拉格 75R）

56c：（哈拉格 75O）

256l：R.

256m：MK.

457b：N.

157h：OK.

858c：R.

258e：LT.

858g：R.

59b：ED.

159i：ED，紫晶 ED.

59j：紫晶 ED.

59m：ED.

159p：PD.

60：绿岩 MR，红玉髓 N，天河石 FY，石榴石 PD，绿松石 ED.

160a：FY/MK.

260a：石榴石 GrR，青金石 LT.

7260a：石榴石 Gr.

360a：FY/N，硬结泥灰 FY.

460a：硬结泥灰？R.

360b：水晶 N.

61：MK，绿长石 MK，青金石 MK.

262b：ED.

362b：LT.

862f：青金石 LT，绿岩 LT.

63c：N.

263e：MK.

64：OK.

65b：ED.

65d：ED.

66：ED.

67b：ED.

67d：ED.

67f：ED.

68：青金石 MK.

69：N.

171b：PD.

271b：MK.

371b：LT，白黑卵石 N.

71f：缟玛瑙？FI.

171f：ED.

271f：缟玛瑙 FI.

471f：斑岩 MK.

171g：EO.

271g：MK.

471g：斑岩 MK.

472：白色石料 LT.

73b：正长岩？ED（纳加迪尔 118）

373b：水晶 N，闪长岩 N.

173d：OK.

873d：青金石 LT.

陆 H73—H99

173f：ED/PD/F.

473i：斑岩 MK.

173j：ED.

373p：硬结泥灰 N.

173r：ED/F.

173t：PD.

174b：FM.

374b：SI.

174d：FI/SI.

274d：紫晶 R.

374d：LT.

174f：FM.

174i：FM.

174j：F.

474j：MK.

174l：MK.

174s：OK.

375b：N.

375f：N.

75g：青金石 MK.

175g：ED，绿长石 OK.

475g：绿松石 MK.

276c：水晶 R.

376e：LT.

376e'：棕色石英 LT.

76j：MK.

977c：BD.

177f：闪长岩 BD，红玉髓 PDOK.

177i：PD，缟玛瑙 PD.

7177i：FY，硬结泥灰 FY.

7177j：FY，石英岩 BD，硬结泥灰 FY，燧石 PD.

177l：FY，天河石 FY.

77n：（卡乌 II，89B15）

第 9 – 10 王朝.

278b：MK.

378c：MK.

78f：OK.

178h：斑岩 PD.

78j：（哈拉格 44h）

178l：板岩 PD.

179c：FI.

479d：白黑石英 LT.

79f：N.

379f：LT.

79g：（哈拉格 44s）

79h：（卡乌 II，89L10），第 9 – 10 王朝.

1180b：ED.

80d：青金石 MK.

180d：PD.

180f：硬结泥灰 PD.

181c：FI.

181f：ED.

283e：石榴石 Gr.

1183g：PD.

383g'：板岩 PD.

83h：绿碧玉 OK.

183k：黑曜石 PD.

184：PD.

185：ED，水晶 ED.

386b：N.

386d：NL，红碧玉 NL.

386g：NL，红碧玉 N.

387b：N.

387b'：N.

387d：N，水晶 N.

187f：PD.

487h：N.

7188a：［?］石 BD.

7188a'：FY，硬结泥灰 FY.

7188a''：燧石 BD.

388a'''：水晶 N，黄晶卵石 LT.

888a：白黑石英 LT.

7988a：燧石 BD.

188b：石英 PDED，木蛋白石? PDED.

388b：木蛋白石? LT，黄色卵石 LT.

488b：木蛋白石? LT.

888b：木蛋白石? LT.

88c：BD.

88g：板岩 MR.

388g：黄晶? FI.

1188h：FY，天河石 FY.

888h：LT.

188k：石英 OKF.

90：缟玛瑙 LTR.

291b：缟玛瑙 R.

91d：ML.

291d：缟玛瑙 R.

91f：PT.

291f：缟玛瑙 R.

491i：缟玛瑙 R.

391m：缟玛瑙 R.

391p：缟玛瑙 R.

93b：黑曜石 MK.

93c：装饰小帽，铜帽 R（4 世纪），金帽 MK.

93d：ED.

93f：（OK?）/MK，长石（OK?）/MK.

295b：ED.

95c：Sp.

95e：ED.

195j：ED.

951：（卡乌 II，56D3）第 6 王朝.

95n：OK.

496b：青金石 MK，绿松石 MK.

96c：MK.

96d：MK，青金石 MK.

96g：绿碧玉? SI，长石 MK.

96g'：青金石 MK.

396g：N.

396i：N.

296j：青金石 N.

96k：青金石 N.

96m：Sp.

297a：LT.

97b'：MK.

97d：MK，青金石 MK.

98b：石榴石 ED.

98d：N，红碧玉 N.

98h：青金石 MK.

98j：青金石 MK.

98m：青金石 N.

299b：MK.

299f：R.

299g：R.

柒　L2—L85

除特别说明外均指滑石珠。

2a：PD	7b：PDOKFS.	14b：PDOKFM.	第 7 - 8 王朝.
2b：PD	7d：PDOKFM.	14c：PDFN.	21c：MK.
42c：BDPDOKF.	7i：（NK?）	14g：OKFM.	221c：水晶 MK.
2e：PDED，石英? PD.	8b：PDFMS.	14h：OKFM.	23：PD.
42f：BDPDEO，石英 PD/F.	8m：LT.	15c：FI.	25c：MK.
	9：PD.	15f：FI.	25f：MK.
2g：PDED，石英 PD.	11c：LT.	16a：BDPDEOFM.	27：N.
2i：PD，石英 PD.	11i：FI.	16b：BDPDEOFM.	30c：PD.
2j：PDED.	11j：MK.	16d：EO.	30g：OKMK.
102j：石英 FM.	11l：MK.	16f：EDM.	30i：OK.
2k：石英 FI.	12b：PDOKMS.	16i：BDPDEOFM.	232：石英 MK.
102n：水晶 MK.	12d：FM.	16j：BDPDOKFM.	34：LT.
4b：PDOK.	12e：PDOKFM.	16l：PDOKFM.	35：施釉? R.
4e：PD.	12g：PDOKFM.	16l'：OK.	37：（卡乌 II，73A3）
4f：PD.	12i：FI.	16n：PDOKFMS.	第 7 - 8 王朝.
5a：PDOK.	12k：FM.	16q：OM.	38：OK.
405b：BDPDEOFMK.	12l：FM.	16s：OK.	39：MK.
5c：BDPDOK.	12n：FM.	16u：OK.	41：NK.
5d：PDED.	12q：FM.	17a：OKM.	51d：石英 Sp.
5d'：OK.	12s：MK.	17b：OKFMS.	451d：石英 MK.
5f：PDM.	12v：MK.	17c：OKFM.	51g：石英 FI.
5g：PD.	13b：FMS.	17e：OKFM.	151p：石英 FI.
5i：MK.	13c：N.	17g：OKM.	253c：石英 MK.
6b：OK/（LT?）.	13g：N.	17i：MK.	153e'：水晶 MK.
206b：水晶 MKSp.	13i：MK.	18：（卡乌 II，88C3）	153f：石英 FI.

53g：石英 PD.	62e：FI.	第 6 王朝.	77：（NK?）
53j：MK.	62f：FI.	71：MKN，石英 MK.	79b：（哈拉格 41p）
55：水晶（施釉?）N.	63：FI.	72：（OK?）	79d：OK（第 4 王朝）.
57：OK.	66b：FM.	74：MK.	81b：（哈拉格 68c）
61：OK（第 4 王朝）.	66d：MK.	75：FI.	81c：（哈拉格 68c）
62b：FI.	69：（卡乌 II，58G3）		

捌　MN1—MN50　MD51—MD96

（除特别说明外均指金珠）

MN1—MN50	303e：OKF，铜 OKLT，银 OK.	6：金银合金? MK.	9f：铜 PDEO.
1b：FI.	603e：LT.	7a：铜 PDEOMN.	309f：OK.
601b：PD.	203g：铜 BD.	307a：OK.	609f：FI.
2a：银 Sp.	303g'：铜 BD.	7b：铜 OK.	9h：铅? PD，金 ML.
302a：N，银 Sp.	803g：FI.	307b：铜 OK，金 FI.	9m：银 LL.
2c：铜 OKSN，银 OKSN.	3k：M.	7d：FI，金银合金 LT.	309m：铁 PD.
2f：银 MK，铜 OKF.	104d：（见 Engelbach.《Gurob》，p. 8）MK，银 MK.	7p：N，银 N.	10a：N.
302f：铜 OK.		8a：N.	10b：FI.
2h：Sp.		608a：FI.	10n：N（第 19 王朝），银 SI.
2j：金 PD，银 LL.	（50）5a：FI.	608b：FI.	
2k：铜 LT.	5b：MK，银 MK.	8b：银 N.	10p：N，赤金 N.
303a：FI.	505b：MKN.	8d：SI，银 MK.	611a：（PD?）
3b：金 EDFSSp，银? FISSp，铜 SI.	705b：锑 LT.	608d：N/Gr.	11d：MK.
	605b：PDFMSp.	8h：银? MK.	611f：PD.
203b：N.	5d：银? PD，铜 LT.	608h：PDLT，银 MK.	11g：MK.
303b：OKFMSpN，铜 OKNL，银 MKSSp.	5d'：银 R.	9a：铜 FI，银 FI.	11h：N.
	605d：FML.	9b：N.	12：金 R.
3d：铜 OK.	605f：金 ED.	9e：银 FI.	12b：OKSN，铜 OKMN.
		609e'：MK.	312b：贴金铜 OK，金

FI，银 MK.

12c：贴金铜 OK，金

FI，铜 N/R.

312c：金 FI，铜 OK.

12d：FIN.

12e：铜 MK，银 MK.

12f：金 PD.

612f：金 PD.

12k：金 PD.

212k：FI.

12l：银？MK.

212l：铜 BD.

312l：铜 FM.

612l：FI.

12n：金银合金 LT.

312n：铁 PD，银 LL.

12p：铜 OK.

312p：银 LL.

12q：MK.

12t：铜 BD.

612t：PD.

13b：N.

13e：N.

13g：MK，银 N.

214：FI.

16b：LT.

16d：LT/Gr，银 Gr.

616d：（MK？）

617：LT.

17d：银 Gr.

619：Gr.

21b：N.

21d：银 R.

21f：银 R.

21m：N.

23：ED.

25：NK.

26d：（开罗 52005）

27b：FI.

27c：EDFIN.

27d：OK.

28：N.

29b：（开罗 52005）

29d：（开罗 52067）

29f：（开罗 52005）

29h：MK.

30：N.

31：MKN.

32b：MK.

32d：MK.

33d：灰色材质 N，铜

OK.

34：金 OK，贴金铜

OK.

36b：ED.

36d：OKMK.

636d：MK.

38b：N.

38d：N.

38f：N.

40：饰小金珠 Gr（=

M95）

40b：ED，银 R.

40d：银 R.

41：铜 R.

42：PDFI.

43b：MKN，银 MK.

43d：银 MK，金 MKSI.

43f：铜 R.

45b：铜 FI.

45d：OK.

45f：N.

46：银 LL.

47：铜（OK？）

48b：N.

48b'：N.

48d：N.

48f：N.

48h：N.

49b：银 LL.

49g：金 OK.

50b：铁 R.

50e：N（附小环的管状

珠子）

MD51－MD96

51：N.

952b：OKFMS.

952d：FI.

53b：ED.

653b：FI.

53d：OK.

653d：FI.

653f：PD.

53m：金 ED.

54：金 OK.

654：FI.

56b：N.

56d：铜 R.

56f：N/Gr.

56f'：N.

56h：MK.

56（h？）：Gr.

57：（Gr？）

758：锑 LT.

59：MK.

61b：MK.

61d：MK.

61e：MK.

62：（FI？）/N.

662：金 ED.

62d：OK.

64b：N.

64c：N/Gr，银 LL，银

Gr.

64p：N.

666b：FI.

66d：金 N.	70d：银 LL.	778：锑 LT.	90b：MK.
66e：Gr.	70f：银 LL.	680：FI.	90c：N.
66f：Gr.	71b：MK.	82b：银 LL.	91b&d：OK.
68b：N，银 LL.	71d：MK.	82d：银 Gr.	92b：铅 R.
68b'：N.	71f：MK.	683：R.	92d：铅 R.
68d：银 LL.	71i：N.	84：金（纳加迪尔 I）	94：N.
68f：N/ML，银 LL.	72：银 LL.	ED.	95（= 饰小金珠的
68h：银 LL，铜 LL.	74：银 LL/Gr.	86：金银合金 NK（第	40）Gr.
69：银 LL/Gr.	76b：Gr.	17 王朝）	96：银 R
70b：银 LL.	76p：PD.	88：MK.	

玖　PN1—PN23

（珠子除特别说明外均施过彩）

1a：OK.

1b：SpN，棕 ED，黑 Sp. LT，红 N，黄 N，白 L，棕玻璃料 L.

1b?：PD.

1c：PDEDMKN，黑 N，红 N，棕 ED.

301c：N，灰 N.

1d：PD.

1e：EDN，绿 N，黑 N，灰 N，红 L.

1f：PDEOFMN，棕 EDF，棕 N，灰 N，红 N.

301f：N.

1h：黑 N，棕 ED.

1i：PDEDM.

1n：棕 ED.

2a：OKFMSNL，绿 NL，灰 N，红 NL，黄 NLGr，黑 OKFMSNLGr，白 FMN，粉色釉砂? MK，蓝玻砂 SI.

2b：PDEOFMSSpNLR，黄玻璃料 ED，黑 OKMFSSpNLGr，红 FI? NLR，白 MKNL，灰 NL，粉

NL，棕 N，黄 NLGr，蓝玻砂 N，oringe L.

2bw：SI.

102b：绿（BD?）.

2c：PDEOFMSSpNL，绿 NL，淡绿 N，灰 N，红 NLR，蓝紫 N，白 FMSNL，黄 NL，粉 L，棕 ED，黑 OKFMSSpNL，棕砂 MK，蓝玻砂 SN.

2cw：SI，白 SI.

2d：OKFMSNL，黑 FM，白 FI，灰 N，红 N，黄 N.

2f：PDOKFMSSpN，绿 NL，黑 OKFMNL，白 FNL，灰 FN，红 NL，黄 NL.

2g：PDEOFMSSpNLR，棕 or 黑 EOFMNL，白 SNL，灰 N，红 NL，粉 L，棕绿 L，黄 L.

2h：EDFMNL，黑 FMNL，绿 N，红 N，蓝玻砂 N，白 L.

202h：FI.

2i：EDFMNL，黑 FN，白 MK.

2j: OKFM, 黑 OKFM, 红 N.

2k: EDFMN.

302k: LT.

2l: EDNLGr, 红 N, 黄 Gr.

2n: OKMSpN.

2p: PDMSp.

2r: EDMN, 白 ED, 黑 MK.

2u, 2y（手稿残缺）.

3c: 黑 N, 蓝 N, 绿 N.

3e: 绿 N.

3f: 红 N, 白 N.

3i: 棕 MK.

3k: LT.

4c: 蓝 N, 红 N, 黄 N.

4d: 蓝 N, 红 N, 泥 PD.

4f: N, 红 NR, 红 玻砂 N.

4g: PDEDN, 黑 N, 蓝 玻砂 N.

4h: MKNR, 红 N, 白 黏土 PD, 黑 N, 泥 PD.

4j: N, 绿玻砂 N.

4k: EDMNEL, 棕 ED, 灰 N.

4l: 蓝 N, 棕 N, 泥 PD, 灰 N, 红 N.

4n: 蓝 NEL, 绿玻砂 N.

4p: EDMN.

204P: N, 红 N, 白 N, 黄 N.

5d: 绿 LT, 红 LT.

5g: 蓝 L.

6a: PDOKFMSSpNL, 棕 OKFM, 白 FMNL, 蓝 玻砂 MKSN, 黑 N, 绿 N, 灰 N, 红 N, 黄 N/Gr.

6aw: 蓝玻砂 S.

6b: PDEDFMSNLR, 红 EDNLR, 白 MKNL, 黑 FMSNLGr, 棕 N, 灰 NL, 黄 NLGr, 蓝玻砂 N, 粉 LT, oringe LT.

6c: EOFMSSp, 黑 MSSp, 白 M, 蓝玻砂 M, 黄 LT.

6d: PDEOFMSSpL, 棕 EOFMSSpNL, 白 EOFMSNL, 蓝玻砂 OKMNL, 红陶 M,

黑 NLR, 浅黄 N, 淡绿 N, 灰 N, 红 NLR, 黄 NLR, 粉 L, 贴金黄色玻璃料 L, 棕 L.

206d: 黑 LT, 绿 LT.

6f: PDOKFMN, 黑 FNL, 黄 N, 粉 NL, 红 NL, 灰 N, 浅黄 N, 蓝 玻砂 L, 白 FNL, 黄 玻砂 L.

6g: PDEOFMSpNL, 棕 EOFMS, 白 EOFMNLR, 黑 MNL, 绿 N, 红 NL, 粉 NL, 黄 NL, [?], 蓝玻砂 L, 贴金 黄 L.

6h: PDEOMNLR, 黑 S [?], 黄 N, 棕 EDFM, 白 EDML. （该条手稿残缺、磨损严重）

6j: MKSNL, 黑 FN, 灰 N, 红 N, 白 N, 黄 N.

6k: PDOK, 白 L. （该条手稿残缺、磨损严重）

6l: EDN, 棕 ED, 黑 EDN, 黄 [?]. （该条手稿磨损严重）

6p: Sp.

6q: MKSp.

6r: OKSN.

6y: 罐子残片 PD.

7c: EDN, 红 N.

7f: 绿 N.

8a: MK, 红 N, 泥 PD, 蓝玻砂 MKSN.

8b: MKSSpNL, 黑 MKSSpN, 红陶 MK, 黏土 MKS, 白 NL, 红 N, 黄 NL, 蓝玻砂 MNL, 绿 N, 灰 N, 浅黄 N.

308b: 黑 N, 绿 NL, 灰 N, 红 NL, 黄 N, 蓝玻砂 L.

408b: PD? EOFMSL, 黑 PDEOFMS, 泥 PDM（绘红彩 SI）, 黑黏土 FI, 棕 ED.

8d: PDEDFMSSpNL, 黑 FMSpN, 泥 PD, 红陶 FI, 白 NL, 棕 N, 灰 L, 红 N, 蓝玻砂 MN, 黑黏土 M.

308d: NLR.

408d：泥 PD，绿 FML，黑 FM．

8f：EOFMSSpNLR，绘彩黏土 PD，黑黏土 M，绿玻璃料 LT，泥 PD，红 N，黑 OKFMN，白 MKNL，［?］玻璃料 N．

308f：蓝 N，白 N．

408f：MSp．

8h：EDFMSpNLR，棕 N，黑 MKN，棕［?］玻璃料 R，白 MK．

408h：MK．

8i：黑 MK．

8j：MKNL，棕 N，红 N，黄 N．

408j：MK．

8s：on copper tube MK，蓝 N．

9a：黑 N，蓝玻砂 MK，棕 EDM，绿 OKFMS．

9c：PDEOFSpNR，蓝玻砂 MK，黑 PDSpL，泥 FI，黑黏土 FI，红 N．

309c：NL，红 N，白 L．

9d：EOFMN，棕 EO，

泥 FI．

9e：PDL，棕 EDF，泥 FI，白（未烧制）N．

309e：黑 N，蓝 N，红 N．

9f：绿 N，红 N．

9g：FMN，白 N．

9i：FIL，棕 N．

309i：绿 NL．

9j?：LR．

309j：绿 N．

10b：绿 EDF，绘彩黏土 PD．

10c：绿 EDM，陶 PD，泥 PD，黑 ED．

10f：ED

11b：PDEDFMSp，棕 EDMSp．

411b：MK，黑 MK，浅黄 MK．

11c：EDMNL，黑 EDM，棕 ED，黑黏土 FI，灰黏土 MK．

411c：EDFMSSpN，黑 FM，白 SI．

11d：棕 ED，白 N．

411d：SI．

11f：EDMSSpN，棕

EDM，灰黏土 PD.

11g：N．

11h：LT．

411h：MKN．

411j：黑 MK．

12c：黑 SI．

12e：蓝 N，绿 N，红 N．

12g：LT．

12i：绿 OK，黑 ED，红 ED．

12j：MKN，黑 MK．

12l：OK．

13c：EDLT．

13d：EDNL．

13e：NL，棕 ED，红 N，白 N，绿 N．

13g：EDMN．

13h：MK，灰 N，白 N．

13i：MKN．

14b：ED．

14c：LT．

15b：MK，泥 PDFI，绘彩黏土 PD，泥（绘红彩）FI．

15c：MKL，泥 PD，黏土 PD，陶 PD．

15d：泥 PD，白黏土 PD．

16b：MKN，黑 N，灰黏土 MK．

16c：OKML，黑 MK，绘彩黏土 PD，灰黏土 MKS，白 L，红 N．

16f：EDFMN，棕 EDMN，红陶 ED，灰黏土 M，黑 N，灰 N，红 N，黄 L．

16g：PDEOFMSSp，棕 OKM，泥 PD，黑黏土 MK，灰黏土 PD，蓝玻砂 SI，白 LT．

16i：EOMN，泥 PD，［绘彩黏土］M，灰黏土 MK，红黏土［MK］，［棕 N］，红 N，黄 N，黑［N］，白［N］，蓝玻砂 N．（此条手稿磨损严重）

16j：OKM，泥 PD，红黏土 M．

16k：OKMN，泥 PD．

16m：EDMNL，黑黏土 FI，红 LT．

16n：FI，黑 FI，红 N，蓝玻砂 MK．

16p：MK，绿玻璃料 OK，泥 PD，黑黏土 MK.

16q：FM，黑 MKSI，绘彩黏土 PD，灰黏土 MK.

16s：LT，黄 N.

16t：FMLT，绘彩黏土 PDM.

16u：黏土 MR/R，黑 N，绿 LT.

16w：绘彩黏土 PD.

16x：FM，绘彩黏土 PD.

16y：绘彩黏土 PD.

17b：MK，白 N,.

17c：PDEOFM，黑（PD？）/M，白（PD？）/ED，棕 ED，绿玻砂 MK.

17d'：N.

17f：PDEOFMSSpNLG，红陶 ED，泥 PD，黑 N，棕 OKFM，蓝玻砂 MK，黑黏土 M，白 NL.

17h：EOFMSpN，泥 PD，灰 N，绘彩黏土 PDM，绿玻砂 N，棕

ED，黑 OKFM.

17i：MK，绘彩黏土 PD.

17j：OKF.

17l：EOFMN，棕 EOF，泥 PD，绘彩黏土 PDOK，蓝玻砂 OK.

17m：EOFSp.

17p：OKFSpNL，泥 PD，绘彩黏土 PD，红 N，白 N.

17s：SpN，绿 N，白 N.

18a：EOF，绘彩黏土 PD，棕 EDM，红陶 ED，蓝玻砂 OK.

318a：LT.

18c：OKML，绘彩黏土 PDFM，黑 MK.

18d：MK，绘彩黏土 PD.

18e：MK.

18h：OKFML，泥 PD，绘彩黏土 PD，棕 EDM.

18j：PDEOFMNL，白 N，绘彩黏土 PD.

18l：MKSN，白 N，绘彩黏土 PD.

18n：N，白 N.

18r：黑 MK，绘彩黏土 PD.

18r'：LT.

318r：LT,.

18t：ED.

18w：ED.

18y：黏土 BD.

19c：绘彩黏土 PD.

19d：绘彩黏土 PD.

19e：绘彩黏土 PD.

19g：ED. 绘彩黏土 PDMK.

19j：ED.

20c：MK，黑 MK.

20d：MKN，黑黏土 MK.

20k：MK，灰黏土 R.

20n：OK.

20p：绘彩黏土 PD.

21b：MK，棕 ED.

421b：MK.

21c：白 N.

21d：FMN.

21e：EDFM.

21f：MKSpN，棕 ED，白 L，粉 L，红 N，黄 N，绿玻砂？N.

21g：EDFM，绘彩黏土 PD.

21h：MKNL，黑 MK，泥 PD，绘彩黏土 PD，蓝玻砂 MK.

21i：FI，绘彩黏土 PD.

21k：棕 NL.

21l：N.

21m：EDM，黑 MK.

21n：ED，泥 PD，灰黏土 MK，黑 OK，黑黏土 FISI.

21p：棕 ED，黑黏土 FI.

21r：EDMN，棕 ED，黑黏土 MK.

421r：ED，灰 ED.

21s：ED.

21w：OK？MKN，黑 N，红 N，黄 N.

22b：

PDEDFMSSpNLG，黑 LT，黄 N，棕 EDFMSI，白 EDN，蓝玻砂 OK，红陶 FI，红 SNL，黑玻砂？Sp.

22bw：SSp，黑 SN.

22c：EOFMNL，红 NL，白 N，黑玻砂？Sp，黑 OKFM，蓝玻砂 OK.

22e: EOMNL, 黑 OKF.

22f: EOFMSpNL, 红 L, 泥 PD, 陶 PD, 黑 OK, 白 OKN.

22h: PDEOFMNL, 陶 PD, 红 NL, 泥 PD, 黑 OKMN, 粉 N, 黄 L, 蓝玻砂 L, 贴金 黄色玻璃料 L.

22i: OKMNL, 陶 PD, 黑 MK, 白 L, 蓝玻 砂 L.

22j: OK.

22k: PDEDFMSSpNL, 黑 PDMN, 黄 L, 棕 ED, 白 OKNG, 灰

N, 红 N, 蓝玻砂 L.

222k: 黑 L, 红 L.

22l: ED, 黑 EDN, 棕 ED, 灰 N, 红 N, 黄 N.

322l: 绿 N, 红 N.

22m: PDEOFMNL, 黄 LT, 黑 PD? /L, 白 EON, 红 SNL, 绿玻 砂 M, 蓝玻砂 L, 黑 玻砂 M.

222m: 黑 L, 绿 L, 红 L.

22n: N.

22p: EOFMSNL, 黑 LT, 棕 EOMK, 绘彩 黏土 PD, 淡绿 N,

蓝玻砂 OKM, 贴金 蓝玻砂 OK.

22q: 黑 LT, 绿 NL, 灰 N, 黄 N, 蓝玻砂 N, 白 L.

22r: EOFMNL, 粉 L, 泥 PD, 绘彩黏土 PD, 棕 ED, 白 ED, 黑 OKML, 蓝玻砂 MKL, 红 L, 黄 L.

22s: NL, 白 N, oringe L.

22t: PDEOFMSNL, 黄 L, 泥 PD, 黑 OKMN, 棕 OK, 白 OKS, 蓝玻砂 MKL, 粉色釉砂? MK.

222t: FI.

22u: MKNL.

22v: PDEOMN, 黑 MK.

22x: MKN.

22y: MKN.

23a: FNL, 黑 ED, 棕 ED.

23b: MKL.

23c: EOFMSNL, 棕 OKSp, 黑黏土 MK, 红 N, 白 N.

23e: FMNL, 黑 SpL.

23f: LT.

23g: EOFMNL, 黑 MK, 白 MK, 蓝玻砂 L.

拾 PN23—PN71

23h: NL, 绘彩黏土 PD.

323h: 黑 N, 红 N.

23i: 黑黏土 MK.

23k: EOM.

23l: 绘彩黏土 PD.

23n: EDMNL.

23q: N.

23t: LT, 棕 ED.

23v: ED, 棕 ED.

23x: 棕 ED.

23y: 棕 ED.

24c: N.

24e: EDLT.

24g: EDN.

24i: ED.

24j: N.

24l: ED.

24m: N.

24p: MK.

25b: FI.

25c: FI.

25d: FI.

25f: LT.

25g: LT.

25l: MK, 黑 MK.

28b: PDED.

28d: EOF.

29b: N.

29d: N.

29f: N.

29l: MK.

29m: MK, 棕 ED.

29n: 黏土 PT.

29q: EDLT.

29s: ED.

29t: ED.

29w: OK.

30b: ED.

30d: EDN, 棕 ED.

30e: LT.

31b: N.

31c: LT.

31d: ED.

31f: LT.

31h: N.

31i: EO.

31j: OK.

31n: ED.

32b: PD.

32d: PD.

32f: PD.

33b: MK.

33c: FI.

33d: FM.

33f: PD.

33g: FI.

33j: FI.

34b: LT.

34c: 灰黏土 MK.

34g: SI.

35b: SI, 蓝玻砂 SI.

35c': N.

35f: EDM.

35i: 白 ED.

36: LT.

37b: 黑 SI.

37d: mk, 蓝玻砂 MK.

38b: R.

38c: OK?

39b: N.

39e: 绿 N.

39f: N.

40b: EDN.

40c: N.

41: N.

43: N.

44: LT.

45b: ED.

45f: N.

45h: LT.

46b: MK.

47b: N.

47d: OKF.

49b: FM.

49g: ED.

51: 蓝玻砂 LT.

52b: OK?

52c: 黑玻砂 OK.

52d: 黑玻砂 OK.

52i: Sp.

54b: ED.

54c: OK.

55b: LT, 蓝玻砂 N.

55c: 蓝玻砂 LT.

55f: LT.

56: 蓝玻砂 OK, 蓝 NLT.

57: OK.

58d: LT.

58e: NL, 黄 LTGr.

58g: LT.

59b: 蓝 LT, 蓝玻砂 LT.

59c: 绿 LT, 蓝玻砂 LT.

59e: LT

60: 蓝玻砂 OK.

61: LTGr, 黄 Gr.

62: Gr.

62a: SSpNL, 黑 NL, 绿 NL, 叶绿 N, 灰 NL, 红 NL, 蓝紫 N, 白 NL, 黄 NL.

62a': MK.

62b: MKNL, 黑 N, 绿 N, 灰 N, 红 N, 白 N, 黄 N.

62d: NL, 红 NL, 黑 L, 白 L.

62d': NLR, 黄 N.

62e: 黑 N, 蓝 & 绿 NL, 黄 NL.

62f: NL, 白 L.

62h: 绿 SpN, 黑 NL, 红 N, 未烧制 N, 白 L.

62i: OK?, 黑 N, 蓝 N.

62l: N.

62m: N.

63: 红 R.

63a: FINL, 黑 SNLR, 绿 NL, 叶绿 N, 灰 N, 红 NL, 白 NL, 黄 NL, 蓝玻砂 N.

63b: 黑 NL, 蓝 & 绿 NL, 灰 N, 红 NL, 白 NL, 黄 N, 蓝玻砂 N, 粉 L.

63b': 黑 L.

63d: 黑 NL, 蓝 & 绿 NL, 红 N, 白 NL, 黄 N.

63e: N, 灰 N, 黄 N.

63g: NL, 白 L, 黄 L.

64b: N, 泥 PD.

65b: OK? FM.

65d: LT.

66c: FM.

66e MK.

67b: 白 N.

67c: 绿 N.

67f: N.	69: MK.	70c: EL.	70h: EL.
68（=PD26d）: MK.	70b: EL.	70f: EL.	71d: OK?

拾壹　PN72—PN99

72b: MKNL, 黑 MK, 红 N, 白 NL, 黄 N, 蓝玻砂 L.	75f: N.	82j: MKN.	87i:（古洛布）, 第13 王朝.
72c: 黑 N, 蓝 N, 绿 N, 灰 N, 红 N.	75g: 黑 N, 蓝 N, 白 N.	83a: MKN, 黑 N, 绿 N, 红 N, 白 N, 黄 N.	87k: FI.
72d: FN, 黑 MK, 红 N, 黄 N.	75i: N.	83c: 蓝 N, 绿 N.	87q: MK.
72g: 蓝 N, 绿 N, 白 N, 黄 N.	76a: 蓝 N, 红 N.	83e: 绿 N, 红 N.	88b: FI.
72h: FN, 红 N.	76b: 蓝 N, 绿 N, 红 N.	83g: N.	89b: N.
72i: MKN, 绿 N, 灰 N, 红 N, 白 N, 黄 N, 黑 N.	76e: 绿 N, 灰 N, 红 N.	83h: 黑 N, 绿 N, 灰 N, 白 N.	89f: N.
	76f: 蓝 N.	83i: 蓝 N, 白 N.	89g: N.
72k: 黑 N, 绿 N, 灰 N, 白 N, 黄 N.	77a: 绿 LT, 红 LT, 蓝玻砂 LT.	83k: N.	89h: 棕 ED.
73b: 蓝 N.	77c: 绿 LT, 黄 LT.	83m: 蓝 N, 黄 N.	90: FI.
73d: 绿 N.	78b: MK.	84b: 黑 MK.	91: N.
73f: 绿 N, 红 N.	78f: N.	84d: MK.	92: N.
74b: 浅黄 N.	79b: 黑 N.	86b: MK.	93b:（拉宏）
74d: 红 N.	79c: 白 N.	86c: OK.	93c: MK.
74g: N?	79f: MK.	86e: ED.	93d: OK（第6王朝）.
75b: NL.	79h: MK.	86f: FI.	93e: FI.
75c: N.	80: FI.	86j: 黑 N.	93g: FI.
75d: 蓝 N, 红 N.	81d: FM.	87a: FI.	93j: FM.
	82a: MK.	87b: ED, 白 LT.	93k: FM.
	82d: N.	87c: FI.	93m: MKN.
	82h: FMN.	87e: OK.	94a: N.
		87g: SI.	94b: OK.
			94c: LT.
			94f: FI.

95b: FI.

95d: SI.

95f: FI.

96: OK.

97c: MK.

97d': FI.

97f: OK.

97i: ED.

98b: 红 N.

98d: 黑 N，蓝 N，绿 N，红 N，黄 N.

98d': 黑 LT.

98e:（空）.

98f: 绿 N.

98g: LT.

98i: 红 N.

98j: N.

98p: N.

98q: 蓝 N，粉 N，白 N.

99b: LT.

99d: R.

拾贰　PD1—PD38

1b: OKFMSp.

1c: MK.

2b&b': MK.

2e: FMSpN.

2f: MKN.

3: FM.

4b: MKSpN.

4c: OK（第 6 王朝）/N.

4e: N/L?

4g: Early MK（第 11 王朝）.参看 Petrie. *Qurneh*，pp. 3 - 4, pl. VIII, 28.

6: N.

8b': 深蓝紫 N.

8d: OKF.

8f: OKSp.

8h: OK.

9b: 棕 ED.

9c: 棕 ED.

9f: 棕 ED.

9g: 白 ED.

10b: OK.

10d: FI.

10e: ED/FM/SI，棕 ED.

10g: N.

10h: MK.

10j: N.

10l: FI.

10m: OKFM.

10p: OKFM，棕 OK.

10q: OKM.

10t: OK.

11b: ED.

11d: ED.

13b: SI，白玻砂? MK.

13e: N.

13f: MK.

15c: 灰 N，棕 LT（EM）.

16b: LT（EM）.

16b': 黄 N.

16d: LT（EM）.

17b: 蓝 LT（E），黑 N，灰 N，绿 LT（E），红 LT（E）.

17d: PDED.

18b: 黄 N.

18d: PDFM，黑 FI.

18e:　　　PDEDFMLT（E），黑 FI.

19: MK.

21b: 蓝玻砂 MK.

21d: OKMSpNL（E）R，黑 Sp，蓝玻砂 N.

21e: MKSpNL.

21g: FI/N，红 N，蓝玻

砂 LL.

21h: N/EL，蓝紫 N.

21i: FIN.

21j: N，黑 L.

21l: NL（E）R，红 N.

21m: FIN.

22: MK.

26b: MK.

26d: 蓝玻砂，MK.

26h: FI.

27b: FI.

27d: N.

28:（纳加迪尔 953）

29: Gr.

29b: FI.

29d: FI.

30b: OKF.

30e: OK.

30f: L（E）.请对照

Eisen. mellon – beads 中第94号珠子（断为公元前5世纪）。	33g：N.	35g：灰 MK.	N.
	35b：MK.	36b：MK.	36h：绿 N，红 N.
31：OK？	35c：MKSp，黑 MK，白 SI.	36d：蓝 N，绿 NL，红 N，黄 NL.	36h'：绿 N.
33d：LT（E）.	35e：OK？ M（0）5824.	36e：绿 N，黄 N.	36j：蓝紫 N.
33f：N/EL.		36g：蓝 N，绿 N，红	38：镶嵌蓝玻璃的玻璃料 R.

拾叁　PD39—PD98

39b：绿 R，黑 OK.	48e：黑 MKN.	57：OK，黑 OK.	65d：FMSp.
39d：MKSpN，黑 MK.	48g：N.	58b：OK.	65f：N.
39f：黄 LL/Gr，蓝 Gr，绿 Gr.	48h：黑 MKN（L？）	58d：FM.	65w：Sp.
	48j：OKF，黑 FM.	59f：FISp.	65x：Gr.
40b：LT（E）.	48l：FI，黑 N.	58g：FI.	67b：N.
40d：LT（EM）.	48m：FM.	58k：MK.	67c：N.
41b：LL.	49b：OKM.	60b'：第 5－6 王朝，黑 MK.	69：MK.
41c：LL	49d：FI.		70b：饰金帽 M.
42：LL.	50b：FI，黑 FI.	60d：深粉 LT.	70c：饰金帽的柱状蓝色玻砂珠 OK. OK or MK？
43a：N/EL.	50d：黑 MK.	62b：FI.	
43b：LT（E）.	50e：OK.	62c：MKN.	
43d：LT（E）.	51b：棕 OKM.	62f：MK.	71：白玻璃料 N，浅黄玻璃料 N.
43d'：白 LT（E）.	51c：OKM.	62h：MK.	
45a：黏土 PD.	51e：黑 OKF.	63b：OK.	73b：N.
45d：黏土 PD.	51i：OK.	63d：OK.	73d：N.
46b：ED.	53：PR.	63f'：FI.	74：MK.
46d：黑 N.	53b：OK.	63h：OKF.	76：SI.
48a：OK.	53d：白 LT（E？）	63j：OK（第 5 王朝）	78b：N.
48b：OKFM，黑 MKN.	55b：N.	65b：MK.	78m：N.
48d：OKFM，黑 MK.	55f：蓝玻砂 N.	65c：MK.	79：OK.

80：R.（＝GD87b）	83b：N，棕 MK.	88g：（空）.	93d'：N.
81b：灰 N.	83c：MK.	89：OK.	94：FI.
81b'：玻璃料 N（［?］）	84：MK.	91：LT.	96：附金 OK.
	86：PDEM.	93b：N.	98：EL.
81d：绿 Gr.	88e：OK.	93d：N（第18王朝）.	

拾肆　R1—R50

1c：树脂 PD.	11d：琥珀 R.	24b：琥珀 R.	35h：象牙 OK.
2b：黑树脂 R.	12c：琥珀 LT（E）.	24f：琥珀 R.	36b：骨料 LT（M）
2c：琥珀 R.	12e：琥珀 LT（E）.	27f：OK.	36h：PDSp.
2e：树脂 N.	12g：树脂? BD.	29d：骨料 MR.	37：骨料 MR/PD.
3：黑树脂 R.	12i：N.	31b：骨料 TS，象牙 OK.	37e：象牙 OK.
4c：黑树脂 R.	13：琥珀 LT（M）.		39：象牙 BD.
4e：N，黑树脂 R.	14：琥珀 LT（E）.	31e：象牙 R.	40b：OK.
4f：N，黑树脂 R.	16b：琥珀 R.	32c：象牙 MK.	40g：象牙（?）TS.
4g：黑树脂 R.	16m：琥珀 L（E）/R.	32i：象牙 LT（EM）	40h：象牙 OK.
4h：黑树脂 R.		32j：象牙 OK.	40i：骨料 OK.
4i：琥珀 R，黑树脂 R.	18 琥珀 R.	32l：象牙 FI.	40j：TS/OK.
4m：琥珀 R.	19：树脂或黑曜石 PD.	32m：Sp.	40m：象牙 SI，骨料 Sp.
5：树脂 N.	20：琥珀 LL/R（L）.	32p：骨料 R.	
6：N，黑树脂，琥珀 R.	20b：琥珀 R（L）.	32n：骨料 TS.	41：象牙（MS. T. 1215）R.
	20d：琥珀 R.	32s：骨料 BD.	42：象牙 R.
8c：N，树脂/琥珀 LT（E）.	20f：琥珀 R.	33c：骨料 MR/PD/FI.	43b：象牙 Sp.
	21b：R.	33d：PD.	43d：象牙 R.
8g：N.	21d：R.	33f：象牙? N，骨料 MR，骨料 BD?	43e：象牙 R.
9：树脂 ED.	22：琥珀 R.		44b：N.
10：黑树脂 R.	23b：黑树脂 LT（E）.	33k：骨料 TS/R.	44e：N.
11b：R.	23f：R.	635c：象牙 BD.	

44g：骨料 or 象牙 MK.	45k'：骨料 SI.	46b：BD.	48b：象牙 R.
45b：FI？	45?：（［?］），骨料	46d：PD.	48d：R.
45f：象牙 OK.	MR，象牙 FI.	47b：PD.	49b：象牙 PD.
45g：象牙 OK.	45n：象牙 FM.	47d：PD.	49d：FI？
45k：象牙 ED.			

拾伍　R51—R93　S1—S15

R51—R75	52f：PDEOFMSSpN，粉	OK.	69b：珊瑚 R.
51b：PDMSSpNL（E）	色壳类 EDF.	58f：ED.	69d：珊瑚 R.
R.	52h：OK.	58h：ED，软体动物壳	70：壳类 BD（MS. T.
51c：BDPDEOMSNEL.	52j：BDPDFMSPNLR.	R.	592）
51d：PDSI.	52m：BD.	58k：PD.	71：Sp.
151f：FY.	53b：N.	58l：PD，珊瑚？LL.	72b：OK.
51f：NEL.	53d：MK，　螺壳 LT	58m：壳类 Gr.	72g：珍珠母 N.
51g：PD.	（M）.	58p：壳类 Gr.	73a：珍珠母 PD.
51h：PDEDF，粉 PD，	55c：珊瑚？LL.	58r：ED.	73b：MK.
珊瑚 LL.	55d：珊瑚 LL.	59：壳类 BD.	73d：（拉宏 II 46c）
51j：FINL.	56c：珊瑚 LL，粉色壳	60 珊瑚？LL.	73f：（拉宏 II 46c2）
51l：PD，粉 PD.	类 R.	62：PD.	74c：象牙贝壳 R.
52a：FISN.	56e：珊瑚 LL.	64e：珍珠母 R.	74p：BD.
52b：FMSSpNL（E-	57b：OK.	64i：珊瑚？LL，珍珠母	75：OK.
M）.	57d：ED.	R，软体动物壳 R.	**R76—R90**
52c：［fibrous］壳 N，壳	57f：OK.	66：珊瑚 R.	76：R.
类 TS（?），鸵鸟蛋	457h'：PD，粉色壳类	67c：PD.	77：R.
壳	BD.	67d：PD.	78b：R.
BDPDOKFMSSpNR.	57m：PD.	168：FY，鸵鸟蛋壳	78c：木材 R.
52e：　BDPDFMSSpNL	58b：PD.	FY.	78e：刷白色灰浆的木
（E-M）R，粉 FI.	58e：PDEDR，珊瑚？	68a：［?］壳 N.	材？R.

79：贴金木材 MKN.

80：贴金木材 N，木材 N.

82b：木材？MK.

82d：贴金木材 N.

83b：贴金木材 MK.

83d：贴金木材 MK.

84：木材 R.

86：木材 R.

88b：木材 OK.

88d：木材 OK.

R91—R93

91：炼渣或硫磺 BD？

93：芦苇 N.

94：种子 MK.

S1—S15

（特别说明外均指滑石珠）

1f：方解石？PD，雪花石膏 PD，半透明方解石 PD.

2b：蛇纹石 ED.

2d：棕 PD，黑 PD，粉 PD，蛇纹石 PD，黄 [？] SI.

2e：棕 PD，黑 PD，蛇纹石 PD，白石灰石 N，浅黄石灰石 ED，粉石灰石 FI，方解

石 FI.

2g：灰 PD，粉 PD，石膏？PD.

2h：棕 PD，黑 PD，绿 PD，灰 PD，红 PD，粉 PD，白方解石 PD，粉石灰石 PD，石膏？PDN.

102j：FY，硬石膏？FY/PD，方解石 PD/FI，rock salt PD，棕 PD，黑 PD，粉石灰石 ED.

2k：棕 N，白石灰石 ML，棕石灰石 ML.

2p：黑滑石 FI，黄色石料 PD.

602pw：绿滑石 BD.

2q：硬石膏 PD，蛇纹石 PD，软赤铁矿石 ED，方解石 N.

602r：雪花石膏 BD，硬石膏 PD，白石灰石 PD，蛇纹石 OK，黑滑石 MK.

4b：方解石 FI.

404b：绿方解石 BD （BD5111）.

4d：硬石膏 PD.

4e：NE.

5b：蛇纹石 PD.

5f：雪花石膏 PD.

605h：方解石 BD.

406b：蛇纹石 PDSI，硬石膏 PD，灰 PD，黑滑石 BD，棕滑石 BD.

6c：黑滑石 TS（？）/ PD，棕蛇纹石 TS（？），蛇纹石 FISI，半透明方解石 PD，粉石灰石 ED.

6e：方解石 MK，黑 PDED，棕 PD，灰 PD，红 PD，蛇纹石 PDED.

6f：棕 BD，黑 PDED，灰 PD，方解石 MK，蛇纹石 PD.

106f：硬石膏？BD.

6h：黑 PDED，石膏 PD，蛇纹石 PD.

6i：棕 PD，石膏 PD.

406j：石灰石 BD.

6n：半透明方解石 PD.

106r：雪花石膏 BD.

7c：棕石灰石 ED，白石灰石 MK，方解

石 FI.

SILT，绿岩 LT.

7d：雪花石膏 PD，石膏？PD.

607f：绿滑石 BD，石灰石 PD.

7i：雪花石膏 PD.

8c：棕滑石 MK，黄石灰石 MK，黑 ED，方解石 OKF.

8d：雪花石膏 PD.

11：半透明方解石 PD.

12：蛇纹石 PD.

13b：蛇纹石 ED.

13e：黑 OK，白石灰石 PD.

13f：蛇纹石 PD，半透明方解石 PD.

13h：雪花石膏 ML.

14b：绿 PD？，方解石 LT.

14c：蛇纹石 PDMK，方解石 PD，粉石灰石 OKN.

14d：绿 ED，石 ED，白石灰石 OK，蛇纹石 FI.

14f：蛇纹石 N.

14k：蛇纹石 PDGr，方解石 OKN，粉石灰

石 MK.

14l: 黑 PD, 半透明方解石 PD, 蛇纹石 PD, 浅黄石灰石 MK, 棕石灰石 MK, 白色石料 N.

14m: 黑 N, 绿 PD, 棕皂石 MK, 蛇纹石 PD, 半透明方解石 PDEOF, 白石灰石 PD, 条纹石灰石 PD.

14n: 方解石 EOM, 白石灰石 OK.

14p: 雪花石膏 EDLT.

14q: 绿 PD, 雪花石膏 LT, 红石灰石 LT.

14s: 雪花石膏 EDLT.

15a: 黑 PDFI, 白石灰石 LT.

15c: 黑 PD, 蛇纹石 PD, 方解石 LT.

15f: 绿方解石? PD.

拾陆　S15—S85

15i: 蛇纹石 TS, 红皂石? BD.

415k: 绿滑石 BD.

615m: 雪花石膏 BD, 方解石 OK.

615p: 雪花石膏 BD.

16: 黑 MK.

17c: 白石灰石 ED.

17f: 黑 PD.

18a: 绿 PD?, 蛇纹石 PDOKSI.

18b: 灰 OK.

18d: 黑 ED, 粉石灰石 MK.

18e: 黑 ED, 蛇纹石 PDED, 软赤铁矿石 R.

18g: 黑 PD, 绿 PD, 蛇纹石 PD, 浅绿石灰石 MK.

18h: 黑 OK, 蛇纹石 PD.

18i: 黑 ED, 绿 PD, 蛇纹石 PDFM, 半透明方解石 PDOK, 白石灰石 OK.

18j: 黑 LT, 绿 ED, 蛇纹石 PD.

18k: 黑 ED, 蛇纹石 ED.

18m: 半透明方解石 PD.

18n: 雪花石膏 FI, 角砾岩 FI.

618n: 红皂石? BD, 黑色石料 ED.

18q: 粉石灰石? ED, 半透明方解石 PDFI.

18s: 雪花石膏 ED, 蛇

纹石 PD.

18t: 绿 PD.

18v: 黑滑石 OK.

18y: 蛇纹石 PD.

20: 白石灰石 ED.

21d: 绿岩 N.

21g: 方解石 FI.

22: 蛇纹石 PD.

23c: 黑 PD.

23e: 白石灰石 ML, 黑滑石 ML.

23g: 蛇纹石 N.

24: 方解石 PD.

25: 棕 PD.

26: 蛇纹石 no. 1645.

27b: 石膏? N.

27f: 半透明方解石 PD.

27j: 皂石 Sp.

28: 软赤铁矿石 R.

29b: 硬石膏? FI.

29f: 灰皂石 N.

30: 棕皂石 MK.

31: 方解石 OK.

32c: 方解石 OK.

32e: 绿滑石 Gr.

33: 方解石 LT, 条纹石灰石 LT, 蛇纹石 R.

34: 方解石 OK.

36b: 方解石 LT.

36c: 方解石 LT.

37d: 方解石 LT.

37e: 方解石 LT/R.

37g: 方解石 LT.

37h: 方解石 LT.

38c: 方解石 LT.

38e: 方解石 LT, 浅黄滑石? LT.

38g: 方解石 LT.

38h：方解石 LT.

38j：方解石 LT.

38m：方解石 LT.

39：PD.

41：白石灰石 SI.

42b：ED.

42c：黑 ED.

43：PD.

44：蛇纹石 no. 1645.

51b：蛇纹石 ED.

251b'：粉色石料 BD.

51d：黑 PD，粉－白角

砾岩 PD，灰石灰石

FI.

51e：ED.

51g：雪花石膏 PD.

51i：OK.

51l：?

52b：浅黄滑石 L，

alab. LT.

52c：蛇纹石 PD，白石

灰石 PD，雪花石膏

LT.

52e'：半透明方解石

PD.

52g：白雪花石膏 PD，

条纹雪花石膏 PD.

452h：贵蛇纹石 BD.

52i：蛇纹石 PD.

52j：雪花石膏 PD.

52m：粉石灰石 PD.

52n：雪花石膏 ED.

53b：绿 MK.

53d：OK.

53e：绿 MK.

53g：黑 PD，蛇纹石

PDED，雪花石膏

ED，浅黄石灰石

ED，白石灰石 ED.

154c：条纹石灰石 BD.

54f：雪花石膏 ED.

55d：雪花石膏 ML.

155f：粉石灰石 BD.

56b：MK.

56d：蛇纹石 PD.

156f：粉角砾岩 BD.

57：蛇纹石 PD.

59b：PD.

59d：OK.

60b：蛇纹石 ED.

160d－e：石灰石 BD.

60i：半透明方解石

PD.

60j：PD.

62b：白石灰石 LT.

62d'：蛇纹石 PDED.

63：蛇纹石? N.

64b：绿 MK.

65b：N.

65d：方解石 OK.

66b：粉石灰石 MK.

66d：白石灰石 FI.

66f：第 6 王朝（卡乌

II，89B6）

70：方解石卵形 R.

75：粉石灰石 MK.

80：石灰石 BD.

85：黑石灰石 BD

（MS. T. 595）

86：OK?

《埃及古珠考》的写作过程

说明：本文根据《夏鼐日记》摘录而成。日记中的外文，用圆括弧（）注于中文之后者，均为夏的原注；其他外文第一次出现时用方括弧［］＋楷体＋下划线译出，连续出现时仅保留方括弧及里面的汉译，我们增加的注解也用这种格式标出。在摘录时，我们对原整理者的汉译做了调整，使其与本书译法统一。

1938 年

4 月 25 日

上午赴校，谒见 Prof. Glanville［格兰维尔教授］，他也说我的身体比去冬好多了，排定在博物院做点研究的工作。

4 月 26～30 日

阅毕 A. Lucas, *Ancient Egyptian Materials*［卢卡斯：《古代埃及的材料和工业》］（pp. 1–413）。印卡片，预备做 Beads［串珠］的研究。

5 月 1～7 日

这一星期开始将 Petrie collection［皮特里收集品］的珠子，先作卡片目录，再行分类研究，预备在一年以内弄好，暑假告终以前将卡片写完。

5 月 21 日

上午与格兰维尔教授谈及研究计划。他颇赞许我的工作，提议要我在这儿如能多住一年，可以向学校替我请求攻读 Ph. D［哲学博士］。我因为经费的关系，至多只能维持一年半，不敢担承，我想等明春再说。

7 月 1 日

Beads Catalogue［串珠目录］，仅弄到 179 号，似乎太慢，但一时又着急不来。

9 月 11 日

课务虽在假期中，仍颇忙迫，串珠编号已达 390 号。身体这一星期不甚佳，希望不要出意外。

10 月 22 日

串珠编目，已达 500 号。

11 月 10 日

前天写信与柴尔德教授，询问关于串珠，今天收到复信。

12 月 5 日

串珠编号到 600 号，开始作 Corpus［图谱］。

12 月 10 日

作串珠图谱，去取之间，颇费斟酌，思索再三，忽及 Basic Dimension［基本尺寸］一途，颇为自喜。惟胃病又发，颇为所苦。

1939 年

1 月 1 日

今天元旦，将 *Corpus of Ancient Egyptian Beads*［《埃及古珠图谱》］

作完。

1 月 31 日

串珠编目，仅到 730 号，这两天为 Qau［卡乌］7578a 的串珠，三纸袋共 5000 余，整整费了一天。

2 月 5 日

串珠编目，仅超过 750 号。

2 月 12 日

串珠编目，已达 800 号。

2 月 19 日

串珠编目，已达 850 号。

2 月 26 日

将 Beads Cards［串珠卡片］做 Type Index［类型索引］。

3 月 12 日

串珠编目已达 960 号。上午编 Index of Provenance［发现地点索引］及类型索引。

3 月 31 日

串珠编目，仅达 1050 号，最早冬间始能应试。

4 月 25 日

串珠编目，虽已达 1100 号，但余下未编目的，仍是不少，拟于本学期内，不管编完与否，加以结束。

5 月 10 日

今日下午，格兰维尔教授问我，能否在这里多住一年，年底交上论文，取得学位后，仍在这儿做点研究工作；我说是经济问题，如果能有津贴，足以维持生活，我并不一定即要返国，格兰维尔教授允代设法，观其意颇欲留我在这儿。

6 月 7 日

格兰维尔教授问我，能否在此间勾留至明年夏间，允津贴 100 英镑。但论文能否今冬完毕，颇成问题。

8 月 4 日

这星期停止 Typing Beads［给珠子分类］。

8 月 18 日

下午赴 Institute of Archaeology［考古研究所］，Mr. Myers［迈尔斯先生］以前数年在 Armant［阿尔曼特］所得之串珠，嘱令审定时代。

9 月 10 日

今日阅 Scharff, *De Altertümer der Vor-und Frühzeit Ägyptens*［沙夫：《史前和早王朝时期埃及文物》］，摘录关于串珠的各节，预备下星期起继续工作。

9 月 13 日

上午在家，着手写论文。

10 月 18 日

赴牛津，至 Ashmole Museum［阿什莫林博物馆］，参观古物。春假中曾一度来此，工作数日，本拟有暇再来多勾留时日，将 Collection of Beads［串珠藏品］全部仔细看过，今日以行将离英，为日无多，须当日返伦敦，只能匆匆一阅所陈列之串珠，尤其注意 Eye-Beads［眼纹珠子］，蓝白之眼，周绕褐色同心圈，皮特里所定时代 XXIII，似乎过早。

10 月 31 日

闲谈少顷，布伦顿先生指示串珠陈列之处，据云开罗博物院所藏者并不佳。关于我所提出之眼纹珠子问题，据云在 Matmar 发掘的 600 余墓（皆属第 22 ~ 25 王朝时代），未见此种七星围绕以褐圈之眼纹珠子，对于我所提出之第 27 ~ 30 王朝之时代，颇为合意。关于 glass beads［玻璃珠］，据云最早者为 Deir el Bahri［戴尔－巴哈利］之第 11 王期者一串，现在 New York［纽约］。对于皮特里之 predynastic glass Hothew amulet［前王朝玻璃护身符］，极表怀疑。关于 pink small glass beads［粉色小玻璃珠］一问题，亦认为近代物。

11 月 4 日

这几天总是提不起精神来做事，怕又是生病了。下午在家中将旧稿打字（在英时仅写毕 Scope of Study［研究范畴］一章 4 页，至于 Archaeological Value of Beads［珠子的考古价值］，仅写了四五页）。

11 月 10 日

在家继续写论文，打字一页，在英时仅草成 7 页，连引论还没有写上一半，此为来埃及后第一次继续写作。

11 月 11 日

在家继续写作论文。

11 月 12 日

上午又写了一点论文。

11 月 13 日

上午在家，将昨日所写之论文打字。

11 月 15 日

昨日将自己在大学学院博物馆及阿什莫林博物馆中所发现的 Dentalium Shell［象牙贝壳］一事，告诉卢卡斯先生。他今天到图书馆中来，要我指示出处，翻了 *Badarian Civilization*［《巴达里文明》］及 *Mostagedda*［《莫斯塔哥达》］给他看。阅 H. Junker［容克］的

Merimde Beni Salâma［《麦里姆达·贝尼萨拉姆》］中关于串珠的报告，作摘记。……下午在家休息，睡了一会觉，出来在街上散步一会，振作不起精神写东西，奈何！奈何！

11 月 17 日

赴博物院……抄录院中陈列之前王朝时期串珠之来源。

11 月 18 日

遇及布伦顿先生，询其在 *Qau and Badari* Vol. I. p. 5［《卡乌与巴达里》第 1 卷第 5 页］所述之 "predynastic beads and Roman mummy"［前王朝时期串珠与罗马时期木乃伊］，是否系全串皆是前王朝时期串珠？亦仅一部分杂羼于后代串珠中。据云在卡乌与巴达里，遇及半打以上之后代墓葬及 re-used early beads［重加使用的早期串珠］，但皆为杂羼后代串珠，据其经验，未见有全串皆为 re-used Predynastic beads［重加使用的前王朝串珠］者。

11 月 21 日、22 日

这两天都是晨间在博物院工作，下午在家中睡觉，傍晚起来写一点东西。

11 月 28 日

这几天抄录皮特里各报告中关于串珠之章节，稍写一点论文。

11 月 29 日

上午赴博物院，抄录 Room 6 陈列之串珠，不注明时代、仅书 miscellaneous［杂类］者几占一半，书明年代者亦多由出土地而定，不可靠者甚多。…… 晚间，将 Beads, its Value as Archaeological Evidence［作为考古证据之珠子的价值］写完，打字已达 15 页。

12 月 1 日

摘录皮特里所著报告中关于串珠之记载。

12 月 2 日

上午赴博物院作摘记。

12 月 3 日

上午仍赴博物院作摘记。

12 月 25 日

下午将论文打字。

12 月 29 日

这几天将 *Materials used for beads* ［《串珠材质》］ 写出，预备交卢卡斯先生一阅，共写 21 页，已打字完毕。

11 月 30 日

今日遇及卢卡斯先生，以最近将赴 Sudan ［苏丹］，嘱将所写草稿，明天携来。

12 月 31 日

将《串珠材质》携来博物院，交与卢卡斯先生一阅。氏阅后颇为赞许，称为 "Extremely good" ［极佳］。询问是否准备出版，答以待将来再说。

年度总结

因为格兰维尔教授说，校中已通知允给津贴，可以勾留到明夏，工作计划，因而也扩充了一点儿。本拟年底交卷的东西，因为这两层缘故，到现在连一章绪论仍未完毕，休说正文。

1940 年

1 月 1 日

上午在家校改论文。

1 月 3 日

写信给格兰维尔教授，告以已晤及埃默里先生，仍希望其能来埃，同时询问下列三点：（1）Oral Examination ［口试］，（2）Examination fee ［考试费］，（3）Thesis ［论文］。

1 月 7 日

返舍后，将 Method of Recording ［登记方法］一节写毕，但将 Nomenclature and Identification of Material ［材质术语及鉴定］ 之细表抽出，另成一节。预计绪论一章，可达 40 余页。

1 月 15 日

将论文第一章写完，但末节尚未打字，延搁过久，非赶写不可。

1 月 19 日

在家中将已草成之论文打字，用复写纸将第 5 节共打两份，预备寄一份给格兰维尔教授。

1 月 20 日

将论文打字。

1 月 25 日

上午在博物院中工作。下午在家将论文绪言一部分（第 1～5 节）打字完竣，共 46 页。

1 月 29 日

下午开始写论文第二章，预备在一个月内将它写完，未悉能如愿否？第一章差不多耗费了二个月，此后非赶快不可！

2 月 5 日

将已写好之论文打字，预备寄一份给格兰维尔教授。

2 月 10 日

将论文的第一章，打一份复本，共 46 页，加上一图版，竟费了一星期的工夫，每天下午都花费在打字上，今日完竣，预备明天挂号寄去。

2月22日

这几天因为胃病的关系，晚间睡眠受扰，午餐后补睡一小时余，精神不佳，振作不起精神来，仅摘录笔记而已。

2月28日

收到迈尔斯先生挂号包裹一件，不知道是怎么一回事，打开一看，原来是74包串珠，要我审定年代。来信说得很客气（按：来信内容略）……去找布伦顿先生，约定下午一块儿将这批东西一一过目。……下午与布伦顿先生一同，将 Armant beads［阿尔曼特珠饰］审定年代，足足花了两小时的工夫。

2月29日

下午……将阿尔曼特珠饰草写报告。

3月4日

将阿尔曼特珠饰写作报告。

3月10日

这几天为 Beads from Saharan Sites at Armant［阿尔曼特撒哈拉诸地点出土的串珠］草写报告，昨日才打字完毕，今天拟将这报告交给布伦顿先生过目，但是他过于忙迫，没有工夫。他交给我一匣串珠，乃 Mestaqeddan［麦斯塔盖丹］及 Martana［马尔塔纳］发掘所得者。……下午在家中，将布伦顿先生交来之串珠全部过目。

3月11日

将报告再阅一遍，将 Register［登记表］中 Dates［时代］一项填入时代。写了两封信，一封给迈尔斯先生，一封给格兰维尔教授，颇希望此报告能够刊出，不知能如愿否？（后注：5月18日接复信及校正稿，知已允登载）。

3 月 17 日

为了搬家及写 Beads from Armant［阿尔曼特出土的串珠］，又将论文搁置了半个月，今日开始继续写 *Method of Manufactures*［制造方法］。

4 月 9 日

这一个多星期的时间，差不多都花在这篇文章［指《关于贝克汉姆岩的几点评述》一文］上，论文反搁置不写，可谓不务正业。

4 月 15 日

这两天为了打字机出毛病，自己修理，今日始修好，将论文继续打字。每日仍赴博物院，阅读定期刊物中之发掘报告（*Bulletin of Metropolitan Museum of Arts*，*New York*［《纽约大都会美术博物馆馆刊》]），收集材料。

4 月 23 日

今日收到望眼欲穿的一封信。自从 2 月 11 日将论文一部分寄给导师，今日始收到复信，虽对于小地方颇有更改，但大体尚可过得去，颇承赞许。惟嘱续寄论文，则以这两个月以来，胃病又发，尤其是最近一星期来，差不多每日傍晚时胃部作痛，晚间不进食，夜眠尚安，但精神殊不佳，除写作一篇报告给迈尔斯先生，写了一短篇《关于贝克汉姆岩的几点评述》外，大半工夫都费在浏览《纽约大都会美术博物馆馆刊》之埃及发掘报告，关于论文仅写了十几张，无法交卷，殊为着急。

5 月 7 日

将论文已写好的部分修改后，寄给格兰维尔教授。

5月9日

写信给皮特里，这事久已在心中，但是为他的大名所震，虽一方面极力企图获得他的手迹，同时却觉得如果没有问题提出，恐难得复信。迟延至今，始决定不管他回不回信，试一试再说，提出的问题是：(1) Amratian fareme beads（missed from U. C）[阿姆拉串珠（大学学院遗失者）]；(2) Provenance of flint bead [燧石珠的出处]；(3) Emery bead – Polishers [制珠所用金刚砂研磨料]；（4）Present location of the great part of his tomb-cards [他的墓葬卡片大部分今在何处]；(5) Present location and provenance of the blue glass eye with the name of Amonhotep I [带有阿蒙霍特普一世名字的眼纹蓝色玻璃珠的现存地点及出处]。

5月18日

接迈尔斯先生来信，谓交去之《阿尔曼特撒哈拉诸地点出土的串珠》，已决定收入明春出书之 Cemeteries of Armant II [《阿尔曼特诸墓地》第 2 卷] 中，需要修改及更动之处，均已竣事，附来修订后的稿子。除关于 Venetian Glass Beads [威尼斯玻璃珠] 一点稍有误会外，其余仅有数处小错误或遗漏，明天兼写信复之。

5月21日

将复迈尔斯先生的信写好打字，去找布伦顿先生，因为他事忙，明天再去。

5月22日

找到布伦顿先生，取出《阿玛尔纳串珠》，改换号码，仍放在他的办公室。将致迈尔斯先生的信即行发出。

5月24日

下午将 Beck's Clasification [贝克：《分类法》] 摘抄，原书拟于

明日交还布伦顿先生。

5 月 26 日

上午赴博物院图书馆，将 Beck, *Notes on Glazed Stone* ［贝克：《谈施釉石料》］摘抄完竣。

6 月 15 日

今日收到 Sir Flinders Petrie ［费林德斯·皮特里爵士］的复信……居然收到这位埃及考古学泰斗的复信，很是高兴。（按：《日记》此处附有皮特里复信全文）

6 月 16 日

下午写复信给皮特里，并附论文的一部分。

6 月 30 日

论文已将第二章写毕。

7 月 1 日

昨宵睡梦中被敲门声惊醒，是公安局派来的人员……他又翻阅我的摘记及摘记卡片，便问我是作串珠的研究工作吗？我说是的。他又检阅那一匣近 2000 张的串珠登记卡片，及活叶夹中 Bead Corpus ［串珠图谱］，论文《埃及古珠考》的草稿，那年轻一些的英国人便说："Beads, beads, always beads, it makes me headache"［"珠子，珠子，全是珠子！真叫人头疼！"］。论文已写 123 页，预计再写 100 页左右，即算交卷，结果恐超过 300 页。

7 月 4 日

这几天因为博物院图书馆又开门了，每天上午去看书作摘记，写论文的工夫又停顿下来，只将第二章全篇修订一下，增改了一些，今天寄给皮特里去，不要挨他一顿臭骂，小子无知，敢于班门弄斧。

7月7日

昨天将 New Classification［新分类］及 New Corpus［新图谱］之原则纲要写出来，一共5页，附在已写成的论文123页后头。今天到博物院去，将这本未完成的稿子，交给布伦顿先生，请其过目斧正。闲谈时，我提及收到皮特里的来信，谓其早期发掘并无 tomb cards，布伦顿先生谓皮特里为 wicked old man［讨厌的老头］，据云 Baqada［涅迦达］发掘实有 tomb cards，但并非铅印卡片。并谓曾在 Miss Murray 处看见数十张 Naqada tomb cards 之副本，据云皮特里之隐匿这批东西，或由于不欲人校正指错其 sequence of dates［顺序断代］也。

7月10日

将论文第14节 How to Use the New Corpus［如何使用新图谱］初稿草就，打字完竣后，今日送交布伦顿先生。他说已经将前天交给他的稿子，翻阅一过，有数点尚可讨论，俟约定一时间赴其寓所讨论。随便谈话中，提出数点：（1）第3节，Method of Recording［登记方法］，未曾清楚说明系自己过去所用之方法，或是预备将来拟用以登记大学本院收藏品，或是希望旁人亦采用此方法；（2）Classification［分类］与 Corpus［图谱］不同，但两者关系极密切。

7月14日

写一封信给格兰维尔教授，报告这两个半月的工作情况。

7月20日

自己仍继续工作，将第3节 Classification and Corpus［分类与图谱］打字完毕，对于 Principle of Corpus［图谱的原则］一节，增加材料，畅加讨论，自谓颇有创见。

7月29日

关于论文方面，将第13节 General Principle of Corpus［图谱的一

般原则］打字完毕，明晨拟携往交与布伦顿先生。

8 月 1 日［日记中有对布伦顿墓葬登记方法的详细解释］

赴 Maadi，应布伦顿先生之约，至其家中，其夫人亦在家中。茶点后，将我交进之《埃及古珠考》讨论数点，大致为 Indentification of Materials［材质鉴定］中小节目。据云 Reisner［赖斯纳］曾谓，他自己对于各种古物都求系统化，但对于串珠自认无办法。氏取出其田野工作之墓葬记载，解释其用法。

8 月 6 日

将论文已写之部分，第一～三章，交与卢卡斯先生，请其指正。又将第三章校改后，草一信稿，拟明日邮寄与格兰维尔教授。

8 月 7 日

阅毕 King, *Elements of Statistical Methods*［金：《统计学原理》］（pp. 1–235）。这是第一次读统计学的书，颇想利用统计方法，以整理自己所收集的古代埃及串珠材料。

8 月 13 日

这两天感冒已大体痊愈。上午赴图书馆阅书，卢卡斯先生交还《埃及古珠考》稿本，颇加赞许。据云战后将来修订其名著 *Ancient Egyptian Materials and Industries*［《古代埃及的材料和工业》］，将添加 Beads and Bead–Making［串珠和串珠制造］一部分，采用我的稿本中的材料。下午在家中将 1700 余张登记卡片，编成 Index of the Dates［年代索引］，分为 9 期，计算各时期所占之百分比。

8 月 15 日

计划编绘几幅 The Order of the Key-form of Beads［主要珠饰形状的编排顺序］。

8 月 24 日

写信给皮特里，向他讨回稿子。

8 月 27 日

这几天整理主要珠饰形状的编排顺序，吃力而乏味，修订了好几回，暂时算是定型。

8 月 30 日

这两天整理 Beads Corpus［串珠图谱］，先根据 register cards［登记卡片］，依 material［材料］分为 7 类，从前的 provisionary corpus［临时图谱］，并没有想到这一层，现在分类起来，颇为麻烦，将 1700 余张卡片，一一过目，真是够费功夫了。

9 月 1 日

这几天，将历年出版之 *Ancient Egypt*［《古代埃及》］共 20 卷，匆匆翻阅一过，以后拟停止阅书，以全力将论文写出，已收集之材料，似可够用。

9 月 8 日

昨天将旧串珠图谱增入"材料"一项的工作，完全作毕。今天起开始计划作新的，希望在这一月以内作毕。

9 月 13 日

这几天继续整理串珠图谱。

9 月 15 日

前天接到皮特里的回信，他说：

"I have carefully read your paper. Your last 4 pages are excellent sense. I hope that if you are coming to Jerusalem on your way home, I shall meet you for talk."［我细读了你的论文。其中最后 4 页主意极好。希望你回国途中能来耶路撒冷面晤叙谈。］

他所说的"excellent sense"［主意极好］，是指我提议串珠分类，须先依材料归类，仿其 *Predynastic Pottery Corpus*［《前王朝时期陶器图谱》］之先例。今日写封复信给他，又寄去第三章（pp. 124 - 160），同时向他索回第二章，附去回件邮资，希望此次能够索得过来。

9 月 22 日

连日仍继续作 Bead Corpus［串珠图谱］。

9 月 30 日

整理串珠图谱，花了半个多月，仍只整理好 undecorated regular beads［普通素面串珠］一部分，希望下月能够作好图谱，并开始作 Chronological Survey［编年研究］中 Prehistoric Period［史前时期］，不知能如愿否？……皮特里处稿件，仍未寄还。

10 月 8 日

将串珠图谱整理完毕，共 18 叶，但可归并成十五六叶，现拟增加 Petrie Collection［皮特里收集品］未有之 new types［新类型］，须设法参考各出版物，不幸胃病又发，几乎不能工作，躺在床上看闲书。

10 月 12 日

写信给皮特里，催他寄还稿子第二章，以便寄给格兰维尔教授。

10 月 17 日

Key-plan A and B［A、B 图谱］，共 3 叶，勉强绘就。串珠图谱尚待最后修订。……写信给格兰维尔教授，报告工作情形，并要求代向学校请求延长缴交论文期限，附去请求书一份。

11 月 1 日

整个下午都在为串珠图谱线图上墨。

11 月 4 日

下午，完成玻璃珠图谱。

11 月 5 日

下午继续作玻璃珠图谱。

11 月 6 日

将行李送至检查处。两个大箱子装着书和 MSS［手稿］，另附一个小箱子装关于古代埃及串珠论文的材料。

11 月 19 日

完成串珠图谱的上墨工作，总计 16 版，还得做排序编号的工作。

11 月 23 日

重画了两叶串珠的图。图谱的排序还未开始。

11 月 25 日

在 Buccellati 复印图谱。价格为：每四分之一平方米收费 2.5 个埃元。我改变初衷，拟不将原件送伦敦复印，而准备将全部四册资料的复印本寄送伦敦，这样可以免去运输的风险。

11 月 26 日

根据新的图谱，对 Haragh、Gurob（？）出版的串珠图谱开始作新的分类。因为复印的效果不好，对几版图样作了重绘。

11 月 30 日

继续对 Haragh、Gurob（？）出版的串珠旧材料进行分类。将串珠图谱的样稿交布伦顿先生征询意见。他指出，我将不同图谱中的穿孔串珠归入不同类别，有所不妥。其实我是尽了一切可能做好分类的，仅在例外的情况下迁就按技术分类限定为 9 个类型的想法。

12 月 1 日

重绘带装饰纹样的玻璃串珠。对《拉宏 Ⅰ～Ⅱ》的旧串珠图谱进行重新分类。

12 月 2 日

将串珠图谱交 Buccellati 再作复印。

12 月 3 日

布伦顿先生将串珠图谱退回给我，并说"干得不错"。他没有什么特别的建议，认为图谱切实可用。我提议某些材质的物品可以用代码表示，如 H（Hard Stone［硬石］）表示肉红髓石，P（Pasty Material［塑材］）表示釉陶。他认为，不管你是由于粗心大意，还是按照惯例，省去登记表中的材质名称的做法都容易引起别人的误解。讨论之后，我对旅埃期间他所给予的帮助表示感谢，并送给他一帧软木制作的中国山水雕画。

对 Mustagidda［莫斯塔哥达］出土的串珠进行重新分类。将描图纸上的编号进行墨描，如此，制图便算是完成一半了。

12 月 4 日

对 *Qau*［《卡乌》］Ⅲ 的串珠作重新分类，复制出新编串珠图谱合用的线图叶。

12 月 5 日

对《卡乌》Ⅲ 的珠子作重新分类。……将串珠图谱分好，并送 3 份给格兰维尔教授。

12 月 8 日［昨日抵耶路撒冷］

至 Government Hospital［政府医院］拜访皮特里夫人，弗林德斯·皮特里爵士的身体不是太好，让我明天上午去见他。从 Petrie Library［皮特里图书馆］取回我的手稿。

12 月 9 日

他［皮特里］谈论了一下珠子，接着便转向他自己的考古生涯。

墓葬排序和陶器分型方法，是由他在 Naqada［涅伽达］开创的。Pre-dynastic Period［前王朝时期］的年代系列，也是他奠定的。他赞赏布伦顿和惠勒的工作，但对迈尔斯却提出了严厉的批评。

1941 年

3 月 25 日［1941 年 3 月回国到达李庄］

上午梁先生交还我的论文，提出两点：（1）Treatment［技术］虽重要，但吾人所能见多仅为其 Process［工序］所留之痕迹，而非工序之本身。有时无痕迹可见，即不可知；有时虽可见，或由于不同工序所留。以此为分类之根据，实为危险。吴金鼎之《中国陶器》一书，其最大弱点即在此。*Ancient Egyptian Beads*［《埃及古珠考》］虽慎谨立言，但对此点须特加注意，即分类之根据为其形态上所留之痕迹，而非虚拟之工序本身也。（2）迈尔斯之《埃及史前陶器》，Corpus numbering［图谱编号］虽甚笨拙，但亦有其用处，即分类统计，此类详细分类颇有用处也。

3 月 27 日

整理《埃及古珠考》论文。

3 月 28 日

继续整理论文。

3 月 29 日

上午在家中论文打字。返舍后将论文再打字数纸。

4 月 1 日

将论文第五章（第 161～165 页）写毕打字。

4 月 5 日

上午送徐旭生先生上船，返后整理《珠子》论文。

4 月 7 日

整理《珠子》论文，写作关于 Neolithic Faience Beads ［"新石器时代的釉砂珠"］。

4 月 17 日

将"新石器时代的釉砂珠"打字。

4 月 18 日

上午送营造学社刘、陆二君上船赴乐山，返后将［"新石器时代的釉砂珠"］全节写毕。

4 月 19 日

将"新石器时代的釉砂珠"打字。

4 月 25 日

午后返李庄，与梁思永先生讨论图谱编号问题。

4 月 27 日

上午在家中整理串珠摘记。

5 月 4 日

整天下雨，在家写信及阅书。早该写信与格兰维尔教授，但以论文能否继续的问题未能确实解决，故迟延至今，现下似无希望，故写此信报告一切。

5 月 19 日

作《津巴布韦文化》中关于串珠方面的札记。

5 月 25 日

阅 Reisner 的 *Nag-ed – Der Ⅲ*［赖斯纳：《纳加迪尔》Ⅲ］，作串珠札记。

6 月 1 日

在家，天热，草《埃及古珠考》中 Badarian period ［巴达里时期〕一节。

6 月 2 日

李济之先生将余所写《埃及古珠考》稿本阅过，今日抛还。劝余将其中 Technical methods〔技术方法〕一篇译成中文发表。关于 Corpus〔图谱〕亦稍有讨论，并出示其《殷墟陶器图谱》稿本，讨论陶器图谱做法。

6 月 22 日

今日星期日，在家中写《埃及古珠考》中巴达里时期一节，写毕后打字。

6 月 23 日

将昨日所写的东西打字。出发在即，暂时不能继续写作，只能待彭山回来后再谈。

10 月 19 日〔至彭山〕

自己在家中写了二封英文信，一封给伦敦大学，一封给格兰维尔教授。又想起 Beads Cards〔串珠卡片〕，取出来打字 110 号。

10 月 26 日

重新打字串珠卡片，已达 160 号。

11 月 5 日

晚间整理串珠卡片，已达 300 号。

11 月 9 日

将串珠卡片重加登记，已达 440 号。

1942 年

3 月 11～17 日〔2 月 25 日回到温州〕

开始整理古代埃及串珠卡片，已达 No. 600。

3 月 18 日

开始整理 No. 600 以后的卡片，重新打字颇为麻烦。

3 月 24 日

上午整理古代埃及串珠卡片。

3 月 25 日

古代串珠登记卡片重新打字，直到 No. 700。

3 月 28 日

继续整理卡片至 No. 800。

3 月 30 日

继续整理卡片，已至 No. 870。

3 月 31 日［以上所谓"打字""整理"，实为改号］

继续整理卡片已超过 900 号。希望下月内能改号完竣，可以作分期整理工作。

4 月 3 日

上午整理卡片。

4 月 4 日

整理串珠卡片达 No. 950。

4 月 7 日

整理串珠卡片达 No. 1100。近每日仅能作 50 号，工作甚缓，奈何！奈何！

4 月 8 日

整理串珠卡片达 No. 1050。

4 月 9 日

整理串珠卡片达 No. 1100。

4 月 10 日

下午整理串珠卡片达 No. 1160。

4 月 11 日

上午在家整理串珠卡片，达 No. 1215。

4 月 12 日

整理卡片达 No. 1270。

4 月 13 日

整理卡片达 No. 1300。

4 月 14 日

在家整理卡片达 No. 1400。

4 月 15 日

在家整理卡片达 No. 1470。

4 月 16 日

在家中整理卡片达 No. 1530。

4 月 17 日

整理卡片达 No. 1610。

4 月 18 日

整理卡片达 No. 1680。

4 月 19 日

整理卡片达 No. 1730。

4 月 20 日

今天整理串珠卡片达 No. 1760，总算将这 1000 多叶的卡片中登记的串珠，依照新图谱的号数一一更改完毕，嘘了一口气。这一部分最枯燥的工作，总算告一段落，以后的工作较富兴趣，希望能够及早做完。今天自动放了半天假。

4 月 21 日

上午将论文中 Chronlogical Survey［编年研究］已写好之部分修改一遍，预备继续写下去。

4 月 23 日

开始整理 Predynastic Beads［"前王朝时期串珠"］一章。

4 月 24 日

继续整理前王朝时期串珠。

4 月 25 日

将前王朝串珠之 H 类登记完毕。

4 月 27 日

将前王朝时期串珠之 H 类排列登记誊抄一过，又继续整理他类之前王朝时期串珠。

4 月 29 日

继续将卡片依类登记。

4 月 30 日

将前王朝时期串珠一期之分类索引誊抄一遍，又开始将之登记于图谱之分期登记一栏中。

5 月 3 日

整理前王朝时期串珠，将各类总数加起来，用算盘算了半天。开始写作前王朝时期串珠一节。

5 月 5 日

上午在家中整理卡片，将 E. D.［早王朝时期］、P. D.［前王期时期］之物分出，以观其与后期之同异。

5 月 6 日

整理卡片，开始写作前王朝一节。

5 月 7 日

上午整理前王朝卡片，身体稍感不适。

5 月 9 日

自己在家整理卡片，写作关于前王朝时期串珠之材料方面。

5 月 12 日

身体不舒，胃病又发，在家整理卡片，工作进行甚缓，以精神不佳也。

5 月 14 日

继续整理卡片。

5 月 16 日

继续整理前王朝时期串珠。

5 月 18 日

下午继续整理前王朝时期串珠。

5 月 20 日

将前王朝一期之卡片整理完毕，草稿已写好，现拟加入参考书材料写成定稿。

5 月 23 日

……时局甚紧张。晚间将论文材料装成一箱，预备藏隐僻处。一连几天不能坐下来写作，奈何！奈何！

5 月 26 日

自己誊抄前王朝串珠初稿。

5 月 27 日

上午将已写好的论文前王朝一节誊抄完毕。下午拟继续工作，加入参考资料，忽闻隆隆声连续不断，大家如惊弓之鸟，疑心是炮声，但是天上乌云满布，又似乎是雷声，疑惑不定……

5 月 28 日 ［为躲避日军侵扰，迁居乡间］

上午将论文材料收集于一小手篓中，又在旧藤箱中整理从前之信件及卡片。

6 月 15 日

这半个月，扰乱不安，父亲怕燃烧弹，将文契等物及自己论文所用卡片，都携来乡下，但自己没有闲心整理。

9 月 7 日

今日又开始整理《埃及古珠考》。

9 月 11 日

上午继续整理前王朝时期串珠。

9 月 12 日

今继续整理前王朝时期串珠。

9 月 14 日

整理前王朝串珠告一段落，明日可以开始 Proto-dynastic Beads ［早王朝串珠①］ 一章，心中颇乐。

9 月 15 日

开始整理早王朝串珠。

9 月 16 日

整理早王朝串珠。

9 月 17 日

继续作 Early Dynastic Beads ［早王朝时期串珠］ 之登记表打字。

---

① Proto-dynastic 与 Early Dynastic 均指 "早王朝的"，夏先生在《埃及古珠考》中最后统一使用后者。详见第四章的相关说明。——整理者

9 月 20 日

今日继续作早王朝时期串珠之工作。

9 月 21 日

下午整理串珠卡片，作登记表完竣。

9 月 22 日

将早王朝串珠作登记表完竣后，计算各类数目。Classification According to Material［材质分类］，因计算错误，重复计算数次。

9 月 23 日

作 Corpus 中之 Register，希望本月能将早王朝串珠一章写出来。

9 月 25 日

下午写作早王朝串珠一章。

9 月 26 日

写作早王朝串珠一章。

9 月 29 日

为疥疮所苦，困坐家中，整理早王朝时期串珠。……今日仅将早王朝时期串珠之材料一方面写出，工作殊嫌过慢。

9 月 30 日

仍在家中写作早王朝时期串珠之类型方面，写完关于 H、L 两类。

10 月 1 日

将早王朝时期串珠中 M、P 二类之类型写完。

10 月 2 日

将早王朝时期串珠一章写完。

10 月 4 日

今日誊抄早王朝时期串珠一章。

10 月 5 日

今日誊抄早王朝时期串珠一章完毕，明日可以开始 Old Kingdom Beads［古王国时期串珠］。

10 月 6 日

开始整理古王国时期串珠，草 Register according to types［类型登记表］。足疮仍未痊，倒反而使我不轻易离开书桌，成全我工作的持久性。

10 月 7 日

将古王国时期串珠登记表草稿作完。

10 月 8 日

誊抄古王国时期串珠登记表。开始作 Corpus Register［图谱登记表］。

10 月 9 日

上午赴白累德医院诊治足疮……返家后，将图谱登记表写好。下午开始将古王国时期串珠之各类，计算其总类，以作分类之比较。

10 月 10 日

今日为双十节……自己因为足疾未痊，不能出门，但是也休假一天，放下串珠的工作不做。

10 月 12 日

开始写作古王国时期串珠一章。

10 月 13 日

写作古王国时期串珠一章。将 *Qau and Badari II*［《卡乌与拜达里》II］关于串珠者重读一遍，收入图谱登记表中。

10 月 14 日

继续整理古王国时期串珠，将材料一部分写完。

10 月 15 日

下午写作古王国时期串珠之 H、L 二类。

10 月 16 日

修改昨日所写之古王国时期串珠之 H、L 二类，开始写 M 类。

10 月 17 日

写作古王国时期串珠之 M、PN 二节。

10 月 18 日

今日为重阳节，足疮仍未痊，疥亦作痒，影响工作不少。写作古王国时期串珠中关于 PN 及 PD 二类之类型。

10 月 19 日

今日仍写古王国时期串珠中 R、S 二类之类型，并修改一番。

10 月 20 日

写作古王国时期串珠中用途及串配模式。

10 月 21 日

将古王国时期串珠一章写完。下午开始抄写，定稿。

10 月 22 日

抄写古王国时期串珠一章。

10 月 23 日

将古王国时期串珠一章抄写完毕。

10 月 25 日

原拟今天开始整理 First Intermediate Beads［第一中间期串珠］。

10 月 26 日

今日起开始整理第一中间期串珠，作串珠登记表草表。

10 月 27 日

将第一中间期串珠之登记表作完，因将前后二期分别列表，故颇费工夫。

10 月 28 日

誊抄前昨两日所作之串珠登记表，足足花了一天的工夫。

10 月 29 日

上午作第一中间期串珠之图谱登记表，又计算各类每式之总数。

10 月 30 日

阅览关于第一中间期串珠之参考卡片，开始写作。

10 月 31 日

写作第一中间期串珠之 materials［质料］及 H 类之 typology［类型］。

11 月 1 日

继续写作第一中间期串珠 H、L 二类之类型。

11 月 2 日

继续写作第一中间期串珠 L 类之类型。

11 月 3 日

写作第一中间期串珠 H 类之类型。

11 月 5 日

写作 H、L 二类 PN 及 PD 二类之类型。

11 月 6 日

写作第一中间期串珠 R、S 二类之类型。

11 月 7 日

将第一中间期串珠全章写毕。

11 月 8 日

修改第一中间期串珠一章，开始誊抄。

11 月 9 日

将第一中间期串珠一章誊抄完毕。

11 月 10 日

开始整理 Middle Kingdom Beads［中王国时期串珠］，作串珠登记表，完毕 100 号。

11 月 11 日

收到曾昭燏君 9 月 8 日发的航空信，谓 5 日间有格兰维尔教授由伦敦来的电报："Postponement examination tile June 1943 agreed, Glanville.［（论文的）审查可推迟至 1943 年 6 月，格兰维尔］"此事不知明年如何？现下缅甸路断，除信件外，邮寄不通，纵令写毕，恐亦无法寄去。……继续整理中王国时期串珠，作串珠之登记表，得 50 号。

11 月 12 日

返家后，继续作中王国时期串珠之登记表。

11 月 13 日

昨夜未能安眠，今天精神欠佳。上午整理中王国时期串珠之登记表。下午支持不住，昼寝。

11 月 16 日

继续整理中王国时期串珠登记表。

11 月 17 日

将中王国时期串珠登记表草稿作完。

11 月 18 日

誊抄中王国时期串珠登记表。

11 月 19 日

誊抄中王国时期串珠登记表完毕，作图谱登记表。

11 月 20 日

整理中王国时期串珠，计算其总数及各类之百分比。

11 月 21 日

上午继续整理中王国时期串珠。

11 月 24 日

继续整理中王国时期串珠，写作材料部分。

11 月 25 日

继续整理中王国时期串珠。

11 月 26 日

整理中王国时期串珠，阅读札记，将漏列者加入图谱及登记表中。

11 月 27 日

上午在家整理中王国时期串珠，阅读札记。

11 月 28 日

上午阅摘录 Reisner，*Kerma* 一书关于串珠札记。

11 月 29 日

上午阅摘录 Winlock，*Tomb of Senebtisi* 一书关于串珠札记。

11 月 30 日

整理中王国时期串珠，写作关于材料一部分。

12 月 1 日

下午将昨天所写中王国时期串珠之材料一节，加以修改。

12 月 2 日

写作中王国时期串珠之 H 类。

12 月 3 日

写作中王国时期串珠之 H 类。

12 月 7 日

写作中王国时期串珠中关于 L 类之类型。

12 月 8 日

下午整理中王国时期串珠之 M 类。

12 月 9 日

写作中王国时期串珠之 M 类。

12 月 14 日

整理中王国时期串珠之 PH 类。

12 月 20 日

下午继续写作中王国时期串珠之 PH 类。

12 月 21 日

整理中王国时期串珠，写作关于 PD 及 R 二类之类型。

12 月 22 日

写毕中王国时期串珠之类型一节。

12 月 25 日

返家后，整理中王国时期串珠，写作 arrangement ［穿结方式］一节。

12 月 26 日

写作中王国时期串珠之穿结方式一节。

12 月 28 日

写作中王国串珠完毕。

12 月 30 日

上午誊抄中王国时期串珠。

12 月 31 日

抄录中王国时期串珠。

1943 年

1 月 1 日

自己仍留在家中，抄录中王国串珠一章之初稿。

1 月 2 日

抄录中王国串珠一章之初稿。

1 月 3 日

抄录中王国串珠一章之初稿。

1 月 4 日

抄录中王国串珠一章之初稿。

1 月 6 日

作 Second Intermediate Beads ［第二中间期串珠］之分类登记表草稿。

1 月 7 日

作第二中间期串珠之分类登记表草稿，将之誊抄清稿。

1 月 8 日

作图谱登记表。

1 月 12 日

整理第二中间期串珠。

1 月 13 日

复阅关于第二中间期串珠之文献，并作提要。

1 月 14 日

整理第二中间期串珠，作各项统计。

1 月 15 日

整理第二中间期串珠。

1 月 16 日

今日写作第二中间期串珠之材料一节，近来写作精神不佳，延搁时日不少。

1 月 18 日

写作第二中间期串珠 H 类之类型。

1 月 19 日

写作第二中间期串珠之 G、L、M 三类之类型。

1 月 20 日

写作第二中间期串珠 H 类之类型。

1 月 21 日

上午写作第二中间期串珠 P、R 二类之类型。

1 月 22 日

写作第二中间期串珠类之类型，又将已写好之部分加以修改。

1 月 25 日

写作第二中间期串珠一章完毕。

1 月 26 日

修改第二中间期串珠一章。

1 月 27 日

誊抄第二中间期串珠一章。

1 月 28 日

誊抄第二中间期串珠一章。

1 月 29 日

开始整理 New Kingdom Beads［新王国时期串珠］。

1 月 30 日

登记新王国时期串珠草稿。

1 月 31 日

继续登记新王国时期串珠草稿。

2 月 1 日

作新王国时期串珠分类登记表。

2 月 3 日

继续作新王国时期串珠之分类登记表。

2 月 4 日

今日为阴历除夕，仍继续作新王国时期串珠之分类登记表，此一时期达 400 号，今日仅登记毕一半。

2 月 6 日

继续整理新王国时期串珠，作分类登记表。

2 月 9~12 日

继续作新王国串珠分类登记表。

2 月 17 日

将新王国时期串珠之分类登记表作完，此期材料最多，达 400 余号，殊为麻烦。

2 月 18 日~20 日

誊清新王国时期串珠之分类登记表。

2 月 21 日

将新王国时期串珠之分类登记表誊清完毕。

将新王国时期串珠计算各类总数，以便统计。

2 月 25 日

作新王国时期串珠之图谱登记表。

2 月 26 日

作新王国时期串珠之各种统计表。

2 月 27 日

继续作新王国时期串珠之各种统计表。

2 月 28 日

今日精神不佳，将串珠工作暂行搁置。

3 月 4 日

抄录论文附录之 Index to Provenance［出处索引］。

3 月 5 日

上午开始写作新王国时期串珠一章，复阅抄存关于此问题之摘记。

3 月 7 ~ 9 日

复阅新王国时期串珠之札记。

3 月 11 日

开始写作新王国串珠一章。

3 月 15 日

写作新王国时期串珠。

3 月 17 日

写作新王国时期串珠。

3 月 18 日

写作毕新王国时期串珠之材料一部分。

3 月 19 日

写作新王国时期串珠之 PN 一节。

3 月 20 日

写作新王国时期串珠之 GD 一节。

3 月 21 日

今写完新王国时期串珠之 GD 一节。开始写 H 类之 typology ［类型分析］。

3 月 23 日

写作新王国时期串珠之 H、L、M 三类之类型分析。

3 月 24 日

写毕新王国时期串珠 M 类之类型分析。

3 月 25 日

写作新王国时期串珠 PN 类之类型分析。

3 月 27 日

将新王国时期串珠 PN 类之类型分析写完。开始写作 PD 一类。

3 月 29 日

写作新王国时期串珠之 PD 及 R 二类之类型分析。

3 月 30 日

写作新王国时期串珠 S 类之类型分析及各类用途之撮述大概。

4 月 1 日

写作新王国时期串珠之 arrangement ［穿结方式］一章。

4 月 2 日

写毕新王国时期串珠全章，开始誊清。

4 月 3 日

誊清新王国时期串珠一章。

4 月 4 日

将新王国时期串珠一章誊抄完毕。

4 月 5 日

开始整理 Late Period Beads ［晚期埃及的串珠］。

4月6日

继续作晚期埃及的串珠之分类登记表。

4月7日

将晚期埃及的串珠之分类登记表作完。

4月8日

将晚期埃及的串珠之分类登记表誊抄完毕。

4月9日

作晚期埃及的串珠之各种统计表。

4月10日

作晚期埃及的串珠之各种统计表。

4月11日

复阅关于晚期埃及的串珠之札记。

4月12日

复阅关于晚期串珠之札记，加以分类。

4月13日

疟病又发，午时发寒热，至夜间始退。又旷了一天的工夫。

4月14日

写作晚期串珠之材料一部分。

4月20日

整理 Roman – Coptic Beads［罗马 – 科普特时期串珠］卡片，作分类登记表。

4月21日

将罗马 – 科普特时期串珠之分类登记表草稿作完。

4月22日

将罗马 – 科普特时期串珠之分类登记表誊清完毕。

4 月 23 日

将 Beads Corpus［串珠图谱］中 Roman – Coptic Beads［罗马 – 科普特串珠］登记完毕。

4 月 24 日

将 Late Persian［晚期波斯］及罗马 – 科普特时期串珠的 Reference［参考文献］等抄录于 Index of Dates［年代索引］表上，以便将全部登记卡片，可以放置家中，不必带去。

6 月 23 日［6 月 5 日返回李庄］

今天起开始继续写作《埃及古珠考》论文，写了关于 G 类之类型分析。

6 月 26 日

自己在家中写《埃及古珠考》H 类之类型分析。

6 月 28 日

花了一天的工夫修改誊抄《埃及古珠考》。此篇论文曾交傅所长，据云所务会议对于研究员及副研究员须缴交论文审查合格后，始能加以聘任。上星期一开所务会议，关于邀余入史语所一问题，以院长任命为辞，故对于论文审查，不过虚应故事而已。昨日高晓梅君下山带来交还给我，我预备在半个月内赶完这论文。

6 月 30 日

誊抄《埃及古珠考》中前王朝章之修订稿。

7 月 1 日

下午余誊抄 Late Period Beads［晚期埃及的串珠］中已写好各节，至 L 类之 typology［类型分析］为止。

7 月 2 日

在家写作晚期埃及的串珠中 M 及 PN 二类之类型分析。

7月3日

今晨又下雨，在家写作关于 PD、S、K 三类之类型分析。

7月4日

写作 Late Period：Use & Arrangement of Beads［晚期埃及串珠的用法及穿结方式］。

7月5日

在家写作 Stratified Eye-beads［分层眼纹串珠］之时代问题，此段颇关紧要，不得不用心写作。

7月6日

下午在家誊抄前几天完成的论文。

7月8日

在家中继续写作晚期埃及串珠，居然将这一章写完了，颇觉高兴，现在只剩最末一章，全书即可完毕。

7月9日

上午在家誊抄晚期埃及串珠。

7月12日

今日起开始写作论文之末章 Greco‐Roman Period［希腊‐罗马时期］，费了一天的工夫将 Ptolemaic［托勒密王朝］一部分写完，只剩罗马时期的东西了。下午李济之先生为国际学术文化资料供应委员会向余拉稿子，余拟将分层眼纹串珠写一篇。

7月13日

今天上午誊抄托勒密王朝的串珠，下午开始整理罗马时期串珠，希望本星期内能够赶写完毕。

7月14日

整理罗马时期串珠，开始写作导论及其材料。

7 月 15 日

上午誊抄昨天所写好的东西。下午开始写作 GN 类之类型分析。

7 月 17 日

继续写作 GN 类之类型分析。

7 月 18 日

开始整理罗马时期串珠 GD 类之类型分析。

7 月 20 日

写作 GD 类之类型分析完毕。

7 月 21 日

写作 H、L、M、P 四类之类型分析，并加誊抄。

7 月 22 日

将罗马时期一章写毕，论文整本已告完成，殊为欢喜。拟稍加修改，即行打字为初稿，设法寄到英国去。Corpus Registers［图谱登记表］亦应整理一番，几年来朝夕萦于心胸中之工作已近完成矣。

7 月 23 日

上午阅 Brunton, *Qau and Badari I*［布伦顿：《卡乌与巴达里》I］，以增订《埃及古珠考》一文。

7 月 24 日

上午写了一封信给格兰维尔教授，附带一封信给伦敦大学注册部。现下由此间至英伦航邮 18.7 元，挂号 3 元。

7 月 27 日

下午又继续整理《埃及古珠考》。

8 月 3 日

下午整理串珠图谱。

8 月 6 日

下午整理串珠图谱。

8 月 7 日

整理串珠图谱。

8 月 9 日

整理串珠图谱。

8 月 10 日

整理串珠图谱。

8 月 13 日

整理串珠图谱，誊抄一份。

8 月 14 日

将串珠图谱整理完毕。修改论文完竣，拟开始打字。

8 月 16 日

参考札记，作最后一次的论文修改。

8 月 19 日

上午写作 *The Date of Certain Egyptian Stratified Eye-beads of Glass* [《若干埃及出土的玻璃分层眼状纹珠》]。

8 月 20 日

将昨日所开始之短篇论文《若干埃及出土的玻璃分层眼状纹珠》，花了一整天工夫，打字完毕。

8 月 21 日

开始将《埃及古珠考》之最后一部分打成初稿，今日仅打毕参考书目，共 3 张。

8 月 22 日

打字"前王朝时期串珠"一章，打了一半。

8 月 23 日

将"前王朝时期串珠"一章打字完毕。

8 月 24 日

开始打"早王朝时期串珠"一章。

8 月 26 日

将第十六章"早王朝时期"打字完毕，开始打第十七章"古王国时期"。

8 月 28 日

上午至西文图书馆，托王志维君修理余之打字机，结果并没有修好，决定借公家之打字机，经傅所长允许，傍晚去取来。今日开所务会议，李主任亦上山。余所写之英文学术论文，即行交去审查。

8 月 29 日

将第十七章"古王国时期"打字完毕。

8 月 30 日

将第十八章"第一中间期"打字完毕。

8 月 31 日

开始将第十九章"中王国时期"打字。

9 月 1 日

将第十九章"中王国时期"打字完毕。

9 月 2 日

将第二十章"第二中间期"打字完毕。

9 月 3 日

上午以打字机被图书馆收回自用，不能打字，只得做更改原稿之工作。

9 月 5 日

将第二十一章"新王国时期"开始打字。

9 月 6 日

继续将第二十一章"新王国时期"打字。

9 月 7 日

将第二十一章"新王国时期"打字完毕，开始将第二十二章"晚期埃及"打字。

9 月 8 日

继续第二十二章"晚期"之打字。

9 月 9 日

继续第二十二章"晚期"之打字。

9 月 10 日

将第二十二章"晚期"打字完毕，开始将第二十三章"希腊－罗马时期"打字。

9 月 11 日

上午将第二十三章"希腊－罗马时期"继续打字。

9 月 12 日

将第二十三章"希腊－罗马时期"打字完毕，这事可告一段落，殊为可喜也。

9 月 13 日

上午将《埃及古珠考》论文作一提要。

9 月 14 日

将论文修改完竣，年来心愿，至此作一结束，殊为欣快。

10 月 30 日

余托曾君赴渝之便，将余之英文论文设法由外交部航邮寄往英国，庶几此事告一段落。

1946 年

3 月 14 日

写了两封信，一给格兰维尔教授，询问论文已寄到否。

4 月 28 日

傍晚得石璋如君转来格兰维尔教授之信，知论文已全部寄到，暑假前可以得学位，并谓设法使余再度赴英，给予薪给或奖学金，问余能留几年，余又心动矣。

1947 年

10 月 6 日

今日收到伦敦大学的文凭（1946 年），此事总算是告一段落。

阿尔曼特遗址所出珠子的断代报告

夏　鼐

　　这些珠子出自撒哈拉地区的阿尔曼特遗址，共有 74 批总计 103 颗。它们都是地表采集品，因此其断代只能依靠珠子本身的特征，而没有共存物的辅助。这些珠子是我和布伦顿先生一起鉴定的，在此我要向他的友好帮助表示深深的谢意；当然，本文存在的任何错误都应由我负责。

　　这些珠子的年代范围从前王朝时期一直延续到阿拉伯时期，而来自同一批次的珠子又不一定属于同一时期，因此 O. H. 迈尔斯先生提议对每颗珠子单独进行断代。本报告的目的就是判定这些珠子的年代并给出断代依据。至于对每颗珠子的详细描述，请读者查阅相关的《珠子登记簿》。由于我对古埃及珠子的研究还没有完成，而且大批登记卡片还未制作，因此以下评论大多是我根据记忆作出的，有的表述日后需要修正。

　　这些珠子据其年代可分为若干组。第一组为前王朝的珠子，包括四颗环状红玉髓珠子（编号 177、203、233/1、233/2），其年代判定依据是珠子的穿孔类型（I 型穿孔。——译者按：即对锥型穿孔）和加工方法（只作粗略磨光）。183 号珠子也可能属于这一时期，因为它的加工技术特别原始，而且它的材质在后来各时期非常罕见。这颗珠子是用皂石制作的，而这种"淡鲜棕色皂石"在前王朝时期的珠子制作中相当常见。① 而我们这颗样品的特殊形状，很可能是长期暴露于地表的结果。

第二组珠子属于古王国到中王国时期。其中有些珠子的年代范围可以定得更窄一些，而有的就只能大致断在这一长时段内。

编号 144 的桶形红玉髓珠子被布伦顿先生定在第 5 王朝。这颗珠子的形状在古王国和中王国都很常见，但其制作技术（表面处理粗糙、穿孔特别大）以及红玉髓的质量（暗粉色半透明变种）②，则为古王国的特征。

布伦顿先生将一颗刻画螺旋纹的釉砂珠（编号 193）定在第 6 王朝③，而原来的《登记簿》将所有釉砂珠的制作技术都描述作"模制"，《阿尔曼特墓地（一）》（Cemeteries of Armant I）第 79 页也有相同表述。不过，在我看来，尽管新王国以来有些类型的珠子是模制的，但中王国或更早时期以降的所有釉砂珠似乎都是塑制而非模制的。赖斯纳认为其制作方法很可能是这样的：在线或其他轴上包一定厚度的基体塑材，然后将其在板上滚成长柱状；趁塑材潮湿时将该长柱切割成段，切短一点为环状珠，长一点则为柱状珠。桶状珠和球状珠很可能用同样的方法制成，只是要用手指将截面塑成需要的形状。④ 在对基体进行焙烧和施釉之前，可以在珠子表面刻出螺旋纹样。记录珠子制作方法那一栏里的评述因此作了相应调整。

对素面釉砂珠进行断代时，我们要考虑珠子的形状、穿孔、基体

① 参看 Brunton，1937，p. 85。本文注引文献详细著录信息见第 308 ~ 324 页，余同。
② 参看 Brunton，1928a，p. 20 的评论。
③ Brunton，1928a，p. 18。同时参看 Reisner，1932，p. 152。
④ Reisner，1923，p. 91。

塑材的质量以及釉的颜色和质量。待鉴定的样品中，有一颗桶状珠子（编号 171）可以断在中王国时期，而两颗球状珠子（编号 192、229/2）可以断在中王国或稍早一点，另一颗球状珠（编号 222）可能也属于这一时期，但确定性要小一些。

绿－蓝色的柱状和环状釉砂珠很多，它们占了所有珠子的 65%。遗憾的是，这两种珠子的形状都不特殊，因此很难判定年代。它们最早出现在前王朝时期，但直到托勒密时期都特别常见（用于制作木乃伊珠网）。不过，阿尔曼特发现的这两类珠子的变种似乎主要来自古王国至中王国时期，当然也有一些后期扰入者。我们会在下文对其作详细讨论。

204 号柱状珠子用一种粗砂状材料制成，通体皆然，但材料的颗粒度不像埃及的普通蓝色玻砂那样小。据此，这颗珠子可能属于中王国或更早时期。

有三颗蓝黑色环状大釉砂珠（编号 206、211、212），它们可能有浅棕色基体，上绘黑彩，再覆以蓝色或蓝黑色釉料。用碎屑装饰的珠子（主要出自古王国到中王国时期）以相同的方法制作，不过白色的碎屑是在施釉之前粘上去的；中王国有些柱状珠子用同样的材料制成。但这些成型粗糙的环形大珠子我从未见过，布伦顿先生认为它们或许是外国人制作的，这些人有可能是模仿同时期埃及制珠技术的努比亚人。

第三组珠子包括新王国和晚期埃及的珠子，有些也许晚到托勒密时期。从颜色判断，编号 208 的柱状珠子可以断至新王国时期。在第 18 王朝后期，这种灰蓝色釉砂（奥斯特瓦尔德 14lg）非常普及，但不见于新王国之前。

据报道，早在第 5 王朝的墓葬（如卡乌遗址 519 号、978 号墓[①]）

---

① Brunton，1928a，pl. LXX.

中就出土过环状白色釉砂珠。不过，从尺寸、形状和釉料看，我们的样本（编号202/2－3）似乎要晚一些，它们可能属于王朝时期晚期甚至更晚。

有一颗松石蓝色球状小珠子（编号190），其穿孔为Ⅲ型（即单锥型），穿孔一端直径几乎为另一端直径的两倍。该珠子的材质看着像玻璃，但其穿孔用的是中王国末期及其以后的石珠所特有的技术。因此我怀疑这颗珠子是用绿松石制作的，其年代很可能是新王国时期。

根据外形和表面处理程度，有两颗桶状红玉髓珠子（编号237、238）乍一看像是古王国的，但细心检查的话就会发现，它们的端部在钻孔之前刻过槽。在断代确实的样本中，这种穿孔技术最早见于第25王朝①，而我所知的最晚样本属于拜占庭时期。如果这种技术始于第25王朝，那么那两颗珠子就不早于这个年代，而且有可能晚得多。

两颗柱状蓝色釉砂珠（编号173、187/1）具有大穿孔，它们属于王朝时期后期，这基本可以确定。理由是，据我所知，采用这种大穿孔的釉砂珠子不早于新王国时期。有些环状蓝色釉砂珠或许也属于这一时期；在后文中，我会把它们和其他柱状及环状珠子放在一起讨论。

另两颗柱状釉砂珠（编号230/1－2）发现于一座罗马时期的房子附近，它们应该与房子属于同一时期。我鉴定过的罗马时期的釉砂珠非常少，因此对这两颗珠子的年代不是特别确定。如果它们属于王朝时期，我也不会感到意外。

最后一组珠子可以断在阿拉伯时期。有四颗石珠（编号175/1－

---

① Petries, Wainwright and Mackay, 1912, pl. XXXI.

4）的年代明显非常晚，它们具有小穿孔，钻孔前珠子端部未作预处理或刻槽，其表面虽经过磨光但仍不平滑。在印度肯帕德地区（Cambay），现代珠子匠在硬石珠上制作这种小穿孔时使用安装金刚石钻头的钢钻具，而珠子表面的光滑程度随抛光工序所用时间的长短而不同。① 珠子通常在表面很不平整的状态下被粗糙抛光，而埃及王朝时期的珠子则不然，它们要在整形完满的情况下才进行抛光。

九颗玻璃珠（编号 169/4、174、181、186、191、214、218、235、236）为非常晚的类型，正如《登记簿》所记录的，它们很可能都属于阿拉伯时期。这类珠子即使有些首次出现的时间早于阿拉伯征服时期（the Arabic Conquest），其年代也不会太早。在田野工作中，我们很难判断半透明的小珠子是玻璃的还是釉砂的；有些珠子，特别是那些经过烧熔的珠子，在田野工作中常被鉴定为玻璃或釉砂。当我们处理小珠子时，这两种材料极难区分。我通常采用的一种可行方法是：把在高温熔融状态下使用的材料称为玻璃，而把焙烧和施釉前在常温下具有可塑性的材料称作釉砂。② 这些技术差异通常用肉眼即可看出，不必借助化学分析或显微鉴定，不过它们对判定年代极为重要。

玻璃珠的制作方法值得一提。有两颗珠子的制作方法我不太确定，即191 号珠子（透明粉色球状珠）和218 号珠子（深蓝色盘状珠）。前者明确属于阿拉伯时期，而后者也很可能是这一时期的。235 号、236 号珠子都是通过在线状物上缠绕玻璃丝制成的，这种线状物很可能是一截热的金属线，粗细与珠孔直径相当。当玻璃仍具有塑性

① Arkell, 1936, pp. 297 – 298.
② 参看艾森对玻璃料（paste）和玻璃的定义，见 Eisen, 1930, p. 25.

时用某种工具对其按压。236 号珠子的侧面受过多个方向的按压，因此其截面呈长方形；而 235 号珠子的侧面只受过一个方向的按压，因而呈半球形。线状物在冷却过程中会收缩，可以抽出来。这些珠子上拉痕和气泡的方向清楚表明了这种缠丝方法的使用。另外五颗珠子（编号 169/4、174、181、186、214）的制作方法是：先拉制一条中空的玻璃管，再将其破成小段制成珠子。其中，制作 186 号和 214 号珠子的玻璃管包括两层不同颜色的玻璃。在现代威尼斯工场中，珠子匠会在这些边缘锐利的玻璃小段的穿孔中填入木炭和石灰的混合物，把它们与大量海砂混在一起，然后在旋转坩埚中重新加热，以去除锐利的边缘。我们鉴定的样品明显采用了类似的方法，只是用得没有威尼斯珠子那么成功。出自阿尔曼特 1200A 和 1213D 号墓葬的五颗小玻璃珠可粗略断至中王国时期[1]，发掘报告称其为模制而成[2]。但是，经过对阿什莫林博物馆所藏实物的鉴定，我确信它们是现代威尼斯所产的"磅珠"（"pound-beads"，因论磅出售而得名），其制作方法似乎只可能是成熟的拉伸法，即威尼斯人所用之法。根据皮特里的研究，早期埃及玻璃珠均用缠丝法制成，罗马玻璃珠全用拉伸 – 切割法制作，而中世纪和现代威尼斯的珠子又开始采用缠丝法[3]；不过，现代威尼斯工场里也广泛使用拉伸法。[4]

　　187/2 号和 232 号珠子的年代，我不能确定。187/2 号用一种半透明的绿色材料制成，《登记簿》将其列为釉砂，但我认为它是玻璃

---

[1]　Mond and Myers, 1937, p. 72.

[2]　Mond and Myers, 1937, p. 113, p. 116.

[3]　Petrie, 1909c, p. 121.

[4]　"Bead-making at Murano and Venice", in *Journal of R. S. of Arts*, LXVII (1919), pp. 605 – 609.

的；而232号用天然壳类材料磨成。如果大胆推测的话，我认为这两颗珠子的年代都非常晚，依据分别是前者的形状和总体特征以及后者的保存如新。

现在我们再回到关于环状、柱状蓝色釉砂珠的年代问题上。这个课题还需进一步深入开展，而首先要做的是对珠子分类，以得到一些有助于断代的结果。

我们的柱状珠子样本能够分成五种类型。类型A包括13枚珠子（编号167、169/1－2、169/5－6、172、178、179/1－2、185、188、227、231），这些珠子直径居中（3～4毫米），穿孔较小，其长度均小于15毫米，不过这点并不重要，因为除185号珠子保持原长（约10毫米）外，其余均有残损。珠体材料呈浓白色，珠体易碎，釉层较薄，从保存较好的釉层看，它原来呈亮蓝色。这种珠子在古王国到中王国时期特别常见。

类型B有7枚珠子（编号189、194、195、199/1、205、207、210）。珠子很小，直径只有2毫米，内核单薄、呈白色，穿孔小。除194号珠子为残块外，其余的长度均在7～9毫米，而且珠子一端都有残破，这似乎是有意为之的。珠子釉层呈浓蓝色，类似河马雕像上的釉层。开罗博物馆藏有一串球状釉砂大珠子，各珠之间以类似这种类型的柱状小珠间隔［大都会艺术博物馆考古队在阿萨西弗（Assasif，在今底比斯西岸——译者）发掘所得，编号J.46730］。它们最终也被定在中王国时期。

类型C和D构成一组，各有一例代表性珠子。187/1号珠子残长12毫米、直径2.5毫米，其内核施有蓝彩，与釉层颜色相同。173号珠子呈短柱形，直径和长度均为3毫米；珠子表面没有破损，因此无法确定内核的颜色，不过从其外观来看，这颗珠子和前面那颗材质相同。两颗珠子都是大穿孔，孔壁非常薄，即贝克所分Ⅵ型和Ⅶ型穿孔。如前所述，从材质和穿孔类型来看，它们的年代可以断在新王国时期或更晚。

类型 E 包括两颗出自罗马房子附近的珠子，编号为 230/1 - 2。两颗珠子都很硬，原长约 15 毫米、直径 2.5 ~ 3 毫米，穿孔较小。两者均施光泽釉，但颜色深度不同。我觉得它们很可能是卢卡斯划分的 D 种或 E 种釉砂，它们具有蓝色或绿色坚硬基体，表面施光泽釉，其中 E 种釉砂与 D 种相比，没有明确且单独的釉层。两种釉砂均被归入第 26 王朝，但 D 种釉砂很有可能早到第 20 王朝。① 托勒密时期有些护身符也用类似的釉砂制成。

环状蓝色釉砂珠子的断代问题更加困难。下面的分类方法是为我们的样本初步建议的。这些环状珠子的有些变种之间并没有严格的分界线，对于一个具体样品，有时很难决定把它放在哪里，但若把每一种变种分别作为一个整体考察的话，它们的区分度则很好。

这些环状珠子可以分成两类：第 I 类直径为 3 毫米左右，第 II 类直径为 4 ~ 5 毫米。每一类又可以再分为若干变种。我们首先分析第 I 类珠子的变种。

Ia 类（编号 176/2 - 3、216）。珠子非常小，施浓蓝色（奥斯特瓦尔德 16pa）釉。它们几乎全由有色釉料构成，只有一个很小的白色内核。这种珠子常见于中王国时期。据发掘报告，凯尔玛出土的有些小珠子②可能也属于这种类型。有时候，这类珠子会通过釉料粘连成一串（参看标本中的 176/2 号珠子），但又与后代的隔珠不同。这

① Lucas, 1936, pp. 146 - 148.
② Reisner, 1923, p. 92.

种熔粘而成的珠子也见于凯尔玛①和纳加迪尔②第 5 ~ 6 王朝的墓葬中。

Ib 类（编号 198、199/2、200、219、220、223、224）。小珠子，但比 Ia 类厚，有时更加不透明；珠子釉层很厚，颜色比 Ia 浅（奥斯特瓦尔德 18ga）；从侧边到底面的弧形剖线通常相当平滑，没有明显的棱角；它们的穿孔非常小。这种珠子在中王国时期特别普遍，贝尔沙遗址（El - Bersheh，今开罗以南约 225 公里——译者）出土的一件珠网腰带（开罗博物馆，编号 J. 35073G）就主要由数千枚此类珠子构成。

Ic 类（编号 239/2、184/1）。与 Ia 相比直径稍大，内核更加不透明；珠子很薄，两端呈平面，穿孔较小；釉质非常好。它们可能是用不同的材料制作的。239/2 呈浅绿色（奥斯特瓦尔德 21ng），上有深色小斑点；而另一颗为浓蓝色（奥斯特瓦尔德 17la）。或许应该把它们视为两个不同的变种。

Id 类（编号 176/4 - 5、201、202/1、215、225、228、234）。与 Ib 类相似，但珠子侧边弧度很小，且两端为平面，因而侧面和底面之间的棱角很明显；珠子内核更不透明，釉层有时比 Ib 的质量差，也更薄。对具体样品来说，有时很难将这一类型与 Ib 类及 Ie 类区分开来。

Ie 类（编号 170）。这一类型的釉质相当差，颜色不均匀，其侧面有的部位比 Id 平整，从侧面看，珠子略呈楔形，但没有不规则形的楔形珠子（"平底锅形墓"的典型类型）那么突出。

---

① Reisner, 1923b, p. 91.
② Reisner, 1932, p. 149, fig. 53.

中等尺寸的环状珠子也可按同样的原则归为五个类型。

Ⅱa类。这组珠子长约 2 毫米，色彩厚重，但里面的小核却是半透明的（见破损的标本 185/3 号珠子）。根据蓝色色度的微小差异，它们可以再分为两组：其中 6 颗（编号 185/2 – 3、197、213/1 – 2、229/1）颜色较深（奥斯特瓦尔德 17lc – na），而另 4 颗（编号 169/3、169/7、184/2、213/3）颜色较浅（奥斯特瓦尔德 19gc）。

Ⅱb类（编号 182/1）。内核不透明，施浓蓝色釉，釉层很厚。221 号珠子或许也可以归入这一类。

Ⅱc类（编号 239/1、176/1、282/2）。内核不透明，很薄；珠子制作得相当好，圆形侧面到底面之间的剖线较光滑，没有明显的棱角。它们可以依尺寸再分成两组：（1）小而非常薄，如 176/1 号珠；（2）薄而大，如 239/1 号、182/2 号珠。

Ⅱd类（编号 168、169/8、180、226）。釉色与Ⅱa（2）相同，但内核更加不透明；釉层一般比Ⅱa薄，有时釉的质量不及Ⅱa。由于没有严格的区分界限，这种类型的样品有时会归入Ⅱa类中，而有时则放入 IIe 类中。

Ⅱe类（编号 209）。内核十分浑浊；侧边几乎呈直线，底面与侧面及穿孔交接处有明显棱角，呈直角。196 号和 217 号珠子可以归入这一变种或Ⅱd中。

关于这些环状珠子变种的年代判定，Ia 和 Ib 确定属于中王国时期，但可以早到古王国末期。变种 Ic 和Ⅱc属于古王国至中王国这段时期，但确定性要小一些。它们和第一中间期的某些珠子相似，但并不是该时期的典型类型；Ⅱb 也是这样。对于Ⅱa类和Ⅱd类珠子，现有若干串，它们或者全部或者主要由类似这两个变种的珠子组成，这些珠子出自阿尼巴（Aniba，开罗博物馆，J.65268/1 – 7、65271、

65272、65297）和厄尔门耐（Ermenne, J. 44746 – 44748）的努比亚 C 组墓葬。Ⅱa 类变种可能仅限于这一时期，特别是那种深蓝色亚类。Ⅱd 似乎只是制作粗糙的Ⅱa 类珠子，其年代范围可能要宽一些。这个类型并无特色，其初步年代判定主要依据釉的颜色和质量。Id 类变种同样也不独特。我认为它可能属于这一时期，但并不限于这一时期。Ie 类变种从中王国时期一直到第二中间期都特别普遍，它甚至可能源于有些"平底锅形墓"人群。Ⅱe 类变种看着像晚期类型。果真如此的话，它很可能属于新王国至托勒密时期。我们在前面讲过，环状蓝色釉砂珠的断代问题仍需要更深入的研究，本文对它们的年代判定可信度不同，因此在推测结论方面的价值有所不同。而且，读者需要明白，本文对每一变种的简要描述主要是为了在我们的收集品中对其加以区分，而年代判定的标准要比这些描述多得多，按前文所述，这些标准应当包括外形、技术上的细微特征、穿孔、基体塑材的质量和釉的质量。

在仔细考察过所有材料后，我有一些想法，现在列出来作为本报告的总结。如果假定在遗址地表采集的珠子能够很好地指示遗址占用者的活动，同时假定前文所判定的年代范围不至于过宽的话，那我们便可以说，这些遗址的主要占用时期在古王国和中王国（也包括两者）之间的某个时期。典型珠子的稀少可能与地表保存的偶然性或者古代人群的特殊品位有关。我个人更倾向于第一种可能，因为大多数典型珠子相对稀有，更容易吸引路过者的眼球。但如果我们采纳第二种可能（我认为这种可能性较小）的话，那就可以认为这些遗址的占用者和埃及人有联系，从而得到埃及珠子，甚至可能对其加以仿制；但由于特殊品位，他们只拿了特定类型的珠子，而没有要其他类型。要是假设少量的材料可以较好代表遗址占用者所用的珠子的话，那占用者的品位则似乎与努比亚 C 组人群类似，但不完全相同。但我对这些推测并无十分把握。单就珠子而言，它们只是地表采集品，因此对建立任何复杂理论而言，都不算稳妥的基础。

又及：我对 169/4 号、187/2 号、190 号和 204 号珠子的鉴定，A. 卢卡斯先生作了确认，在此向他表示感谢！

1940 年 4 月 23 日

（刘子信译，田天补阙）

古埃及地图

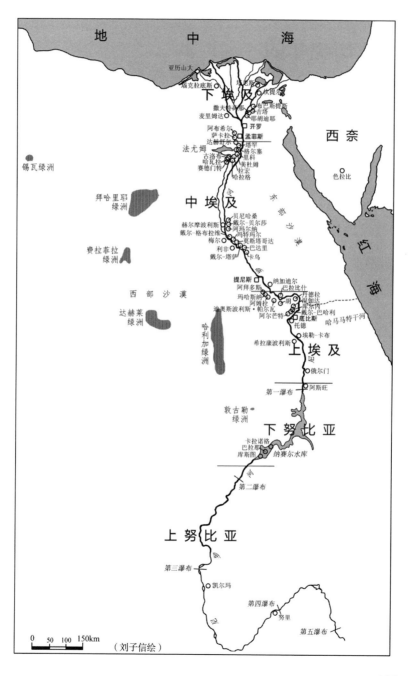

（刘子信绘）

古埃及历史年表

王朝时期古埃及年表基于马涅托的王朝体系，它将埃及历史划分为 31 个王朝。埃及学界对于如何划分各个时期，尤其是第一中间期是否包括第 7、8 王朝以及晚期埃及是否应划分出第三中间期有不同的见解。读者还需注意，埃及的 31 个王朝并非前后相继的，一些地方势力会和其他王朝同时统治埃及，也被马涅托视为王朝，如第 14 王朝。其他关于年代的讨论详见本书第四章和章末译者注，以及《译者后记》。下表中列出本书出现的王名。

新石器及铜石并用时代

法尤姆文化　约公元前 5200 ~ 前 4000 年

麦里姆达文化　约公元前 4800 ~ 前 4200 年

塔萨文化　现在一般归入巴达里文化

巴达里文化　约公元前 4400 ~ 前 4000 年

前王朝时期

阿姆拉文化　约公元前 4000/3900 ~ 前 3600 年（SD30 – 37）

格尔塞文化　约公元前 3600 ~ 前 3350 年（SD38 – 60）

塞迈尼安文化　约公元前 3350 ~ 前 3150 年（SD61 – 76）

早王朝时期

第 1 王朝　约公元前 3150 ~ 前 2920 年（SD77 – 82）

第 2 王朝　（有关第 2 王朝的证据稀少，其年代待讨论）约公元前 2920? /2730? ~ 前 2590 年（SD83 – 85）

米那（Mena），对应纳尔迈（Narmer，约公元前 2900 – ?）或

阿哈（Aha，？-约公元前2870年）

杰尔王（Zer，常转写为Djer），约公元前2870~前2823年

古王国时期

第3王朝 约公元前2592~前2544年

左塞尔（Zoser，常转写为Djoser），约公元前2592~前2566年

第4王朝 约公元前2543~前2436年

斯尼弗鲁（Snefru），约公元前2543~前2510年

第5王朝 约公元前2435~前2306年

第6王朝 约公元前2305~前2118年

第7王朝 不详，学界部分观点认为其不存在

第8王朝 约公元前2150~前2118年

第一中间期

第9、10王朝（赫拉康坡里斯王朝）约公元前2118~前1980年

第11王朝（底比斯王朝，埃及统一之前）约公元前2080~前1980年

中王国时期

第11王朝（底比斯王朝，统一埃及之后）约公元前1980~前1940年

第12王朝 约公元前1939~前1760年

阿蒙涅姆赫特一世（Amenemhat I），约公元前1939~前1910年

阿蒙涅姆赫特二世（Amenemhat Ⅱ），约公元前1878~前1843年

第二中间期

凯普利-奈布-拉（Khepre-nub-re），即伊里奥特弗五世（Intef V），第二中间期时在位，具体时间不详。

第13王朝 约公元前1759~前1630年

第14王朝 不详

第15王朝（希克索斯王朝）？-约公元前1530年

第16、17王朝？-约公元前1540年

新王国时期

第18王朝 约公元前1539~前1292年

阿蒙霍特普一世（Amenhetep I），约公元前1514~前1494年

图特摩斯三世（Thotmes Ⅲ，常转写为Thutmose Ⅲ），约公元前1479~前1425年

阿蒙霍特普三世（Amenhetep Ⅲ），约公元前1390~前1353年

图坦卡蒙（Tutankhamen），？-约公元前1324年

第19王朝 约公元前1292~前1191年

第20王朝 约公元前1190~前1077年

晚期埃及（或第三中间期和晚期埃及）

第 21 王朝　约公元前 1076～前 944 年

第 22 王朝　约公元前 943～前 746 年

　　舍 申 克（Shashanq, 常 转 写 为

　　Shoshenq），本书中特指舍申克一

　　世（Shoshenq Ⅰ），约 公 元 前

　　943～前923年

第 23 王朝（与第 22、24 王朝晚期君

　　主及第 25 王朝早期君主同时）约公

　　元前 845～前 730 年

第 24 王朝　约公元前 736～前 723 年

第 25 王朝　约公元前 722～前 655 年

第 26 王朝　公元前 664～前 525 年

　　普 桑 提 克（Psamtic, 常 转 写 为

　　Psamtik），可能指普桑提克一世

　　（Psamtik Ⅰ，公元前 664～前 610

　　年）、普桑提克二世（Psamtik Ⅱ，

　　公元前 595～前 589 年）或普桑

　　提 克 三 世（Psamtik Ⅲ，公 元 前

526～前 525 年）

第 27 王朝（第一次波斯征服时期）公

　　元前 525～前 404 年

第 28 王朝　公元前 404～前 399 年

第 29 王朝　公元前 399～前 380 年

第 30 王朝　公元前 380～前 343 年

第 31 王朝（第二次波斯征服时期）

　　公元前 343～前 332 年

希腊－罗马时期

托勒密时期

　　亚历山大征服　公元前 332～前 323

　　年

　　托勒密王朝　公元前 323～前 30 年

罗马时期　公元前 30 年～公元 395 年

拜占庭或科普特时期　公元 395～640

　　年

译名对照表

阿巴，Aba

阿拜多斯，Abydos

阿布希尔，Abusir

阿尔芒特，Armant

阿格里珠（加纳），aggry bead

阿拉巴，El Arabah

阿玛尔纳，Amarna

阿蒙霍特普三世，Amenhetep Ⅲ

阿蒙霍特普一世，Amenhetep Ⅰ

阿蒙涅姆赫特二世，Amenemhat Ⅱ

阿蒙涅姆赫特一世，Amenemhat Ⅰ

阿姆拉，Amratian

阿什莫林博物馆，Ashmolean Museum

阿斯旺，Aswan

阿泰福碑，Atef stelae

埃及蓝，Egyptian blue

埃及探险协会，Egyptian Exploration
  Society

埃勒-卡布，El-Kab

埃默里，Emery，Walter

艾伦，Allen

艾森，Eisen，Gustavus A.

奥斯特瓦尔德，弗里德里希·威廉，
  Ostwald，Friedrich Wilhelm

巴达里（文化），Badarian（Culture）

巴拉比什，Balabish

巴拉那，Ballana

巴斯特，Bast

白珊瑚，white coral

班布尔，Bampur

斑岩，porphyry

斑状岩，Porphyritic stone

板岩，slate

贝尔内什，Bernesht

贝克，霍勒斯，Beck，Horace

贝尼哈桑，Beni Hasan

贝斯，Bes

碧玉，jasper

冰洲石，Iceland spar

玻璃料，paste

玻砂，frit

布巴斯提斯，Bubastis

哈利加绿洲，Kharga Oasis

哈姆扎，Hamza，M.

哈普森石碑，Stelae of Harpeson

哈特，Hart

哈瓦拉，Hawara

海螺壳，conus shell

汉穆拉比，Hammurabi

荷包形，wallet-shape

赫尔摩波利斯，Hermopolis

赫拉克利奥波利斯时期，Heracleopolitan
  period

赫拉克利奥坡里斯，Heracleopolis

褐铁矿，limonite

黑曜石，obsidian

红玉髓，carnelian

胡，Hu

琥珀，amber

滑石（块状），steatite

滑石（片状），talc

皇家园艺学会，Royal Horticultural Society

黄晶，yellow quartz

黄铁矿，iron pyrite

辉长岩，gabbro

霍尔－乌他，Hor-uta

吉塔，Gheyta

加布尔，萨米，Gabre，Sami

碱式氯化物，alkaline chloride

角砾岩，breccia

角岩，hornfels

阶梯金字塔，Step pyramid

杰德柱，dad-pillar

杰尔王，Zer

杰里科，Jericho

结核石，concretionary stone

金银合金，electrum

景泰蓝，cloisonne

卡尔开德，Kirkaldy

卡尔开德，Kirkaldy，David

卡夫－阿玛，Kafr Ammar

卡宏，Kahun ＝ 拉宏

卡拉诺格，Karanog

卡梅奥，cameo

卡纳冯，Carnarvon

卡普萨－哈德诺瓦人，"Capso－
  Tardenoisean people"

卡普萨时期，Capsian Period

卡乌，Qau

开罗博物馆，Cairo Museum

凯尔玛，Kerma

凯普利－奈布－拉，Khepre-nub-re

坎宁顿，Cunnington

坎提尔，Qantir

康威，马丁，Conway，Martin

柯万，Kirwan，Laurence

科克斯，Cox，H. E.

肯帕德，Cambay（Khambhat）

· 443 ·

涅伽达，Nagada

涅凯特，Nekht

凝灰岩，tuff

纽斯特德，Newstead

努比亚，Nubia

努里，Nuri

帕提亚，Parthia

盘花扣（17～19世纪欧洲军服），frog

佩特洛斯里斯，Petrosiris

皮特，Peet，T. E.

皮特里博物馆，Petrie Museum

皮特里爵士，费林德斯，Petrie，Sir
　　Flinders

片岩，schist

平底锅形墓，Pan‐Grave

普拉特，Platt

普桑提克，Psamtic

普塔，Ptah

掐丝，filigree

掐丝珠，filigree bead

千花玻璃，millefiori

青金石，lapis lazuli

青铜，bronze

热基尔，Jequier

容克，Junker

乳石英，milky quartz

软玻璃料，fondant

软焊料，soft solder

软体动物壳，Mollusc shell

软玉，nephrite

撒夫特荷那，Saft el‐Henna

撒玛利亚，Samaria

萨卡拉，Saqqarah/Sakkara

塞荷特皮拉，Sehetepire

塞克人，Sacae

塞利格曼，Seligman

塞迈尼安（文化），Semainean（Culture）

塞斯，Sayce

赛德门特，Sedment

色拉比，Serabit（el‐Khadim）

沙尔夫，Scharff

沙漠陶器，Desert Ware

珊瑚，coral

闪长岩，diorite

蛇纹石，serpentine

舍申克迁徙，Shashanq Migration

生石灰，quicklime

笙珊瑚，pipe coral

圣安德烈十字，St. Andrew's cross

圣甲虫，scarab

石膏，gypsum

石灰石，limestone

石蜡，ozokerite

石榴石，garnet

石盐，Rock salt

石英岩，quartzite

石桌坟，Dolmen

史密斯，雷金纳·阿兰德，Smith, Reginald Allender

树脂，resin

水晶，rock crystal

斯基泰人，Scythian

斯尼弗鲁，Snefru

斯塔基，Starkey, James

斯通，Stone, J. F. S.

苏萨，Susa

塑材，pasty material

碎屑装饰法，crumbed decoration

燧石，chert

燧石，flint

塔罕，Tarkhan

塔尼赫布，Zanneihibou/Thanehebu

塔尼斯，Tanis

塔萨（文化），Tasian（Culture）

踏脚垫，hassock

苔纹玛瑙，moss agate

搪瓷，enamelled

锑，antimony

提依，Ti

天河石，amazonstone/amazonite

贴金，gild

铁矿石，iron stone

铜/红铜，copper

透辉石，diopside

透明玻璃，clear glass

图拉，Torah

图那 – 哥贝，Tuna el – Gebel

图坦卡蒙，Tutankhamen

图特摩斯三世，Thotmes Ⅲ

托德，Tod

托马斯博士，Thomas, Dr.

威尔特郡，Wiltshire

微斜长石，Microcline feldspar

韦尼耶，Vernier, Émile – Séraphin

温赖特，Wainwright

温洛克，Winlock

温莎牛顿公司，Messer. Winsor and Newton

乌尔，Ur

乌加特眼，Uzat-eye 或 udjat-eye

乌瑟赫项圈，Usekh collar

乌扎 – 霍尔，Uza – Hor

吴雷爵士，伦纳德，Woolley, Sir Leonard

西奈，Sinai

希拉康波利斯，Hierakonpolis

希萨立克，Hissarlik（Hisarlik）

象牙贝壳，dentalium shell

信德省，Sindh

雪花石膏，alabaster

血石髓，heliotrope

雅赫霍特普，Aahhetep

烟晶，smoky quartz

研磨料，abrasive

耶胡迪耶，Yehudiyeh

叶蜡石，pyrophyllite

页岩，shale

伊姆泰皮，Im-thepy

隐晶质的，crypto-crystalline

萤石，fluorite

蝇掸子，fly wisk

硬焊料，hard solder

硬结泥灰，durite

硬石膏，anhydrite

釉砂，faience

玉髓，chalcedony

杂色闪长岩，speckled diorite

杂砂岩，greywacke

錾胎珐琅，champlevé

皂石，soapstone

泽瑟尔卡－拉，Zeserka-re

扎拉比，Zaraby

长石，feldspar

赭石，ochre

珍珠贝壳，pearl-shell

珍珠母，mother-of-pearl

正长岩，syenite

棕红玉髓，sard

祖母绿，emerald

左塞尔王，Zoser，King

译者后记

"中国将来之考古学，必须以埃及考古学之规模为先范。"

——夏鼐致清华大学校长梅贻琦

从 2016 年夏到 2018 年秋，受中国社会科学院考古研究所委托，夏鼐先生《埃及古珠考》的中文版翻译工作，分别在英国伦敦和中国北京持续开展了两年多。

从伦敦大学学院考古学院皮特里埃及学博物馆到中国社会科学院考古研究所，整个《埃及古珠考》的中文版翻译人员，始终以夏鼐先生 80 多年前的远见卓识和杰出的治学精神为指引，以实物性考古和史料性研究的方式完成了全书的翻译工作。

北京大学历史系教授、著名埃及学家颜海英先生，是国内最早系统研究夏鼐埃及学成就的学者之一，撰有《中国"埃及学之父"夏鼐》等文章。作为本书翻译的总指导，她对夏鼐和埃及学的精湛研究保证了本书翻译的学术水平。

田天博士是继夏鼐之后，80 多年来中国第一位公派伦敦大学学院并获得埃及考古学博士学位的留学生。在文物浩繁的皮特里埃及学博物馆，他将馆藏的夏鼐论文原稿与其整理过的 1760 枚串珠及亲手抄制的近 2000 张卡片对照，进行了两年多的考证性研究翻译。

北京大学刘子信博士主修中外文化交流考古，这一研究方向的主要奠基人之一正是夏先生。刘子信系统整理了夏先生遗物中有关本书写作的材料，得以了解本书原定写作计划的全貌，他据以对本书进行了大量增补，并组织调查了本书现存各版本的具体情况，使其完整呈现在读者面前。

现就整理、研究、翻译工作的相关事宜交待如下。

一　本书的中文名称

夏鼐先生的日记中凡提及本书处，皆用其英文名 *Ancient Egyptian Beads*，其中文名仅见于夏先生致李济先生的信函（1942 年 10 月 24 日，见李光谟辑《李济与友人通信选辑》之"夏鼐致李济"，载《中国文化》1997 年第 15 ~ 16 期合刊，第 375 页），信中称之为《埃及古珠考》，中译本沿用这个名称。

二　本书节译及相关文章

《埃及古珠考》曾有两份节译，分别是：第一，《古代埃及珠子的考古价值》，即本书第一章"Archaeological Value of Beads"，颜海英译，《夏鼐文集》第 3 册，社会科学文献出版社 2017 年版，下同，第 564 ~ 571 页；第二，《古埃及串珠研究：分类原则》，即本书第十一章"Principle of Classification"，艾婉乔译，载《南方文物》2015 年第 4 期。

除本书外，夏先生关于埃及学的文章还有：

（a）N. Shiah, "A Chinese Parallel to an Egyptian Idiom", *The*

Journal of Egyptian Archaeology，Vol. 24，No. 1（Jun. ，1938），pp. 127 –
128，颜海英译，《一个古埃及短语在汉语中的对应例子》，《夏鼐文
集》（第 3 册），第 546～547 页。

（b）"Some Remarks on the Bekhen-Stone"，*Annales du Service des
Antiquites de L'Egypte*，Le Caire，Vol. 41（1942），pp. 189 – 209，郭丹彤
译，《关于贝克汉姆岩的几点评述》，《夏鼐文集》（第 3 册），第 548～
563 页。

（c）"Some Etched Carnelian Beads from Egypt"，*Journal of the
Royal Asiatic Society of Bengal*，Letters，Vol. Ⅹ，No. 1，1944，pp. 57 –
59，颜海英译，《几颗埃及出土的蚀花肉红石髓珠》，《夏鼐文集》
（第 3 册），第 580～582 页。

（d）Tsoming N. Shiah，"The Date of Certain Egyptian Stratified Eye-
Beads of Glass"，*The American Journal of Archaeology*，Vol. 48，No. 3，
Concord. N. H.（1944），pp. 269 – 273，颜海英译，《若干埃及出土的
玻璃分层眼状纹珠》，《夏鼐文集》（第 3 册），第 572～579 页。

（e）"Report on Dating of Some Beads from Armant"，《阿尔曼特遗址
所出珠子的断代报告》，刘子信据手稿译出，附于本书正文之后，详后。

三　版本介绍

翻译过程中，我们调查了《埃及古珠考》的现存版本。我们共
见到六种版本，分别如下。

第一种：夏先生遗留的自存手写底稿及打字清稿（以下简称
"自存本"）。这个本子比较杂乱，但内容相对较为完整。主要包括以
下方面。

（一）前期文稿。散页，分别用回形针别在一起。1. "材质术语及鉴定"，打字清稿，上面用铅笔做了大量修改；此即译稿第五章，仍按旧章节序列编在第一章第三节《登记方法》的"材质"部分。2. 正文第四部分"编年研究"的"史前时期"，蓝色钢笔底稿，黑色钢笔修改；此即译稿第四部分第十五章的内容。3. 参考文献，手写，黑色钢笔底稿，蓝色钢笔增补，编号至第120条。

（二）后期文稿。与"前期文稿"重复者，据修改痕迹可判断为依"前期文稿"整理而成，故称为"后期文稿"。装订为两份。第一份为手稿，包括：（1）致谢，铅笔起稿，黑色钢笔重描；（2）正文第四部分"编年研究"，钢笔手写。第二份为打字清稿，内容包括：（1）正文第一部分至第三部分，个别地方有铅笔修改，页码编排多有修改及加页；其中，译稿第五章"材质术语及鉴定"，仍按旧章节序列编为第一章第三节的"材质"部分；（2）缩略语表及参考文献，基本没有修改之处，编号至第120条。此外，该份文稿中夹有手写正文"增补及修正"一纸，正文末尾附全文详细目录一份（打字稿并有手写修订），其上手写标注"1940年8月1日修订"（原为英文），目录中各章节的页码亦为手写增补，与此份打字清稿正文的页码一致。

据打字清稿的详细目录，夏先生为《埃及古珠考》设计的完整内容包括：1. 正文四部分共23章；2. 缩略语表及参考文献；3. 附录2份：A《皮特里博物馆所藏珠饰图录（简版）》，B《各时期珠子类型出现频率分布表》20页；4. 索引4份：（1）出处索引3页；（2）类型索引（未注数量）；（3）年代索引3页；（4）一般索引。

（三）其他内容。包括除论文文字部分外的表格和图版等内容，具体内容为以下方面。

1.《珠饰图谱线图页最终副本》，散页，以回形针别在一起。这份资料实际包括图谱的线图页和登记页两部分。线图页共 18 页，包括七大群珠子的类型（即译稿图版贰至图版拾柒）和素面珠子的主要形状（即译稿图版拾捌至图版拾玖），其中除图版伍为硫酸纸剪拼外，其余均为厚纸晒蓝副件，线图空白处多有铅笔增补的内容；登记页共 16 页，手写于半透明薄纸上，与图版贰至图版拾柒配套，登记页蒙在线图页上时，每个珠子的登记内容与其线图大致重合。这份材料中，图版壹至拾柒，当即打字清稿目录中的"附录 A"，而图版拾捌至拾玖属于"索引（2）"的一部分。

此外，还有线图页的各类底本若干，均为散页，用夹子夹在一起，包括以下内容。（1）半透明薄纸 14 页，铅笔绘图，部分珠子旁边有少量标注，内容为珠子所在珠串的编号、出土地点或特殊装饰等。（2）硫酸纸 6 页：图版 Ⅱ，两份，一份有铅笔编号，一份只有线图；Ⅳ、Ⅻ，只有线图；ⅩⅥ、ⅩⅦ，有铅笔编号。（3）厚纸晒蓝件 3 页：Ⅲ、ⅩⅤ、ⅩⅥ，均只有线图，无编号，也无修改。（4）厚米格纸 2 页：ⅩⅧ、ⅩⅨ，铅笔绘图、题名，钢笔编号。

2. 论文写作过程中制作的其他图表。

（1）《各时期珠饰类型分布表》，A4×20 页，详细罗列每一时期各种类型珠子的数量及所在珠串的编号，如巴达里时期"H977c（1）271"表示该时期硬石料所制 977c 型珠子有 1 颗，穿在第 271 号珠串上。此表当即打字清稿中的"附录 B"。该表格体量极大，夏先生在论文中对其作了简化归并，分别列在正文第四部分的相应章节中，而该原始表格并未附于本书定稿之后。（参看译稿第四部分的"引言"及其后译者注［1］）。

（2）《珠饰图谱 B》，散页，包括硫酸纸线图、各珠子类型编号及材质说明（A3×2 页），即各种报告及研究著作中划分的珠子类型，最主要的是贝克划分的类型体系。

（3）《图谱 B 珠饰类型转换表》，A3×2 页及 A4×1 页，共 3 页，此表据《埃及古珠考》的分类体系，将各种资料中的珠子类型归入新分类体系中，并给出新的编号。这份材料将新图谱称为"图谱 A"。

（4）《皮特里博物馆所藏珠子的年代索引》，共 4 页：A3×3 页 + 1 页（年代不明或存疑者的珠子），罗列每串珠饰的大概年代，如"1518 PD"表示第 1518 号串珠的年代为前王朝时期。打字清稿目录中的"索引（3）"当在此稿基础上制成。

（5）出处索引和年代索引。这两个索引现藏伦敦大学学院皮特里博物馆，附在 UCMusB 本（详后）之后，是手稿的附印件，原稿尚未找到。这两份材料均以珠串为单位进行登记。

此外，打字清稿中还有《阿尔曼特遗址所出珠子的断代报告》（"Report on Dating of Some Beads from Armant"）一份（1940 年 4 月 23 日），这是夏先生在伦敦时应迈尔斯先生之请，为阿尔曼特遗址所出串珠作的断代报告，本拟收在《阿尔曼特诸墓地》第 II 卷中（见《夏鼐日记》1939 年 8 月 18 日、1940 年 5 月 18 日的记载），但由于"二战"的突然爆发，该发掘报告只出版了第 I 卷，第 II 卷最终未能完成。

第二种（简称"UCLib 本"）：伦敦大学学院图书馆藏本。藏书号 2809723832，内容包括：（1）论文摘要；（2）正文（含目录）第一部分至第四部分，正文页码编排有五处重码或缺码，从上下文看，内容完整无缺；（3）缩略语表及参考文献，后者编号至第 120 条；（4）图版 17 幅（即译稿图版壹至图版拾柒），插在正文第三部分和第四部分之间。2012 年夏林怡娴女士查看此本时，其书保存得还相对不错；2017 年夏田天博士再去调查时，此本封皮已残掉下半部分，线绳装订也已松散，保存状况堪忧。

第三种：伦敦大学学院皮特里博物馆档案库藏有两套论文，为第三、四种。其中一套（简称"UCMusA 本"）只有论文正文部分，分两册装订，第一册为正文（含目录）第一至三部分，第二册为正文第四部分和参考文献。全本页码连续，正文部分内容完整。

第四种（简称"UCMusB 本"）：全书为蓝色精装，状态良好。此本原为史密斯教授（Prof. Smith）所有，外借给皮特里博物馆。内容包括完整的正文（含目录）、图谱和参考文献，无摘要。藏本扉页附有英语写成的夏鼐讣告、费尔德和汪涛先生的文章（Field, E., T. Wang, "Xia Nai: The London Connection", *Orientation*, June 1997, pp. 38 – 41。译文见费尔德、汪涛《夏鼐先生的英伦之缘》，《文物天地》1988 年第 6 期；再请参读汪涛《对〈夏鼐先生的英伦之缘〉一文的几点补充》，见《文物天地》2000 年第 4 期，二文均收入中国社会科学院考古研究所编《夏鼐先生纪念文集——纪念夏鼐先生诞辰 110 周年》，科学出版社，2009）。此外还有 Margaret S. Drower（夏先生在英时，她在伦敦大学学院任教）写给皮特里博物馆（Ros）的一封信，她在信中提及自己在为费尔德撰写有关夏鼐的文章提供资料，希望皮特里博物馆也能保存一份副本。信中提供的资料为 1937 ~ 1938 年她和父母的通信，其中提及夏鼐在伦敦参加了她开设的古代近东史课程，并在"二战"前夕参与转移皮特里博物馆文物的工作。藏本的末尾附有索引两份（复印），分别为《出处索引》（Index to Provenance）和《年代索引》（Index to Date），均为 A4 × 3 页。此即打字清稿目录中的"索引（1）"和"索引（3）"。

第五种（简称"SHLib 本"）：1997 年，任式楠先生委托在伦敦大学学院考古学院担任中国考古学与文化遗产专席研究员的汪涛博士，给中国社会科学院考古研究所复印过一套《埃及古珠考》的英文本，复印资料现藏考古所资料室。据我们核实，此复印件包括：（1）文字部分，包括论文摘要、正文（含目录）第一至四部分和参考文献（并缩略语表）；（2）二十幅图谱。该本页码编排有两处插页、一处缺码，从上下文看，内容完整不缺；参考文献编号至第120条，与 UCLib 本相同。从页码编排上看，此本与上述各本均不相同，译者曾向汪涛先生咨询该本的来源，据他回忆，这本论文是从伦敦大学学院的议员大厦图书馆（Senate House Library）复印来的。然而，我们去该图书馆调查此版论文原本时得知，该论文已于十年前转交伦敦大学学院图书馆，但我们在伦敦大学学院图书馆中并未见到此版论文，其下落现不得而知，实在可惜。

第六种（简称"出版本"）：2014 年，社会科学文献出版社与德国 Springer 出版社合作出版了《埃及古珠考》的英文本。有主体内容完全一致的两种本子：一种是硬皮的正式刊本，一种是少量非卖的软皮复制本，由中国社会科学院考古研究所赠予国内个别单位和个人内部参考。后者，在卷前增加夏鼐本人和导师的两页图像，在书后增加出版说明、导言及内容提要、正文目录、串珠图谱目录的中译，卷后又附有编后记。"出版本"系根据汪涛复印本（即 SHLib 本），由王欢等人重新录入。它与汪涛复印本的区别有：（1）"出版本"参考文献未录全，只录到第 60 条（再复印时漏印）；（2）"出版本"增加了以下内容：前言介绍本书出版经过，斯蒂芬·夸克教授所作导言"Preface: On Receiving Xia Nai *Ancient Egyptian Beads in the Twenty-first Century*"，编后记简介本书出版及整理情况、致谢。

《埃及古珠考》各版本内容对照表

译文内容		打字清稿目录(40.8.1)	自存本	UCLib	UCMusA	UCMusB	SHLib	出版本
致谢		/	√	×	×	×	×	×
论文摘要		/	×	√	×	×	√	√
四部分正文		同左	√	√	√	√	√	√
缩略语表及参考文献		同左	√	√	√	√	√	√
图谱	线图页	附录A	II-XVII	I-XVII	×	I-XII	I-XVII	I-XVII
	登记页		II-XVII	×	×	×	×	×
/	附录B		√	×	×	×	×	×
	索引（1）		×	×	×	√（夹纸）	×	×
	索引（2）		XVIII-XIX	×	×	XVIII	XVIII-XX	XVIII-XX
	索引（3）		√（未成稿）	×	×	√（夹纸）	×	×
	索引（4）		×	×	×	×	×	×
页码编排		/	多处修改及加页	97-98连续 232-233连续 312-312-314 316-316-317 349-350-352 432-432-434	页码连续	页码连续	97-97a-98 232-232a-233 312-314连续 316-317连续 349-350-352 432-434连续	/

注：√表示有此内容；×表示无；大写罗马数字表示译稿图版号；索引 1～4 分别为：1. 出处，2. 类型，3. 年代，4. 一般索引。

四　论文整理情况

经过比对，上述各版本中，除自存本和出版本外，其余各本的正文内容完全相同，只是页码编号有些许区别：正文以外的内容，则以SHLib 本最全，因此，我们怀疑该本即夏先生论文的最后定本。鉴于出版本在文字录入时产生了一些打字错误，我们翻译时以考古所收藏的 SHLib 本的复印件为底本，对照其他各版本修订成增补一些必要内容。需要说明的是，打字清稿的目录修订于 1940 年 8 月 1 日，当时夏先生的论文刚写完前三部分，对于附录和索引的取舍还未最终确定，因此，这份目录仅用以参考，不作为增补的最终目标。我们更注重夏先生在论文中对正文以外内容进行取舍的说明，力求既尽量还原论文全貌，又避免使其烦冗化，这是我们整理的基本原则。译稿的增补及修正内容包括以下部分。

1. 图谱线图页。据《埃及古珠考》正文介绍（译稿第十四章），此书的"珠子图谱"（Beads Corpus）包括"线图页"（Drawing Sheets）和"登记页"（Registering Sheets）两部分。其中，线图页的完整内容包括三部分。（1）穿孔类型及制珠图像，即译稿图版壹；（2）七大群珠子的类型，即译稿图版贰至拾柒；（3）珠子类型索引，即译稿图版拾捌至贰拾，这应该就是打字清稿中的"索引（2）"，见前述各本介绍及《夏鼐日记》1940 年 9 月 30 日、10 月 8 日的内容。前述六个本子中，UCLib 本中共 17 幅（I－XVII）线图，自存本中有 18 幅（II－XIX），SHLib 本中 20 幅，其差别主要在最后三页是否完整上。综合来看，SHLib 本的线图是最全的，不过，该本的复印件，我们只找到论文正文（含目录）及参考文献（含缩略语），线图页取自出版本。由于多次复印，出版本中的线图多有模糊不清之处，因此我们请刘子信对其作了重新清绘和翻译。具体到每一幅线图时，自存本有其不可替代的地方。夏先生在论文写定后，在自存本的线图页上用铅笔作过大量增补。另外，许多珠子线图旁边有简要注释，这些内容只见于手稿，我们在重新清绘线图页时，对这些内容作了补充。

2. 图谱登记页。本书的"新图谱"有两大基本功能，一种是使珠子登记更加科学、系统和便捷，另一种是对新珠子进行断代。前一种功能主要依靠图谱线图页实现，而后一种功能的实现则要依靠图谱登记页了。遗憾的是，上述六个版本中，只有自存本中有登记页（手稿），我们不清楚夏先生在提交给伦敦大学学院的论文中为何没有增加登记页。但从论文的正文看，登记页是新图谱乃至整个论文不可分割的重要部分。因此，我们对手写登记页作了整理。登记页共 16 幅，与七大群珠子类型的线图（图版贰至拾柒）配合使用（具体使用方法请见译稿第十四章），在编排上，我们遵从夏先生的设计，将每一群的登记页与该群的线图页混合排在一起，便于使用者查找。

3. 致谢。致谢内容见于自存本第四部分首页，手写，铅笔起稿、钢笔重描，其他各本均未见到，就连 UCLib 本也没有这一内容。致谢已经写好而提交评审的论文却未加入，这是我们的另一个不解之处。在中译本中，我们将这一内容全部译出，以使全书完整。

4. 摘要。论文摘要见于 UCLib 本、SHLib 本及出版本中，我们据出版本将其译入中译本。

5. 目录。夏先生订的目录只有各部分、各章题目，我们在章题下补充了各节题目。

至此，除"索引（4）一般索引"外，夏先生为论文设计的各部分均已找全，有些部分我们还补充了手稿中的修订内容。我们在温州夏鼐故居调查时得知，夏先生还有大量遗物收藏在温州市博物馆，我们希望在条件成熟的情况下再往该馆调查，或许可以找到出处索引、年代索引和一般索引的原稿。

除以上内容外，为便于读者使用本书并全面了解本书的学术价值，我们还补充了以下内容。

1. 导言。即斯蒂芬·夸克为出版本所写的评介文章，此文的译文最早刊于《考古》2014 年第 6 期，颜海英译、莫润先校，题目被改作《夏鼐先生与古埃及串珠研究》，"出版本"软皮本书尾再次刊印，题为《导言：21 世纪见及夏鼐的〈古埃及串珠〉》，我们仍用颜教授的译文，但对译文中的地名、材料名等专有词及其对夏文的直接引用等处作了相应修订，以使全书统一。

2. 古埃及历史年表。由于撰稿年代较早，夏先生在本书论述中所用的都是相对年代，包括顺序断代法和王朝序列，这对于横向比较研究极为不便。我们因此制作了一份"古埃及历史年表",方便读者对各种珠子或相关材料作横向比较。C14 测年技术发明后,古埃及历史的年代学研究取得了长足进展,大量测年数据更新了学界对古埃及历史年代的认识,其集大成之作为《古埃及年代学》一书(Erik Hornung, Rolf Krauss & David A. Warburton, *Ancient Egyptian Chronology*, Brill:Leiden & Boston, 2006)。遗憾的是,该书只涉及王朝时期的测年。古埃及史前时期的年代,我们采用 UCL "数字化埃及"中的结论(https://www. ucl. al. uklmuseums – static/digitalegypt/ chronology/index. html,2000 年编制),并据其他论著略作调整。该年表中的王名只包括本书提到者,并非相应王朝的所有王名;另外,我们据皮特里的论文,在有关文化或王朝处增加了顺序断代编号,这对阅读本书是必要的。

3. 古埃及地图。展示书中提到的埃及遗址,需说明的是,历史上古埃及一般分为上、下两部分。下埃及包括法尤姆绿洲及其以北地区,其以南为上埃及。"中埃及"的划出虽有历史根源,但却是 19 世纪的考古学家制造出来的新概念。本书提及相关遗址时,使用三分法。

4. 《夏鼐日记》所载论文撰写过程。夏先生在其日记中详细记录了《埃及古珠考》一书的写作过程,我们将所有相关内容辑录出来,方便读者了解该书的具体写作过程,从中体悟夏先生的治学精神。

5. 《阿尔曼特遗址所出珠子的断代报告》。这篇断代报告未能出版(详前),是我们从夏先生的遗稿中整理出来的。报告为打字清稿,其上用铅笔作了许多修订,铅笔字迹比较潦草,若干处内容不能辨识。我们后来得知,该报告在伦敦埃及探险协会档案中存有副本(档案号 AR.005 SAHARAN SITES AT ARMANT X),该副本为打字稿，是迈尔斯在收到夏鼐稿件之后打印的。我们据该副本补足了夏先生遗稿中字迹模糊之处。我们曾试图查找该文所提珠子的照片，但结果并不理想。《阿尔曼特诸墓地》（第Ⅰ卷）图版珠子的编号与本文叙述的不同，而第Ⅱ卷又未出版，对此只能遗憾了。

另外，关于本书所用相关术语，我们有必要作一说明。《埃及古珠考》一书涉及的术语有三类：制作工艺术语、材质术语和珠子形状及各部位称谓术语。前两者分别在第五章和第六至十章有专门讲解，而最后一类术语需要简单说明一下。

夏先生对珠子形状及各部位称谓的用语，基本沿用贝克的《珠子和垂饰的分类及命名》一文［Horace Beck，"Classification and Nomenclature of Beads and Pendants"，*Archaeologia*，Vol. 77（1928），pp. 1 – 76. 又见 *Beads*，no. 18，2006］，贝克此文是珠子研究科学化的奠基之作，建议读者在阅读本书前先粗略翻看一下。

了解本书对珠子称谓的常用术语，需要注意以下方面。

桶状珠（Barrel-shaped beads）与柱状珠（Cylindrical beads）：前者所谓"桶"指西方的酒桶，呈鼓腹圆筒状，与中国的圆柱形"桶"不同；而柱状珠则指圆柱形珠子。

轴（Axis）：指珠子穿孔中心延长线所在的直线，即插图中的 A – A′。描述珠子时，一般将轴沿上下方向放置。

边/边缘（Edge）：指环状珠子的侧面。

底面/端面（End）：指与珠子穿孔开口处相接的平面。

边缘剖线（Profile）：书中"Profile"一词，有的地方指剖面，即将珠子沿轴纵向剖开所得的平面，此时译为"剖面"；但在更多情况下，这个词指的是珠子剖面与侧面相交的线，即插图中的 C，此时译成"边缘剖线"。

截面（Cross-section/Section）：即将珠子沿与轴垂直方向剖开得到的平面。

脊/棱（Ridged edge）：指双锥体珠子珠体中部两锥交接处所形成的凸棱，绕珠体一周，即插图中的 D。

角/转角（Corner）：即边缘剖线与底面相交处，如插图中的 B。

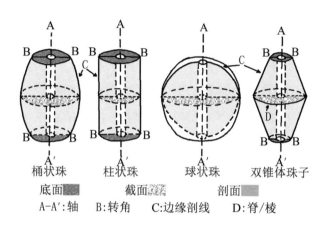

珠子称谓示意图（刘子信绘）

此外，对于原书脚注，我们只译出描述性和说明性的内容，其中引用的文章及书目，我们全部保留外文，参考书目也全部保留外文，方便读者查找原书。对于书中需要解释的内容或校勘，我们以"译者注"的形式列于每章之尾，以与原书注释区别。书中其他专有名词及人名、地名的译法，请见书后所附"译名对照表"。

在论文整理、翻译过程中，中国社会科学院考古研究所王世民先生和夏鼐先生的幼子夏正炎先生提供了论文"自存本"的全部资料，王先生还提供了 SHLib 本的复印件。这个复印件本来自现任职于美国菲尔德博物馆（The Field Museum）的汪涛先生，在我们调查夏先生论文版本时他又热情解答了我们的诸多不解之处；北京联合大学的林怡娴女士慷慨惠赐了《埃及古珠考》UCLib 本的全部照片；北京大学历史系的黄菏同学帮助整理了"译名对照表"；在此特别向以上各位表示由衷感谢！除此之外，社会科学文献出版社首席编辑周丽女士为本书编辑、出版花费了很多心血，责任编辑为本书的排版及文字编辑付出了辛勤劳动，浙江温州夏鼐故居纪念馆的戴晓纲女士在我们查找夏先生相关遗稿时提供了热情帮助，施普林格出版社（Springer）人文社科执行总编李琰女士、伦敦大学学院考古研究所图书馆管理员 Katie Meheux、皮特里博物馆馆长 Anna Garnett、该馆档案管理员 Alice Williams 以及埃及探险协会（Egypt Exploration Society）副会长 Carl Graves 等在我们调查《埃及古珠考》的现存版本时也给予了襄助，在此一并向他们致以衷心感谢！

最后，感谢国家留学基金管理委员会对中国埃及学研究人员的培育和支持，让夏鼐先生埃及学成就和中国埃及学在它的诞生地，继往开来，再现荣光。

本书的研究翻译工作繁重，译稿中有不当之处，欢迎各位读者予以批评指正！

译　者
2019 年 6 月 11 日

谨以此书纪念——

新中国考古学和埃及学的奠基人

原中国科学院哲学社会学部委员

英国学术院通讯院士

德意志考古研究院通讯院士

瑞典皇家文学历史考古科学院外籍院士

美国全国科学院外籍院士

意大利中东和远东研究院通讯院士

第三世界科学院院士

夏鼐先生诞辰 110 周年（1910~2020）

伦敦大学学院埃及考古学博士学位论文《埃及古珠考》完成 77 周年（1943~2020）

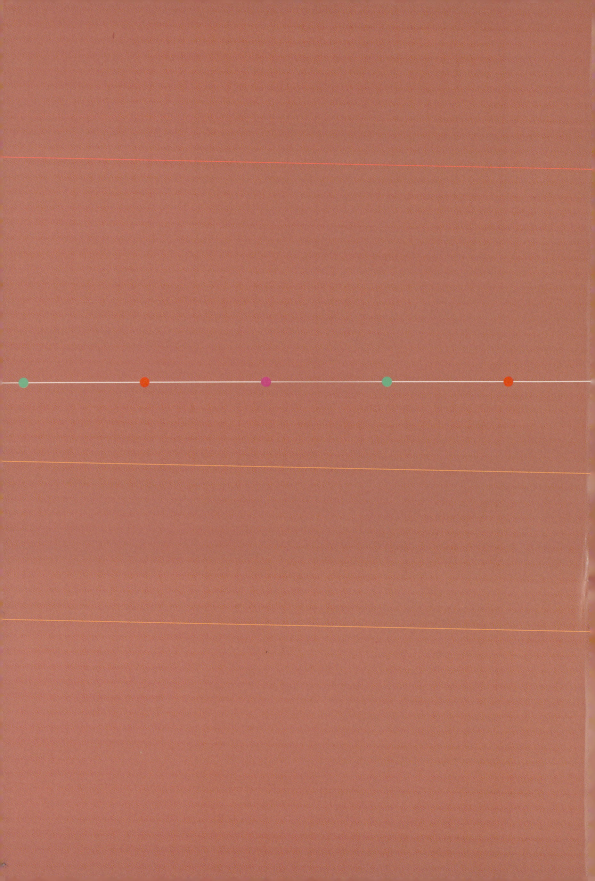

国家出版基金项目
NATIONAL PUBLICATION FOUNDATION

埃及古珠考

ANCIENT EGYPTIAN
BEADS

［图录］

夏鼐 ◆ 著

颜海英　田　天　刘子信　◆　译

刘子信　◆　图录整理

社会科学文献出版社
SOCIAL SCIENCES ACADEMIC PRESS (CHINA)

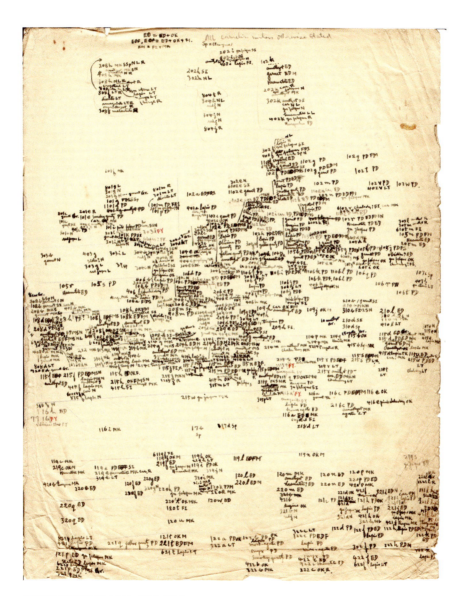

图谱登记页〇伍（H1-22）手稿

PART FOUR   CHRONOLOGICAL SURVEY

Preliminary Remarks

As pointed out by Petrie, "these two methods of work (the corpus and the arrangement of material in the chronological order) may prove to be, for archaeology, what the balance and atomic theory have been for chemistry — the necessary foundation for systematic knowledge and exact theory." [a] After having worked out the bead corpus, we may proceed to a chronological survey of the ancient Egyptian beads. This chronological survey will be based mainly upon the Petrie Collection. However extensive this collection of beads may be, it is certain that some types are not represented and others represented but not in all their main periods, still less in all the periods in which they did occur. It has been attempted to supplement the specimens of this collection with those from other sources, mainly from various publications. But the information given in the publication are sometimes useless for our purpose because of the uncertainty of types typing due to the deficiency and vagueness of the description and representation. Sometimes the informations are quite definite and accurate in appearance, but are wrong in reality, and the result is even more disastrous than that in the case of deficiency and vagueness. For example, the type of perforation of the beads of hard stones may be wrongly represented. This is due to the fact that the type of perforation, although usually shown in the drawing of corpus, is in most cases regarded as a very unimportant feature. When beads of the same form and same size are found on the same string, especially if they are of a great number, they are typed as all of the same type of perforation, so as to save the trouble of making separate drawings. The material and the technical method of the beads may be wrongly identified, because an archaeologist is not necessarily, at the same time, the expert on material and technology. Therefore this kind of information should be used with caution, and most of them could not be used as an evidence in the critical case, unless verified by a re-examination of the actual object.

Another source of error is the mistake of dating. This kind of mistake may happen to some strings in the Petrie Collection, too. It is very often that the date of a tomb is obtained by taking into account all objects found there except beads, and then the beads are dated by the tomb. The result is that the time-range of certain types of beads has to be unnecessarily extended a great deal. On the other hand, if we take into consideration the known time-range of the beads together with those of other objects for the dating of the tomb, the result in some cases may be quite different, because the date of the tomb then may fall within the known possible time-ranges of all objects, with that of the beads on the margin, or may be a compromise between them. In the latter case, the time-ranges of certain objects have to be adjusted, but not at the expense of that of beads alone. This practice of excluding the beads in the dating of a tomb, but dating the beads by the date of tomb, will produce a disastrous result if it is applied to a disturbed tomb which sometimes contains objects of various dates with some intrusive beads of very late or even modern times. As to the museum specimens, they are usually separated from their associated finds, and in many cases it is very difficult to verify their datings, and we hence to regard them as questionable, if they are in conflict to the conclusion derived from a great number of well-dated specimens. As to the specimens bought from antiquity-dealers or tomb-robbers, they should be left out at the first stage of our work, because they can be dated only by a comparison with the well-dated specimens.

Besides the fact of the occurrence of a type of beads in certain periods, the frequency of its occurrence should be also indicated if possible. It is not the isolated specimens, but the whole lot of them, that can be safely used for the dating of new-found beads. Isolated specimens of a type may be due to some mistake on our part, therefore a new-found specimen should be dated to the period in which this type commonly occurred unless there is some strong evidence pointing otherwise. For the study of their frequency, we should take into consideration both the number of lots (i.e. the number of tombs in which the beads are found), and the number of beads found in each lot. For the frequency of lots, certain information can be obtained from some detailed reports of excavation; but in order to save the trouble of re-typing the published material, the statistic table given here are based upon the Petrie Collection alone unless otherwise stated. As to the frequency of the number of specimens, we have to depend almost entirely upon this collection, in which most strings have been counted or estimated and a statistic tabulation is possible. These two kinds

《埃及古珠考》手稿，第四部分引言

编订说明

夏先生在《埃及古珠考》第四章中称，他原计划为皮特里收集的串珠编制一套图录，把《埃及古珠考》的研究成果作为图录"引言"。遗憾的是，由于欧战波及，此设想未能如愿完成。或许因为有此设想，《古珠考》除书尾20幅线绘"图谱"外，书中未呈现任何插图资料。为弥补这一缺憾，使《埃及古珠考》的论述更加形象，我们精选了十余套登记卡片和三百余张串珠照片，编成此本《埃及古珠考·图录》。

我们首先选取的是《埃及古珠考》中直接提及串珠编号的卡片和照片，共计54组；其次为能够准确断代或给出相对较窄年代范围的珠饰，再去掉材质或穿结方式重复者，将这些材料分成卡片和照片两部分，分别按年代早晚次序排列，以期呈现珠饰的时代特征。

卡片均为夏先生当年亲自制作，计1760套、2500余张，串珠照片由皮特里博物馆拍摄，不过两者并非一一对应关系，存在一张照片对应若干卡片的情况，也有一些卡片没有对应的串珠照片。

登记卡片已经数字化，公布在伦敦大学学院图书馆网站上，专成一个系列；访问路径是：Library home / Electronic resources / Digital Collections / Xia Nai Bead Corpus，https://digital-collections.ucl.ac.uk/R/GC7 CJNRIU3AR8C3X4ULNMFNRHFI4V67MP6CAAQ66BH3D6CNHIG-15008?func=collections-result&collection_id=3689。可通过卡片编号即夏先

生的串珠临时编号，经页面上的"Refine"进行精确查找，不过每次查找后需返回"Bead Corpus"目录，才能进行新的查找。

串珠照片电子版公布在皮特里博物馆网站上，未单成一个系列；访问路径是：UCL Home / UCL Museums & Collections / The Petrie Museum，Cataloguehttp://petriecat.museums.ucl.ac.uk/search.aspx。可以串珠编号即串珠的博物馆收藏号进行精确查找，检索"Beads"可浏览全部串珠照片。本书所用照片均在博物馆许可的情况下，取自该网站，部分照片作了图像处理，以便呈现细部特征。

限于篇幅，本书未能全部列出所选串珠照片的对应卡片，不过提供了相应卡片的编号，如"夏0001"的编号为"Card 1"，"夏1119"的编号为"Card 1119"，读者可据此查找相应卡片，了解该串珠的型式、材质等详细信息。每幅照片下列出了该串珠饰的出土单位和年代范围，各年代范围的绝对数值请查《埃及古珠考》所附"古埃及历史年表"。

考虑到专业读者需要查询对应登记卡片上的信息，我们在此对卡片内容作一详细说明。卡片上的内容，均以串为单位，主要包括：

1、登记号（Register Number）。即夏先生给每串珠饰的新号码，如果该串珠子藏于皮特里博物馆，则在新编号下附博物馆收藏号。2、类型编号。卡片上的类型编号有两种，一种是博物馆登记的旧编号，以黑铅笔写出；另一种是夏先生设计的新编号，以蓝铅笔写出。3、穿孔方式（Perforation）。珠子的穿孔方式分为九种，见线绘图版一，分别以大写罗马数字表示。这个数字通常与类型编号的百位数字是一致的。4、颜色（Colour）。包括两部分，一是常用颜色名，另一个是 Wilhelm Ostwald 色标系统中的颜色编号。**5、材质**（Material）。参看《埃及古珠考》第五章《材质术语及鉴定》。**6、装饰**（Decoration）。参看《埃及古珠考》第二部分《珠子制作技术》。**7、数量**（Number），表示此串中该类型珠子的数量。**8、出处**（Provenace），即该串珠饰的出土单位，包括遗址名及单位号，单位不明的则给出遗物登记号。

9、参考文献（Reference），即该串珠饰在发掘报告或其他相关著作中的位置。

10、评论（Remark），包括该串珠饰中不同类型珠子的排列方式、穿绳的材质及夏先生对该串珠饰的相关研究札记等。**11、线图**（Drawing），根据需要绘制相关珠子的线图，表现其细部特征，以弥补照片（原计划）比例尺不能太大的缺点。**12、照片**（Photo），夏先生原计划在每张卡片上附以该串珠饰的小比例尺照片，以便于日后辨识，但由于种种原因，现有卡片未及附上照片。**13、年代**（Date），包括断代依据。年代的缩写定义参看《古珠考》第四章《材料组织方法》。**14、用途**（Use），即珠饰在死者身上的位置，或者其他用途。

　　此图录的编成，与中国社会科学院考古研究所王世民先生的督促与关心密不可分；社会科学文献出版社的周丽女士、皮特里博物馆埃及考古部主任 Maria Ragan、伦敦大学学院田天博士等人为争取串珠照片使用权多方奔走，在此谨表谢忱！

刘子信

2020 年 5 月 26 日

目 录

————

第一部分　古珠卡片

| Reg. No | 282 | | | Drawing | | | |
| | (U.C. 9142) | | | Photo | | | |

Form :	I A	I A	I B	I B	XXVII
	5406 e	R 52 j		R 52 m	
Perforation :	IV	IV	I	I	IV
Colour :	2 black, 1 grey	white	white	white	white
Material :	shell, steatite	shell	shell	shell	shell, cornelian
Decoration :					
Number :	3			Date :	Badarian
Prov.:	Badari 5163			Use :	
Reference :	Brunton's Badarian Civilization p. 9, §20; pl. V				
Remark :					

卡 01。夏 0282，UC9142。巴达里 5163 号墓出土。巴达里时期。

卡 02。夏 0347，UC4443。涅伽达 1858 号墓出土。格尔塞时期 (SD40)。

Reg. No	407		Drawing	
			Photo	
Form :	3.D.1.b	3.B.2.b		
Perforation :	H216C (surface imperfection) III	H1661 I		
Colour :	red (5mc)	red (6pg)		
Material :	carnelian	carnelian		
Decoration :	—	—		
Number :	1	2	Date :	Predynastic
Prov.;	?		Use :	
Reference :				
Remark :				

卡 03。夏 0407。未明示出土地。前王朝时期。

卡 04。夏 0124。希拉康波利斯 (?) 出土。早王朝 (?) 时期。

卡 05。夏 1593。1889 年卡宏（拉宏）出土。第 12 王朝。

卡 06。夏 1417。出土地标为 "H.D."，很可能是哈拉格 D 号墓地所出。中
王国（？）时期。

卡 07。夏 0551。古洛布 "Gh.7" 号墓出土。第 18 王朝。

卡 08。夏 1132，UC43035。1922 年阿拜多斯 105 号墓出土。第 18 王朝
或晚至第 22-25 王朝。

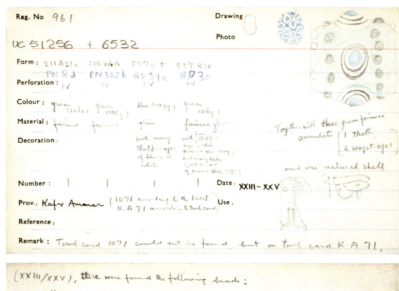

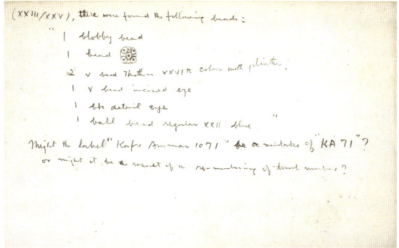

卡 09。夏 0961，UC6532。卡夫－阿玛出土。第 23-25 王朝。参看珠饰
288。

Reg. No 1240

Drawing

Photo

Form: 211 H 13　514 B 30　212 A 11 R
GN 1 ?　TN 29 9　:52 R

Perforation: IV　IV　IV

Colour: black　greenish (oli) white

Material: glass(?)　faience

Decoration:

Together with one uzat eye
and one faience scarab
with name of Psamtek.

Number: 1　1　1　　Date: XXVI

Prov.: Yehudiyeh

Use:

Reference: Petrie's Hyksos and Israelite Cities, pl. XXI, 2.

Remark:

Reg. No 1240

Drawing

Photo

Form: 622 A14/A19　412 A21　215 A8/A12　212 A16　211 A16/A21　634 H25c　857C4d　412 A21
GN 21c　GN 1 ?　GN 9c g.52 R　GN 8 e　PN 44　GD 27 c　TN 171

Perforation: IV　IV　IV　IV　IV　IV　IV

Colour: pink (51e) green　red (6ne)　buff (3g c)　red (5ne)　green (30ec)　green body (30le)　greenish brown (210?)

Material: glass?　glass or faience　glass　limestone　glass　faience　glass　faience

Decoration:

Number: 2　1　4 (143)　　Date: XXVI

Prov.: Yehudiyeh

Use:

Reference: Petrie's Hyksos and Israelite Cities, pl. XXI, 2. (scarab with name of Psamtek)

Remark:

卡 10。夏 1240。耶胡迪耶出土。第 26 王朝。

Reg. No	*1400*		Drawing	
			Photo	
Form :	857 J 5			
Perforation :	BD38C			
Colour :	*green body (role)*			
Material :	*glass*			
Decoration :	*with three multiple stratified eyes of white, brown and seven small stratified soft white consist of white rings and blue (14pc) spots*			
Number :	*1*		Date :	*(XX VI – Ptol)*
Prov. :	*(Saft el Henna)*	**236**	Use :	
Reference :				
Remark :	*Together with one bronze bell and one bronze or copper coin.*			

卡 11。夏 1400。撒夫特荷那 236 号墓出土。第 26 王朝 – 托勒密时期。

卡 12。夏 0577。未明示出土地。托勒密时期。

第二部分　古珠照片

新石器及铜石并用时代

001. 夏 0236，UC2536。法尤姆 Kom W. 遗址出土。新石器时代。

002. 夏 0237，UC2537。法尤姆出土。新石器时代。

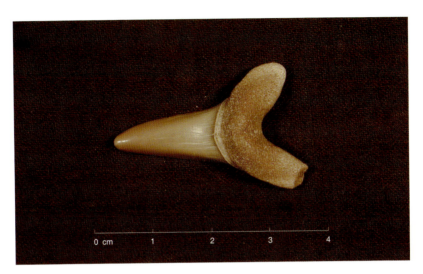

003. 夏 0240A，UC2540。法尤姆 Kom W. 遗址出土。新石器时代。

004. 夏 0247，UC3747。法尤姆遗址 N 出土。新石器时代。

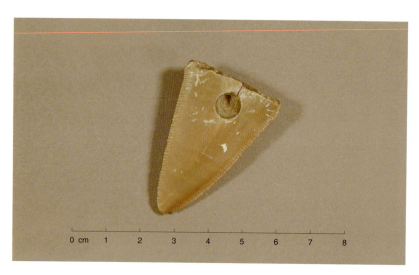

005. 夏 0253A，UC2909。法尤姆 Kom K. 遗址出土。新石器时代。

006. 夏 0001，UC9250。巴达里 5735 号墓出土。巴达里时期。

007. 夏 0259，UC9129。巴达里 5132 号墓出土。巴达里时期。

008. 夏 0260，UC9253。巴达里 5718 号墓出土。巴达里时期。

009. 夏 0261，UC9124。巴达里 5409 号墓出土。巴达里时期。

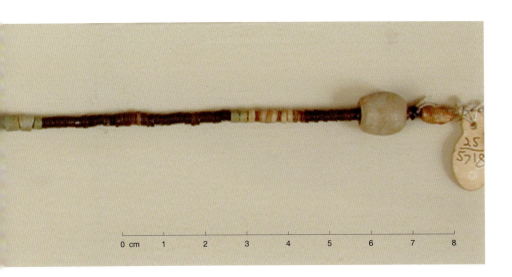

010. 夏 0268，UC9195。巴达里 5130 号墓出土。巴达里时期。

011. 夏 0269，UC9034。巴达里 5744 号墓出土。巴达里时期。

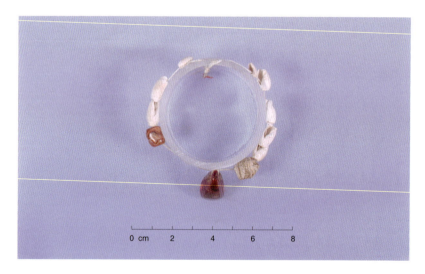

012. 夏 0272，UC9242。巴达里 5164 号墓出土。巴达里时期。

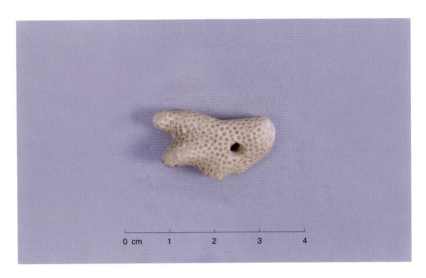

013. 夏 0273，UC9005。巴达里 5374 号墓出土。巴达里时期。

014. 夏 0276，UC9400。巴达里 5700 号墓出土。巴达里时期。

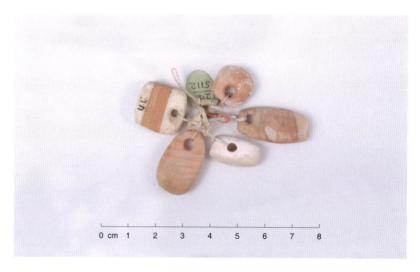

015. 夏 0279，UC9064。巴达里 5112 号墓出土。巴达里时期。

016. 夏 0281，UC9252。巴达里 5110 号墓出土。巴达里时期。

017. 夏 1597，UC9143。巴达里 5144 号墓出土。巴达里时期。

018. 珠串上的绿碧玉 (?) 双锥体珠子。夏 0271，U.C.9190。出自巴达里 5403 号墓。巴达里时期（SD28）。见《埃及古珠考》第十五章第二节。

埃及古珠考·图录

ANCIENT
EGYPTIAN BEADS

前王朝时期

019. 夏 0295，UC4215。涅伽达 1613 号墓出土。阿姆拉时期 (SD33)。

020. 夏 0287，UC9532。巴达里 3731 号墓出土。阿姆拉时期 (SD37)。

021. 上：夏 0006，UC9588；下：夏 0007，UC9589。
均出土于 Hemamieh 1664 号墓。阿姆拉 – 格尔塞时期 (SD35-43)。

022. 夏 0288，UC9565。巴达里 3802 号墓出土。阿姆拉 – 格尔塞时期
(SD37-43)。

023. 夏 0301，UC4292。涅伽达 1723 号墓出土。格尔塞时期 (SD40)。

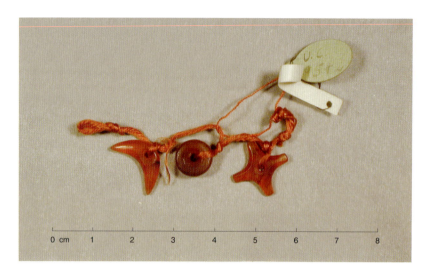

024. 夏 0285，UC9542。巴达里 3759 号墓出土。格尔塞时期 (SD39-43)。

025. 夏 0048，UC5004。涅伽达 1575 号墓出土。格尔塞时期 (SD45)。

026. 夏 0240，UC6316。巴达里 3730 号墓出土。格尔塞时期 (SD44-50)。

027. 夏 0060，UC4994。涅伽达 723 号墓出土。格尔塞时期 (SD46-52)。

028. 夏 1119，UC10679a。巴达里 3922 号墓出土。前王朝时期 (SD36-61)。

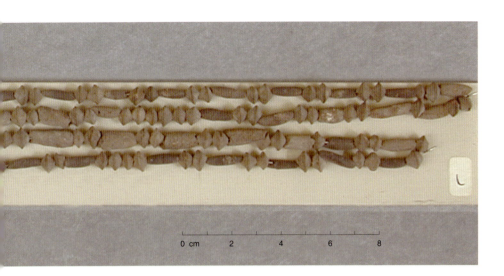

029. 夏 1758，UC5040。涅伽达 1827 号墓出土。格尔塞－塞迈尼安时期
(SD40-62)。

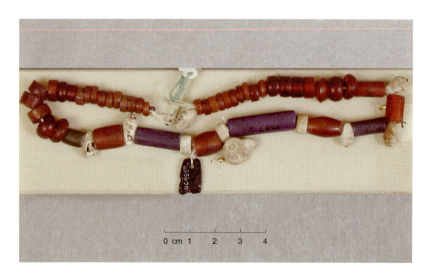

030. 夏 0005，UC9587。Hemamieh 1629 号墓出土。格尔塞时期
(SD44-60)。

031. 夏 0036，UC9582。卡乌探沟 122 出土。前王朝早期。

032. 夏 0051，UC5391。涅伽达 576 号墓出土。格尔塞时期 (SD54)。

033. 夏 0052，UC5390。涅伽达 576 号墓出土。格尔塞时期 (SD54)。

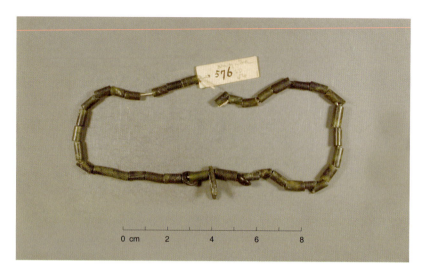

034. 夏 0306，UC5389。涅伽达 576 号墓出土。格尔塞时期 (SD54)。

035. 夏 0033，UC9591。Hemamieh 1741 号探沟出土。格尔塞 – 塞迈尼
安时期 (SD40-70)。

036. 夏 0035，UC9590。Hemamieh 1665 号墓出土。格尔塞－塞迈尼安时期 (SD40-70)。

037. 夏 0055，UC4393。涅伽达 494 号墓出土。格尔塞时期 (SD55)。

038. 夏 0286，UC9575。巴达里 3825 号墓出土。格尔塞－塞迈尼安时期
(SD55-65)。

039. 夏 0339，UC10759-10762。格尔塞 205 号墓出土，出土时穿在一起。
塞迈尼安时期 (SD64)。

040. 夏 0334，UC10834-10838。迪奥斯波利斯·帕尔瓦（小宙斯城） U. 379 出土。塞迈尼安时期 (SD67)。

041. 夏 0353，UC4503。涅伽达 388 号墓出土。塞迈尼安时期 (SD72)。

042. 夏 0354，UC4507。涅伽达 1248 号墓出土。塞迈尼安时期 (SD72)。

043. 夏 0013，UC17144。塔罕 887 号墓出土。第 0 王朝（塞迈尼安）。

044. 夏 0050，UC5022。涅伽达 704 号墓出土。第 0 王朝（塞迈尼安）。

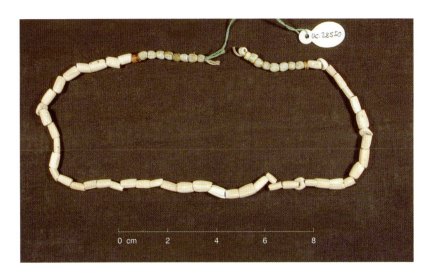

045. 夏 0402，UC28510。塔罕 1844 号墓出土。第 0 王朝（塞迈尼安）。

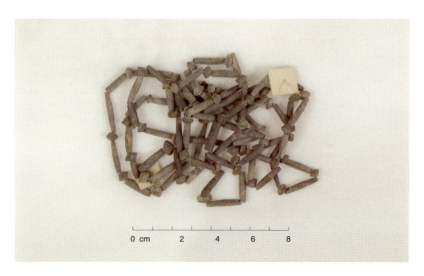

046. 夏 0071，UC5038。涅伽达 探沟 29 出土。前王朝时期。

047. 夏 0121，UC26526。卡乌 100/5 号墓出土。前王朝时期。

048. 夏 0313，UC4407。涅伽达 1567 号墓出土。前王朝时期。

049. 夏 0332，UC10832。迪奥斯波利斯·帕尔瓦（小宙斯城）U. 169 出土。
前王朝时期。

050. 夏 0359，UC4512。涅伽达 350 号墓出土。前王朝时期。

051. 夏 0361，UC4520。涅伽达 10 号墓出土。前王朝时期。

052. 夏 0371，UC4661-4663。涅伽达 602 号墓出土。前王朝时期。

埃及古珠考·图录

ANCIENT
EGYPTIAN BEADS

早王朝时期

053. 夏 0378，UC17135。塔罕 1759 号墓出土。第 1 王朝 (SD77)。

054. 夏 0379，UC17132。塔罕 702 号墓出土。第 1 王朝 (SD77)。

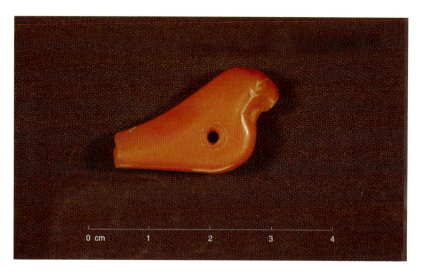

055. 夏 0380，UC15269。塔罕 1552 号墓出土。第 1 王朝 (SD77)。

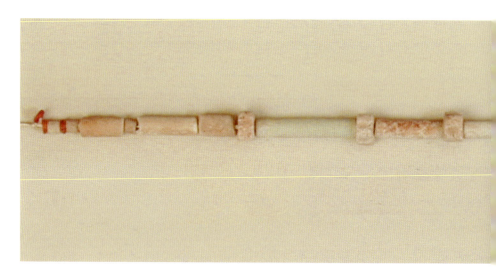

057. 夏 0382，UC17150。塔罕 1570 号墓出土。第 1 王朝 (SD78)。

056. 夏 0097，UC17148。塔罕 1329 号墓出土。第 1 王朝 (SD78)。

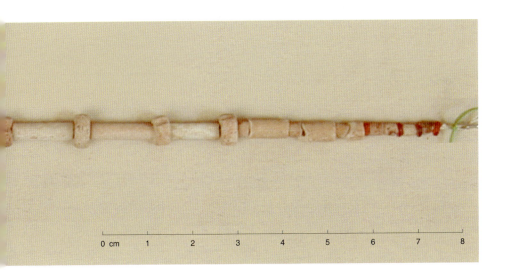

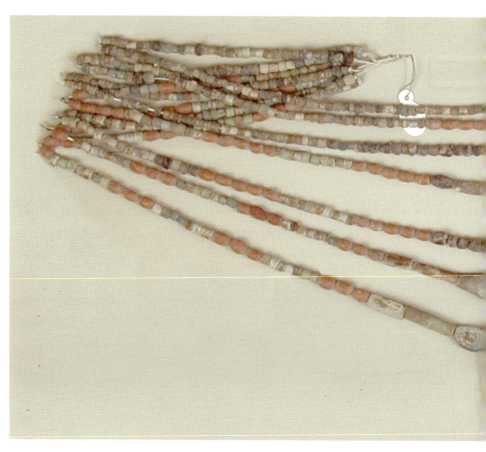

058. 夏 0390，UC15220。塔罕 2034 号墓出土。第 1 王朝 (SD78)。

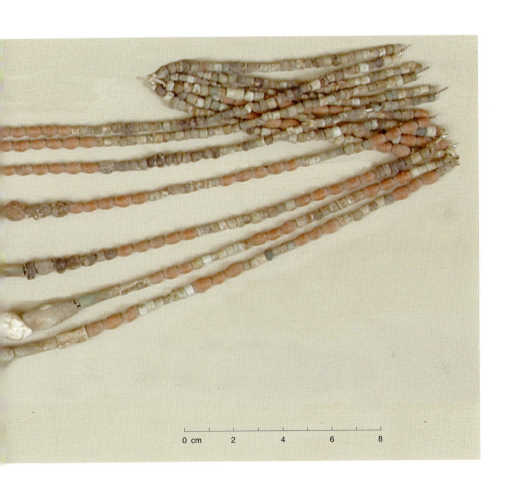

059. 夏 0056，UC5013。涅伽达 113 号墓出土。第 1 王朝 (SD79)。

061. 夏 0389，UC15216。塔罕 1438 号墓出土。第 1 王朝 (SD79)。

060. 夏 0057，UC5014。涅伽达 113 号墓出土。第 1 王朝 (SD79)。

062. 夏 0415，UC16201。阿拜多斯 787 号墓出土。第 1 王朝 (SD79)。

063. 夏 0100，UC17154。塔罕出土。第 1 王朝 (SD80)。

064. 夏 0401，UC17153。塔罕 763 号墓出土。第 1 王朝 (SD80)。

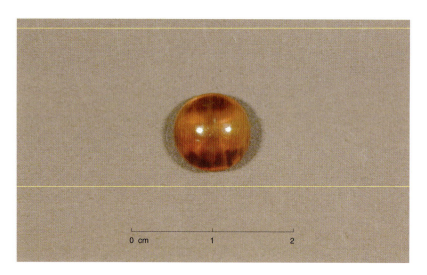

065. 夏 1137，UC17124。塔罕 1528 号墓出土。第 1 王朝 (SD80)。

066. 夏 1223，UC51003。阿拜多斯古墓 W 出土，该墓为杰特王（King Zet）廷臣之墓。第 1 王朝 (SD80)。

067. 夏 0115，UC27376。巴达里 6008 号墓出土。第 1 王朝 (SD80-81)。

068. 夏 0384，UC17126。塔罕 1626 号墓出土。第 1 王朝。

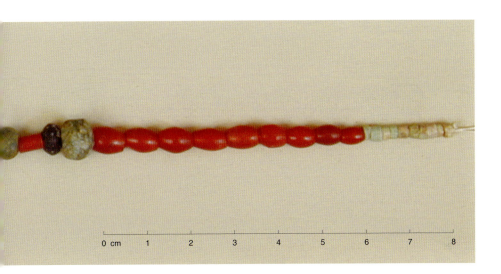

069. 夏0418，UC14893a之一。釉砂。希拉康波利斯主堆积中出土。第1王朝。

070. 夏 1653，UC17152。塔罕出土。早王朝时期。

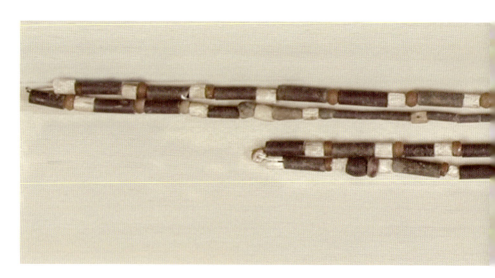

071. 夏 0801，UC27372。卡乌 1742 号墓出土。早王朝时期。

埃及古珠考·图录

ANCIENT
EGYPTIAN BEADS

古王国时期

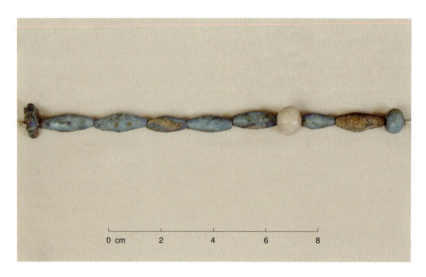

072. 夏 0016，UC20379。卡乌 651 号墓出土。第 4 王朝。

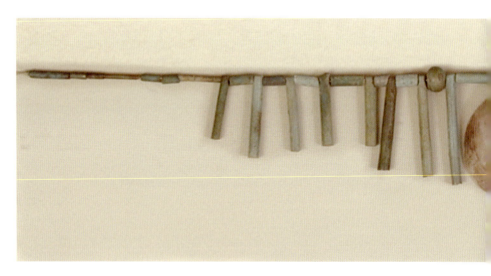

073. 夏 0158，UC20380。卡乌 627 号墓出土。第 4 王朝。

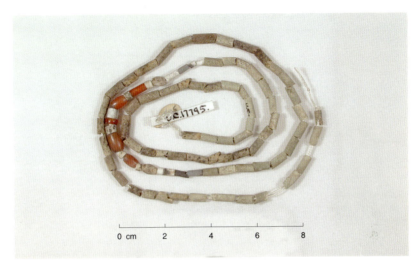

074. 夏 0752，UC17795。卡乌 7366 号墓出土。第 4-5 王朝。

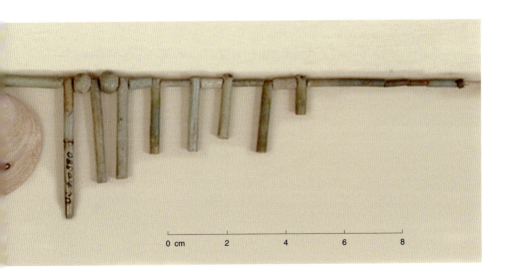

075. 夏 0020，UC20397。卡片上仅记录该串上的五颗红玉髓珠。卡乌
1165 号墓出土。第 5 王朝。

076. 夏 0021，UC17680。卡乌 1165 号墓出土。第 5 王朝。

077. 夏 0023，UC20384。卡乌 451 号墓出土。第 5 王朝。

078. 夏 0113，UC20386。卡乌 1145 号墓出土。第 5 王朝。

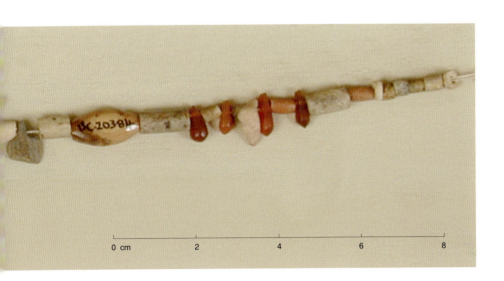

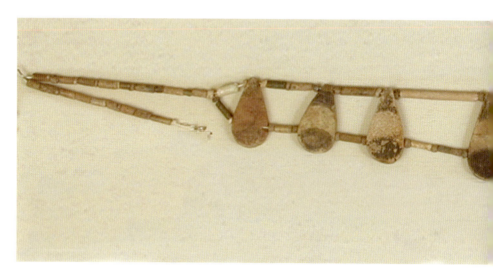

079. 夏 0192，UC25977。Deshasheh 22 号墓出土。第 5 王朝。

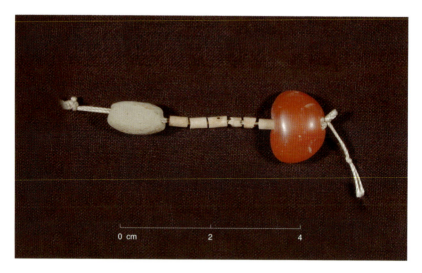

080. 夏 0800，UC17685。卡乌 1224 号墓出土。第 5 王朝。

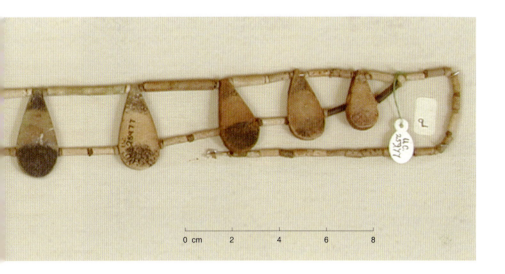

081. 木乃伊珠网。夏1522，UC17743。卡乌978号墓出土。第5王朝。釉砂等。
见《埃及古珠考》第十七章。

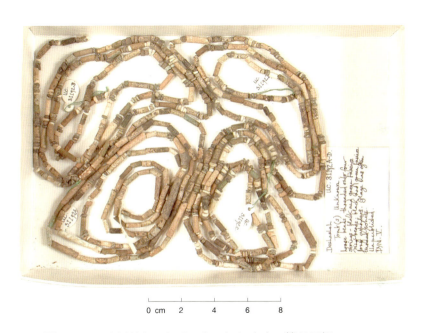

082. 夏 1543，UC31192a-d。Deshasheh 出土。第 5 王朝。

083. 上：夏 0140，UC20394；下：夏 0116，UC20394。
均出土于 Hemamieh 2050 号墓。第 5-6 王朝。

084. 夏 0019，UC20415。Hemamieh 2058 号探沟出土。第 6 王朝。

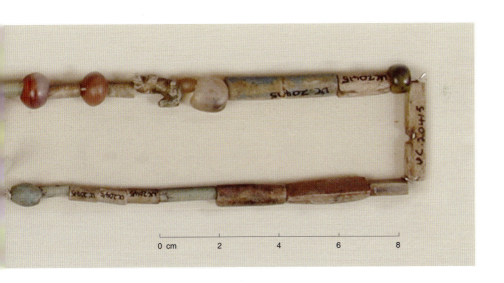

085. 夏 0142，UC20496。卡乌 7539 号墓出土。第 6 王朝。

086. 夏 0155，UC17773。卡乌 679 号墓出土。第 6 王朝。

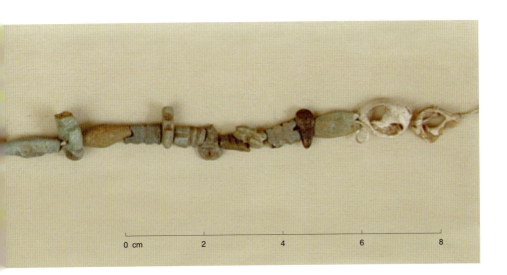

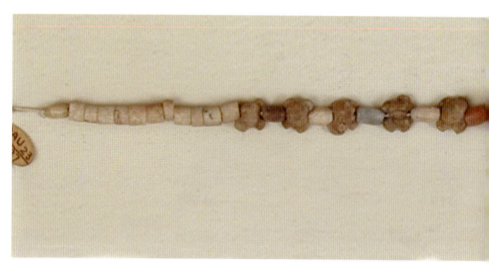

087. 夏 0180，UC20399。卡乌 487 号墓出土。第 6 王朝。

088. 夏 0185，UC51017。扎拉比 169 号墓出土。第 6 王朝。

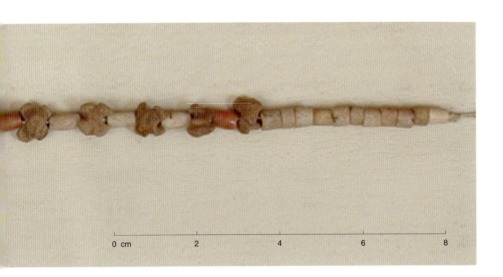

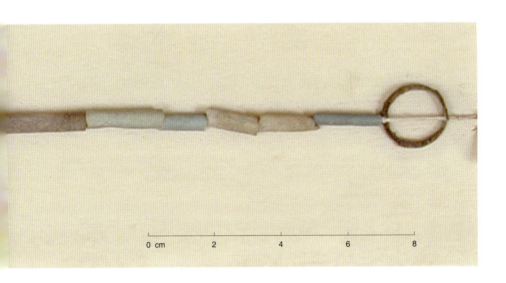

089. 夏 0186，UC51011。Abu Shalbiyeh 5 号墓出土。第 6 王朝。

090. 夏 0193，UC51014。扎拉比遗址探沟内 R 号墓出土。第 6 王朝。

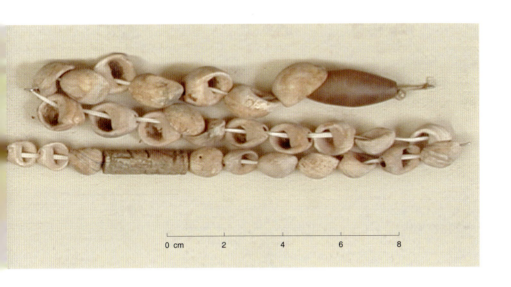

091. 夏 0428，UC17778。卡乌 7835 号墓出土。第 6 王朝。

092. 夏 0458，UC20412。卡乌 1023 号墓出土。第 6 王朝。

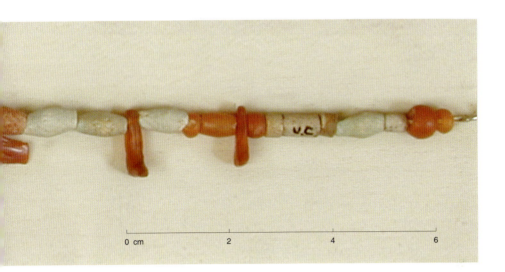

093. 夏 0471，UC20407。卡乌 961 号墓出土。第 6 王朝。

094. 夏 0774，UC17813，绿色者为釉砂护身符。巴达里 5321 号墓出土。
第 6 王朝。

095. 夏 0784，UC17799。Hemamieh 2092 号墓出土。第 6 王朝。

096. 夏 1128，UC20404，散放的两件为印章。卡乌 712 号墓出土。第 6 王朝。

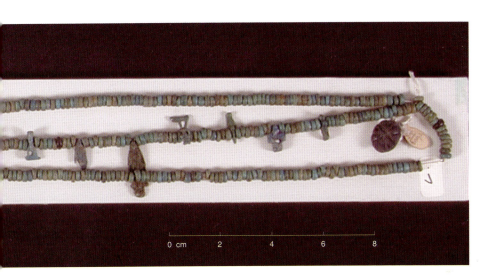

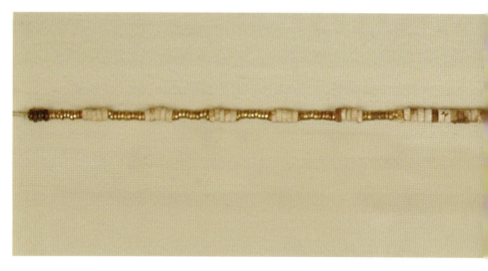

097. 夏 0129，UC31574。迪奥斯波利斯·帕尔瓦（小宙斯城）W 100 出土。
第 6-7 王朝。

098. 夏 0030，UC20672。巴达里探沟 5303 出土。第 7-8 王朝。

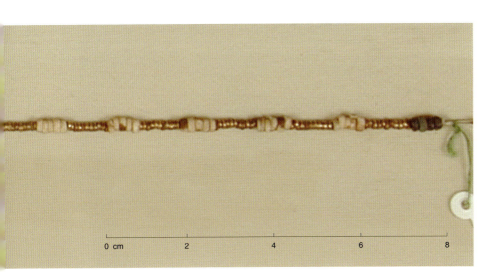

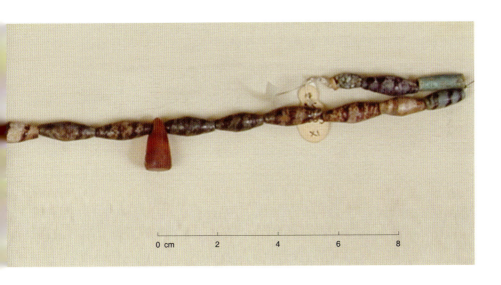

099. 夏 0118，UC20520。Hemamieh 1954 号墓出土。第 7-8 王朝。

100. 夏 0120，UC20679。包括两枚青铜钩扣。卡乌 7880 号墓出土。
第 7-8 王朝。

101. 夏 0122，UC20680A。卡乌 7887 号墓出土。第 7-8 王朝。

102. 夏 0123，UC20680B。卡乌 7887 号墓出土。第 7-8 王朝。

103. 夏 0139，UC20587。巴达里 3306 号墓出土。第 7-8 王朝。

104. 夏 0141，UC20682。卡乌 7948 号墓出土。第 7-8 王朝。

105. 夏 0166，UC20510A。卡乌 811 号墓出土。第 7-8 王朝。

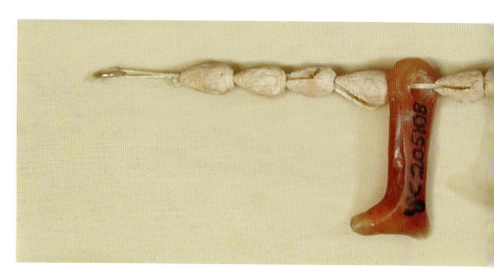

106. 夏 0165，UC20510B。卡乌 811 号墓出土。第 7-8 王朝。

107. 夏 0434，UC18059。卡乌 1030 号墓出土。第 7-8 王朝。

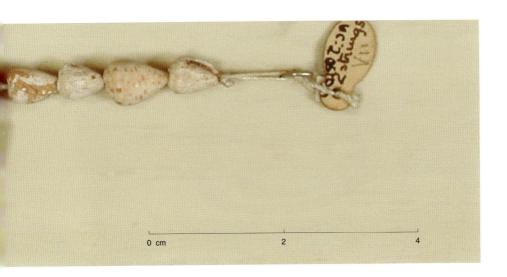

108. 夏 0437，UC18057。卡乌 1030 号墓出土。第 7-8 王朝。

0 cm　　2　　4

109. 夏 0440，UC20512B。卡乌 1030 号墓出土。第 7-8 王朝。

110. 夏 0744，UC18026。巴达里 4903(2) 号墓出土。第 7-8 王朝。

111. 夏 0765，UC20666。串珠上穿一颗黄金护身符。巴达里 5262 号墓出土。
第 7-8 王朝。

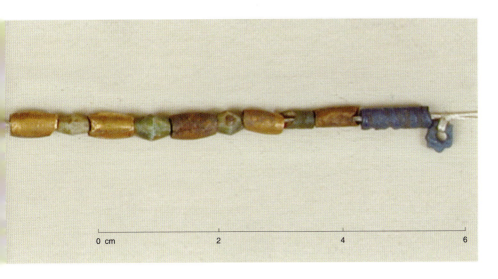

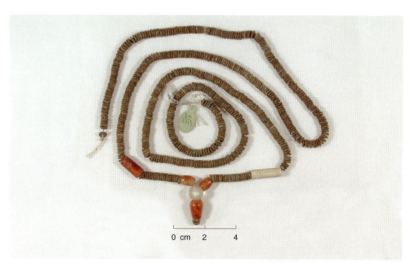

112. 夏 0770，UC18081。卡乌 3313 号墓出土。第 7-8 王朝。

113. 夏 0787，UC20896。卡乌 7777 号墓出土。第 7-8 王朝。

114. 夏 0159，UC20387。卡乌 700 号墓出土。古王国时期。

埃及古珠考·图录

ANCIENT
EGYPTIAN BEADS

第一中间期

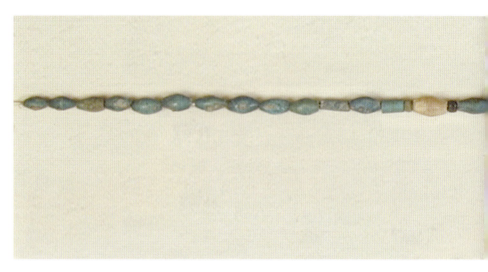

115. 夏 0173，UC31713。赛德门特 1590 号墓出土。第 9 王朝。

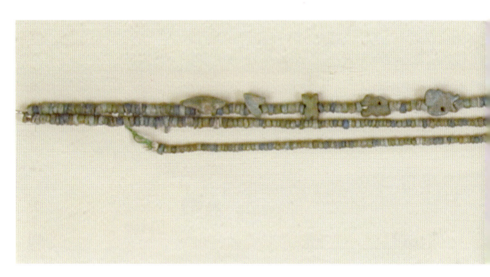

116. 夏 0174，UC31714。赛德门特 1590 号墓出土。第 9 王朝。

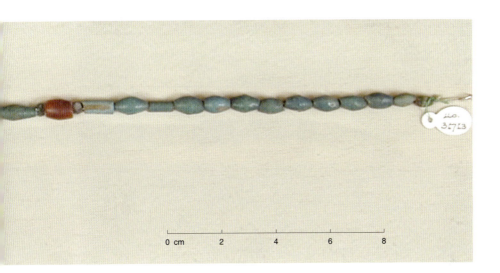

0 cm   2   4

117. 夏 0496，UC31709。赛德门特 2131 号墓出土。第 9 王朝。

0 cm   2   4

118. 夏 0117，UC20882。巴达里 5281 号墓出土。第 9-10 王朝。

119. 夏 0164，UC20706。卡乌 614 号墓出土。第 9-10 王朝。

120. 夏 0197，UC18128。卡乌 914 号墓出土。第 9-10 王朝。

121. 夏 0202，UC18127。卡乌 914 号墓出土。第 9-10 王朝。

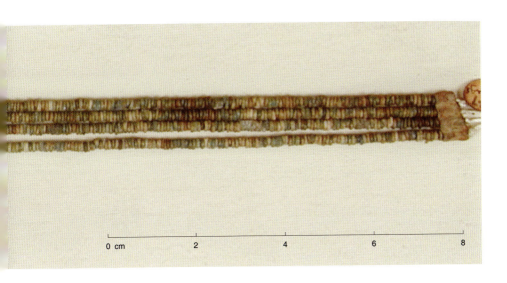

122. 夏 0474，UC20718A。卡乌 1049 号墓出土。第 9-10 王朝。

123. 夏 0483，UC20712。卡乌 923 号墓出土。第 9-10 王朝。

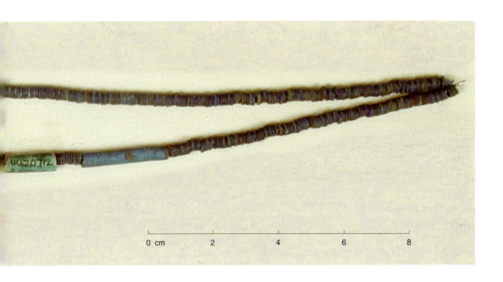

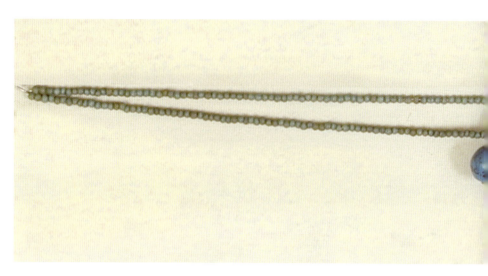

124. 夏 0484，UC20742。卡乌 1632 号墓出土。第 9-10 王朝。

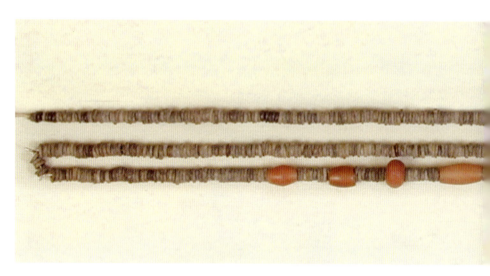

125. 夏 0485，UC20719B。卡乌 1074 号墓出土。第 9-10 王朝。

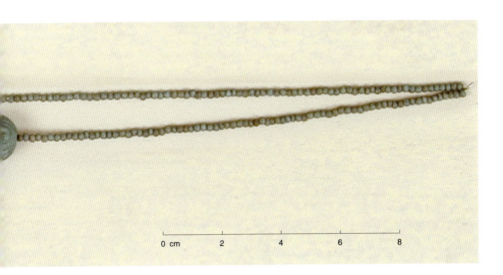

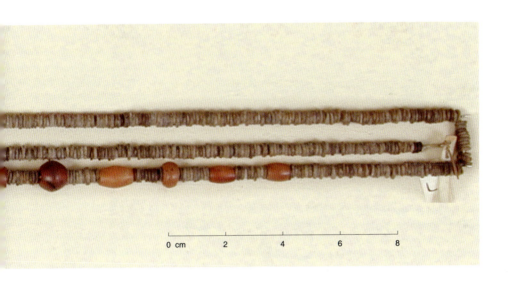

126. 夏 0486，UC20724B。卡乌 1526 号墓出土。第 9-10 王朝。

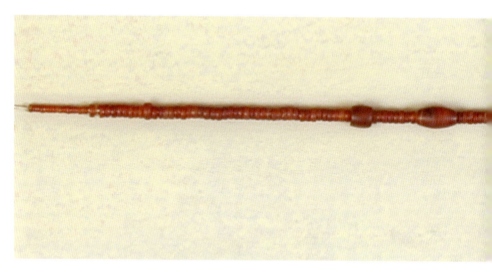

127. 夏 0487，UC20724A。卡乌 1526 号墓出土。第 9-10 王朝。

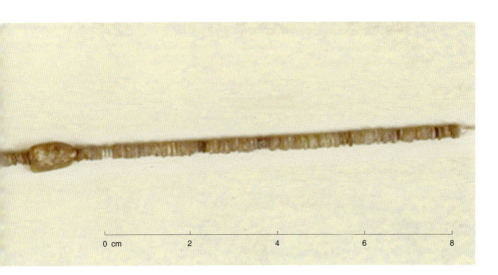

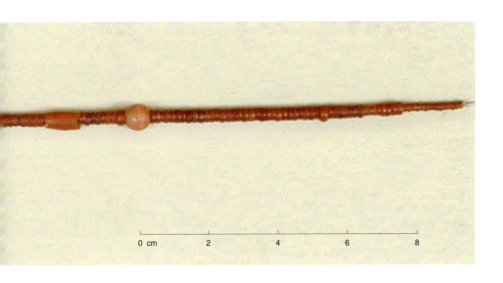

128. 夏 0499，UC43056。阿拜多斯 162 号墓出土。第 9-10 王朝。

0 cm   2   4   6   8

129. 夏 0645，UC43221。阿拜多斯出土。第 9-10 王朝。

130. 夏 0215，UC51021。卡夫 – 阿玛 152 号墓出土。第 10-11 王朝。

131. 夏 0207，UC27768。古洛布 307 号墓出土。第 11 王朝。

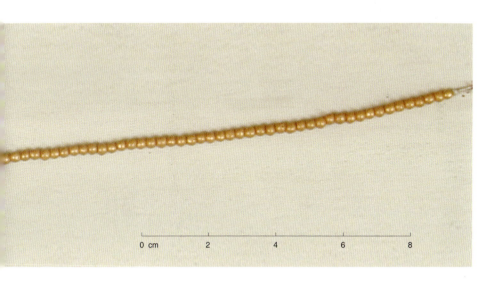

132. 夏 0507，UC6504。哈拉格 548 号墓出土。第 11 王朝（？）。

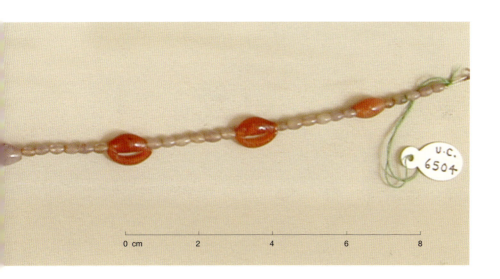

133. 乌瑟赫项圈(原穿结顺序)。夏0446，UC31717。出自赛德门特1512号墓。
釉砂。第一中间期。见《埃及古珠考》第十八章。

134. 乌瑟赫项圈。夏 0447，UC31716。赛德门特出土。第一中间期。

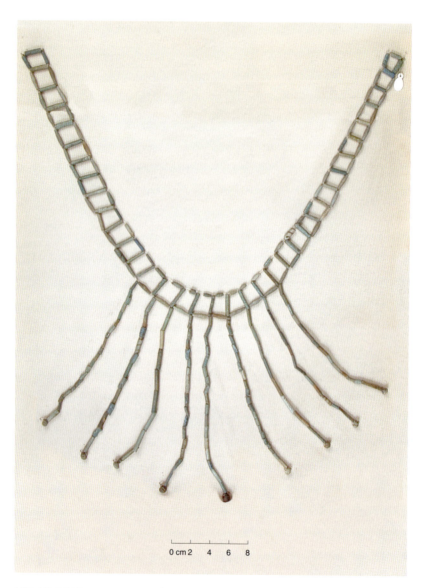

135. 夏 0448，UC31718。赛德门特出土。第一中间期。

136. 夏 0492，UC20924。卡乌 7391 号墓出土。第一中间期。

137. 夏 1352，UC73849。丹德拉 N.N. 出土。第一中间期。

中王国时期

138. 夏 0211，UC51850。哈拉格 530 号墓 (实为房址) 出土。第 11 王朝。

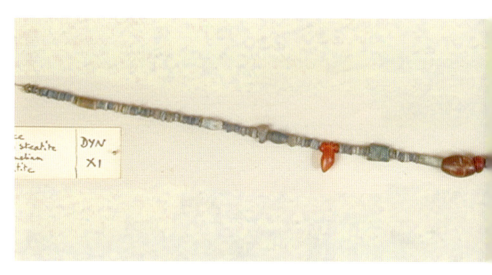

140. 夏 0227，UC51044。卡夫 – 阿玛 1139 号墓出土。第 11 王朝。

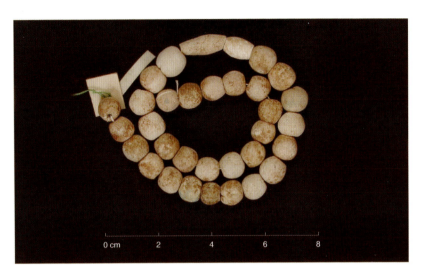

139. 夏 0226，UC37160。卡夫 - 阿玛 786 号墓出土。第 11 王朝。

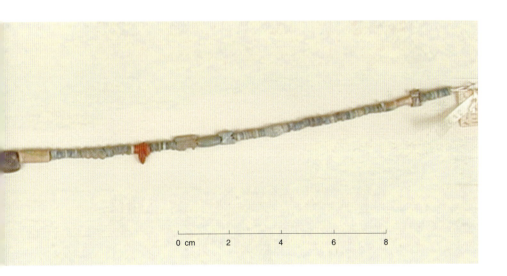

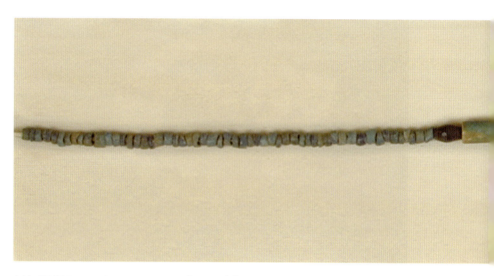

141. 夏 1055，UC30334。1922 年阿拜多斯 197 号墓出土。第 11 王朝。

142. 夏 1302，UC51416。丹德拉 529 号墓出土。第 11-12 王朝。

143. 夏 0031，UC43025。阿拜多斯 75 号墓出土。第 12 王朝。

144. 夏 0218，UC31473。迪奥斯波利斯·帕尔瓦（小宙斯城）(Hu) Y 189 出土。
第 12 王朝。

145. 夏 0230，UC7557。卡宏（拉宏）出土。第 12 王朝。

146. 夏 0233，UC29136。涅伽达出土。第 12 王朝。

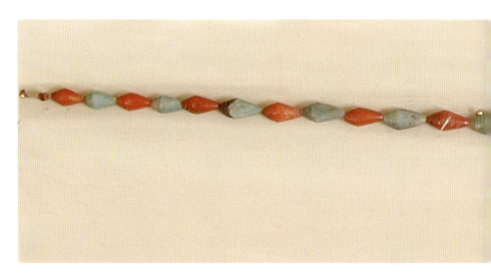

147. 夏 0509，UC26006。里科 146 号墓出土。第 12 王朝。

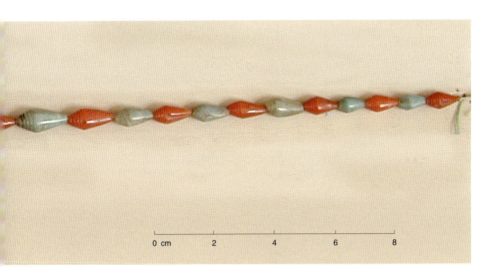

148. 夏 0511，UC51082。卡宏（拉宏）出土。第 12 王朝。

149. 夏 0516，UC51085。卡宏（拉宏）出土。第 12 王朝。

150. 夏 0517，UC51086。利非出土。第 12 王朝。

151. 夏 0524，UC51855。利非出土。第 12 王朝。

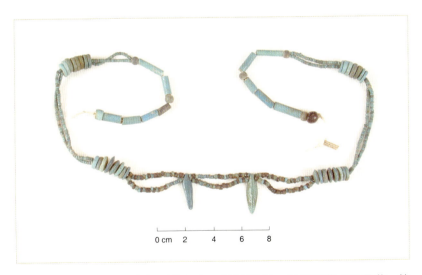

152. 串珠（原穿结顺序）。夏 0525，UC51861。出自利非 137 号墓。第 12 王朝（中王国）。釉砂。见《埃及古珠考》第十九章。

153. 夏 0526，UC51425。卡宏（拉宏）出土。第 12 王朝。

154. 夏 0530，UC51856。卡宏（拉宏）出土。第 12 王朝。

155. 夏 0596，UC51354。利非出土。第 12 王朝。

156. 夏 0601，UC51038。利非 334 号墓出土。第 12 王朝。

157. 夏 0605，UC51033。利非出土。第 12 王朝。

158. 夏 0612，UC7537。卡宏（拉宏）整体出土。第 12 王朝。

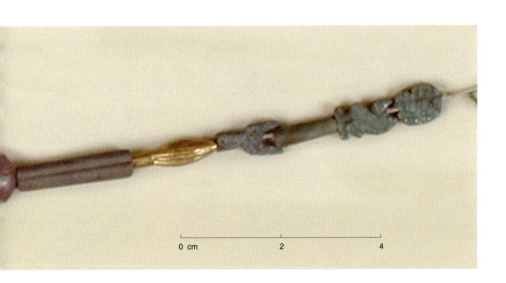

159. 夏 0615，UC7548。卡宏（拉宏）出土。第 12 王朝。

160. 夏 0633，UC7547。卡宏（拉宏）出土。第 12 王朝。

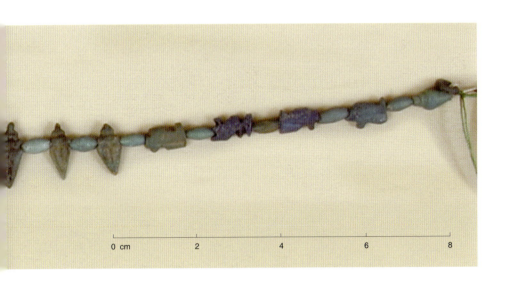

161. 夏 0673，UC7555。卡宏（拉宏）出土。第 12 王朝。

162. 夏 0680，UC31478-31479。珠串上穿一只绿色施釉滑石圣甲虫。迪奥斯波利斯·帕尔瓦（小宙斯城）YS. 424 出土。第 12 王朝。

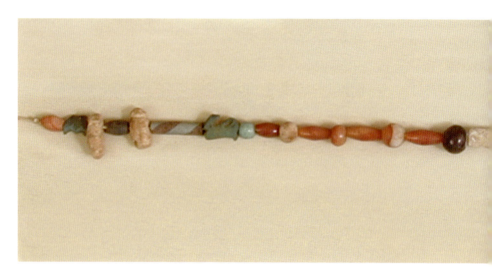

163. 夏 0693，UC6769。卡宏（拉宏）出土。第 12 王朝。

164. 夏 0694，UC6768。卡宏（拉宏）出土。第 12 王朝。

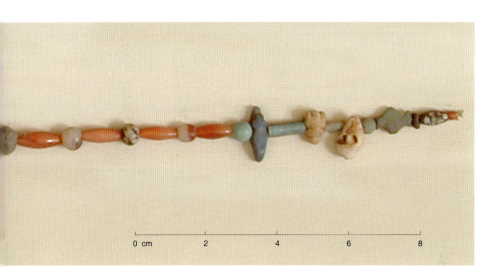

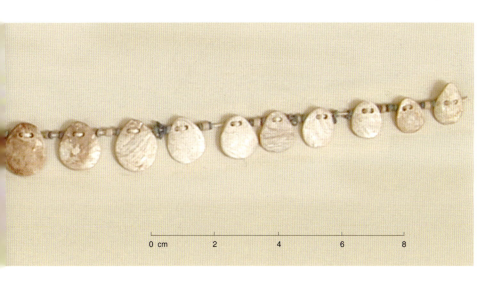

165. 夏 0696，UC51119。Naqadeh 出土。第 12 王朝。

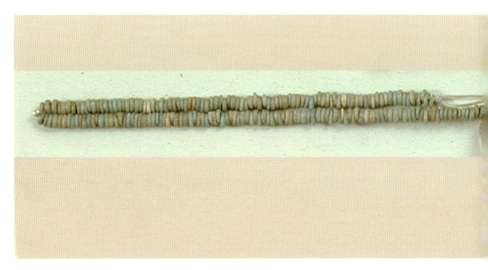

166. 夏 0792，UC25979。卡乌 409 号墓出土。第 12 王朝。

167. 夏 0810，UC2893。哈拉格 528 号墓出土。第 12 王朝。

168. 夏 1061，UC43085。1922 年阿拜多斯 293 号墓出土。第 12 王朝。

169. 夏 1083，UC43126。1922 年阿拜多斯 825 号墓出土。第 12 王朝。

170. 夏 1752，UC51039。哈拉格 112 号墓出土。第 12 王朝。

171. 夏 0209，UC51052。利非出土。中王国时期。

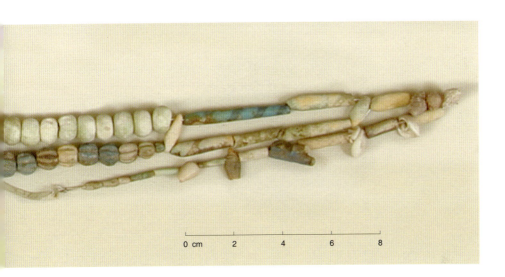

172. 夏 0365，UC5603。涅伽达南城出土。中王国时期。

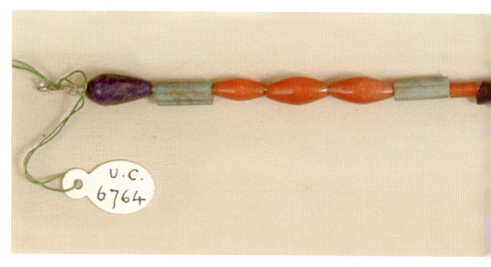

173. 夏 0502，UC6764。拉宏（卡宏）10 号墓出土。中王国时期。

174. 夏 1204，UC51417。丹德拉 488 号墓出土。中王国时期。

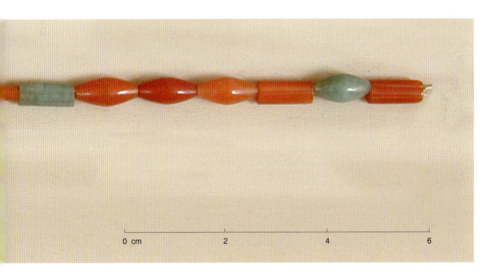

第二中间期

175. 夏 0807，UC6685。哈拉格出土。第 13 王朝。

176. 夏 0641，UC26039。卡乌 7431 号墓出土。第二中间期。

177. 夏 0726，UC26044。卡乌 7578A 号墓出土。第二中间期。

178. 夏 0734，UC26054。卡乌 7578 号墓出土。第二中间期。

179. 夏 0742，UC26047。卡乌 7578F 号墓出土。第二中间期。

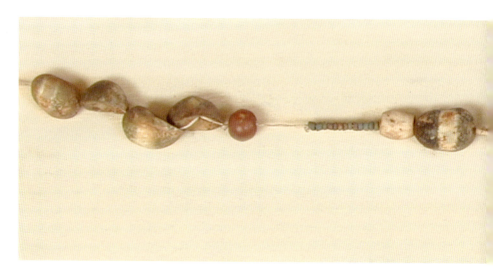

180. 夏 0814，UC26009。卡乌 1301 号墓出土。第二中间期。

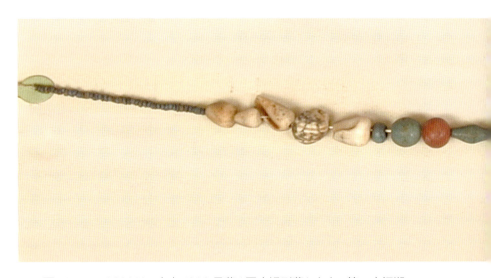

181. 夏 0818，UC26013。卡乌 1989 号墓（平底锅形墓）出土。第二中间期。

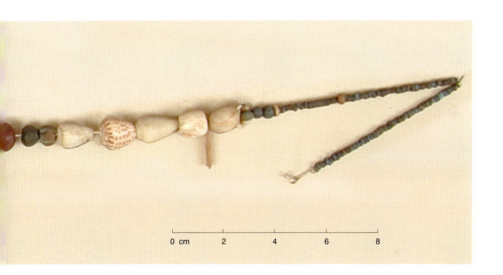

埃及古珠考·图录

ANCIENT
EGYPTIAN BEADS

新王国时期

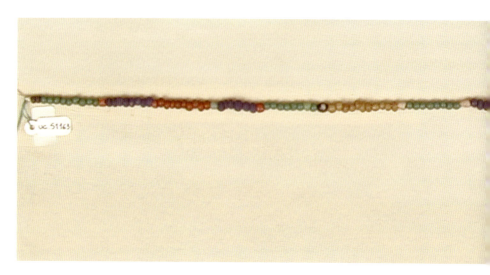

182. 夏 0540，UC51163。古洛布出土。第 18 王朝。

183. 夏 0544，UC51167。古洛布出土。第 18 王朝。

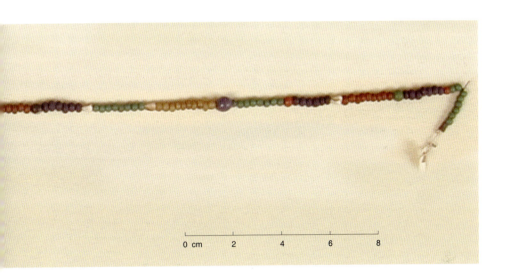

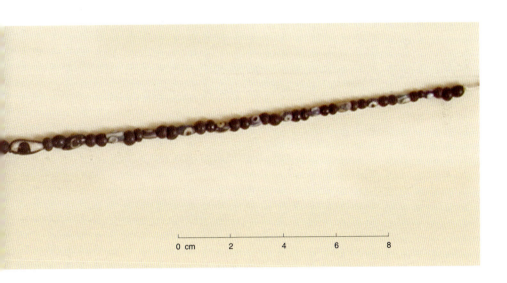

184. 夏 0545，UC51168。古洛布出土。第 18 王朝。

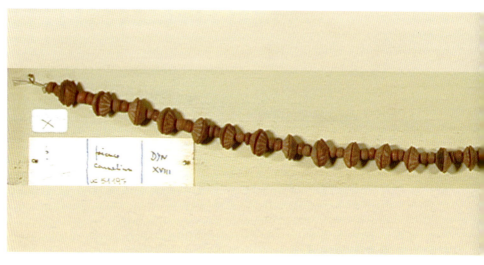

185. 夏 0559，UC51197。古洛布出土，属于"图坦卡蒙组遗物"。第 18 王朝。

186. 夏 0704，UC27778。古洛布出土。第 18 王朝。

187. 夏 0705，UC27795。古洛布出土。第 18 王朝。

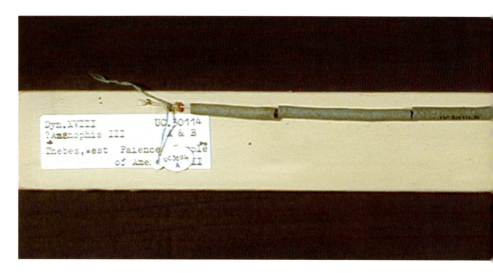

188. 夏 0711，UC30114。阿蒙霍特普二世或三世神庙（底比斯）出土。第
18 王朝。

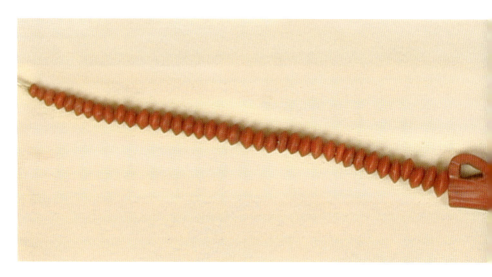

189. 夏 0713，UC27775。古洛布出土。第 18 王朝。

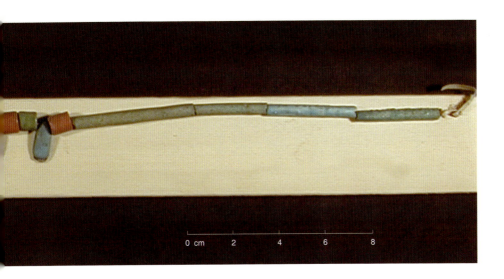

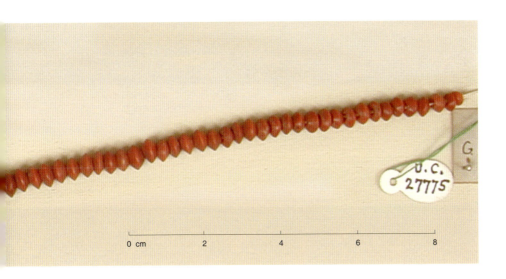

190. 夏 0721，UC51202。上埃及出土。第 18 王朝。

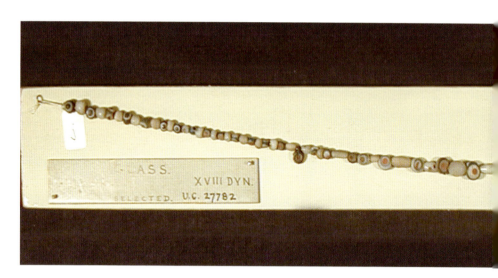

191. 夏 0724，UC27782。古洛布出土。第 18 王朝。

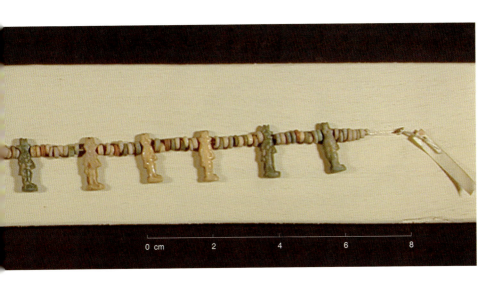

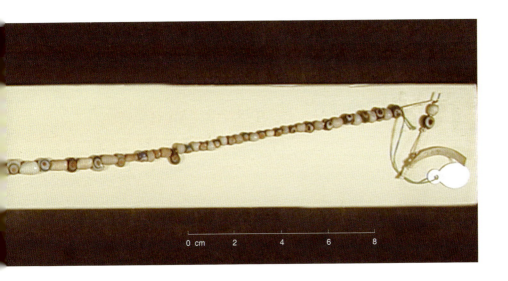

192. 夏 0823，UC51547。古洛布出土。第 18 王朝。

193. 夏 0842，UC27798。古洛布出土。第 18 王朝。

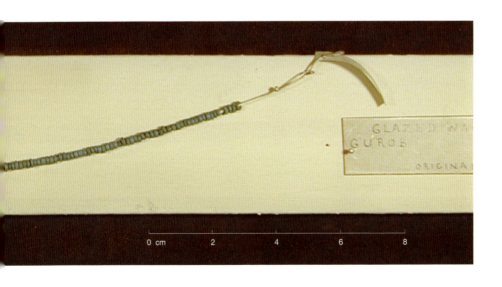

194. 夏 0851-0852，UC51854。德尔－巴哈利出土。第 18 王朝。

195. 夏 0855，UC51208。上埃及出土。第 18 王朝。

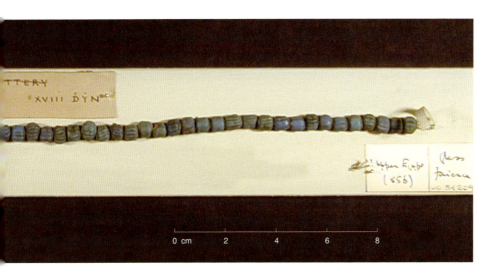

196. 夏 0863，UC51213。古洛布出土。第 18 王朝。

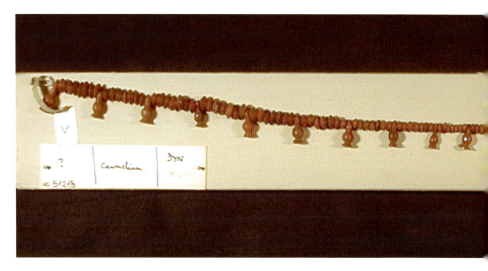

197. 夏 0866，UC51215。古洛布出土。第 18 王朝。

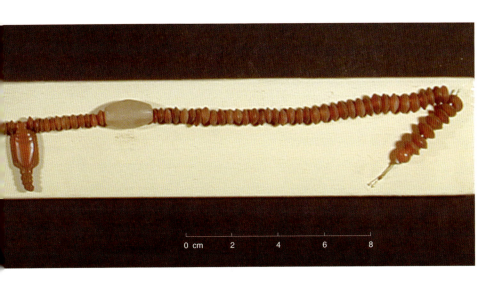

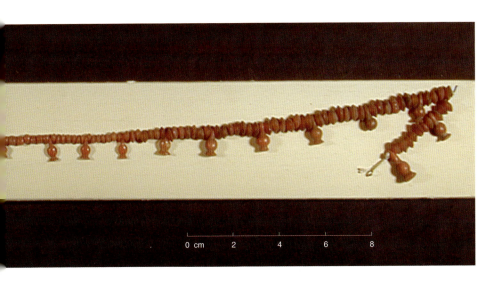

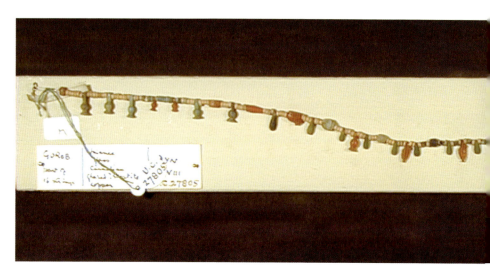

198. 夏 0876，UC27805。古洛布出土。第 18 王朝。

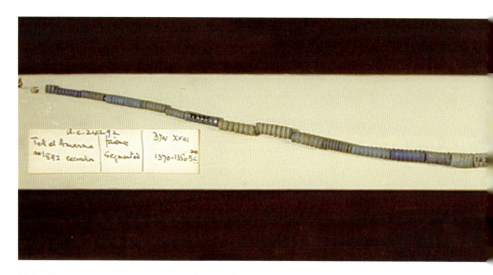

199. 夏 0886，UC24292。1894 年阿玛尔纳出土。第 18 王朝。

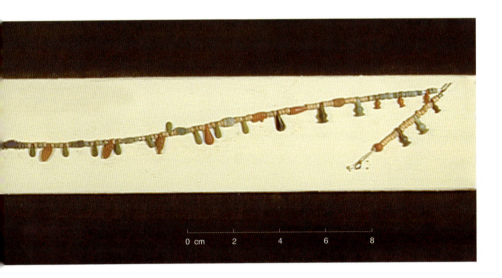

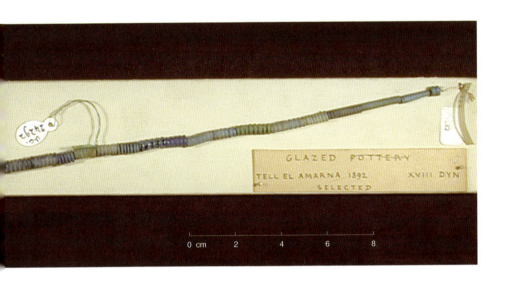

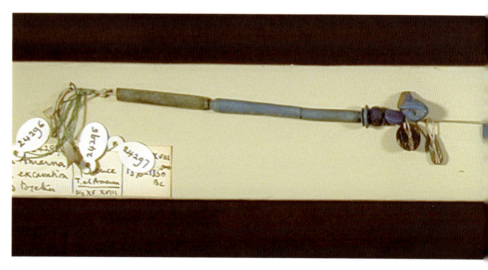

200. 夏 0888，UC24295-24297。1892 年阿玛尔纳整体出土。第 18 王朝。

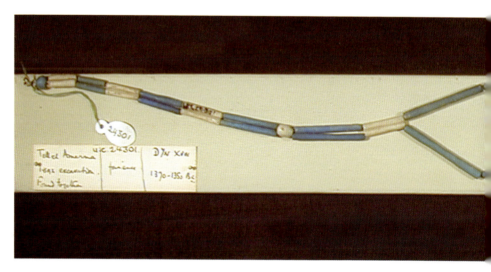

201. 夏 0892，UC24301。1893 年阿玛尔纳整体出土。第 18 王朝。

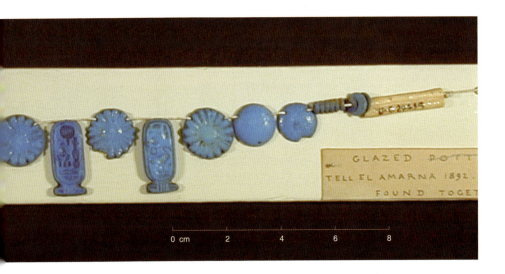

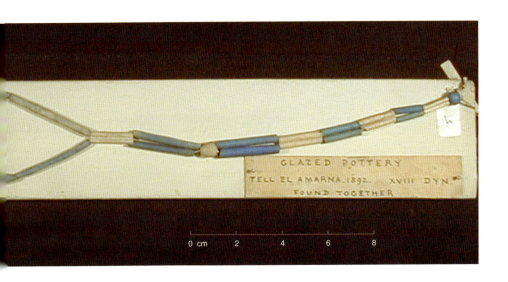

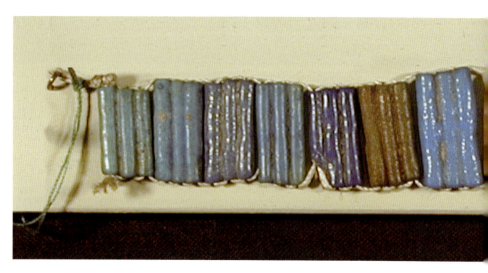

202. 夏 0897，UC24308。阿玛尔纳出土。第 18 王朝。

203. 夏 0903、0912，UC27785。古洛布出土。第 18 王朝。

204. 夏 0908，UC27813。古洛布出土。第 18 王朝。

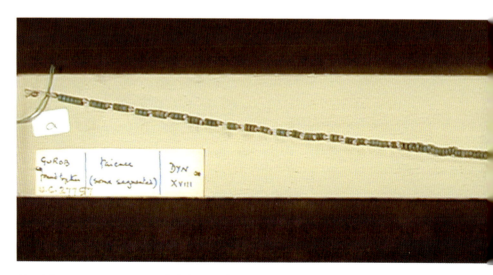

205. 夏 0910，UC27797。古洛布整体（？）出土。第 18 王朝。

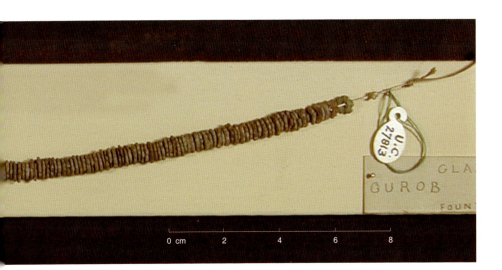

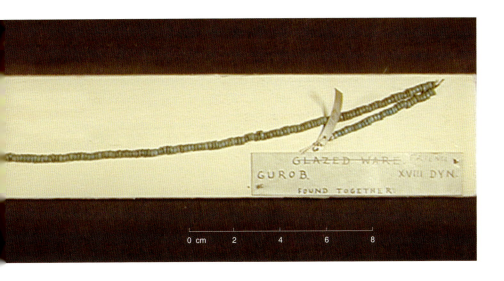

206. 夏 0914，UC24305。阿玛尔纳 (?) 出土。第 18 王朝。

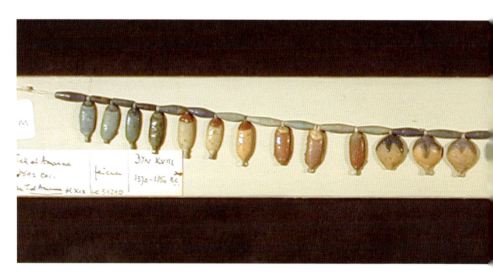

207. 夏 1005，UC51210。阿玛尔纳出土。第 18 王朝。

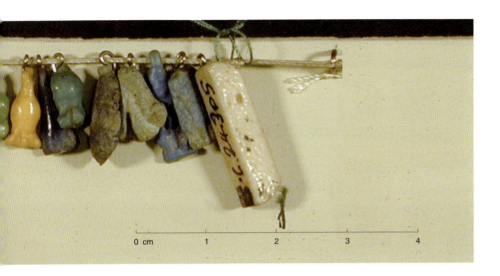

208. 夏 1015，UC31463。里科 604 号墓出土。第 18 王朝。

209. 夏 1108，UC6743。卡宏（拉宏）K1 出土。第 18 王朝。

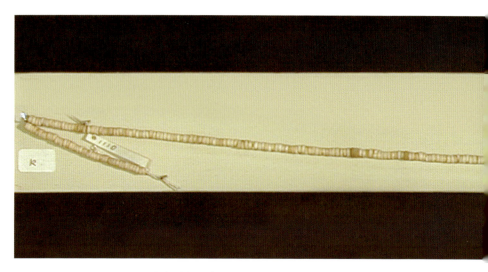

210. 夏 1109，UC6744。卡宏（拉宏）K1 出土。第 18 王朝。

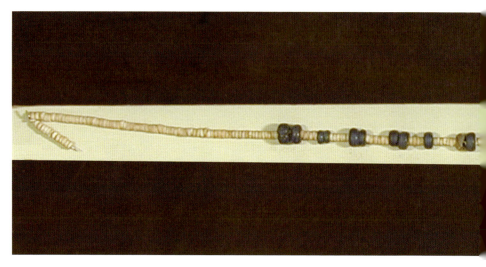

211. 夏 1110，UC6759。卡宏（拉宏）K1 出土。第 18 王朝。

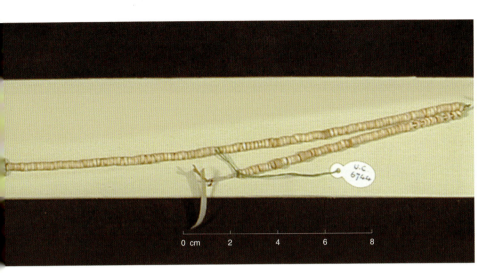

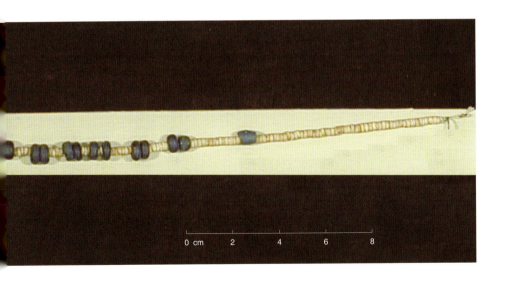

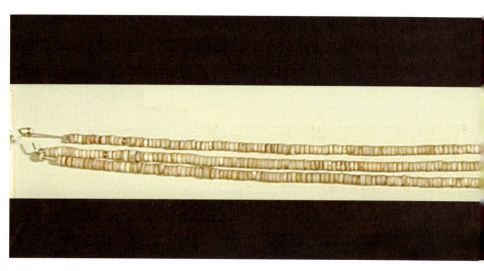

212. 夏 1111，UC6745。卡宏（拉宏）出土。第 18 王朝。

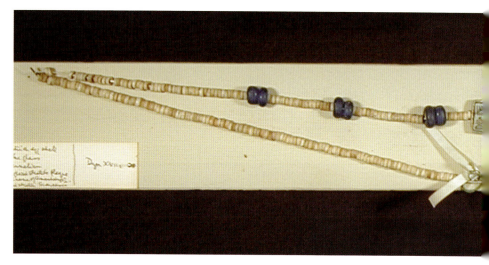

213. 夏 1112，UC6746。卡宏（拉宏）K1 出土。第 18 王朝。

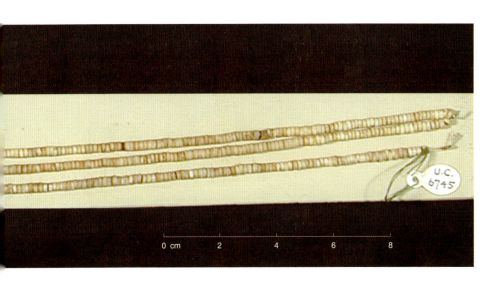

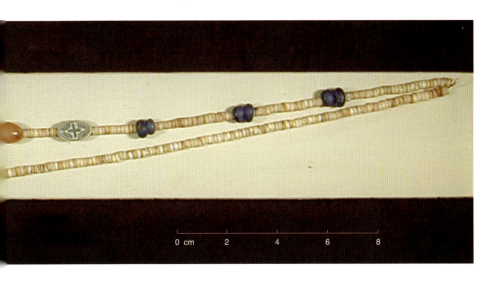

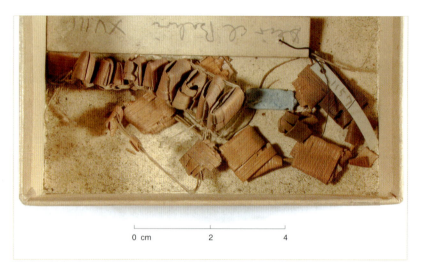

214. 夏 1157，UC74465。德尔 – 巴哈利出土。第 18 王朝。

215. 夏 1164，UC74427。孟菲斯出土。第 18 王朝。

216. 夏 1167，UC68255。阿玛尔纳出土。第 18 王朝。

217. 夏 1275，UC31690。赛德门特 131/D 号墓出土。第 18 王朝。

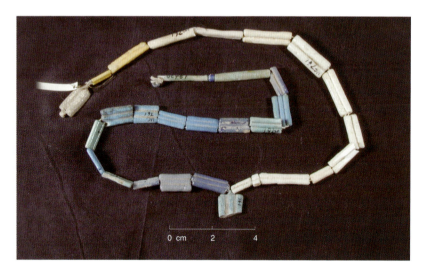

218. 夏 1457，UC761。阿玛尔纳出土。第 18 王朝。

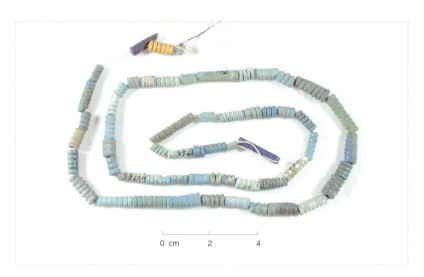

219. 夏 1461，UC766。阿玛尔纳出土。第 18 王朝。

0 cm   2   4

220. 夏 1463，UC1291。阿玛尔纳出土。第 18 王朝。

0 cm   2

221. 夏 1464，UC1292。阿玛尔纳出土。第 18 王朝。

222. 夏 1465，UC1294。阿玛尔纳出土。第 18 王朝。

223. 夏 1466，UC1312。阿玛尔纳出土。第 18 王朝。

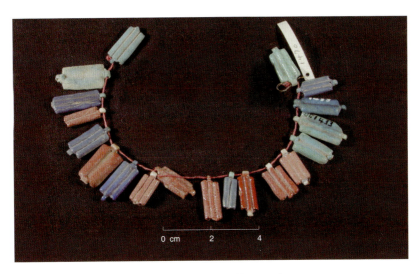

224. 夏 1470，UC1433。阿玛尔纳出土。第 18 王朝。

225. 夏 1471，UC1435。阿玛尔纳出土。第 18 王朝。

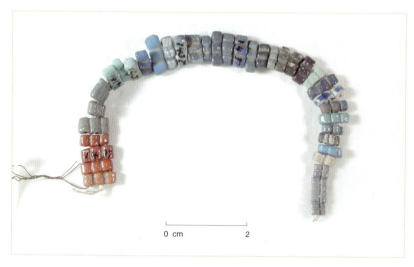

226. 夏 1473，UC1437。阿玛尔纳出土。第 18 王朝。

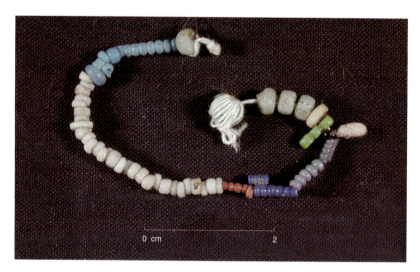

227. 夏 1474，UC1438。阿玛尔纳出土。第 18 王朝。

UC1441

UC1443

UC1442

0 cm　　　　　　　2

228. 夏 1475，UC1441-1443。阿玛尔纳出土。第 18 王朝。

UC1459

UC1460

UC1461   UC1462

0 cm   2

229. 夏 1476，UC1459-1462。阿玛尔纳出土。第 18 王朝。

230. 夏 1477，UC1472。阿玛尔纳出土。第 18 王朝。

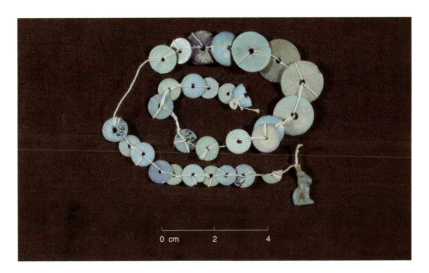

231. 夏 1486，UC1956。阿玛尔纳出土。第 18 王朝。

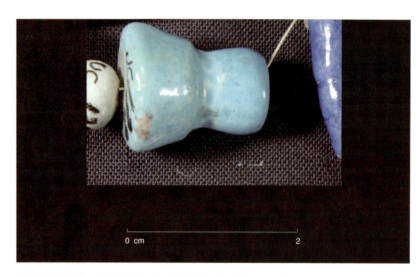

232. 夏1489，UC1326。阿玛尔纳出土。第18王朝。

233. 夏1490，UC1394。阿玛尔纳出土。第18王朝。

0 cm   2

234. 夏1498，UC1449-1456。阿玛尔纳出土。第18王朝。
    左图从上至下：UC1449、UC1450、UC1451、UC1452
    右图从上至下：UC1453、UC1454、UC1455、UC1456

235. 夏 1499，UC2170。阿玛尔纳出土。第 18 王朝。

236. 夏 1500，UC24310。阿玛尔纳出土。第 18 王朝。

237. 夏1507，UC15907。图特摩斯三世神庙（位于Koptos）墙基堆积中出土。
第18王朝。

238. 夏1553，UC27841。古洛布出土，选自一大组珠饰。第18王朝。

239. 夏1600，UC1300。阿玛尔纳出土。第18王朝。

240. 夏 0550，UC51449。古洛布出土。第 18 王朝中期。

241. 夏 0900，UC27806。古洛布出土。第 18 王朝晚期。

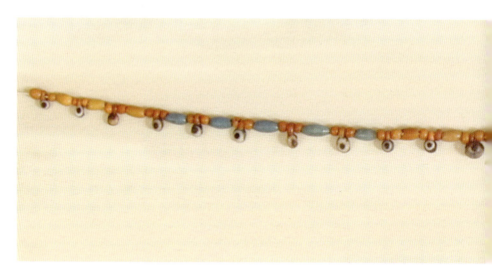

242. 夏 0543，UC51166。古洛布出土。第 18-19 王朝。

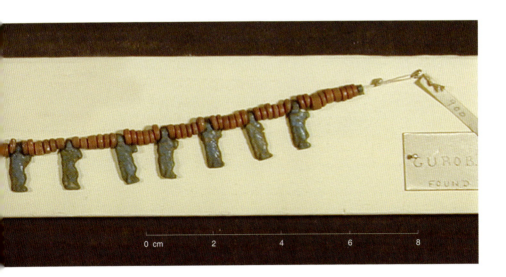

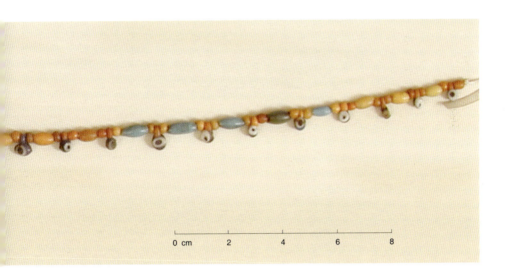

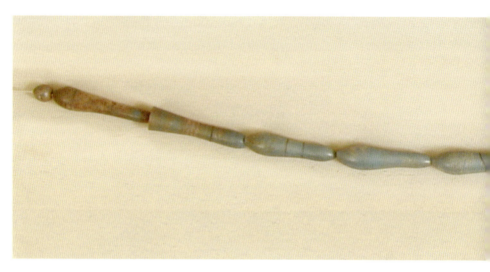

243. 夏 0548，UC51170。古洛布出土。第 18-19 王朝。

244. 夏 0556，UC27784。古洛布整体出土。第 18-19 王朝。

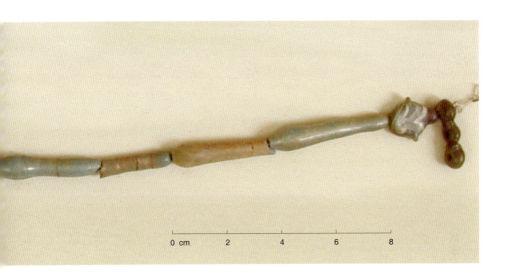

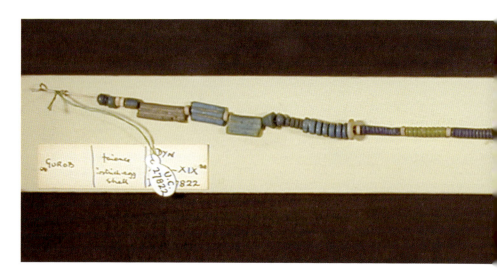

245. 夏 0985，UC27822。古洛布出土。第 18-19 王朝。

246. 夏 1006，UC35417。西奈出土。第 18-19 王朝。

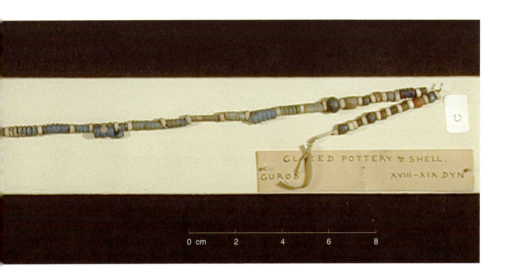

247. 夏 1187，UC51652。未明示出土地。第 18-19 王朝。

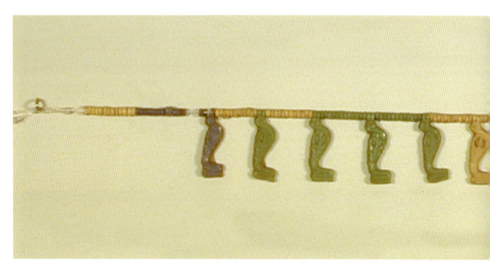

248. 夏 1508，UC27829。古洛布 237 号墓出土。第 18-19 王朝。

249. 夏 0553，UC51173。古洛布出土。第 19 王朝。

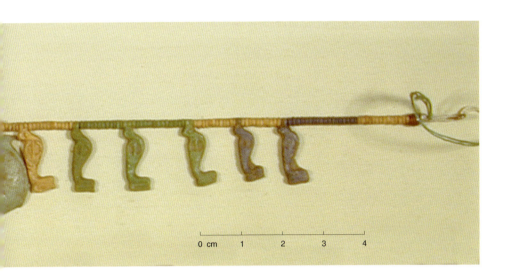

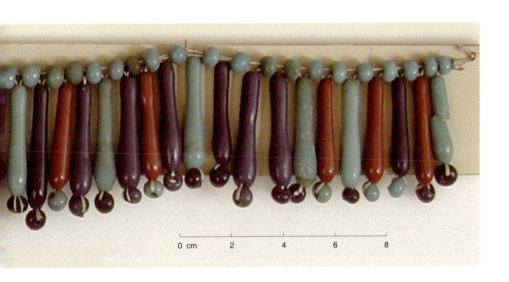

250. 夏 0560，UC51157。古洛布出土。第 19 王朝。

251. 夏 0568，UC51557。古洛布出土。第 19 王朝。

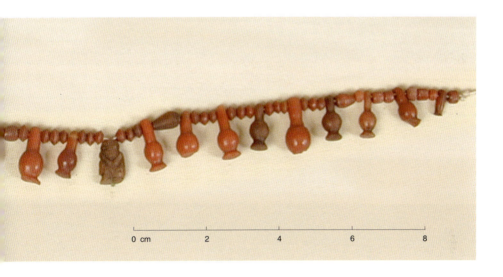

252. 夏 0916，UC27827。古洛布遗址南墙内的墓葬里整体出土。第 19 王朝。

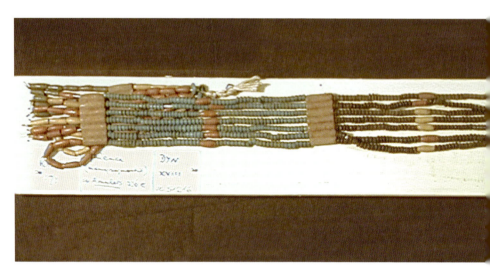

253. 夏 0930，UC51216。利非 171 号墓出土。第 19 王朝。

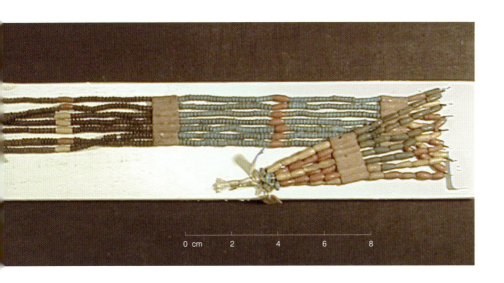

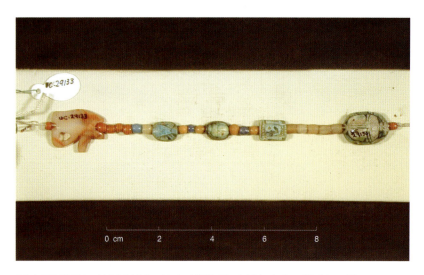

254. 夏 0975，UC29133。Nubt(涅伽达 南城) 出土。第 19 王朝。

256. 夏 1004，UC51226。古洛布出土。第 19 王朝。

255. 夏 0977，UC29132a-c。Nubt（涅伽达南城）出土，保持原穿结次序。
第 19 王朝。

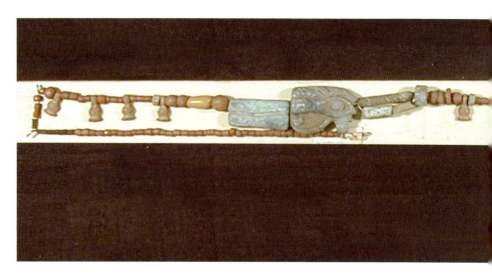

257. 夏1009，UC51227。法尤姆铁路旁的马斯塔巴墓葬中出土。第19王朝。

258. 夏1308，UC73835。底比斯的Tausert神庙出土。第19王朝。

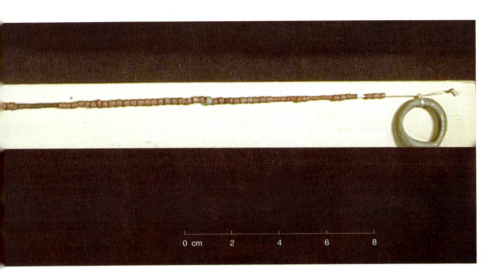

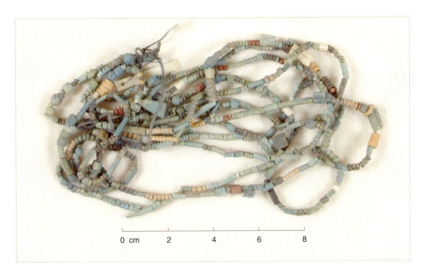

259. 夏1309，UC73834。底比斯的 Tausert 神庙出土。第 19 王朝。

260. 夏 1509，UC26291。巴达里 5521(1) 号墓出土。第 19 王朝。

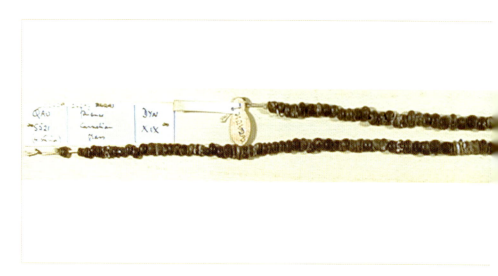

261. 夏 1510，UC26292。巴达里 5521(2) 号墓出土。第 19 王朝。

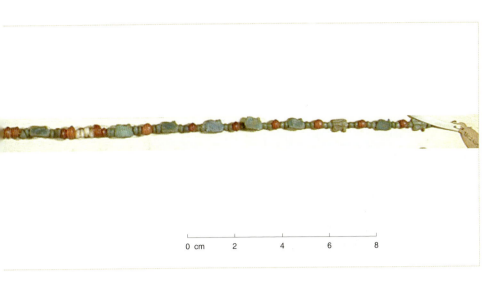

0 cm   2   4   6   8

0 cm   2   4   6   8

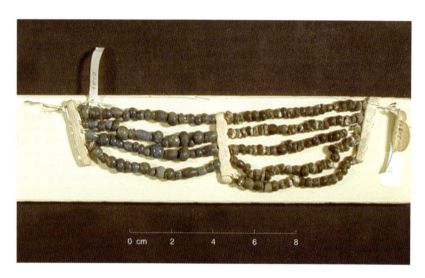

262. 夏 1511，UC26293。出自 Badari 5521 (3) 号墓。第 19 王朝。

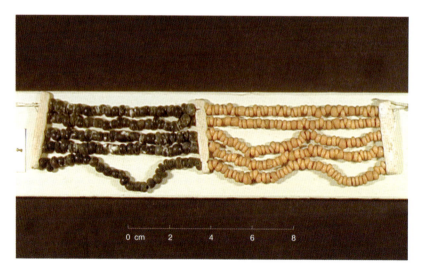

263. 夏 1512，UC26293。出自 Badari 5521 (4) 号墓。第 19 王朝。

264. 夏 1234，UC31362。赛德门特 2013 号墓出土。第 19-20 王朝。

265. "罂粟果"形水晶垂饰。夏 0695，UC43213。阿拜多斯墓地出土。
新王国早期（N.E.）。见《埃及古珠考》第二十一章"施釉滑石珠"。

埃及古珠考·图录

ANCIENT
EGYPTIAN BEADS

晚 期 埃 及 时 期

266. 夏 0570，UC51602。拉宏（卡宏）出土。第 22 王朝。

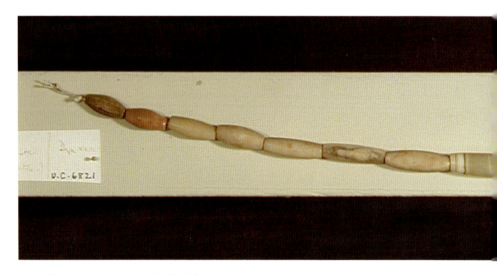

267. 夏 0571，UC6821。拉宏（卡宏）出土。第 22 王朝。

268. 夏 0573，UC51585。Medum 出土。第 22 王朝。

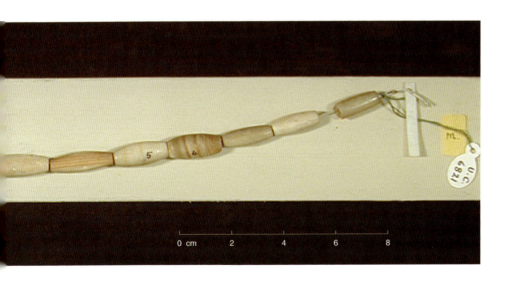

269. 夏 0926，UC6819。拉宏（卡宏）出土。第 22 王朝。

270. 夏 0944，UC6824。1890 年拉宏（卡宏）出土。第 22 王朝。

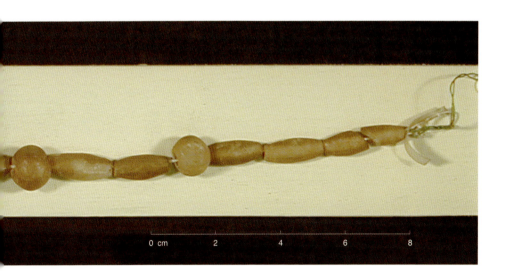

271. 夏 0945，UC6825。1890 年拉宏（卡宏）出土。第 22 王朝。

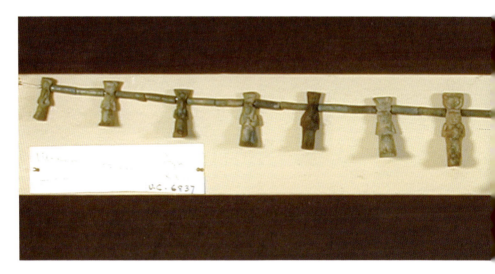

272. 夏 0950，UC6837。拉宏（卡宏）出土。第 22 王朝。

273. 夏 0952，UC6842。拉宏（卡宏）出土。第 22 王朝。

274. 夏 0953，UC6817。拉宏（卡宏）出土。第 22 王朝。

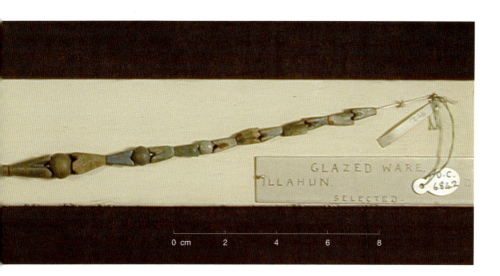

275. 夏 0965，UC38008。阿玛出土。第 22 王朝。

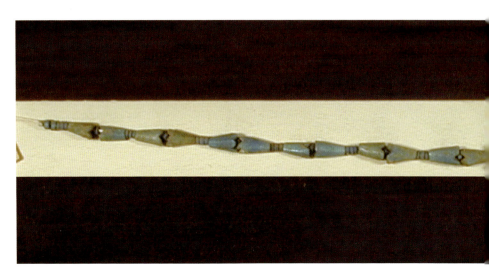

276. 夏 0971，UC51245。Sheikh Karamid 出土。第 22 王朝。

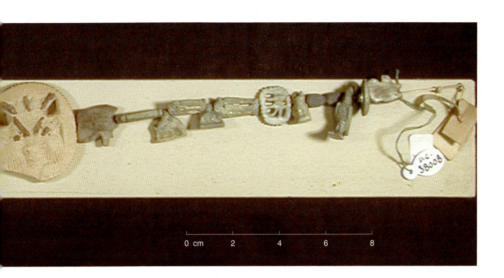

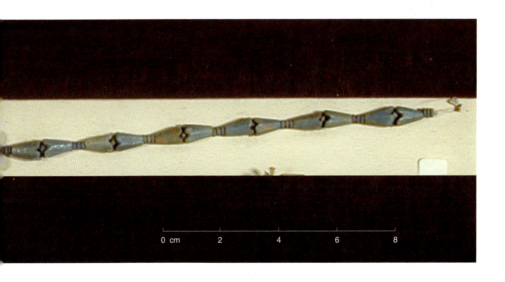

277. 夏 0972，UC37499。Ammar (Siamen) 出土。第 22 王朝。

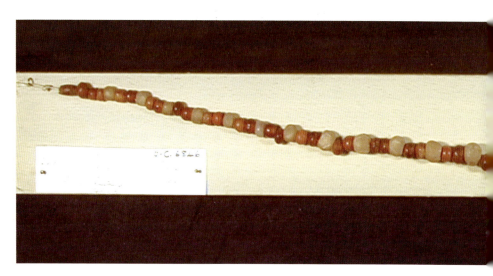

278. 夏 0993，UC6846。拉宏（卡宏）出土。第 22 王朝。

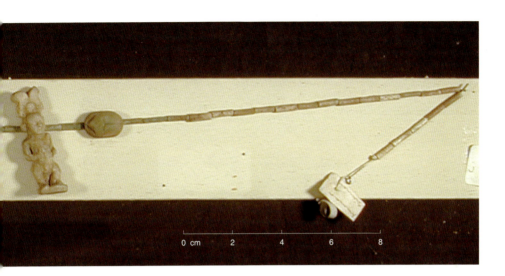

279. 夏 1237，UC7616。卡宏（拉宏）出土。第 22 王朝。

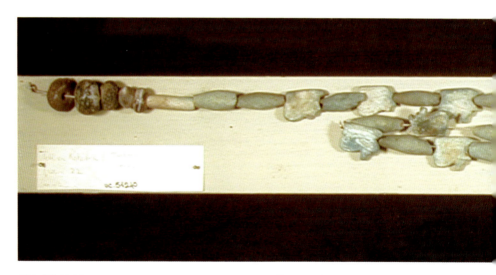

281. 夏 1028，UC51240。Tell er Ratabeh 22 号墓出土。第 22 或 23 王朝。

280. 夏 1291，UC16264。拉宏（卡宏）747 号墓出土。第 22 王朝。

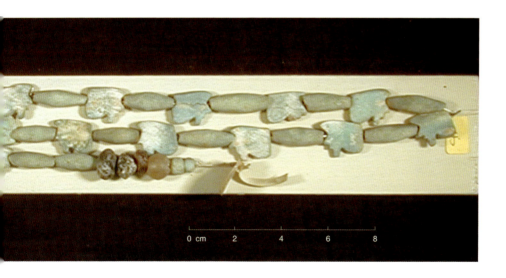

282. 夏 1029，UC51239。Tell er Ratabeh 22 号墓出土。第 22 或 23 王朝。

283. 夏 0969，UC28157。哈瓦拉出土。第 22-23 王朝。

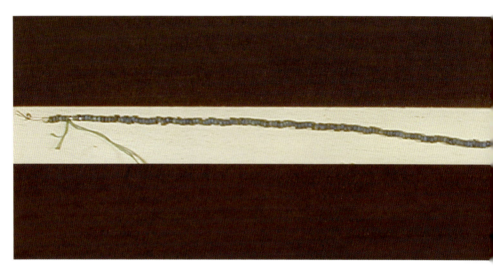

284. 脚链。夏 1025，UC37490。卡夫 - 阿玛出土。第 23 王朝。

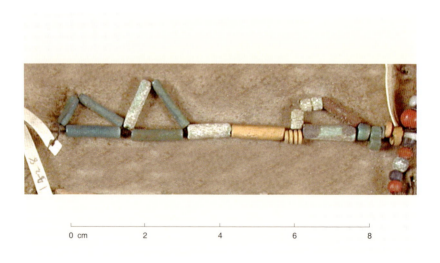

285. 夏 1427，UC74401。拉宏（卡宏）出土。第 22-25 王朝。

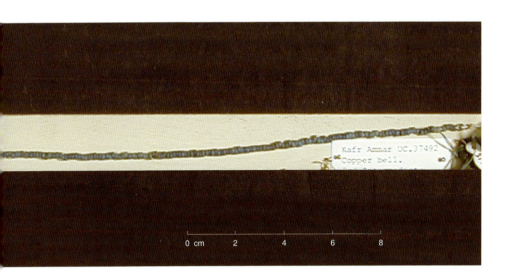

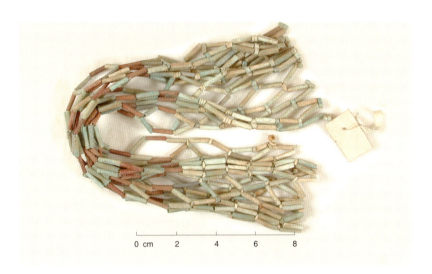

286. 夏 1450，UC73921。拉宏（卡宏）出土。第 22-25 王朝。

287. 蜻蜓眼珠。夏 0961，UC6532iv。出自卡夫 – 阿玛 1071? 号墓。玻璃。
第 23-25 王朝（晚期埃及）。参看卡 09。

288. 夏 0572、0575，UC28155。哈瓦拉出土。第 25 王朝。

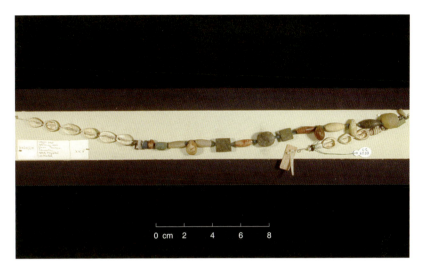

289. 夏 1037、1254，UC6533。哈拉格出土。第 25 王朝。

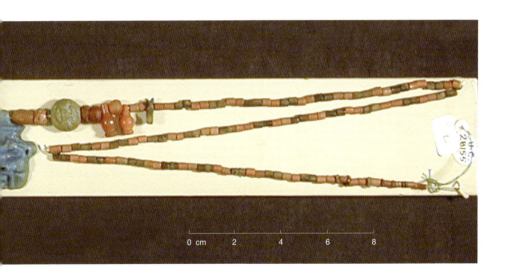

290. 夏 1306，UC43236。1922 年阿拜多斯 209 号墓出土。第 25 王朝。

291. 夏 0576，UC51598。阿布希尔维齐尔涅凯特（Nekht）之墓出土。第
26 王朝。

292. 夏 0957，UC51261。Bernasht 出土。第 26 王朝。

293. 夏 1232，UC28058。哈瓦拉 (Horuza) 出土。第 26 王朝 (波斯时期 ?)。

埃及古珠考·图录

ANCIENT
EGYPTIAN BEADS

希腊罗马时期

294. 夏 0579，UC51653。撒夫特荷那（寇申）796S 号墓出土。罗马时期。

295. 夏 0954，UC51257。撒夫特荷那 277 号墓出土。罗马时期。

296. 夏 0956，UC51258。撒夫特荷那 357 号墓出土。罗马时期。

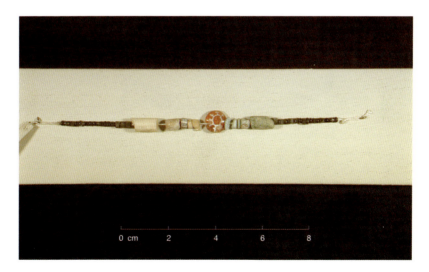

297. 夏 1526，UC51264。撒夫特荷那 705 号墓出土。罗马时期。

298. 夏 1602，UC51297。利非 114 号墓出土。罗马时期。

299. 夏 1606，UC51268。吉塔 525 号墓出土。罗马时期。

300. 夏1612，UC51276。撒夫特荷那529(1)号墓出土（左耳下）。罗马时期。

301. 夏1613，UC51277。撒夫特荷那529(2)号墓出土（右耳下）。罗马时期。

302. 夏 1615，UC6773。拉宏（卡宏）出土。罗马时期。

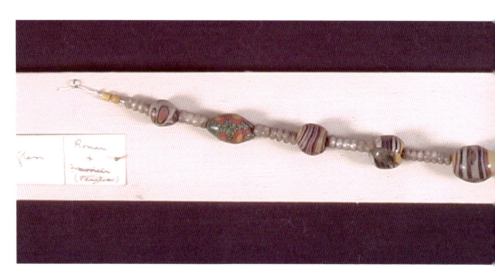

303. 夏 1616，UC51312。未明示出土地。罗马时期。

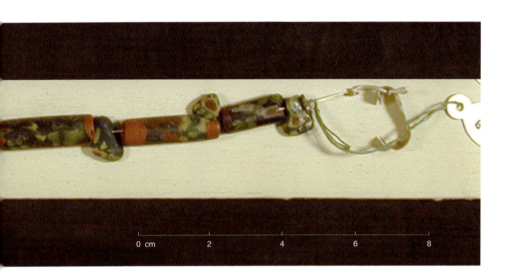

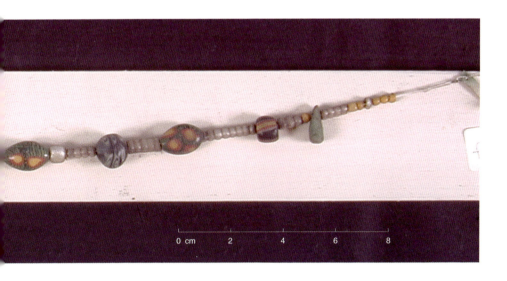

304. 夏 1667，UC26362。卡乌 7844 号墓出土。罗马时期。

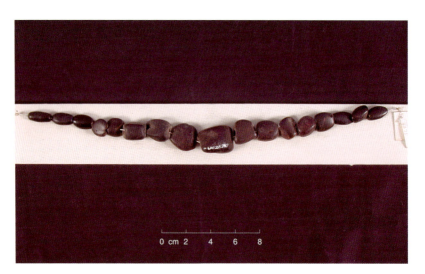

305. 夏 1675，UC26357。卡乌 7332 号墓出土。罗马时期。

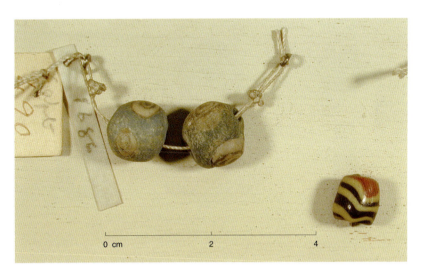

306. 夏1686，UC51272a。撒夫特荷那490号墓出土。罗马时期。

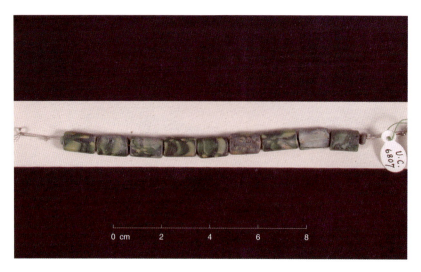

307. 夏 1711，UC6807。拉宏（卡宏）出土，原为耳坠（？）。罗马时期。

308-1. 夏 1715，UC51289B, D~F, H, J 。法尤姆出土。罗马时期。

308-2. 夏 1715，UC51289K、M、P、Q、S、V、X、Y。法尤姆出土。罗马时期。

309. 夏1735，UC51272B。撒夫特荷那492号墓出土（右耳下）。罗马时期。

310. 夏1737，UC27847。古洛布出土。罗马时期。

311. 夏 0580，UC51651。拉宏（卡宏）出土。罗马晚期。

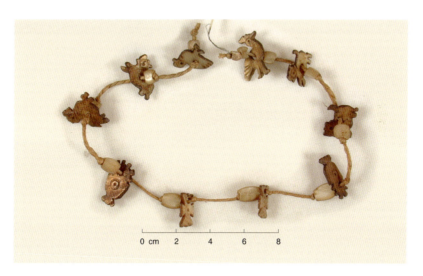

312. 夏 0581，UC51670。吉塔出土。罗马晚期。

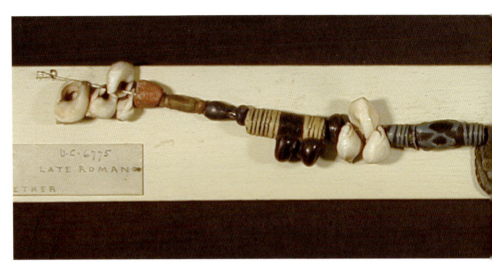

313. 夏 1617，UC6775。1922 年 Tukh 5 号墓出土。罗马晚期。

314. 夏 1689，UC51280。吉塔 31 号墓出土。公元 3-4 世纪。

315. 夏 1665，UC6815。拉宏（卡宏）出土。罗马 – 科普特时期。

316. 夏 1671，UC26371。卡乌 900 号墓出土。罗马 – 科普特时期。

317. 夏 1681，UC26347。卡乌 600 号墓出土。罗马 – 科普特时期。

318. 夏 1694，UC51278。撒夫特荷那 529 号墓出土。罗马 – 科普特时期。

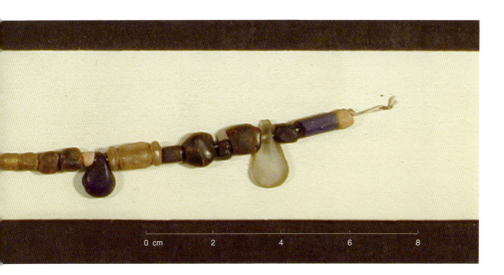

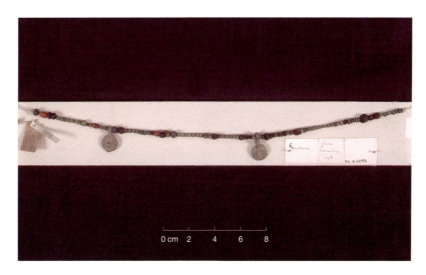

319. 夏1697，UC51293。法尤姆出土。罗马－科普特时期。

320. 夏 1703，UC51295。阿拜多斯出土。罗马－科普特时期。

321. 夏 1718，UC51674 部分。未明示出土地。罗马－科普特时期。

322. 夏 1704，UC26368。卡乌 1500 号墓出土。罗马 – 科普特时期（？ ）。

323. 夏 0582，UC51680。拉宏（卡宏）出土。科普特时期。

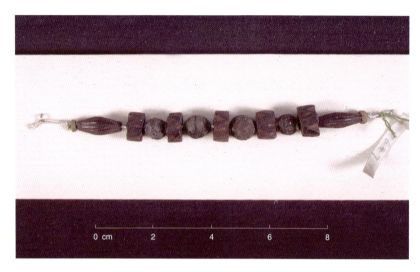

324. 夏 1647，UC6802。拉宏（卡宏）出土。科普特时期。

325. 夏 1662，UC74286。拉宏（卡宏）出土。科普特时期。

326. 夏 1674，UC26379。卡乌出土。科普特时期。

索引表

图录索引表（1）

本书编号	夏鼐编号 / 卡片号	博物馆编号 / 照片号	出土地点 / 单位	年代	时期	《埃及古珠考》引用
001	夏 0236	UC2536	Fayum Kom W	新石器时代	新石器－铜石并用	
002	夏 0237	UC2537	Fayum	新石器时代	新石器－铜石并用	Y
003	夏 0240A	UC2540	Fayum Kom W.	新石器时代	新石器－铜石并用	
004	夏 0247	UC3747	Fayum Site N.	新石器时代	新石器－铜石并用	
005	夏 0253A	UC2909	Fayum Kom K.	新石器时代	新石器－铜石并用	
006	夏 0001	UC9250	Badari 5735	巴达里时期	新石器－铜石并用	
007	夏 0259	UC9129	Badari 5132	巴达里时期	新石器－铜石并用	Y
008	夏 0260	UC9253	Badari 5718	巴达里时期	新石器－铜石并用	Y
009	夏 0261	UC9124	Badari 5409	巴达里时期	新石器－铜石并用	
010	夏 0268	UC9195	Badari 5130	巴达里时期	新石器－铜石并用	Y
011	夏 0269	UC9034	Badari 5744	巴达里时期	新石器－铜石并用	
012	夏 0272	UC9242	Badari 5164	巴达里时期	新石器－铜石并用	Y
013	夏 0273	UC9005	Badari 5374	巴达里时期	新石器－铜石并用	Y
014	夏 0276	UC9400	Badari 5700	巴达里时期	新石器－铜石并用	
015	夏 0279	UC9064	Badari 5112	巴达里时期	新石器－铜石并用	
016	夏 0281	UC9252	Badari 5110	巴达里时期	新石器－铜石并用	
017	夏 1597	UC9143	Badari 5144	巴达里时期	新石器－铜石并用	Y
018	夏 0271	UC9190	Badari 5403	巴达里时期 (SD28)	新石器－铜石并用	Y
019	夏 0295	UC4215	Naqada 1613	阿姆拉时期 (SD33)	前王朝	
020	夏 0287	UC9532	Badari 3731	阿姆拉时期 (SD37)	前王朝	
021 上	夏 0006	UC9588	Hemamieh 1664	阿姆拉－格尔塞时期 (SD35－43)	前王朝	

图录索引表（2）						
本书编号	夏鼐编号 / 卡片号	博物馆编号 / 照片号	出土地点 / 单位	年代	时期	《埃及古珠考》引用
021 下	夏 0007	UC9589	Hemamieh 1664	阿姆拉 – 格尔塞时期 (SD35–43)	前王朝	
022	夏 0288	UC9565	Badari 3802	阿姆拉 – 格尔塞时期 (SD37–43)	前王朝	
023	夏 0301	UC4292	Naqada 1723	格尔塞时期 (SD40)	前王朝	
024	夏 0285	UC9542	Badari 3759	格尔塞时期 (SD39–43)	前王朝	
025	夏 0048	UC5004	Naqada 1575	格尔塞时期 (SD45)	前王朝	
026	夏 0240	UC6316	Badari 3730	格尔塞时期 (SD44–50)	前王朝	
027	夏 0060	UC4994	Naqada 723	格尔塞时期 (SD46–52)	前王朝	
028	夏 1119	UC10679a	Badari 3922	SD36–61	前王朝	
029	夏 1758	UC5040	Naqada 1827	格尔塞 – 塞迈尼安时期 (SD40–62)	前王朝	
030	夏 0005	UC9587	Hemamieh 1629	格尔塞时期 (SD44–60)	前王朝	
031	夏 0036	UC9582	Qau T.122	前王朝早期	前王朝	
032	夏 0051	UC5391	Naqada 576	格尔塞时期 (SD54)	前王朝	
033	夏 0052	UC5390	Naqada 576	格尔塞时期 (SD54)	前王朝	

本书编号	夏鼐编号 / 卡片号	博物馆编号 / 照片号	出土地点 / 单位	年代	时期	《埃及古珠考》引用
034	夏 0306	UC5389	Naqada 576	格尔塞时期 (SD54)	前王朝	
035	夏 0033	UC9591	Hemamieh T. 1741	格尔塞 - 塞 迈尼安时期 (SD40~70)	前王朝	
036	夏 0035	UC9590	Hemamieh 1665	格尔塞 - 塞 迈尼安时期 (SD40~70)	前王朝	
037	夏 0055	UC4393	Naqada 494	格尔塞时期 (SD55)	前王朝	
038	夏 0286	UC9575	Badari 3825	格尔塞 - 塞 迈尼安时期 (SD55~65)	前王朝	Y
039	夏 0339	UC10759~62	Gerzeh 205	塞迈尼安时期 (SD64)	前王朝	
040	夏 0334	UC10834	Diospolis Parva U. 379	塞迈尼安时期 (SD67)	前王朝	
041	夏 0353	UC4503	Naqada 388	塞迈尼安时期 (SD72)	前王朝	Y
042	夏 0354	UC4507	Naqada 1248	塞迈尼安时期 (SD72)	前王朝	
043	夏 0013	UC17144	Tarkhan 887	第 0 王朝（塞 迈尼安）	前王朝	
044	夏 0050	UC5022	Naqada 704	第 0 王朝（塞 迈尼安）	前王朝	
045	夏 0402	UC28510	Tarkhan 1844	第 0 王朝（塞 迈尼安）	前王朝	Y

图录索引表（3）

图录索引表（4）

本书编号	夏鼐编号 / 卡片号	博物馆编号 / 照片号	出土地点 / 单位	年代	时期	《埃及古珠考》引用
046	夏 0071	UC5038	Naqada T29		前王朝	
047	夏 0121	UC26526	Qau Cemetery 100/5		前王朝	
048	夏 0313	UC4407	Naqada 1567		前王朝	
049	夏 0332	UC10832	Diospolis Parva U. 169		前王朝	
050	夏 0359	UC4512	Naqada 350		前王朝	
051	夏 0361	UC4520	Naqada 10		前王朝	
052	夏 0371	UC4661 – 4663	Naqada 602		前王朝	
053	夏 0378	UC17135	Tarkhan 1759	第 1 王朝 (SD77)	早王朝	
054	夏 0379	UC17132	Tarkhan 702	第 1 王朝 (SD77)	早王朝	
055	夏 0380	UC15269	Tarkhan 1552	第 1 王朝 (SD77)	早王朝	
056	夏 0097	UC17148	Tarkhan 1329	第 1 王朝 (SD78)	早王朝	
057	夏 0382	UC17150	Tarkhan 1570	第 1 王朝 (SD78)	早王朝	
058	夏 0390	UC15220	Tarkhan 2034	第 1 王朝 (SD78)	早王朝	
059	夏 0056	UC5013	Naqada 113	第 1 王朝 (SD79)	早王朝	
060	夏 0057	UC5014	Naqada 113	第 1 王朝 (SD79)	早王朝	

图录索引表（5）

本书编号	夏鼐编号 / 卡片号	博物馆编号 / 照片号	出土地点 / 单位	年代	时期	《埃及古珠考》引用
061	夏 0389	UC15216	Tarkhan 1438	第 1 王朝 (SD79)	早王朝	Y
062	夏 0415	UC16201	Abydos 787	第 1 王朝 (SD79)	早王朝	
063	夏 0100	UC17154	Tarkhan	第 1 王朝 (SD80)	早王朝	
064	夏 0401	UC17153	Tarkhan 763	第 1 王朝 (SD80)	早王朝	
065	夏 1137	UC17124	Tarkhan 1528	第 1 王朝 (SD80)	早王朝	
066	夏 1223	UC51003	Abydos, Cemetery W (courtiers of King Zet)	第 1 王朝 (SD80)	早王朝	
067	夏 0115	UC27376	Badari 6008	第 1 王朝 (SD80–81)	早王朝	
068	夏 0384	UC17126	Tarkhan 1626	第 1 王朝	早王朝	
069	夏 0418	UC14893a 之一	Hierakonopolis Main Deposit	第 1 王朝	早王朝	
070	夏 0801	UC27372	Qau 1742		早王朝	
071	夏 1653	UC17152	Tarkhan		早王朝	
072	夏 0016	UC20379	Qau 651	第 4 王朝	古王国	
073	夏 0158	UC20380	Qau 627	第 4 王朝	古王国	
074	夏 0752	UC17795	Qau 7366	第 4–5 王朝	古王国	
075	夏 0020	UC20397	Qau 1165	第 5 王朝	古王国	
076	夏 0021	UC17680	Qau 1165	第 5 王朝	古王国	
077	夏 0023	UC20384	Qau. 451	第 5 王朝	古王国	

本书 编号	夏鼐编号 / 卡片号	博物馆编号 / 照片号	出土地点 / 单位	年代	时期	《埃及古珠 考》引用
			图录索引表（6）			
078	夏 0113	UC20386	Qau 1145	第 5 王朝	古王国	
079	夏 0192	UC25977	Deshasheh 22	第 5 王朝	古王国	Y
080	夏 0800	UC17685	Qau 1224	第 5 王朝	古王国	
081	夏 1522	UC17743	Qau 978	第 5 王朝	古王国	Y
082	夏 1543	UC31192a-d	Deshasheh	第 5 王朝	古王国	
083 上	夏 0140	UC20394	Hemamieh 2050	第 5-6 王朝	古王国	
083 下	夏 0116	UC20394	Hemamieh 2050	第 5-6 王朝	古王国	
084	夏 0019	UC20415	Hemamieh T. 2058	第 6 王朝	古王国	
085	夏 0142	UC20496	Qau 7539	第 6 王朝	古王国	
086	夏 0155	UC17773	Qau 679	第 6 王朝	古王国	
087	夏 0180	UC20399	Qau 487	第 6 王朝	古王国	
088	夏 0185	UC51017	Zaraby 169	第 6 王朝	古王国	
089	夏 0186	UC51011	Abu Shalbiyeh 5	第 6 王朝	古王国	
090	夏 0193	UC51014	Zaraby, Trench Burial R	第 6 王朝	古王国	
091	夏 0428	UC17778	Qau 7835	第 6 王朝	古王国	
092	夏 0458	UC20412	Qau 1023	第 6 王朝	古王国	
093	夏 0471	UC20407	Qau 961	第 6 王朝	古王国	
094	夏 0774	UC17813 部 分	Badari 5321	第 6 王朝	古王国	
095	夏 0784	UC17799	Hemamieh 2092	第 6 王朝	古王国	
096	夏 1128	UC20404 部 分	Qau 712	第 6 王朝	古王国	

图录索引表（7）						
本书编号	夏鼐编号 / 卡片号	博物馆编号 / 照片号	出土地点 / 单位	年代	时期	《埃及古珠考》引用
097	夏 0129	UC31574	Diospolis Parva W 100	第 6-7 王朝	古王国	Y
098	夏 0030	UC20672	Badari T. 5303	第 7-8 王朝	古王国	
099	夏 0118	UC20520	Hemamieh 1954	第 7-8 王朝	古王国	
100	夏 0120	UC20679 部分	Qau 7880	第 7-8 王朝	古王国	
101	夏 0122	UC20680A	Qau 7887	第 7-8 王朝	古王国	
102	夏 0123	UC20680B	Qau 7887	第 7-8 王朝	古王国	
103	夏 0139	UC20587	Badari 3306	第 7-8 王朝	古王国	
104	夏 0141	UC20682	Qau 7948	第 7-8 王朝	古王国	
105	夏 0166	UC20510A	Qau 811	第 7-8 王朝	古王国	
106	夏 0165	UC20510B	Qau 811	第 7-8 王朝	古王国	
107	夏 0434	UC18059	Qau 1030	第 7-8 王朝	古王国	
108	夏 0437	UC18057	Qau 1030	第 7-8 王朝	古王国	
109	夏 0440	UC20512a-c	Qau 1030	第 7-8 王朝	古王国	
110	夏 0744	UC18026	Badari 4903 (2)	第 7-8 王朝	古王国	
111	夏 0765	UC20666 部分	Badari 5262	第 7-8 王朝	古王国	
112	夏 0770	UC18081	Qau 3313	第 7-8 王朝	古王国	
113	夏 0787	UC20896	Qau 7777	第 7-8 王朝	古王国	
114	夏 0159	UC20387	Qau Cemetery 700		古王国	
115	夏 0173	UC31713	Sedment 1590	第 9 王朝	第一中间期	
116	夏 0174	UC31714	Sedment 1590	第 9 王朝	第一中间期	
117	夏 0496	UC31709	Sedment 2131	第 9 王朝	第一中间期	
118	夏 0117	UC20882	Badari 5281	第 9-10 王朝	第一中间期	

图录索引表（8）

本书编号	夏鼐编号 / 卡片号	博物馆编号 / 照片号	出土地点 / 单位	年代	时期	《埃及古珠考》引用
119	夏 0164	UC20706	Qau 614	第 9-10 王朝	第一中间期	
120	夏 0197	UC18128	Qau 914	第 9-10 王朝	第一中间期	
121	夏 0202	UC18127	Qau 914	第 9-10 王朝	第一中间期	
122	夏 0474	UC20718A	Qau 1049	第 9-10 王朝	第一中间期	
123	夏 0483	UC20712	Qau 923	第 9-10 王朝	第一中间期	
124	夏 0484	UC20742	Qau 1632	第 9-10 王朝	第一中间期	
125	夏 0485	UC20719B	Qau 1074	第 9-10 王朝	第一中间期	
126	夏 0486	UC20724B	Qau 1526	第 9-10 王朝	第一中间期	Y
127	夏 0487	UC20724A	Qau 1526	第 9-10 王朝	第一中间期	
128	夏 0499	UC43056	Abydos 162	第 9-10 王朝	第一中间期	
129	夏 0645	UC43221	Abydos	第 9-10 王朝	第一中间期	
130	夏 0215	UC51021	Kafr Ammar 152	第 10-11 王朝	第一中间期	
131	夏 0207	UC27768	Ghurob 307	第 11 王朝	第一中间期	
132	夏 0507	UC6504	Harageh 548	第 11 王朝（？）	第一中间期	
133	夏 0446	UC31717	Sedment 1512		第一中间期	Y
134	夏 0447	UC31716	Sedment		第一中间期	
135	夏 0448	UC31718	Sedment		第一中间期	
136	夏 0492	UC20924	Qau 7391		第一中间期	
137	夏 1352	UC73849	Dendereh N.N.		第一中间期	
138	夏 0211	UC51850	Harageh 530 (House ruin)	第 11 王朝	中王国	
139	夏 0226	UC37160	Kafr Ammar 786	第 11 王朝	中王国	
140	夏 0227	UC51044	Kafr Ammar 1139	第 11 王朝	中王国	
141	夏 1055	UC30334	Abydos [1922] 197	第 11 王朝	中王国	Y

图录索引表（9）

本书编号	夏鼐编号 / 卡片号	博物馆编号 / 照片号	出土地点 / 单位	年代	时期	《埃及古珠考》引用
142	夏 1302	UC51416	Dendereh 529	第 11-12 王朝	中王国	
143	夏 0031	UC43025	Abydos 75	第 12 王朝	中王国	
144	夏 0218	UC31473	Diospolis Parva (Hu) Y 189	第 12 王朝	中王国	
145	夏 0230	UC7557	Kahun	第 12 王朝	中王国	
146	夏 0233	UC29136	Naqada	第 12 王朝	中王国	
147	夏 0509	UC26006	Riqqeh 146	第 12 王朝	中王国	
148	夏 0511	UC51082	Kahun	第 12 王朝	中王国	
149	夏 0516	UC51085	Kahun	第 12 王朝	中王国	
150	夏 0517	UC51086	Rifeh	第 12 王朝	中王国	
151	夏 0524	UC51855	Rifeh	第 12 王朝	中王国	
152	夏 0525	UC51861	Rifeh 137	第 12 王朝	中王国	Y
153	夏 0526	UC51425	Kahun	第 12 王朝	中王国	
154	夏 0530	UC51856	Kahun	第 12 王朝	中王国	
155	夏 0596	UC51354	Rifeh	第 12 王朝	中王国	
156	夏 0601	UC51038	Rifeh 334	第 12 王朝	中王国	Y
157	夏 0605	UC51033	Rifeh	第 12 王朝	中王国	
158	夏 0612	UC7537	Kahun	第 12 王朝	中王国	
159	夏 0615	UC7548	Kahun	第 12 王朝	中王国	
160	夏 0633	UC7547	Kahun (selected)	第 12 王朝	中王国	
161	夏 0673	UC7555	Kahun	第 12 王朝	中王国	
162	夏 0680	UC31478-79	Diospolis Parva YS. 424	第 12 王朝	中王国	
163	夏 0693	UC6769	Kahun	第 12 王朝	中王国	
164	夏 0694	UC6768	Kahun	第 12 王朝	中王国	
165	夏 0696	UC51119	Naqadeh	第 12 王朝	中王国	
166	夏 0792	UC25979	Qau 409	第 12 王朝	中王国	

本书编号	夏鼐编号 / 卡片号	博物馆编号 / 照片号	出土地点 / 单位	年代	时期	《埃及古珠考》引用
167	夏 0810	UC2893	Harageh 528	第 12 王朝	中王国	
168	夏 1061	UC43085	Abydos [1922] 293	第 12 王朝	中王国	
169	夏 1083	UC43126	Abydos [1922] 825	第 12 王朝	中王国	
170	夏 1752	UC51039	Harageh 112	第 12 王朝	中王国	
171	夏 0209	UC51052	Rifeh		中王国	
172	夏 0365	UC5603	Naqada, South Town		中王国	
173	夏 0502	UC6764	Lahun 10		中王国	
174	夏 1204	UC51417	Dendereh 488		中王国	
175	夏 0807	UC6685	Harageh	第 13 王朝	第二中间期	
176	夏 0641	UC26039	Qau 7431		第二中间期	
177	夏 0726	UC26044	Qau 7578 A		第二中间期	
178	夏 0734	UC26054	Qau 7578		第二中间期	
179	夏 0742	UC26047	Qau 7578 F		第二中间期	
180	夏 0814	UC26009	Qau 1301		第二中间期	
181	夏 0818	UC26013	Qau 1989 (Pan grave)		第二中间期	
182	夏 0540	UC51163	Gurob	第 18 王朝	新王国	
183	夏 0544	UC51167	Gurob	第 18 王朝	新王国	
184	夏 0545	UC51168	Gurob	第 18 王朝	新王国	
185	夏 0559	UC51197	Gurob, Tutankhamen find	第 18 王朝	新王国	
186	夏 0704	UC27778	Gurob	第 18 王朝	新王国	
187	夏 0705	UC27795	Gurob	第 18 王朝	新王国	

本书编号	夏鼐编号 / 卡片号	博物馆编号 / 照片号	出土地点 / 单位	年代	时期	《埃及古珠考》引用
			图录索引表（11）			
188	夏 0711	UC30114A	Thebes, Temple of Amenhotep II or Amenhotep III	第 18 王朝	新王国	
189	夏 0713	UC27775	Gurob	第 18 王朝	新王国	
190	夏 0721	UC51202	Upper Egypt	第 18 王朝	新王国	
191	夏 0724	UC27782	Gurob	第 18 王朝	新王国	
192	夏 0823	UC51547	Gurob	第 18 王朝	新王国	
193	夏 0842	UC27798	Gurob	第 18 王朝	新王国	
194	夏 0851	UC51854 部分	Deir el Bahari	第 18 王朝	新王国	
194	夏 0852	UC51855 部分	Deir el Bahari	第 18 王朝	新王国	
195	夏 0855	UC51208	Upper Egypt	第 18 王朝	新王国	
196	夏 0863	UC51213	Gurob	第 18 王朝	新王国	
197	夏 0866	UC51215	Gurob	第 18 王朝	新王国	
198	夏 0876	UC27805	Gurob	第 18 王朝	新王国	
199	夏 0886	UC24292	Tell el Amarna, 1892 (Selected)	第 18 王朝	新王国	
200	夏 0888	UC24295-97	Tell el Amarna, 1892	第 18 王朝	新王国	
201	夏 0892	UC24301	Tell el Amarna, 1892	第 18 王朝	新王国	
202	夏 0897	UC24308	Tell el Amarna	第 18 王朝	新王国	
203	夏 0903	UC27785	Gurob	第 18 王朝	新王国	
203	夏 0912	UC27785	Gurob	第 18 王朝	新王国	
204	夏 0908	UC27813	Gurob	第 18 王朝	新王国	
205	夏 0910	UC27797	Gurob	第 18 王朝	新王国	Y
206	夏 0914	UC24305	Tell el Amarna?'	第 18 王朝	新王国	Y

本书编号	夏鼐编号 / 卡片号	博物馆编号 / 照片号	出土地点 / 单位	年代	时期	《埃及古珠 考》引用
207	夏 1005	UC51210	Amarna	第 18 王朝	新王国	
208	夏 1015	UC31463	Riqqeh 604	第 18 王朝	新王国	
209	夏 1108	UC6743	Kahun K 1	第 18 王朝	新王国	Y
210	夏 1109	UC6744	Kahun K 1	第 18 王朝	新王国	Y
211	夏 1110	UC6759	Kahun K 1	第 18 王朝	新王国	Y
212	夏 1111	UC6745	Kahun	第 18 王朝	新王国	Y
213	夏 1112	UC6746	Kahun K 1	第 18 王朝	新王国	
214	夏 1157	UC74465	Deir el Bahari	第 18 王朝	新王国	Y
215	夏 1164	UC74427	Memphis	第 18 王朝	新王国	Y
216	夏 1167	UC68255	Amarna	第 18 王朝	新王国	
217	夏 1275	UC31690-95	Sedment 131\D	第 18 王朝	新王国	
218	夏 1457	UC761	Tell el Amarna	第 18 王朝	新王国	
219	夏 1461	UC766	Tell el Amarna	第 18 王朝	新王国	
220	夏 1463	UC1291	Tell el Amarna	第 18 王朝	新王国	
221	夏 1464	UC1292	Tell el Amarna	第 18 王朝	新王国	
222	夏 1465	UC1294	Tell el Amarna	第 18 王朝	新王国	
223	夏 1466	UC1312	Tell el Amarna	第 18 王朝	新王国	
224	夏 1470	UC1433	Tell el Amarna	第 18 王朝	新王国	
225	夏 1471	UC1435	Tell el Amarna	第 18 王朝	新王国	
226	夏 1473	UC1437	Tell el Amarna	第 18 王朝	新王国	
227	夏 1474	UC1438	Tell el Amarna	第 18 王朝	新王国	
228	夏 1475	UC1441-43	Tell el Amarna	第 18 王朝	新王国	
229	夏 1476	UC1459-62	Tell el Amarna	第 18 王朝	新王国	
230	夏 1477	UC1472	Tell el Amarna	第 18 王朝	新王国	
231	夏 1486	UC1956	Tell el Amarna	第 18 王朝	新王国	
232	夏 1489	UC1326	Tell el Amarna	第 18 王朝	新王国	
233	夏 1490	UC1394	Tell el Amarna	第 18 王朝	新王国	
234	夏 1498	UC1448-56	Tell el Amarna	第 18 王朝	新王国	

图录索引表（12）

图录索引表（13）

本书编号	夏鼐编号 / 卡片号	博物馆编号 / 照片号	出土地点 / 单位	年代	时期	《埃及古珠考》引用
235	夏 1499	UC2170	Tell el Amarna	第 18 王朝	新王国	
236	夏 1500	UC24310	Tell el Amarna	第 18 王朝	新王国	
237	夏 1507	UC15907	Koptos, Foundation Deposit of the Temple of Thutmose III	第 18 王朝	新王国	
238	夏 1553	UC27841	Gurob	第 18 王朝	新王国	
239	夏 1600	UC1295-03	Tell el Amarna	第 18 王朝	新王国	
240	夏 0550	UC51449	Gurob	第 18 王朝中期	新王国	
241	夏 0900	UC27806	Gurob	第 18 王朝晚期	新王国	
242	夏 0543	UC51166	Gurob	第 18-19 王朝	新王国	
243	夏 0548	UC51170	Gurob	第 18-19 王朝	新王国	
244	夏 0556	UC27784	Gurob	第 18-19 王朝	新王国	
245	夏 0985	UC27822	Gurob	第 18-19 王朝	新王国	
246	夏 1006	UC35417	Sinai	第 18-19 王朝	新王国	
247	夏 1187	UC51652	未明示	第 18-19 王朝	新王国	
248	夏 1508	UC27829	Gurob 237	第 18-19 王朝	新王国	Y
249	夏 0553	UC51173	Gurob	第 19 王朝	新王国	
250	夏 0560	UC51157	Gurob	第 19 王朝	新王国	
251	夏 0568	UC51557	Gurob	第 19 王朝	新王国	
252	夏 0916	UC27827	Gurob	第 19 王朝	新王国	
253	夏 0930	UC51216	Rifeh 171	第 19 王朝	新王国	
254	夏 0975	UC29133	Nubt, (Naqada S. Town)	第 19 王朝	新王国	
255	夏 0977	UC29132A	Nubt (Naqada S. Town)	第 19 王朝	新王国	

图录索引表（14）

本书编号	夏鼐编号 / 卡片号	博物馆编号 / 照片号	出土地点 / 单位	年代	时期	《埃及古珠考》引用
256	夏 1004	UC51226	Gurob	第 19 王朝	新王国	
257	夏 1009	UC51227	Mastaba by Fayum rail	第 19 王朝	新王国	
258	夏 1308	UC73835	Thebes, Temple of Tausert	第 19 王朝	新王国	
259	夏 1309	UC73834	Thebes, Temple of Tausert	第 19 王朝	新王国	
260	夏 1509	UC26291	Badari 5521 (1)	第 19 王朝	新王国	Y
261	夏 1510	UC26292	Badari 5521 (2)	第 19 王朝	新王国	Y
262	夏 1511	UC26293	Badari 5521 (3)	第 19 王朝	新王国	Y
263	夏 1512	UC26293	Badari 5521 (4)	第 19 王朝	新王国	Y
264	夏 1234	UC31362	Sedment 2013	第 19-20 王朝	新王国	
265	夏 0695	UC43213	Abydos Cemetery	N.E.	新王国	Y
266	夏 0570	UC51602	Illahun	第 22 王朝	晚期埃及	Y
267	夏 0571	UC6821	Lahun	第 22 王朝	晚期埃及	
268	夏 0573	UC51585	Medum	第 22 王朝	晚期埃及	
269	夏 0926	UC6819	Illahun	第 22 王朝	晚期埃及	
270	夏 0944	UC6824	Illahun (1890)	第 22 王朝	晚期埃及	
271	夏 0945	UC6825	Illahun[1890]	第 22 王朝	晚期埃及	Y
272	夏 0950	UC6837	Illahun	第 22 王朝	晚期埃及	
273	夏 0952	UC6842	Illahun	第 22 王朝	晚期埃及	
274	夏 0953	UC6817	Illahun	第 22 王朝	晚期埃及	
275	夏 0965	UC38008	Ammar	第 22 王朝	晚期埃及	
276	夏 0971	UC51245	Sheikh Karamid	第 22 王朝	晚期埃及	
277	夏 0972	UC37499	Ammar, Siamen	第 22 王朝	晚期埃及	
278	夏 0993	UC6846	Lahun	第 22 王朝	晚期埃及	

	图录索引表（15）					
本书编号	夏鼐编号 / 卡片号	博物馆编号 / 照片号	出土地点 / 单位	年代	时期	《埃及古珠考》引用
279	夏 1237	UC7616	Kahun	第 22 王朝	晚期埃及	
280	夏 1291	UC16264	Lahun 747	第 22 王朝	晚期埃及	
281	夏 1028	UC51240	Tell er Ratabeh 22	第 22 或 23 王朝	晚期埃及	
282	夏 1029	UC51239	Tell er Ratabeh 22	第 22 或 23 王朝	晚期埃及	
283	夏 0969	UC28157	Hawara	第 22-23 王朝	晚期埃及	
284	夏 1025	UC37490	Kafr Ammar	第 23 王朝	晚期埃及	Y
285	夏 1427	UC74401	Illahun	第 22-25 王朝	晚期埃及	
286	夏 1450	UC73921	Lahun	第 22-25 王朝	晚期埃及	
287	夏 0961	UC6532	Kafr Ammar	第 23-25 王朝	晚期埃及	
288	夏 0572	UC28155	Hawara	第 25 王朝	晚期埃及	
288	夏 0575	UC28155	Hawara	第 25 王朝	晚期埃及	
289	夏 1037	UC6533	Harageh	第 25 王朝	晚期埃及	
289	夏 1254	UC6533	Harageh	第 25 王朝	晚期埃及	
290	夏 1306	UC43236	Abydos [1922] 209	第 25 王朝	晚期埃及	
291	夏 0576	UC51598	Abusir, Tomb of Vizierr Nekht	第 26 王朝	晚期埃及	
292	夏 0957	UC51261	Bernasht	第 26 王朝	晚期埃及	
293	夏 1232	UC28058	Hawara, Horuza	第 26 王朝（波斯时期 ?）	晚期埃及	
294	夏 0579	UC51653	Saft el Henna (Goshen) 796 S	罗马时期	希腊 – 罗马	Y
295	夏 0954	UC51257	Saft el-Henna 277	罗马时期	希腊 – 罗马	Y
296	夏 0956	UC51258	Saft el-Henna 357	罗马时期	希腊 – 罗马	

图录索引表（16）

本书编号	夏鼐编号 / 卡片号	博物馆编号 / 照片号	出土地点 / 单位	年代	时期	《埃及古珠考》引用
297	夏 1526	UC51264	Saft el Henna 705	罗马时期	希腊 – 罗马	Y
298	夏 1602	UC51297	Rifeh 114	罗马时期	希腊 – 罗马	
299	夏 1606	UC51268	Gheyta 525	罗马时期	希腊 – 罗马	
300	夏 1612	UC51276	Saft el Henna 529 (1)	罗马时期	希腊 – 罗马	
301	夏 1613	UC51277	Saft el Henna 529 (2)	罗马时期	希腊 – 罗马	
302	夏 1615	UC6773	Illahun	罗马时期	希腊 – 罗马	
303	夏 1616	UC51312	未明示	罗马时期	希腊 – 罗马	
304	夏 1667	UC26362	Qau 7844	罗马时期	希腊 – 罗马	
305	夏 1675	UC26357	Qau 7332	罗马时期	希腊 – 罗马	
306	夏 1686	UC51272a	Saft el Henna 490	罗马时期	希腊 – 罗马	
307	夏 1711	UC6807	Illahun	罗马时期	希腊 – 罗马	
308	夏 1715	UC51289a–y	Fayum	罗马时期	希腊 – 罗马	
309	夏 1735	UC51272b	Saft el Henna 492	罗马时期	希腊 – 罗马	
310	夏 1737	UC27847	Gurob	罗马时期	希腊 – 罗马	
311	夏 0580	UC51651	Illahun	罗马晚期	希腊 – 罗马	
312	夏 0581	UC51670	Gheyta	罗马晚期	希腊 – 罗马	
313	夏 1617	UC6775	Tukh 5, (1922)	罗马晚期	希腊 – 罗马	
314	夏 1689	UC51280	Gheyta 31	公元 3–4 世纪	希腊 – 罗马	
315	夏 1665	UC6815	Lahun	罗马 – 科普特时期	希腊 – 罗马	
316	夏 1671	UC26371	Qau 900	罗马 – 科普特时期	希腊 – 罗马	

图录索引表（17）

本书编号	夏鼐编号 / 卡片号	博物馆编号 / 照片号	出土地点 / 单位	年代	时期	《埃及古珠考》引用
317	夏 1681	UC26347	Qau 600	罗马 – 科普特时期	希腊 – 罗马	
318	夏 1694	UC51278	Saft el Henna 529	罗马 – 科普特时期	希腊 – 罗马	
319	夏 1697	UC51293	Fayum	罗马 – 科普特时期	希腊 – 罗马	Y
320	夏 1703	UC51295	Abydos	罗马 – 科普特时期	希腊 – 罗马	
321	夏 1718	part of UC51674	?	罗马 – 科普特时期	希腊 – 罗马	
322	夏 1704	UC26368	Qau cemetery 1500	罗马 – 科普特时期?	希腊 – 罗马	Y
323	夏 0582	UC51680	Illahun	科普特时期	希腊 – 罗马	
324	夏 1647	UC6802	Illahun	科普特时期	希腊 – 罗马	
325	夏 1662	UC74286	Illahun (selected)	科普特时期	希腊 – 罗马	Y
326	夏 1674	UC26379	Qau	科普特时期	希腊 – 罗马	
卡 01	夏 0282	UC9142	Badari 5163	巴达里时期	新石器 – 铜石并用	Y
卡 02	夏 0347	UC4443	Naqada 1858	格尔塞时期 (SD40)	前王朝	Y
卡 03	夏 0407		未明示		前王朝	Y
卡 04	夏 0124		Hierakonopolis (?)		早王朝 (?)	Y
卡 05	夏 1593		Kahun, Illahun [1889]	第 12 王朝	中王国	Y
卡 06	夏 1417		H. D. (Probably from cemetery D from Harageh)		中王国（？）	Y

图录索引表（18）						
本书编号	夏鼐编号 / 卡片号	博物馆编号 / 照片号	出土地点 / 单位	年代	时期	《埃及古珠考》引用
卡 07	夏 0551		Gurob 'Gh. 7'	第 18 王朝	新王国	Y
卡 08	夏 1132	UC43035	Abydos [1922] 105	第 18 王朝或晚至第 22-25 王朝	晚期埃及	Y
卡 09	夏 0961	UC6532	Kafr Ammar	第 23-25 王朝	晚期埃及	
卡 10	夏 1240		Yehudiyeh	第 26 王朝	晚期埃及	Y
卡 11	夏 1400		Saft el Henna 236	第 26 王朝 - 托勒密时期	晚期埃及	Y
卡 12	夏 0577		未明示	托勒密时期	希腊 - 罗马	Y

图书在版编目（CIP）数据

埃及古珠考：全二册 / 夏鼐著；颜海英，田天，
刘子信译. -- 北京：社会科学文献出版社，2020.9（2024.7 重印）
（夏鼐全集）
ISBN 978 - 7 - 5201 - 1105 - 8

Ⅰ.①埃…　Ⅱ.①夏…②颜…③田…④刘…　Ⅲ.
①装饰制品 - 研究 - 埃及 - 古代　Ⅳ.①K884.115

中国版本图书馆 CIP 数据核字（2017）第 155961 号

· 夏鼐全集 ·

埃及古珠考（全二册）

著　　者 / 夏　鼐
译　　者 / 颜海英　田　天　刘子信

出 版 人 / 冀祥德
组稿编辑 / 周　丽
责任编辑 / 李　淼
文稿编辑 / 高振华
责任印制 / 王京美

出　　版 / 社会科学文献出版社
　　　　　地址：北京市北三环中路甲 29 号院华龙大厦　邮编：100029
　　　　　网址：www. ssap. com. cn
发　　行 / 社会科学文献出版社（010）59367028
印　　装 / 三河市东方印刷有限公司

规　　格 / 开　本：787mm × 1092mm　1/16
　　　　　印　张：50.5　字　数：407 千字
版　　次 / 2020 年 9 月第 1 版　2024 年 7 月第 4 次印刷
书　　号 / ISBN 978 - 7 - 5201 - 1105 - 8
定　　价 / 498.00 元（全二册）

读者服务电话：4008918866